Mit freundlicher Unterstützung des Human Dynamics Centre der Fakultät für Humanwissenschaften der Julius-Maximilians-Universität Würzburg

Bibliografische Information der Deutschen Nationalbibliothek
Die Deutsche Nationalbibliothek verzeichnet diese Publikation in der Deutschen Nationalbibliografie; detaillierte bibliografische Daten sind im Internet über http://dnb.ddb.de abrufbar.

Holger Schramm / Christiana Schallhorn / Holger Ihle / Jörg-Uwe Nieland (Hrsg.)
Großer Sport, große Show, große Wirkung?
Empirische Analysen zu Olympischen Spielen und Fußballgroßereignissen
Köln: Halem, 2018

Alle Rechte, insbesondere das Recht der Vervielfältigung und Verbreitung sowie der Übersetzung, vorbehalten. Kein Teil des Werkes darf in irgendeiner Form (durch Fotokopie, Mikrofilm oder ein anderes Verfahren) ohne schriftliche Genehmigung des Verlages reproduziert oder unter Verwendung elektronischer Systeme (inkl. Online-Netzwerken) gespeichert, verarbeitet, vervielfältigt oder verbreitet werden.

© 2018 by Herbert von Halem Verlag, Köln

ISBN (Print): 978-3-7445-1206-0
ISBN (PDF): 978-3-7445-1927-4

Den Herbert von Halem Verlag erreichen Sie auch im Internet unter http://www.halem-verlag.de
E-Mail: info@halem-verlag.de

SATZ: Herbert von Halem Verlag
TITELFOTOS: Witters GmbH/Valeria Witters
GESTALTUNG: Claudia Ott Grafischer Entwurf, Düsseldorf
Copyright Lexicon ©1992 by The Enschedé Font Foundry.
Lexicon® is a Registered Trademark of The Enschedé Font Foundry.

Holger Schramm / Christiana Schallhorn /
Holger Ihle / Jörg-Uwe Nieland (Hrsg.)

Großer Sport, große Show, große Wirkung?

Empirische Analysen zu Olympischen Spielen und Fußballgroßereignissen

HERBERT VON HALEM VERLAG

Inhalt

Vorwort   9

I. LICHT UND SCHATTEN VON
    SPORTGROSSEREIGNISSEN

DANIEL BECK / HOLGER IHLE / JÖRG-UWE NIELAND   20
Zwischen Unterstützung und Widerstand:
Zur Repräsentationskrise von Sportverbänden und
Sportpolitik am Beispiel von Olympia-Abstimmungen
in Deutschland und der Schweiz

ANNE-CHRISTIN HOFFMANN   49
Zwischen Sport und Terror:
Medienberichte und Rezipientengespräche über die
Fußballeuropameisterschaft 2016

CHRISTIANA SCHALLHORN   74
Zwischen Karneval und Korruption:
Wie die Rezeption der Fußballweltmeisterschaft 2014
und der Olympischen Spiele 2016 in Brasilien die Wahrnehmung
des Gastgeberlandes beeinflusst

CHRISTOPHER STARKE / MARCO LÜNICH /
FRANK MARCINKOWSKI / PERO DOSENOVIC / FELIX FLEMMING 98
Zwischen Politik und Sporterleben:
Der Umgang des deutschen Fernsehens mit den
Olympischen Spielen 2016

II. AKZEPTANZ UND IGNORANZ VON SPORTGROSSEREIGNISSEN

FELIX FLEMMING / PERO DOSENOVIC / FRANK MARCINKOWSKI /
MARCO LÜNICH / CHRISTOPHER STARKE 120
Von Unterhaltung bis Kritik:
Wie das deutsche Publikum die Olympischen Spiele 2016
sehen möchte

ELKE KRONEWALD / THOMAS DÖBLER 146
Vom Außenseiter zum Spitzenreiter?
Entwicklung der Medienberichterstattung
über die Paralympischen Spiele zwischen
2000 und 2016

MARKUS SCHÄFER / JÖRG HASSLER / DANIEL WEBER /
GABRIEL BELINGA BELINGA / SASCHA HIMMELREICH 169
Von Fußballexperten und Fußballlaien:
Die Bedeutung der Mediennutzung für Tippstrategien
und Tipperfolg bei Online-Tippspielen am Beispiel der
Fußballeuropameisterschaft 2016

III. INSZENIERUNG UND KOMMENTIERUNG VON SPORTGROSSEREIGNISSEN

JASPER A. FRIEDRICH / HANS-JÖRG STIEHLER / HOLGER IHLE 198
Mit Routine und Innovation:
Eine vergleichende Analyse der Inszenierungsmuster
des Champions League-Finales von 2015 in fünf
europäischen Ländern

THOMAS HORKY / CHRISTOPH G. GRIMMER /
MARIANNA BARANOVSKAA / HONORATA JAKUBOWSKA /
BARBARA STELZNER 228
Mit Information und Pathos:
Fernseh-Sportjournalismus bei der
Fußballeuropameisterschaft 2016. Ein Vergleich von
Live-Kommentaren in vier unterschiedlichen Ländern

DENNIS LICHTENSTEIN / JONAS KAISER 255
Mit Lust und Leidenschaft:
Nationale Stereotype in der Online-Kommunikation
zur Fußballeuropameisterschaft 2016 auf reddit.
Eine Topic Modeling-Analyse

Autorinnen und Autoren 282

CHRISTIANA SCHALLHORN / JÖRG-UWE NIELAND /
HOLGER IHLE / HOLGER SCHRAMM

Vorwort

>»*The study of sport-based mega-events offers important opportunities to understand how sport interacts with the collective psyche of contemporary societies and cultures.*«
>(BILLINGS/WENNER 2017: 4)

Sportgroßereignisse erreichen weltweit ein Milliardenpublikum. Dabei interessieren und begeistern sich die Zuschauer[1] vor Ort und auch das Medienpublikum nicht nur für die sportlichen (Höchst-)Leistungen, sondern auch für die Athleten, für die Eröffnungs- und Abschlussfeiern sowie oft auch für die Gastgeberländer und -städte. Sportgroßereignisse sorgen in erster Linie – zumal in ihrer medialen Aufbereitung – für gute Unterhaltung.

Darüber hinaus bieten Sportler dem Publikum ein hohes Identifikationspotenzial und insbesondere zu den »Höhepunkten im Sportkalender«, wie den Olympischen und Paralympischen Spielen, werden Fairness, Integration und Inklusion demonstriert. Sport kann das »empowerment« von Frauen und Behinderten ebenso wie die Prinzipien des respektvollen Zusammenlebens sowie der Völkerverständigung fördern – hinreichend Gründe für eine auch kommunikationswissenschaftliche Beschäftigung

---

[1] Aus Gründen der besseren Lesbarkeit wird in dem Buch auf die gleichzeitige Verwendung weiblicher und männlicher Sprachformen verzichtet. Mit den Personenbezeichnungen sind stets beide Geschlechter gemeint.

mit den gesellschaftlichen Funktionen des Sports, die gerade bei Sportgroßereignissen zu Tage treten (vgl. BILLINGS/WENNER 2017: 4-5; IHLE/REHBACH/NIELAND 2016: 185-186). Tatsächlich sind für die Kommunikationswissenschaft und speziell die Sportkommunikationsforschung (vgl. VOWE/DOHLE 2016) Sportgroßereignisse in den letzten Jahren verstärkt in den Fokus gerückt – bieten sie doch Gelegenheit, die Produktion, Inszenierung und Wirkung der medialen Verbreitung von »media events« zu untersuchen (vgl. IHLE et al. 2017; SCHALLHORN 2017; WENNER/BILLINGS 2017).

Der Begriff »media event« wurde insbesondere von Dayan und Katz (1992) geprägt (vgl. COULDRY/HEPP/KROTZ 2010). Ihr Ansatz geht davon aus, dass in modernen Gesellschaften Rituale zunehmend als Medienereignisse stattfinden bzw. inszeniert werden. Medial vermittelte Rituale können zeitliche und räumliche Grenzen überwinden und so die geographische und historische Selbstwahrnehmung von Gesellschaften verändern, weshalb Dayan und Katz ihnen eine Transformationsfunktion zuschreiben (vgl. DAYAN/KATZ 1992: 160-185). Die weltweite mediale Präsenz überhöht die Bedeutung von Ereignissen und ihrer räumlichen Tragweite wie auch ihrer historischen Folgen. Auf diese Weise bündeln Medienereignisse öffentliche Wahrnehmung und können so für Ordnung und Orientierung in einer zunehmend unübersichtlichen Welt sorgen. Für den Sport gilt dies aufgrund seiner überschaubaren Sieg-Niederlage-Logik wohl im Besonderen.

Folgerichtig steigerten in den letzten Dekaden die Olympischen Spiele und die Fußballweltmeisterschaften sowohl die Teilnehmerzahlen als auch die Besucher- und Zuschauerzahlen sowie insbesondere das Ausmaß der Medienberichterstattung. Für die stetig steigende Attraktivität von Sportgroßereignissen werden in der vorliegenden Forschungsliteratur drei Gründe herangezogen (vgl. IHLE 2017: 8):

1. Neuentwickelte Medientechnologien, mit denen das zeitgleich erreichbare Publikum vergrößert wurde (bspw. Satellitenübertragung, Digitalisierung).
2. Herausbildung der Sport-Medien-Wirtschafts-Allianz auf Basis von Sponsoringrechten, (Exklusiv-)Übertragungsrechten und Merchandising.
3. Zunehmende Einschätzung von »mega events« als Förderinstrumente in der Stadt- und Regionalentwicklung (vor allem in den Bereichen Tourismus und Sport).

Die orientierungsstiftende Funktion der Rituale dürfte darüber hinaus zusätzliche Attraktivität beim Publikum bewirken. Und diese Publi-

kumsattraktivität wird wiederum seitens Medien, Wirtschaft, Sport und Politik wahrgenommen, was sich als verstärkend auf alle drei genannten Aspekte auswirken kann. Die große Bedeutung der Sportgroßereignisse betrifft also eine Reihe von beteiligten Akteuren:
Sportler träumen und trainieren ihre gesamte Karriere lang darauf hin, an den Großereignissen teilzunehmen. Sie nehmen dafür erhebliche körperliche, soziale (und zum Teil auch finanzielle) Belastungen, Entbehrungen und Rückschläge in Kauf. Erfolge bei den Großereignissen können die Sportler ins Zentrum öffentlicher Aufmerksamkeit bringen und so ihre Vermarktungs- und Einnahmemöglichkeiten erhöhen.

Die *Gastgeberstädte und Gastgeberländer* sehen in Sportgroßereignissen die Möglichkeit, sich als weltoffen zu präsentieren und sowohl von den Infrastrukturmaßnahmen als auch von steigenden Einnahmen im Tourismus zu profitieren. Darüber hinaus lassen sich in der *Bevölkerung* nicht selten diverse »Feel Good«-Effekte verzeichnen (vgl. SCHRAMM 2012; KNOLL/SCHRAMM/SCHALLHORN 2014). Erinnert sei nur an die Fußball-WM 2006 in Deutschland, die als »Sommermärchen« Begeisterung auslöste oder zuletzt an den Auftakt der Tour de France 2017 in Düsseldorf, der trotz schlechten Wetters Zehntausende gut gelaunte und erwartungsfrohe Menschen an die Rennstrecke lockte. Es verwundert daher nicht, dass Sportgroßereignisse auch für politische Zwecke instrumentalisiert werden – egal, ob in demokratischen Ländern, wo die Nähe zum Sport der Imagepflege von Politikern oder Kandidaten dient oder in Diktaturen, wo mit demselben Ziel Macht nach innen und außen demonstriert wird und wo zum Schutz vor negativen Schlagzeilen während des Ereignisses politische Gegner im Vorfeld unter zunehmenden Druck geraten können (vgl. FRIEDRICH 2010).

Das *Publikum*, welches vor Ort mitfiebert und über die Medien am Geschehen teilnimmt, hat Interesse an Unterhaltung und an Informationen über die Wettkämpfe (SCHRAMM/KLIMMT 2003; STIEHLER 2007; SCHALLHORN/KNOLL/SCHRAMM 2017). Darüber hinaus werden Hintergründe sowohl über die Gastgeberländer als auch über den Sport vermittelt (SCHALLHORN 2017). Doch trotz der Interessen der Ausrichtenden und Teilnehmenden sind das nicht immer nur positive Meldungen: Umweltverschmutzung und Umsiedlung der einheimischen Bevölkerung, das gewaltsame Niederschlagen von Protesten oder auch unzulässige Arbeitsbedingungen beim Stadionbau werden verstärkt in den Medien thematisiert; ebenso die »dunklen Seiten« des Sports: Doping, Korruption und Wettbetrug.

CHRISTIANA SCHALLHORN / JÖRG-UWE NIELAND / HOLGER IHLE /
HOLGER SCHRAMM

Die internationalen *Sportverbände* erwirtschaften enorme Einnahmen durch den Verkauf von TV-Rechten. So hat das Internationale Olympische Komitee (IOC) allein für die TV-Rechte an den Olympischen Spielen bis 2032 schon Verträge über mehr als neun Milliarden Dollar nur für den US-amerikanischen und europäischen Markt ausgehandelt (vgl. WEINREICH 2015). *Medien* erzielen hohe Einschaltquoten und können sich so in umkämpften Märkten profilieren. Andrew Billings bezeichnet die Berichterstattung über die Olympischen Spiele als »biggest show on television« (BILLINGS 2008). Bauer und Mirbach können mit ihrer Längsschnittanalyse zu den Eröffnungsfeiern nachweisen, dass die Medienshow über die letzten Dekaden hinweg immer größer geworden ist und dabei vor allem der Anteil des Unterhaltungsprogramms ständig ausgeweitet wurde (BAUER/MIRBACH 2015: 11). Die Spiele sind – so betonte es Gunter Gebauer schon vor gut zwanzig Jahren – ohne das Fernsehen nicht mehr denkbar (GEBAUER 1996: 22).

Das Motto des (modernen Wett-)Kampfsports »schneller, höher, weiter« scheint also zunehmend durch ein »bunter, lauter, teurer« des Mediensports ersetzt zu werden (vgl. BERTLING 2009). Verdrängt also die Show den Sport? Vor einer vorschnellen Verabschiedung der klassischen Funktionen des Sports sei gewarnt. Zwar nimmt der Stellenwert des traditionellen Vereins- und Wettkampfsports ab und neue Bewegungsformen wie die Trend-, Straßen-, Extrem- oder Outdoorsportarten gewinnen an Sichtbarkeit und (aktiven) Teilnehmern (vgl. HAUT 2016: 339). Doch der Wettkampfsport, und hier vor allem der Olympische Sport, ist weiterhin der »Prototyp« des Sports der Moderne. Dieser ist »Spiegel der bürgerschaftlichen Gesellschaft«, in dem sich die gleichen (in der Olympischen Charta wie in den Erklärungen der Menschenrechte) verfassten Grundprinzipien der Fairness, Chancengleichheit und Leistung geltend machen (BÖCKELMANN/JOHNEN/SCHÜRMANN 2013: 135f.).

Zusammengefasst: Sportgroßereignisse wie Olympische Spiele oder Fußballweltmeisterschaften sind die globalen Mega-Events, die nicht nur großen Sport, sondern auch die große Show versprechen und präsentieren. Als Medienspektakel inszeniert, kommentiert, vermarktet und verhandelt, haben Sportgroßereignisse ein enormes Wirkpotenzial – auch jenseits des Sports. Kulturelle, gesellschaftliche, politische wie wirtschaftliche Systeme sind mittelbar oder unmittelbar von diesen Mega-Events betroffen. Der vorliegende Band *Großer Sport, große Show, große Wirkung* schlägt anhand von ausgewählten Studien einen Bogen um diese hier angerissenen Themen und widmet sich in zehn Beiträgen verschiedenen Fragestellungen im Zusammenhang mit aktuellen Sportgroßereignissen.

Den Auftakt des ersten Abschnitts *Licht und Schatten von Sportgroßereignissen* bildet ein Beitrag von BECK, IHLE und NIELAND. Am Beispiel der Olympia-Abstimmungen in Deutschland und der Schweiz untersuchen sie den medialen Diskurs über die Olympia-Bewerbungen, wobei aufgrund fehlender Unterstützung aus der Bevölkerung auch die Schattenseiten der Austragung von Sportgroßereignissen deutlich werden. Dass in den letzten Jahren auch Terrorismus im Vorfeld von und während Sportgroßereignissen ein wichtiges Thema ist, greift HOFFMANN auf. Sie untersucht, welchen Platz die Berichterstattung über Terror während der Fußballeuropameisterschaft 2016 einnahm und inwiefern sich dies in den Gesprächen des Publikums widerspiegelt. Welche Wirkung die Übertragung von Sportgroßereignissen auf die Wahrnehmung des Gastgeberlandes haben kann, ist die zentrale Frage des Beitrags von SCHALLHORN. Am Beispiel der Fußballweltmeisterschaft 2014 sowie der Olympischen Spiele 2016 in Brasilien zeigt sie, dass Sportgroßereignisse trotz der großen bunten Show auch Schatten auf die Vorstellungen der Zuschauer vom ausrichtenden Land werfen können. Dass sich Befunde wie diese auf eine kontroverse Berichterstattung zurückführen lassen, kann aus einer Studie von STARKE, LÜNICH, MARCINKOWSKI, DOSENOVIC und FLEMMING abgeleitet werden. Die Autoren belegen, dass die öffentlich-rechtlichen Sender, die die Olympischen Spiele 2016 übertragen haben, zwar vor allem den Sport in den Mittelpunkt stellen, aber dennoch auch umstrittene gesellschafts- und sportpolitische Themen während der Übertragungen ansprechen.

Ausgehend von den Ergebnissen, die das Fernsehen zeigt, hinterfragen FLEMMING, DOSENOVIC, MARCINKOWSKI, LÜNICH und STARKE im zweiten Abschnitt *Akzeptanz und Ignoranz von Sportgroßereignissen* zunächst, was das Publikum eigentlich sehen will. Bis zu welchem Grad akzeptiert das Publikum, dass sich auch kritische Stimmen in die euphorische Olympia-Berichterstattung mischen? Eine weitere spannende Analyse nimmt die Entwicklung der Paralympischen Spiele seit 2000 ins Visier. KRONEWALD und DÖBLER vergleichen hierbei die Quantität und Qualität der Berichterstattung zu den Paralympischen und den Olympischen Spielen und diskutieren dabei, inwiefern die Parallelwelten von Behinderten und Nicht-Behinderten im Alltag auch in der wettkampfbegleitenden Berichterstattung sichtbar werden. Dass sich der medialen Aufmerksamkeit von Sportgroßereignissen kaum jemand entziehen und diese ignorieren kann, ist nicht zuletzt auch mit der Freude an Tippspielen, insbesondere während Fußballgroßereignissen, zu erklären. SCHÄFER, HASSLER, WEBER, BELINGA BELINGA und HIMMELREICH ermitteln in ihrer Studie Erfolgsfaktoren bei Tippspielen. Ihr Beitrag gibt unter anderem Aufschluss darüber, ob eine gezielte Nutzung fußballspezifischer Inhalte oder doch die Heuristik »Bauchgefühl« erfolgsversprechender ist.

Der dritte Abschnitt *Inszenierung und Kommentierung von Sportgroßereignissen* setzt den Schwerpunkt auf ländervergleichende Analysen. FRIEDRICH, STIEHLER und IHLE stellen beim Vergleich der Übertragung eines Finalspiels der Champions League in fünf Ländern fest, dass zwar alle Sender einer ähnlichen Struktur bzw. Dramaturgie im Sendungsaufbau folgen, sich die Inszenierung innerhalb der Programmteile mitunter aber erheblich zwischen den Sendern unterscheidet. Zu teils ähnlichen Erkenntnissen gelangen auch HORKY, GRIMMER, BARANOVSKAA, JAKUBOWSKA und STELZNER bei ihrer Analyse von Live-Kommentaren bei der Fußballeuropameisterschaft 2016 in vier Ländern. Demnach ist der visuelle Gestaltungsspielraum für die Länder unter anderem durch Vorgaben der UEFA begrenzt, was zu einer eher vereinheitlichten statt nationalspezifischen Live-Kommentierung führt. Resultiert daraus ein identisches Fußball-Fernseh-Erlebnis in Europa? Erste Antworten hierauf lassen sich abschließend aus dem Beitrag von LICHTENSTEIN und KAISER ableiten. In einer Analyse von Nutzerkommentaren zur Fußballeuropameisterschaft 2016 eines Online-Forums zeigt sich, dass nationale Stereotype und damit länderspezifische Bewertungen durchaus für die Kommentierung der Spiele genutzt werden, diese jedoch nur eine untergeordnete Rolle einnehmen. Darüber hinaus finden sich aber weitere Charakteristiken in den Kommentaren, die darauf hindeuten, dass vom großen Sport eben auch – und zwar länderübergreifend – eine große Show erwartet wird.

Die Beiträge dieses Bandes können als Schlaglichter aktueller Themen gesehen werden, die im Zusammenhang mit Sportgroßereignissen von zentraler Bedeutung sind. Hierfür wurden ausgewählte Thematiken mit hoher gesellschaftlicher Relevanz für Sportler, Publikum, Gastgeberländer und auch für Journalisten bzw. Medien im Allgemeinen herausgegriffen und anhand der empirischen Ergebnisse diskutiert. Auch wenn der Band nicht das Ziel verfolgt, einen Überblick über den Forschungsstand zur Sportkommunikation zu geben, so wird durch die zahlreichen Analysen, in denen unterschiedliche Perspektiven eingenommen werden, das Potenzial deutlich, das in der Forschung zu Sportgroßereignissen steckt. Ausgangspunkt dieser Beiträge waren entsprechende Vorträge, die auf der Jahrestagung der Ad-hoc-Gruppe »Mediensport und Sportkommunikation« der Deutschen Gesellschaft für Publizistik- und Kommunikationswissenschaft im September 2016 in Würzburg gehalten wurden. Wir als Herausgeber möchten an dieser Stelle allen Autoren herzlich für die gelungenen Beiträge danken. Wir wissen die Arbeit und den Zeitaufwand, den alle Beteiligten erbracht haben, um dieses Buchprojekt auf die Beine zu stellen, sehr zu schätzen.

Ohne die finanzielle Unterstützung vom Human Dynamics Centre (HDC), einem Zentrum zur Förderung interdisziplinärer Zusammenarbeit an der Fakultät für Humanwissenschaften der Julius-Maximilians-Universität Würzburg, wären sowohl die Tagung als auch das Buchprojekt in dieser Form nicht realisierbar gewesen – besten Dank für diese Förderung. Besonderer Dank gilt auch unserer studentischen Hilfskraft Laura Häpp für ihre umfangreiche Unterstützung im Zuge der Endredaktion.

Literatur

BAUER, M.; MIRBACH, A. (2015). Von Athen 1896 bis London 2012: The show must go on! Schneller, höher, weiter – auch außerhalb des Sports: Die Olympische Eröffnungsfeier als medialisierter Mega-Event. In: M. MEYEN (Hrsg.): *Medialisierung. Medienlogik und sozialer Wandel* (Working Paper). Verfügbar unter: http://f.hypotheses.org/wp-content/blogs.dir/2401/files/2015/08/The-show-must-go-on.pdf [31.08.2017].

BERTLING, C. (2009). *Sportainment. Konzeption, Produktion und Verwertung von Sport als Unterhaltungsangebot in den Medien.* Köln: Herbert von Halem.

BILLINGS, A. C. (2008). *Olympic media: Inside the biggest show on television.* London: Routledge.

BILLINGS, A. C.; WENNER, L. A. (2017). The Curious Case of the Megasporting Event: Media, Mediatization and Seminal Sports Events. In: L. A. WENNER; A. C. BILLINGS (Hrsg.): *Sport, Media and Mega-Events* (S. 3-18). Abingdon, Oxon, New York/NY: Routledge.

BÖCKELMANN, J.; JOHNEN, S.; SCHÜRMANN, V. (2013). Sport der Medialen Moderne. Ein gesellschaftstheoretischer Entwurf. In: *Sport und Gesellschaft*, 10, S. 119-142.

COULDRY, N.; HEPP, A.; KROTZ, F. (Hrsg.). (2010). *Media Events in a Global Age*. London, New York: Routledge.
DAYAN, D.; KATZ, E. (1992). *Media Events. The Live Broadcasting of History*. Cambridge: Harvard University Press.
FRIEDRICH, J. A. (2010). *Politische Instrumentalisierung von Sport in den Massenmedien. Eine strukturationstheoretische Analyse der Sportberichterstattung im DDR-Fernsehen*. Köln: Herbert von Halem.
GEBAUER, G. (1996). Olympia als Utopie. In: G. GEBAUER (Hrsg.): *Olympische Spiele – die andere Utopie der Moderne. Olympia zwischen Kult und Droge* (S. 9-23). Frankfurt/M.: Suhrkamp.
HAUT, J. (2016). Der Wandel des Sports und das Problem seiner gesellschaftstheoretischen Einordnung. In: V. SCHÜRMANN; J. MITTAG; G. STIBBE, J.-U. NIELAND; J. HAUT (Hrsg.): *Bewegungskulturen im Wandel. Der Sport der Medialen Moderne – Gesellschaftstheoretische Verortungen* (S. 339-352). Bielefeld: transcript.
IHLE, H. (2017). Die Fußball-WM 2014 in Brasilien als Sportgroßveranstaltung – kommunikations- und politikwissenschaftliche Zugänge. In: H. IHLE; M. MEYEN; J. MITTAG; J.-U. NIELAND (Hrsg.): *Globales Mega-Event und nationaler Konfliktherd. Die Fußball-WM 2014 in Medien und Politik* (S. 3-27). Wiesbaden: Springer VS.
IHLE, H.; MEYEN, M.; MITTAG, J.; NIELAND, J.-U. (Hrsg.). (2017). *Globales Mega-Event und nationaler Konfliktherd. Die Fußball-WM 2014 in Medien und Politik*. Wiesbaden: Springer VS.
IHLE, H.; REHBACH, S.; NIELAND, J.-U. (2016). Medialisierung des Sports – ein Untersuchungsmodell. In: V. SCHÜRMANN; J. MITTAG; G. STIBBE; J.-U. NIELAND; J. HAUT (Hrsg.): *Bewegungskulturen im Wandel. Der Sport der Medialen Moderne – Gesellschaftstheoretische Verortungen* (S. 185-203). Bielefeld: transcript.
KNOLL, J.; SCHRAMM, H.; SCHALLHORN, C. (2014). Mood Effects of Televised Sports Events. The Impact of Televised FIFA World Cups on Viewer's Mood and Judgments. In: *Communication & Sport, 2*, S. 242-260.
NIELAND, J.-U.; IHLE, H.; MITTAG, J. (2016). Sportorganisationen unter Beobachtung: Die Olympiabewerbung Münchens 2018 in der Berichterstattung. In: A. HEBBEL-SEEGER; T. HORKY; H.-J. SCHULKE (Hrsg.): *Sport als Bühne. Mediatisierung von Sport und*

Sportgroßveranstaltungen. 15. Hamburger Kongress für Sport, Ökonomie und Medien 2015 (S. 232-257). Aachen: Meyer & Meyer Verlag.
SCHALLHORN, C. (2017). *Kultivierung durch Sportgroßereignisse. Zum Einfluss der Medienberichterstattung über die Fußballweltmeisterschaft 2014 auf die Wahrnehmung des Gastgeberlandes Brasilien.* Köln: Herbert von Halem.
SCHALLHORN, C., KNOLL, J.; SCHRAMM, H. (2017). »Girls Just Want to Have Fun?« Sex Differences in Motives of Watching the FIFA World Cup and the UEFA European Championship. In: *Sport in Society, 20*, S. 1118-1133.
SCHRAMM, H. (2012). Stimmung und Lebenszufriedenheit von Sportzuschauern. In: B. STRAUSS (Hrsg.): *Sportzuschauer* (S. 123-139). Göttingen: Hogrefe.
SCHRAMM, H.; KLIMMT, C. (2003). »Nach dem Spiel ist vor dem Spiel«. Die Rezeption der Fußball-Weltmeisterschaft 2002 im Fernsehen: Eine Panel-Studie zur Entwicklung von Rezeptionsmotiven im Turnierverlauf. In: *Medien & Kommunikationswissenschaft, 51*, S. 55-81.
STIEHLER, H.-J. (2007). Sportrezeption zwischen Unterhaltung und Information. In: T. SCHIERL (Hrsg.): *Handbuch Medien, Kommunikation und Sport* (S. 182-199). Schorndorf: Hofmann.
VOWE, G.; DOHLE, M. (2016). Sportkommunikation und Mediensport im Wandel: Grundzüge eines Forschungsprogramms für die Sportkommunikationsforschung. *Journal für Sportkommunikation und Mediensport, 1*, S. 2-13.
WEINREICH, J. (2015, 29. Juni). Olympia-TV-Deal: Warum ARD und ZDF zunächst draußen sind. In: *Spiegel Online*. Verfügbar unter http://www.spiegel.de/sport/sonst/tv-rechte-olympische-spiele-warum-thomas-bach-ard-und-zdf-ausbootet-a-1041242.html [31.08.2017].
WENNER, L. A.; BILLINGS, A. C. (Eds.). (2017). *Sport, Media and Mega-Events.* Abingdon, Oxon, New York, NY: Routledge.

I. LICHT UND SCHATTEN VON SPORTGROSSEREIGNISSEN

DANIEL BECK / HOLGER IHLE / JÖRG-UWE NIELAND

Zwischen Unterstützung und Widerstand: Zur Repräsentationskrise von Sportverbänden und Sportpolitik am Beispiel von Olympia-Abstimmungen in Deutschland und der Schweiz

»*If we want to continue to put Olympic Sport at the service of society, which is part of our Olympic Principles, we must engage with this society, we must be in a respectful dialogue with this society.*« Diesen Anspruch formulierte Thomas Bach, Präsident des Internationalen Olympischen Komitees (IOC), bei seiner Eröffnungsrede zur 127. IOC-Vollversammlung am 7. Dezember 2014 in Monaco (IOC 2014a: 3). Auf der Versammlung wurde die »Olympic Agenda 2020« vorgestellt und einstimmig angenommen. Mit der Agenda möchte Bach einen Reformprozess innerhalb des IOCs vor allem bei der Vergabe und Ausrichtung der Olympischen Spiele anstoßen.

Aus europäischer Sicht erscheint dieser Anstoß nötig, haben doch in den letzten Jahren mehrfach Städte ihre Olympiakandidatur zurückgezogen,[1] weil die Kosten zu hoch oder die Unterstützung der Bevölkerung zu gering waren: So stoppten Graubünden (Schweiz), München, Stockholm, Krakau und Oslo ihre Bewerbungen für die Winterspiele 2022 sowie Hamburg, Rom und Budapest für die Sommerspiele 2024.

---

[1] Es gibt im Langzeitvergleich von 1960 bis heute jedoch keinen eindeutigen Trend zu weniger Kandidaturen. Vielmehr erlebte das IOC nach 1988 einen drastischen Anstieg der Bewerbungen – auch von offenbar ungeeigneten Städten. Deshalb wurde seitens des IOC ein Evaluierungsverfahren eingeführt, auf dessen Basis Kandidaturen zurückgewiesen wurden (vgl. MALLON 2017).

Zur Repräsentationskrise von Sportverbänden und Sportpolitik am Beispiel von Olympia-Abstimmungen

Die Aufzählung verweist auf den scheinbar schwindenden Rückhalt in der europäischen Bevölkerung für Olympiabewerbungen – der sich teilweise in (die Bewerbung ablehnenden) Referenden bzw. Abstimmungen sowie Protestbewegungen manifestiert. Die Bevölkerung vor Ort spricht sich u. a. gegen die hohen Kosten der Bewerbung, die Auswirkungen auf die Umwelt und die erhöhten Lebenshaltungskosten (bspw. der Anstieg der Mieten) aus. Die Kritik am Gigantismus der Spiele ist auch als ein Misstrauen gegen die nationalen und internationalen Sportorganisationen und gegen politische Eliten, die ihre Projekte unterstützen, zu lesen (vgl. NIELAND/IHLE/MITTAG 2016: 232). Orchestriert wird der Widerstand der Bevölkerung von medialen Debatten um Korruption in den internationalen Sportverbänden (insbesondere der FIFA) und die Fehlentwicklungen bei den letzten beiden Spielen in Sotchi und in Rio, wo massive Umweltzerstörungen, Umsiedlungen der heimischen Bevölkerung sowie ein Verfall der (teuren) Sportstätten zu beobachten waren bzw. sind.

Gleichzeitig ist ein anhaltendes Bemühen um die Ausrichtung um weitere Olympiaprojekte in Europa zu konstatieren – etwa von Paris für die Sommerspiele 2024, von der Schweiz für Winterspiele 2026 oder von Nordrhein-Westfalen für die Sommerspiele 2028 (vgl. SWISSOLYMPIC 2017; RP *Online* 2016). Die Initiativen gehen auf die nationalen Sportverbände und die Sportpolitik aber auch auf die Wirtschaft und einzelne Städte zurück (vgl. FRANKE 2015).

Zwar sind die Olympischen Spiele ein intensiv beforschter Gegenstand, der Bewerbungsprozess rückte aber erst in jüngster Zeit in den Fokus. Es fehlen Studien zur Meinungsbildung im politischen Entscheidungsprozess vor großen Sportereignissen. Aufgeworfen ist hier die Frage, wie Sportorganisationen und Sportpolitik ihr Engagement begründen und kommunizieren. Neben den Fallanalysen zu einzelnen Bewerbungen (vgl. IHLE/NIELAND 2012; KIM/CHOI/KAPLANIDOU 2015; KÖNECKE/SCHUBERT/PREUSS 2015) braucht es Studien, die eine Vergleichsperspektive auf die medialen Debatten um Olympiabewerbungen anlegen. Vergleiche (und zwar im Längs- wie im Querschnitt) zwischen den Kandidaturen mehrerer Städte sind nötig, weil eine Einordnung der Reformabsichten des IOC nur aus übernationaler Perspektivierung möglich ist, da diese Reformen sinnvollerweise nicht singuläre regionale Befindlichkeiten reflektieren können.

Im Folgenden wird eine solche Vergleichsstudie präsentiert. Sie bezieht sich auf die öffentlichen Debatten um die Bewerbungen Münchens (für Winterspiele 2018) und Graubündens (für Winterspiele 2022). Das

Forschungsinteresse richtet sich dabei auf den Vergleich der medialen Darstellung (sport)politischer Diskussionen um die mögliche Olympiaausrichtung. Im Kern geht es um die Frage: *Welche Argumente und welche Akteure prägen die mediale Auseinandersetzung um Olympiabewerbungen?* Diese Frage soll komparativ für die beiden genannten Fälle beantwortet werden. Hierfür wird zunächst die Relevanz dieser Frage herausgearbeitet. Dazu wird zuerst der (sport)politische Handlungsrahmen von Olympiabewerbungen näher beleuchtet und verbunden mit einem Überblick zum Forschungstand zur öffentlichen Diskussion über Sportinfrastruktur, Bewerbungsprozesse und sportpolitische Abstimmungen. Anschließend werden die institutionellen und historischen Rahmenbedingungen der Bewerbungen von München und von Graubünden dargestellt sowie ein kurzer Abriss der beiden hier untersuchten Bewerbungen gegeben. Im Anschluss wird die Leitfrage in drei die Darstellung strukturierende Forschungsfragen ausdifferenziert und das methodische Vorgehen beschrieben, gefolgt von den Ergebnissen und einem Fazit.

1. Politischer Handlungsrahmen und Forschungsstand

Nur staatliche Institutionen können die für die Organisation eines sportlichen Großanlasses benötigten Infrastruktur- und Sicherheitsmaßnahmen koordinieren und sicherstellen. Politische Gremien müssen dazu über den Einsatz öffentlicher Gelder und die Anpassung von Gesetzen beschließen und in einem demokratischen System gut abgestützte Mehrheiten finden (vgl. DOWSE 2012: 29; FRANKE 2015: 17, 268ff.). Dass die Projekte von den politischen Entscheidungsträgern oft unterstützt werden, hängt damit zusammen, dass nicht nur ökonomischer Nutzen (vgl. HORNE/MANZENREITER 2006: 3; FRANKE 2015: 18ff., 84ff., 128f.), sondern auch gesellschaftliche Gewinne erwartet werden: Sportereignisse schaffen öffentliche Aufmerksamkeit für das austragende Land in einem positiven Kontext (vgl. BLACK 2007; FINLAY/XIN 2010; MITTAG/NIELAND 2012). Außerdem kann ein großes nationales Projekt, für das verschiedene Wirtschaftssektoren zusammenarbeiten das Zusammengehörigkeitsgefühl der Bürger wenigstens vorübergehend stärken (vgl. ALABARCES/TOMLINSON/YOUNG 2001: 549). Aufgrund ihrer Tragweite ist bei Großereignissen aber auch mit Widerstand von Seiten der Bevölkerung zu rechnen. Im Vordergrund steht dabei die Kritik an

Eingriffen in der Natur und an zu hohen Kosten. Ebenso können Zweifel am Sinn des Vorhabens oder ein grundsätzliches Misstrauen gegenüber den Entscheidungsträgern artikuliert werden (vgl. BRETTSCHNEIDER 2011: 40). Der zunehmende Widerstand vor Ort erklärt auch, dass inzwischen der Bewerbungsprozess zum Medienthema geworden ist (IHLE/NIELAND 2012: 167; RIVENBURGH 2002: 38).

Sportgroßereignisse werden ein immer wichtigeres Forschungsfeld (vgl. bspw. BILLINGS 2008; BÜCH/MAENNIG/SCHULKE 2011; IHLE/MEYEN/MITTAG/NIELAND 2016). Zunehmend werden dabei Studien zur öffentlichen Diskussion über Sportinfrastruktur, Bewerbungsprozesse und sportpolitische Abstimmungen (FRANKE 2015; BENNETT et al. 2013; MAENING/VIERHAUS 2015) vorgelegt. Tatsächlich hat das IOC mit der Agenda 2020 (IOC, 2014a: 21; 2014b: 9, 43, 62, 68) die »öffentliche Unterstützung« für die Bewerbung zu einem Vergabekriterium erklärt (vgl. KIM/CHOI/KAPLANIDOU 2015: 69; auch KÖNECKE et al. 2015: 1).

Bezogen auf den Protest gegenüber Sportgroßereignissen sind mit Coates und Wicker (2015) projektbezogene Gründe, aber auch Vertrauensverlust in Politik und in große Sportverbände, Kritik am IOC sowie Kritik an der Kommunikation der Behörden (insbesondere im Fall der Hamburger Bewerbung) zu konstatieren. Vor allem die Finanzierung und Organisation von Sportgroßereignissen gerät unter Beobachtung (und zwar konkret in Hinblick auf die Exekutivlastigkeit und den Zugriff auf Ressourcen und die begrenzten internen Kontrollmechanismen (vgl. FRANKE 2015; MITTAG/NIELAND 2016).

In den öffentlichen und medialen Debatten um die Olympiabewerbungen ist die Ausweitung von zivilgesellschaftlichen Aktivitäten und der damit verbundene Widerstand der Bevölkerung gegenüber Sportverbänden, Sportpolitik und Organisatoren von Sportgroßereignissen zu beobachten. Der Widerstand gegen Vereinnahmungsprozesse des Sports durch Akteure außerhalb des Sports hat eine lange Tradition (vgl. MITTAG/NIELAND 2007; MITTAG 2011). Mittag nennt in diesem Zusammenhang zwei Hauptströmungen von Protestformen im Sport: Zum einen die Protestereignisse, die keine unmittelbar sportbezogenen Interessen verfolgen, also auf politische oder soziale Motive zurückgehen wie das Engagement für Menschenrechte (etwa die Isolation Südafrikas während der Apartheid) oder die nationalen Olympiaboykotte; zum anderen Protestereignisse mit unmittelbarem Sportbezug, wie sie vor allem im Rahmen der Verteilungs-/Vertragskonflikte in den großen amerikanischen Profiligen, und den Fanaktivitäten gegen überzogene Kommerzialisierungstendenzen sichtbar werden (vgl. MITTAG 2011: 12f.). Zwar bleiben die Protestformen bislang eher lokal begrenzt und meist situativ und wenig nachhaltig (ebd.: 14), doch sie sind Teil des wachsenden Zweifels an der Legitimität und der Leistungsfähigkeit politischer Systeme und Verfahren.

Inwieweit über Medien – Massenmedien wie auch die so genannten sozialen Medien – Aufmerksamkeit für und Mobilisierungsfähigkeit von Protestgruppen im Rahmen der Bewerbungen auf Sportgroßereignisse hergestellt werden, wurde in jüngster Zeit in einer Reihe von Studien erforscht. Die Rolle der Medien in der Meinungsbildung zu Sportgroßereignissen ist beispielsweise für die Bewerbungen von Pyeongchang (KIM et al. 2015: 81f.) und München (IHLE/NIELAND 2012; KÖNECKE et al. 2015; NIELAND/IHLE/MITTAG 2016) untersucht. Die Untersuchung zu den drei Anläufen der südkoreanischen Stadt Pyeongchang hebt die Bedeutung von Infrastruktur, soziokulturellen Rahmenbedingungen, der Sportentwicklung sowie den Einsatz von Sport-Celebrities hervor (KIM et al. 2015: 81f.). Könecke et al. (2015) befassen sich mit dem Referendum gegen die Bewerbung Münchens für die Winterspiele 2022. Unter Rückgriff auf das »arenatheoretische Modell« von Imhof wird davon ausgegangen, dass die Berichterstattung über das Referendum Einfluss auf die öffentliche Meinung hat. Ihre Studie kann nachweisen, dass das Markenimage internationaler Sportorganisationen beschädigt ist und deshalb die Hürden für eine Ausrichtung von Sportgroßereignissen hoch liegen.

Den genannten Analysen liegt die Einsicht zugrunde, dass Großereignisse immer auch Medienereignisse sind (IHLE 2017: 6) – dies trifft in besonderer Weise auf Sportgroßereignisse zu (ebd.: 7f.; HORNE/MANZENREITER 2006: 3f.). Denn gerade Sportgroßereignisse verschieben die öffentliche Aufmerksamkeit und wirken so einerseits auf die Teilnehmer und Organisatoren aber auch auf Journalisten und Medienorganisationen und schließlich auf die Zuschauer (vgl. DAYAN/KATZ 1992: 190ff.; IHLE 2017: 7). Neben den Auswirkungen auf die öffentliche Meinung haben die »media events« (DAYAN/KATZ 1992) auch Effekte auf politische Institutionen, indem sie u. a. den gesellschaftlichen Zusammenhalt fördern können (vgl. DAYAN/KATZ 1992: 201). Mit Blick auf den internationalen Forschungsstand sind dabei drei Aspekte ausschlaggebend: *Erstens* die neuentwickelten Medientechnologien, die es erlauben, ein immer größeres Publikum (mit Live-Berichterstattung) zu erreichen, *zweitens* die Herausbildung und Verfestigung der »Sport-Medien-Wirtschafts-Allianz« auf Basis von Sponsoring-Rechten, Exklusiv-Übertragungsrechten (vor allem TV) und Merchandising, und *drittens* die Nutzung von Sportevents als Tourismusförderinstrumente in der Stadt- und Regionalentwicklung (IHLE 2017: 8, mit weiteren Nachweisen.).

Gerade der letzte Punkt der Auflistung verweist auf Beweggründe für die öffentliche Unterstützung von Sportgroßereignissen: der (vermutete) Imagegewinn und die (erhoffte) Einnahmesteigerung für die Städte bzw. Länder. Hinzu tritt, was Dolan et al. (2016) als den »feel-good-factor« bezeichnen: Gerade die Veranstaltung von Sportgroßereignissen erzeugt diese positiven Gefühle, wie die Zuschreibung der Fußball-WM in Deutschland 2006 als »Sommermärchen« zeigt. Inzwischen zeichnen sich Sporteventbewerbungen durch eine zunehmende Marktorientierung aus und finden auf einem komplexen wie dynamischen Sporteventmarkt statt. Während in der Vergangenheit die Vorgaben der Sportverbände mehr oder weniger die alleinige Richtschnur waren und diese auch als Hauptakteure auftraten, melden die (Bewerber-)Städte nun vermehrt eigene Vorstellungen an und auch Bürgerinitiativen und Protestgruppen treten verstärkt in Erscheinung. Franke (2015) spürt diesen Veränderungen mithilfe eines akteurszentrierten Interaktionsmodells und der Analyse nach der »Ökonomischen Theorie der Politik« nach. In seinem Modell sind aber sowohl die Medienarbeit von Sportorganisationen und Protestgruppen als auch ihre Resonanz in der Medienberichterstattung kaum berücksichtigt. Somit fehlen auch Hinweise darauf, welche Pro- und Kontra-Argumente ausgetauscht werden. Die Befunde der bereits zitierten Studien von Kim, Choi und Kaplanidou (2015), Ihle und Nieland (2012) sowie von Könecke, Schubert und Preuss (2015) aber legen nahe, genau diese Aspekte stärker zu fokussieren.

2. Rahmenbedingungen der Münchner und Graubündner Bewerbungen

Olympiakandidaturen waren auch in Deutschland und der Schweiz immer wieder Gegenstand politischer Diskussionen. Deutschland war zuletzt 1972 in München Austragungsort Olympischer Spiele, danach gab es wiederholt erfolglose Kandidaturen sowohl für Sommer- als auch für Winterspiele. Ab Ende der 1970er-Jahre meldeten Garmisch-Partenkirchen und Berchtesgaden Interesse für die Austragung von Winterspielen an. Das Deutsche Olympische Komitee unterstützte schließlich die Kandidatur von Berchtesgaden für die Spiele im Jahr 1992 und votierte damit gegen Garmisch-Partenkirchen, wo 1936 die ersten und bislang einzigen Olympischen Winterspiele in Deutschland stattfanden. Gegen das Vorhaben leisteten mehrere Bürgerinitiativen und Umweltorganisationen Widerstand und eine Umfrage unter der lokalen Bevölkerung ergab eine deutliche Mehrheit gegen das Projekt (vgl. NOLYMPIA 2010). Die Austragungsgemeinden hielten an der Kandidatur fest, Berchtesgaden schied aber im Oktober 1986 bei der Schlussabstimmung des IOC bereits im ersten Wahlgang aus. Auch die Bewerbungen für Sommerspiele in Berlin 2000 und Leipzig 2012 hatten keinen Erfolg. Volksabstimmungen in den betroffenen Regionen gab es bei den jüngsten deutschen Olympiaprojekten. Während sich die Bewohner von Garmisch-Partenkirchen am 8. Mai 2011 mit 58 Prozent Ja-Stimmen für Olympische Winterspiele in München 2018 aussprachen (vgl. AFP/DPA 2011), bedeuteten die negativen Volksentscheide vom 10. November 2013 für München 2022 (Winterspiele) und vom 29. November 2015 für Hamburg 2024 (Sommerspiele) das Ende des jeweiligen Projekts.

In der Schweiz fanden 1928 und 1948 die Olympischen Winterspiele in St. Moritz statt. Bestrebungen, den Großanlass wieder in die Schweiz zu holen, betrafen fast ausschließlich die Winterspiele und blieben seither erfolglos. Dabei spielten Volksabstimmungen eine wichtige Rolle, denn in den Schweizer Kantonen verpflichtet das Finanzreferendum zu Volksabstimmungen über staatliche Investitionen ab einer bestimmten Höhe. Entscheidende Abstimmungen zu Olympischen Spielen betrafen somit die finanzielle Beteiligung des Standortkantons und fanden auf kantonaler Ebene statt. So lehnten die Bündner Stimmberechtigten am 2. März 1980 die Finanzierung der Kandidatur Churs 1988 mit über 70 Prozent Nein-Stimmen ab (vgl. SÜDOSTSCHWEIZ 2013); ebenso deutlich war die Ablehnung des Projekts Bern/Lausanne 2010 im Kanton Bern am 22. September 2002 (vgl. NZZ 2002). Im Kanton Graubünden beendeten Volksabstimmungen auch Bestrebungen zu Olympiakandidaturen für 2022 und 2026. Die Abstimmung vom 3. März 2013 über einen Beitrag von 300 Mio. Franken für die Kandidatur für 2022 fiel mit 52 Prozent Nein-Stimmen relativ knapp aus. Deutlicher war die Ablehnung vier Jahre später: Am 12. Februar 2017 sagten 60 Prozent der Stimmberechtigten nein zu einer Bewerbung für 2026 (vgl. JANKOVSKI 2017). Einzig im Wallis fand ein Olympiaprojekt die Unterstützung einer Bevölkerungsmehrheit: Hier sagten am 8. Juni 1997 zwei Drittel der Bevölkerung ja zur Kandidatur von Sion 2006 – das Projekt scheiterte erst zwei Jahre später in der IOC-Schlussabstimmung gegen Turin (vgl. IDIAP 2015).

3. Verlauf der untersuchten Bewerbungen

Der vorliegende Beitrag vergleicht die Medienberichterstattung von zwei Olympiabewerbungen. Er greift mit den Bewerbungen Münchens für 2018 und Graubündens für 2022 zwei besondere Fälle auf. Während es die Münchner Bewerbung nach einem knappen Referendum zugunsten der Kandidatur bis in die IOC-Abstimmungsrunde schaffte, entzog die Graubündner Bevölkerung der dortigen Bewerbung frühzeitig die Zustimmung. In beiden Fällen war die Bewerbungsabsicht zunächst von der Politik protegiert worden. Im Einzelnen lassen sich die Fälle kurz umreißen:

Die Stadt München und später auch das Land Bayern, der Bundestag und die Bundesregierung (insbesondere die Bundeskanzlerin und die zuständigen Bundesinnenminister) waren ab 2007 im Schulterschluss mit dem Deutschen Olympischen Sportbund (DOSB) für die Bewerbung eingetreten. Das Bewerbungskuratorium wurde von der ehemaligen Olympiasiegerin Katharina Witt angeführt. Dass sich Grundstücksbesitzer in Garmisch-Partenkirchen gegen (weitere) Eingriffe in Natur und Landschaft zur Wehr setzten, kam für die meisten Verantwortlichen und Beobachter überraschend, ging aber so weit, dass einige Landwirte aus Garmisch der bayerischen Landesregierung ein Ultimatum stellten, die Bewerbung zurückzuziehen. Die zunächst lokalen Proteste sammelten sich in der »NOlympia«-Initiative und erhielten bundesweiten Zulauf, der so weit ging, dass die – ebenfalls für die Bewerbergesellschaft tätige – Grünen-Chefin Claudia Roth aufgrund eines Parteibeschlusses ihren Posten im Kuratorium aufgeben musste (vgl. LOHRE 2010). Neben den ökologischen Argumenten wurden Bedenken gegenüber der Finanzierung des Sportgroßereignisses laut und Kommunikationspannen bei der Bewerbungsgesellschaft führten zu einer kritischen Berichterstattung. Angesichts der öffentlichkeitswirksamen Auftritte der »NOlympia«-Initiative formierte sich die »PROlympia«-Bewegung. Die beiden Initiativen erreichten, dass am 8. Mai 2011 die Bürger von Garmisch-Partenkirchen in einem Bürgerentscheid über die mögliche Austragung der Winterspiele 2018 abstimmten. Die Gegner der Bewerbung unterlagen in dieser Abstimmung knapp.

Wie die Münchner Bewerbung war auch die Olympiakandidatur von Graubünden für 2022 politisch breit abgestützt. Die Befürworter organisierten sich im Verein »Olympische Winterspiele Graubünden 2022«, der von Gian Gilli geleitet wurde, dem Sportdirektor von Swissolympic. Unterstützt wurde die Kandidatur von der Regierung des Kantons Graubünden, den Gemeindeexekutiven der Haupt-Austragungsorte Davos und St. Moritz, den bürgerlichen Parteien und vielen Wirtschaftsverbänden. Das Eidgenössische Departement für Verteidigung, Bevölkerungsschutz und Sport sicherte zudem 1 Mrd. Franken aus Bundesgeldern zur Deckung von Defiziten zu. Neben vier der sieben Bündner Bundesparlamentarier waren im Unterstützungskomitee auch aktuelle und ehemalige Spitzensportler aus dem Kanton vertreten, darunter Langlauf-Olympiasieger Dario Cologna und Snowboarderin Ursina Haller. Gegen die Kandidatur stellten sich linke und grüne Parteien sowie Umweltverbände. Als einzige Bundesparlamentarierin engagierte sich die sozialdemokratische Nationalrätin Silva Semadeni aktiv gegen die Kandidatur. Sie war Präsidentin des Vereins »Olympiakritisches Graubünden«, der vor allem aus Vertretern der Umweltverbände bestand (vgl. ANGELI et al. 2013). Da sich der Kanton Graubünden mit einem Beitrag von 300 Mio. Franken an der Kandidatur beteiligen sollte, war eine Volksabstimmung zwingend – in Graubünden müssen gemäß Art. 16 der Kantonsverfassung alle staatlichen Ausgaben über 10 Mio. Franken vom Volk bestätigt werden. Die Abstimmung fand am 3. März 2013 statt und fiel wie der Münchner Entscheid äußerst knapp aus, allerdings zugunsten der Gegner: 52 Prozent der Bündner Stimmberechtigten lehnten die Kandidatur ab und besiegelten damit das Ende der Olympiapläne für 2022.

4. Forschungsfragen und Methode

Die eingangs genannte Leitfrage (*Welche Argumente und welche Akteure prägen die mediale Auseinandersetzung?*) lässt sich in drei Teilfragen präzisieren und ausdifferenzieren:

F1: Durch welche Argumente werden die öffentlichen Debatten um Olympiabewerbungen geprägt?

F2: Wie viel mediale Aufmerksamkeit wird Gegnern und Befürwortern in der Berichterstattung zuteil?

F3: Welchen Stellenwert haben die Argumente (pro/kontra) in der Berichterstattung?

Um diese Fragen zu beantworten, wurde eine Sekundäranalyse zweier Studien aus Deutschland und der Schweiz vorgenommen, die sich mit medialen Debatten um die Austragung olympischer Spiele befasst haben (D: IHLE/NIELAND 2012; NIELAND/IHLE/MITTAG 2016; CH: MAISSEN 2014). Da beide Studien eine unterschiedliche Untersuchungsanlage aufweisen, wird zunächst beschrieben, wie die verfügbaren Daten für den hier vorgenommenen Vergleich aufbereitet wurden und welche Einschränkungen dies für Auswertung und Dateninterpretation nach sich zieht.

4.1 Anlage der München-Studie

Die Debatte um die Münchner Olympiabewerbung für 2018 wurde mit einer standardisierten Inhaltsanalyse von neun deutschen Tageszeitungen (fünf national verbreitet, vier lokal) untersucht. Dafür wurden alle innerhalb des Zeitraums vom 24. Oktober 2010 bis 24. Mai 2011 in den einbezogenen Blättern erschienen Artikel (*n* = 591), die sich mit der Olympiabewerbung befassten, identifiziert und alle darin vorkommenden Akteure und Argumente erfasst. Dabei wurden formal alle Artikel nach Zeitung, Erscheinungsdatum, Darstellungsform, Umfang vercodet. Akteure (*n* = 1780) wurden gemäß ihrer Position pro oder kontra Bewerbung zugeordnet.

Innerhalb aller Artikel wurden vorkommende Argumente erfasst, mit denen sich für oder gegen die Bewerbung bzw. die Durchführung der Spiele ausgesprochen wurde. Argumente sind definiert als semantisch eigenständige Aussagen zu eindeutig abgrenzbaren Teilaspekten des Themas Olympiabewerbung, mit denen eine Begründung einer Positionierung zur Ausrichtung der Spiele gegeben wird. Argumente (*n* = 814) wurden vier Kategorien (politisch, Umwelt/Nachhaltigkeit, Bewerbung, Sport)[2] zuge-

---

2   In die Argumentoberkategorie *Politik* fallen alle Argumente, die die Bewerbung aus politischen Gründen befürworten oder ablehnen. Solche Gründe können das Finanzierungskonzept (Kosten-Nutzen-Relation für Steuerzahler), das Sicherheitskonzept (sowohl Sicherheit gegen äußere Gewalteinwirkungen (Terror) sowie das Sicherheitskonzept der Großveranstaltung in sich) oder auch die Bevölkerungsmeinung sein. Die Argumentkategorie *Umwelt und Nachhaltigkeit* bezieht sich auf die ökologischen Aspekte der Bewerbung (sind die Spiele »umweltfreundlich«?) und die Aspekte der späteren Nutzungsmöglichkeiten und langfristigen Folgen der Olympischen Spiele für die betroffenen Regionen. Die Argumentoberkategorie *Bewerbung* umfasst alle Aspekte, die die Durchführung der Bewerbung und die Arbeit der Bewerbergesellschaft sowie die Vergabepraxis des IOC betreffen. Hierunter fallen alle Fragen danach, ob bspw. die Bewerbung handwerklich gut gemacht ist, ob geeignete Testimonials bestimmt wurden,

ordnet und ebenfalls entlang der Unterscheidung pro/kontra Bewerbung codiert. Die vier Argumentkategorien wurden im Rahmen der Entwicklung des Kategorienschemas theorie- und empiriegeleitet bestimmt.[3] Im Rahmen der Primärerhebung wurde zusätzlich zur Richtung der Argumente auch codiert, ob diese durch Stilmittel verstärkt oder abgeschwächt werden (vgl. IHLE/NIELAND 2012: 174-176).[4]

4.2 Anlage der Graubünden-Studie

Für die Untersuchung zur Bündner Olympiakandidatur für 2022 wurden Kommentare und Leitartikel in zwei kantonalen und zwei überregionalen Tageszeitungen (*Südostschweiz, Engadiner Post, Tagesanzeiger, Neue Zürcher Zeitung* [NZZ]) im Zeitraum vom 1. Januar bis zum 3. März 2013 untersucht. Die Untersuchung folgte einem qualitativen Untersuchungsdesign, bei dem alle in den Artikeln ($n = 20$) vorgefundenen kommentierenden Aussagen ($n = 481$) empiriegeleitet kategorisiert wurden. Dabei wurde zunächst eingeordnet, ob es sich um befürwortende oder ablehnende Äußerungen handelt. Anschließend wurden die Aussagen danach verschlagwortet und anschließend auf dieser Basis erkennbaren gemeinsamen Kategorien zugeordnet. Somit konnten alle Aussagen schließlich in 10 Oberkategorien eingeteilt werden (Finanzierung, Abstimmungskampf/Politik, Erfahrungen mit Olympia, Wirtschaft, Gesellschaft, Umwelt, Infrastruktur, Sportförderung, Alternativen zu Olympia, Sonstige) (vgl. MAISSEN 2014).

---

ob die Bewerbung Vorteile oder Nachteile gegenüber den konkurrierenden Bewerberstädten hat – aber auch die Frage danach, ob die Vergabe der Spiele durch das IOC ein transparentes Verfahren darstellt. Die Kategorie *Sport* umfasst alle Begründungen in Hinblick auf Auswirkungen auf den heimischen Wintersport, insbesondere in Bezug auf Nachwuchsförderung, Attraktivität als Sportstandort und Hoffnungen auf Medaillen und Erfolge.

3 Argumente, die der Residualkategorie »Sonstige« zugeordnet waren, wurden im Rahmen der Datenaufbereitung zu übergreifenden Kategorien zusammengefasst, die sich jeweils in eine der vier genannten Oberkategorien einordnen ließen.

4 Die Intercoder-Reliabilität für die Zuordnung der Argumente zu den thematischen Oberkategorien lag bei 0.80 nach Holsti, für die Einordnung der Richtung der Argumente bei 0.86 und für die Stilmittelvariablen bei 0.79 nach Holsti. Die durchschnittliche Intercoderreliabilität über alle anderen in der Studie codierten Artikelvariablen lag bei 0.86. Die Datenerhebung wurde im Rahmen des Masterseminars »Ausgewählte Felder der Medieninhaltsforschung (im Sommersemester 2011) an der Deutschen Sporthochschule von 30 Studierenden durchgeführt (für den Untersuchungszeitraum 24. Oktober 2010 bis 24. März 2011. Die anschließende Erweiterung der Studie bis zum 24. Mai 2011 wurde von zwei weiteren geschulten Kodierern vorgenommen.

4.3 *Sekundäranalyse*

Um die Daten beider Studien miteinander vergleichen zu können, wurde der Datensatz der München-Studie auf Kommentare und Leitartikel eingegrenzt (Artikel: *n* = 62; Argumente: *n* = 101). Somit wurden anschließend nur meinungshaltige und prominente Darstellungsformen aus beiden Ländern verglichen. Zudem wurde nur die codierte grundsätzliche Richtung der Argumente ausgewertet. Die Verstärkung oder Abschwächung durch Stilmittel wurde nicht berücksichtigt, weil diese in der Schweizer Studie nicht erhoben wurde. Von den 101 Argumenten entfielen 66 auf Artikel in den überregionalen Tageszeitungen und 35 auf regionale Blätter.

Die in der Schweizer Studie erhobenen Aussagen wurden anhand der Verschlagwortung als Argumente gemäß dem Codebuch der Münchner Studie recodiert. Anschließend wurden alle Aussagen innerhalb jedes Artikels, die sowohl zur gleichen Argumentkategorie gehörten, als auch in die gleiche Richtung (pro/kontra) eingeordnet wurden, zu einem Argument zusammengefasst. Nach dieser Recodierung ergaben sich in den untersuchten Artikeln (Kommentare und Leitartikel) insgesamt 107 Argumente, davon 38 in den beiden überregionalen und 69 in den regionalen Zeitungen.[5]

5. Ergebnisse

Im Folgenden werden die Fragen anhand der Befunde aus den herangezogenen Studien beantwortet. Dabei liegt das Hauptaugenmerk auf dem Vergleich der beiden Debatten anhand der durchgeführten Sekundäranalyse (zu Forschungsfrage 1). Die Forschungsfragen 2 und 3 können aufgrund der unterschiedlichen Anlage der Studien nur auf Basis der München-Studie beantwortet werden. Sofern möglich werden diese Befunde jeweils auch in Bezug zu den Schweizer Daten gesetzt.

---

5   Die insgesamt 6 Argumente aus der Kategorie »Sonstige« wurden zugunsten der Vergleichbarkeit beider Studien hier ausgeschlossen, vgl. FN 3.

5.1 Argumentationsstrukturen im Vergleich[6]

Im Vergleich der unterschiedlichen Argumente für und gegen die Bewerbung zeigt sich anhand der untersuchten Kommentare und Leitartikel insgesamt zu beiden Bewerbungen ein ausgeglichenes Bild. In der deutschen Presse wird die Münchner Bewerbung mit 52,5 Prozent der Argumente unterstützt, in der Schweiz die Bündner Kandidatur mit 51,4 Prozent (vgl. Abb. 1). Das heißt nicht, dass einzelne Redaktionen sich nicht klar positioniert hätten, zeigt aber, dass sich aus den meinungshaltigen Darstellungsformen kein eindeutiger Tenor der Berichterstattung ableiten lässt. Über alle Zeitungen und den gesamten jeweiligen Untersuchungszeitraum hinweg gleichen sich die Argumente nahezu aus.

Größere Unterschiede zeigen sich lediglich in der thematischen Zusammensetzung dieser Stimmungsbilder. In der deutschen und auch der Schweizer Presse werden (mit jeweils gut einem Drittel aller Argumente) anteilig die meisten politischen Begründungen für oder gegen die Bewerbung vorgebracht (vgl. Tab. 1). Zur Bündner Kandidatur entfällt ein knappes weiteres Drittel auf die Kategorie Umwelt und Nachhaltigkeit. Dagegen bilden sportliche Gründe mit einem Viertel aller Argumente die zweitstärkste Themenkategorie zu München 2018. Umwelt und Nachhaltigkeit folgen mit geringem Abstand erst an dritter Stelle (22,8 %). Sportliche Aspekte werden in den Kommentaren zur Bündner Bewerbung dagegen nur nachrangig vorgebracht, allerdings ausschließlich unterstützend. Argumente mit Blick auf die Qualität und Durchführung der Bewerbung machen in der deutschen Presse nur 16,8 Prozent der vorgebrachten Begründungen einer Position aus. In der Schweizer Presse hat dieses Thema mit 21,5 Prozent einen etwas höheren Stellenwert.

6 Aufgrund der unterschiedlich großen Untersuchungszeiträume und jeweiligen Datenbasis der beiden Primärerhebungen werden zur Beschreibung der unterschiedlichen Argumentationsmuster nicht die absoluten Zahlen, sondern jeweils die Anteile herangezogen, auch wenn zu einzelnen Argumentationskategorien oder Zeitungstypen teilweise sehr geringe Fallzahlen vorliegen. Die absoluten Werte sind jeweils in den Abbildungen, auf die Bezug genommen wird, ausgewiesen.

ABBILDUNG 1
Argumentationsstruktur zu den Olympiabewerbungen Münchens und Graubündens

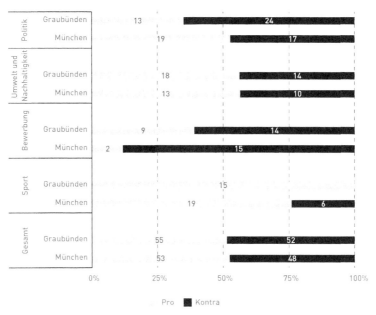

Anmerkung: Häufigkeit vorkommender Argumente in den einzelnen Argumentkategorien. Datenbasis: Argumente (D: n=101, CH: n=107) in meinungshaltigen Artikeln (Kommentare und Leitartikel; D: n=62, CH: n=20).

TABELLE 1
Argumente in Kommentaren und Leitartikeln zu den Olympiabewerbungen (Anzahl und Verteilung auf die Argumentkategorien)

	München		Graubünden	
Argumentkategorie	Anzahl	Anteil	Anzahl	Anteil
Politik	36	35,6%	37	34,6%
Umwelt & Nachhaltigkeit	23	22,8%	32	29,9%
Bewerbung	17	16,8%	23	21,5%
Sport	25	24,8%	15	14,0%
Gesamt	101	100,0%	107	100,0%

Das Bewerbungskonzept ist in der Debatte um München allerdings die einzige Bewertungskategorie, in der die Gegenargumente eindeutig überwiegen (88,2 %). Zwar wird auch in der Schweiz das Bündner Bewerbungskonzept eher kritisiert als gelobt (60,9 % Gegenargumente), etwas stärkere Ablehnung lässt sich aber im Themenbereich Politik finden (64,9 % Gegenargumente).

5.2 Positionierung regionaler und überregionaler Zeitungen im Vergleich

In beiden hier herangezogenen Studien wurden Inhalte von Zeitungstiteln mit unterschiedlichem Verbreitungsgebiet untersucht. Vor dem Hintergrund der Bedeutung regionaler Tageszeitungen (hohe Gesamtverbreitung) gegenüber den national verbreiteten Titeln (geringere Gesamtleserzahl, aber Leit- bzw. Meinungsführermedien; vgl. KÜNZLER 2013a: 83-84; KÜNZLER 2013b; MEDIA PERSPEKTIVEN BASISDATEN 2016: 80; PASQUAY 2016: 14-15) soll im Folgenden der Frage nachgegangen werden, ob sich zwischen beiden Zeitungstypen Unterschiede in der Positionierung zur Olympiabewerbung feststellen lassen.

In Deutschland lassen sich zwischen nationaler und regionaler Presse nur zum Thema Umwelt und Nachhaltigkeit nennenswerte Unterschiede ausmachen. Während die regionale Presse hier eher Gründe vorbringt, die für eine Austragung der Spiele sprechen, wird in der überregionalen Presse mit Verweis auf dieses Thema die Bewerbung klar abgelehnt (vgl. Abb. 2). Darüber hinaus wird das Bewerbungskonzept in den überregionalen Titeln ausschließlich kritisch gesehen, während es in den Lokalzeitungen trotz der ebenfalls deutlich überwiegenden Ablehnung wenigstens in geringem Umfang auch positiv gesehen wird.

Insgesamt ist die Pro- und Kontrapositionierung in der deutschen Presse ausgeglichen. Diese Gesamtverteilung ergibt sich aus der unterschiedlichen Haltung der lokalen im Vergleich zu den überregionalen Titeln. In den bundesweit verbreiteten Zeitungen haben die Kontra-Argumente mit 51,5 Prozent einen knappen Vorsprung. Die Regionalpresse spricht sich mit 60,0 Prozent der Argumente stärker für die Bewerbung aus. In der Schweizer Debatte lässt sich zwischen den unterschiedlich verbreiteten Zeitungstiteln ein größerer Gleichklang hinsichtlich der Themeneinschätzungen ausmachen als in der deutschen Auseinandersetzung. In keiner der vier Argumentkategorien lässt sich zwischen Lokalblättern und nationalen Titeln eine gegenläufige Einschätzung finden (vgl. Abb. 3). Lediglich zum Thema Umwelt und Nachhaltigkeit überwiegt in der regionalen Presse die Skepsis, während in der überregionalen Presse Pro- und Kontra-Argumente genau gleich verteilt sind (allerdings werden zu diesem Thema in den nationalen Zeitungen neben der Themenkategorie Sport am wenigsten Argumente vorgebracht).

ABBILDUNG 2
Argumentationsstruktur der deutschen Presse im Vergleich nach Verbreitungsgebiet

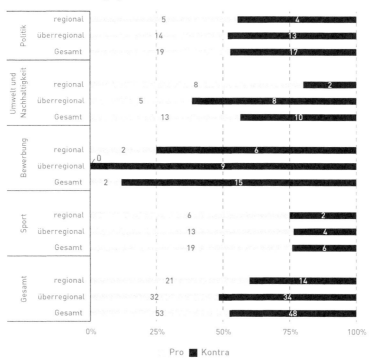

Anmerkung: Häufigkeit vorkommender Argumente in den einzelnen Argumentkategorien. Datenbasis: Argumente (D: $n = 101$) in meinungshaltigen Artikeln (Kommentare und Leitartikel; D: $n = 62$).

Der Einfluss des IOC ist für den überwiegend negativen Tenor bei der Kategorie Bewerbung entscheidend: Die Arbeit des Bewerberkomitees wird zwar im Großen und Ganzen gut bewertet, nicht aber die erwartete Rolle des IOC im weiteren Vergabeverfahren, wobei auch mit Erfahrungen früherer Bewerbungen argumentiert wird.

ABBILDUNG 3
Argumentationsstruktur der Schweizer Presse im Vergleich nach Verbreitungsgebiet

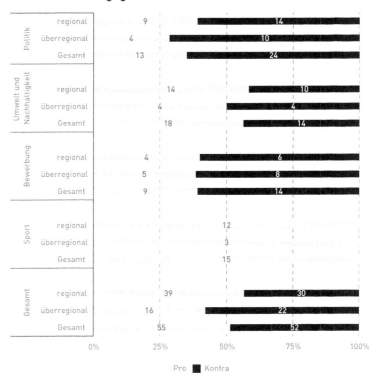

Anmerkung: Häufigkeit vorkommender Argumente in den einzelnen Argumentkategorien. Datenbasis: Argumente (CH: n = 107) in meinungshaltigen Artikeln (Kommentare und Leitartikel; CH: n = 20).

Insgesamt wird in der Schweiz – ebenso wie in Deutschland – die Austragung der Winterspiele von der regionalen Presse eher befürwortet (56,5 % Pro-Argumente) als in den überregionalen Titeln (57,9 % Kontra-

Argumente). Es gibt aber auch innerhalb der Zeitungstypen Abweichungen: Der *Tages-Anzeiger* ist eher kritisch, NZZ und *Südostschweiz* berichten ausgeglichen, die *Engadiner Post* eher positiv. Interessant ist der Befund für die *Südostschweiz* im Jahr 2013 angesichts des Umstands, dass der Verleger der Zeitung, Hanspeter Lebrument, bei der Abstimmung zur Kandidatur für 2026 vier Jahre später als einer der vehementesten Befürworter galt und öffentlich bezweifelte, dass es überhaupt Argumente gegen Olympische Spiele gebe (vgl. MELCHER 2016; TANNER 2017).

Obwohl sich die Tendenzen in den einzelnen Argumentkategorien zwischen den Zeitungstypen nicht unterscheiden, ergibt sich eine differierende Gesamteinschätzung. Das liegt daran, dass in der regionalen Presse insgesamt mehr Argumente vorgebracht werden. Vor allem im (eindeutig positiv besetzten) Themengebiet Sport werden viermal so viele Gründe genannt, die für die Spiele sprechen. Olympia wird als Impuls für die Attraktivität des Sportstandorts Graubünden/Schweiz betrachtet, sowohl was die Entwicklung der Infrastruktur als auch den Schweizer Spitzensport betrifft.

Zu Forschungsfrage 1, welche Argumente die öffentlichen Debatten geprägt haben, lässt sich insgesamt festhalten, dass im Vergleich der deutschen mit der schweizerischen Debatte der Gesamttenor in den Kommentaren und Leitartikeln beider Länder ausgeglichen ist. In beiden Debatten haben Argumente aus dem Themenbereich Politik den jeweils größten Anteil. Sportliche Aspekte werden dagegen zwar seltener, aber ganz überwiegend als unterstützende Argumente vorgebracht.

5.3 Bedeutung von Befürwortern und Gegnern für die Olympiadebatte am Beispiel der Münchner Bewerbung

Die Frage, welche Aufmerksamkeit Befürworter und Gegnern von Olympiabewerbungen in der Berichterstattung zukommt, lässt sich aus den vorliegenden Daten nur für die Berichterstattung zur Münchner Kandidatur beantworten. Wirft man hier zunächst einen Blick auf die Verteilung beider Gruppen in der Gesamtberichterstattung, zeichnet sich ein relativ klares Bild ab. Von insgesamt 1.337 genannten Personen, deren Haltung zur Bewerbung deutlich gemacht wird, zählen 1.080 zur Gruppe der Befürworter (vgl. Tab. 2). Diese Personen kommen zum größten Teil auch zu Wort: 645 werden zitiert, das entspricht einem Anteil von 59,7 Prozent. Von den 257 Olympiagegnern kommen 175 auch zu Wort, was 68,1 Prozent ausmacht.

Sofern also Kritiker vorkommen, werden sie eher auch zitiert, als die Unterstützer. Dieser geringfügig höhere ›Zitationsimpact‹ gleicht das insgesamt geringere Vorkommen allein aufgrund der deutlich niedrigeren Zahl von ablehnenden Äußerungen nicht aus. Der bestehende statistische Zusammenhang zwischen Haltung zur Bewerbung und Zitationshäufigkeit[7] ist ausgesprochen schwach, so dass nicht davon ausgegangen werden kann, dass den Olympiagegnern grundsätzlich eher die Gelegenheit zur Äußerung ihrer Argumente gegeben wird.

TABELLE 2

Stellenwert von Gegnern und Befürwortern in der München-2018-Berichterstattung nach Häufigkeit und Art des Zu-Wort-Kommens

Art des Zu-Wort-Kommens	alle untersuchten Artikel				Kommentare und Leitartikel			
	Befürworter		Gegner		Befürworter		Gegner	
zitiert	645	59,7 %	175	68,1 %	48	52,7 %	10	47,6 %
paraphrasiert	44	4,1 %	16	6,2 %	1	1,1 %	1	4,8 %
nur erwähnt	391	36,2 %	66	25,7 %	42	46,2 %	10	47,6 %
Summe	1080	100,0 %	257	100,0 %	91	100,0 %	21	100,0 %
Gesamtanteil	80,8 %		19,2 %		81,3 %		18,8 %	

In der Schweizer Studie wurden nur Kommentare und Leitartikel erhoben. Deshalb erfolgt der Vergleich zwischen der München- und der Graubünden-Debatte nur auf Basis dieser Darstellungsformen. Inwieweit Befürworter und Gegner innerhalb dieser meinungshaltigen Artikel eine Rolle spielen, lässt sich zeigen, indem deren Vorkommen darin gesondert betrachtet wird. Hier wird deutlich, dass von allen eindeutig positionierten Personen 8,4 Prozent in den Kommentaren und Leitartikeln genannt oder zitiert werden. Das korrespondiert in etwa mit dem Anteil der meinungshaltigen Artikel an der Gesamtberichterstattung. 10,4 Prozent der

---

7 Der Unterschied der Zitationshäufigkeit von Gegnern und Befürwortern ist statistisch signifikant, der Zusammenhang zwischen Gruppenzugehörigkeit und Zitation aber ausgesprochen gering (Cramers $V = 0.09$, $p < .001$).

Artikel sind Kommentare oder Leitartikel. Auch innerhalb dieser Klasse von Analyseeinheiten kommen die Befürworter in deutlich höherem Ausmaß vor. Der höhere Zitationsanteil der Gegner findet sich jedoch in den meinungshaltigen Darstellungsformen nicht wieder.

Insgesamt lässt sich festhalten, dass die Anteile der in den untersuchten Artikeln vorkommenden Befürworter und Gegner in Kommentaren und Leitartikeln zu gleichen Anteilen wie in der Gesamtberichterstattung vorkommen. Lediglich die Art ihres Vorkommens (Zitat oder bloße Nennung) innerhalb der Artikel unterscheidet sich. Aufgrund der geringeren Zahl genannter Befürworter und Gegner in den meinungshaltigen Formen sollten diese Unterschiede aber nicht überbewertet werden. Das gilt umso mehr, als dass anzunehmen ist, dass gerade in Kommentaren Zitate von Journalisten gezielt eingesetzt werden, um Punkte entweder zu untermauern oder um sie als Ausgangspunkt für konträre eigene Argumente zu nehmen.

Bezogen auf die dargestellte Verteilung der Befürworter und Gegner in der Berichterstattung zur München-Bewerbung lässt sich feststellen, dass deren Verteilung keine erkennbare Entsprechung in der argumentativen Positionierung der Presse hat. Obwohl die Befürworter insgesamt viel häufiger vorkommen, ist das Meinungsbild der Presse ausgeglichen.

Auch wenn in der Vergleichsperspektive keine Aussage möglich ist, ob und in welcher Häufigkeit die Vertreter der unterschiedlichen Positionen in der Schweizer Debatte vorkommen, so lässt sich zumindest vermuten, dass die Beschränkung der Untersuchung auf die meinungshaltigen Darstellungsformen keine Verzerrung in Hinblick auf das anteilige Vorkommen von Personen und ihrer Haltung zur Olympiabewerbung nach sich zieht.

Zu Forschungsfrage 2 lässt sich somit festhalten, dass die Unterstützer der Bewerbung deutlich häufiger in den Artikeln zur Olympiabewerbung vorkommen. Diese mediale Sichtbarkeit wird durch anteilig häufigere Zitate der Gegner kaum aufgewogen. Das Ungleichgewicht wirkt sich aber nicht auf den Gesamttenor der Berichterstattung aus.

5.4 *Gewicht von Argumenten in der Berichterstattung zur München-2018-Debatte*

Die Debatte in Deutschland wurde – anders als die Schweizer Studie – nicht nur auf Basis der Kommentare und Leitartikel untersucht, sondern es wurden alle Artikel einbezogen, die sich zumindest als Nebenthema mit der Olympiabewerbung befassten. Das eröffnet die Möglichkeit, Aussagen über den Stellenwert der in den meinungshaltigen Formen vorgebrachten Argumente zu treffen und dadurch die bisher dargelegten Befunde in den Gesamtkontext der Berichterstattung einzuordnen. Darüber hinaus sind in der Primärerhebung der München-Studie auch »implizite Argumente« erhoben worden. Dabei handelt es sich um Stilmittel, mit denen explizite Argumente untermauert oder abgeschwächt werden können. Ziel dieses Verfahrens ist es, Tendenzen von Berichterstattung differenziert zu erfassen.[8] Das offeriert die Möglichkeit zu zeigen, ob und wie stark sich das Bild der Debatte unterscheidet, wenn nicht nur die Häufigkeit von Pro- und Kontra-Argumenten gezählt wird, sondern auch deren Hervorhebung oder Abschwächung.

In der an Früh (2007: 241-270) orientierten Argumentationsanalyse erhalten explizite Kontra-Argumente auf einer 7-stufigen Ordinalskala den Wert 2, explizite Pro-Argumente den Wert 6. Für jede latente Verstärkung des Arguments (Stilmittel) verschiebt sich dieser Wert um eine Position in Richtung des jeweiligen Extrempols (Rang 1 bzw. 7). Abschwächungen durch latente Wertungen werden als Verlust eines Rangs in Richtung der neutralen Position (Wert 4 auf der Pro-Kontra-Skala) verrechnet.

Im Vergleich der Mittelwerte[9] der Argumentationsanalyse zeigt sich, dass die Richtung und Stärke der Bewertung lediglich in Hinblick auf die Bewerbung in den Kommentaren eine grundsätzlich gegenläufige Tendenz gegenüber der Gesamtberichterstattung vorzufinden ist. Während in der Gesamtberichterstattung die Argumente aus diesem Themenfeld insgesamt neutral ausfallen, werden in den Kommentaren hier vor allem Gegenargumente zur Kandidatur gesehen. In der Argumentkategorie Politik (aus der die meisten Argumente stammen) ist die Tendenz in den Kommentaren ebenfalls etwas stärker gegen die Olympiakandidatur ausgeprägt. Der Unterschied zur Gesamtberichterstattung ist aber so gering

---

8 Das Verfahren beruht auf dem von Früh (2007: 241-270) vorgeschlagenen Verfahren zur Analyse impliziter Bewertungen. Die Anwendung dieser Methode auf die Untersuchung der Münchner Olympiabewerbung ist dargelegt in Ihle und Nieland (2012: 174-176).
9 Da es sich um eine Ordinalskala handelt, ist der Mittelwert streng genommen nicht heranzuziehen. Aufgrund der feinstufigeren Markierung von Unterschieden im Vergleich zum Median, wird hier dennoch dem Mittelwert der Vorzug gegeben, insbesondere weil in erster Linie die Richtung der Argumentationstendenz verdeutlicht werden soll.

(weniger als ein Skalenpunkt um die Neutralposition), dass hier nicht von einer grundsätzlich anderen Einschätzung auszugehen ist.

ABBILDUNG 4
Tendenzen der Berichterstattung zur Münchner Olympiabewerbung

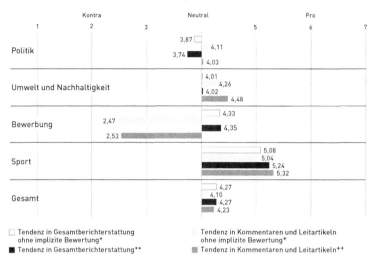

Anmerkung: Mittelwerte der Zustimmung bzw. Ablehnung auf 7-stufiger Skala; 1 = »völlige Ablehnung« bis 7 = »völlige Zustimmung«.
Datenbasis: * explizite Argumente in allen Artikeln zur Olympiabewerbung (n = 591); ** alle Argumente in allen Artikeln zur Olympiabewerbung (n = 814); + explizite Argumente in Kommentaren und Leitartikeln (n = 62); ++ alle Argumente in Kommentaren und Leitartikeln (n = 101).
In die Auswertung der Argumentation mit impliziter Bewertung fließen nur »gültige Argumente« ein, die nicht durch mehrere widersprüchliche implizite Bewertungen als inkonsistent erscheinen.

In methodischer Hinsicht ist nicht unwichtig, dass die Erhebung und Auswertung der impliziten Bewertung der Argumente, zumindest in der Gesamtbetrachtung keine signifikanten Unterschiede[10] gegenüber der weniger detaillierten Zählung der Pro- und Kontra-Argumente erbringt.[11]

10   Der Korrelationskoeffizient zwischen der Einstufung der Argumente auf Basis expliziter Bewertung und der Einstufung unter Einbezug der impliziten Bewertung liegt bei 0.93 ($p < 0.005$).
11   Auch hier ist eine Einschränkung nötig: Der Vergleich der Mittelwerte basiert zumindest für die rein expliziten Argumente auf deren zunächst willkürlichen Einstufung auf den Ska-

Insofern ist das Verfahren der Argumentationsanalyse eher dazu geeignet, unterschiedliche Tendenzen zwischen verschiedenen Zeitungstiteln aufzuzeigen (vgl. IHLE/NIELAND 2012, 2013), als die Gesamtberichterstattung zu beschreiben, da in der Gesamtschau und der darin höheren Fallzahlen einzelne implizite Argumente geringere Auswirkungen auf das Ergebnis haben.

Zu Forschungsfrage 3 lässt sich festhalten, dass sich der Gesamttenor der Berichterstattung ganz überwiegend aus der bloßen Häufigkeit von Pro- und Kontra-Argumenten ergibt. Die implizite Verstärkung oder Abschwächung von Argumenten wirkt sich dagegen nicht aus.

6. Fazit

Der in der »Agenda 2020« fixierte und von der IOC-Vollversammlung im Dezember 2014 verabschiedete Reformprozess legt den Schwerpunkt auf transparente und offene Bewerbungsverfahren (vgl. IOC 2014a: 4f., 9ff.; IOC 2014b: 14ff.) sowie eine Kostenreduzierung für den Bewerbungsprozess und Ausrichtung der Spiele (vgl. IOC 2014a: 11, 15; IOC 2014b: 20f.). Erklärtes Ziel des IOC ist der Dialog mit der Gesellschaft – und zwar insbesondere mit der Bevölkerung in den Bewerberstädten. Auch angesichts negativer Referenden bzw. Abstimmungen von einigen Olympiakandidaten aus Europa hat das IOC die öffentliche Zustimmung zu einem Vergabekriterium erhoben (vgl. IOC 2014a: 2, 20ff.; IOC 2014b: 15ff., 26, 49). In einigen Bewerberständen haben sich Gruppen (NOlympia) gegründet und zum Teil lautstark und fantasievoll gegen die zunehmende Instrumentalisierung des Sports protestiert. Die Kritik dieser Gruppen setzt auf mehreren Ebenen an und ist von unterschiedlichen Motivationen wie Interessen angetrieben; sie richtet sich hauptsächlich gegen den Gigantismus der Olympischen Spiele und stellt die Sportorganisationen unter Beobachtung (vgl. NIELAND/IHLE/MITTAG 2016). Diese Politisierung des Bewerbungsprozesses und der zunehmende Widerstand vor Ort erklären, dass inzwischen der Bewerbungsprozess zum

lenpunkten 2 bzw. 6, so dass eine Mittelwertberechnung streng genommen nicht zulässig ist. Daher wurde in der vergleichenden Darstellung der Schweizer Daten mit den Daten der München-Studie der reinen Häufigkeitsverteilung der Argumente der Vorzug gegenüber deren Einordnung auf den Skalenpunkten gegeben.

Medienthema geworden ist – Nieland/Ihle/Mittag (2016) sprechen von der »Medialisierung der Sportpolitik« (S. 252).

Die Studie von Könecke, Schubert und Preuss (2015) zum Referendum gegen die Bewerbung Münchens für die Winterspiele 2022 weist nach, das die Berichterstattung über die Volksbefragung Einfluss auf die öffentliche Meinung hatte. Offenbar hat das Markenimage internationaler Sportorganisationen gelitten, was für zukünftige Bewerbungen eine besondere Herausforderung darstellt.

Auch die Sportkommunikationsforschung ist an dieser Stelle herausgefordert: Im Forschungsfeld »Sportgroßereignisse« (vgl. IHLE et al. 2017) sind Studien zur Meinungsbildung im Bewerbungs- und Vergabeprozess notwendig. Dabei müssen die medialen Debatten um Olympiabewerbungen international vergleichend betrachtet werden, um Unterschiede und Gemeinsamkeiten zu ermitteln. Diesem Anspruch folgte die vorliegende Sekundäranalyse zur Sichtbarkeit von Argumenten, der medialen Aufmerksamkeit gegenüber den Olympiabefürwortern und Olympiagegnern sowie dem Stellenwert der Pro- und Kontra-Argumente in der Berichterstattung über den Bewerbungsprozess von München 2018 und Graubünden 2022. Untersucht wurden Kommentare und Leitartikel in regionalen und nationalen Tageszeitungen Deutschlands und der Schweiz.

Die Sekundäranalyse liefert weitere Indizien für den »neuen Strukturwandel der Öffentlichkeit«, denn die mediale Resonanz von Protestgruppen – in diesem Fall NOlympia – ist unübersehbar. Die Berichterstattung ist in beiden Ländern insgesamt ausgeglichen. Belege für die Politisierung sind ebenfalls zu finden: In den untersuchten Zeitungen tauchen zu gut einem Drittel politische Argumente auf. Unterschiede werden sichtbar beim Vorkommen sportlicher Aspekte, denn sie sind in der Berichterstattung über Münchens Bewerbung zu knapp einem Viertel, in Bünden aber nur in knapp 15 Prozent behandelt (dann aber ausschließlich positiv). Das mag ein Indiz dafür sein, dass zumindest in der Schweiz die Perspektive für den Sport so eindeutig positiv gesehen wurde, dass dieses Thema für die Auseinandersetzung kaum herangezogen wurde. Es verweist aber auch darauf, dass die Unterstützung für den Sport eher unstrittig ist. Umstritten ist vielmehr, um welchen Preis diese Unterstützung zu haben ist. Die mediale Debatte in Deutschland ist von deutlicher Kritik am Bewerbungskonzept geprägt (mit gut 88 % negativer Bewertung). Beim Vergleich der Berichterstattung nach Zeitungstypen fällt auf, dass mit Blick auf »Umwelt und Nachhaltigkeit« in den deutschen regionalen Blättern positiv aber in den überregionalen Zeitungen negativ kommentiert wurde. In der Schweiz wurde der (zu große) Einfluss des IOC kritisiert.

Die Berichterstattung über die Münchner Kandidatur schenkt den Unterstützern der Bewerbung deutlich mehr Aufmerksamkeit – der Gesamttenor bleibt dennoch ausgewogen. Gleichzeitig ist die negative Tendenz in der Argumentkategorie ›Politik‹ herauszustellen.

Einschränkend ist hervorzuheben, dass dem Vergleich der hier berichteten Daten Grenzen gesetzt sind, da es sich um zwei methodisch unterschiedlich ausgerichtete Studien handelt. Insbesondere die nachträgliche Zuordnung der qualitativ erhobenen Daten der Schweizer Studie zu den Argumentkategorien der deutschen Studie ist ein nicht unproblematisches Hilfsmittel. Da die Kategorien theorie- und empiriegeleitet speziell für die Untersuchung der Münchner Bewerbung gewonnen wurden, ist nicht klar, ob im Fall einer ebenso vorgehenden Erhebung der Schweizer Debatte überhaupt dieselben Kategorien gefunden worden wären. Insofern sollten zukünftige Studien, die auf einen entsprechenden Vergleich abzielen, bereits bei der Kategorienbildung international vergleichend vorgehen. Dafür bieten sich qualitative Vorstudien an (nach dem Muster der Untersuchung der Graubündner Debatte), auf deren Basis dann übergreifende Argumentkategorien (nach dem Muster der München-Studie) quantifizierend erhoben werden können.

Mit den Daten der vorliegenden Studie nicht zu beantworten, ist die Frage, ob der Einsatz von Stilmitteln, welche die Pro- bzw. Kontra-Argumente abschwächen oder verstärken, die Leser bei deren Einschätzung beeinflusst. Offen bleibt auch, ob das seltenere Vorkommen der Gegner (in der München-Debatte) sich beim Publikum und dessen Einschätzung der Bewerbung niederschlägt. Dies muss Wirkungsstudien vorbehalten bleiben, ist aber ein nicht unwichtiger Aspekt für einen (neuen) Reputationsgewinn des IOC und anderer Sportorganisationen.

Literatur

AFP; DPA. (2011). Garmisch-Partenkirchen stimmt für Olympia 2018. In: *Zeit*. Abgerufen von http://www.zeit.de/sport/2011-05/olympia2018-winterspiele-buergerentscheid

ALABARCES, P.; TOMLINSON, A.; YOUNG, C. (2001). Argentina versus England at the France '98 World Cup: Narratives of Nation and the

Mythologizing of the Popular. In: *Media, Culture and Society*, 23(5), S. 547-566.

ANGELI, T.; BENZ, D.; FÖHN, M.; REHMANN, R. (11. Februar 2013). Graubünden 2022. Fragen zu Olympia. In: *Beobachter*. Abgerufen von http://www.beobachter.ch/justiz-behoerde/buerger-verwaltung/artikel/graubuenden-2022_fragen-zu-olympia

BENNETT, L.; BENNETT, M.; ALEXANDER, S.; PERSKY, J. (2013). The political and civic implications of Chicago's unsuccessful bid to host the 2016 Olympic Games. In: *Journal of Sport & Social. Issues*, 37(4), S. 364-383.

BILLINGS, A. C. (2008). *Olympic media: Inside the biggest show on television*. London: Routledge.

BLACK, D. (2007). The symbolic politics of sport mega-events: 2010 in comparative perspective. In: *Politicon*, 34(3), S. 261-276.

BRETTSCHNEIDER, F. (2011). Kommunikation und Meinungsbildung bei Großprojekten. In: *Aus Politik und Zeitgeschichte*, 61(1-2), S. 40-47.

BÜCH, M.-P.; MAENNIG, W.; SCHULKE, H.-J. (Hrsg.). (2011). *Internationale Sportevents im Umbruch? Instrumentalisierung, Digitalisierung, Trivialisierung*. Aachen: Meyer & Meyer.

COATES, D.; WICKER, P. (2015). Why were voters against the 2022 Munich Winter Olympics in a referendum? In: *International Journal of Sport Finance*, 10(3), S. 267-283.

DAYAN, D.; KATZ, E. (1992). *Media events. The live broadcasting of history*. Cambridge: Harvard University Press.

DOLAN, P.; KAVETSOS, G.; KREKEL, C.; MAVRIDIS, D.; METCALFE, R.; SENIK, C. (2016). The Host with the Most? The effects of the Olympic Games on happiness. *Centre for Economic Performance (CEP) Discussion Paper 1441*. Abgerufen von http://cep.lse.ac.uk/pubs/download/dp1441.pdf

DOWSE, S. (2012). Exploring the political and international relations dimensions of hosting sports mega events through the lens of the 2012 FIFA World Cup™ in South Africa. In: R. SHIPWAY; A. FYALL (Hrsg.): *International Sports Events. Impacts, experiences, and identities* (S. 27-41). Abingdon: Routledge.

FINLAY, C.J.; XIN, X. (2010). Public Diplomacy Games: a comparative study of American and Japanese responses to the interplay of nationalism, ideology and Chinese soft power strategies around the 2008 Beijing Olympics. In: *Sport in Society*, 13(5), S. 876-900.

FRANKE, M. (2015). *Städtische Bewerbungen um internationale Sportevents. Akteure und Interaktionen aus polit-ökonomischer Sicht*. Wiesbaden: Springer VS.

FRÜH, W. (2007). *Inhaltsanalyse. Theorie und Praxis* (6., überarbeitete Auflage). Konstanz: UVK.

HORNE, J.; MANZENREITER, W. (2006). An introduction to the sociology of sports megaevents. In: *The Sociological Review*, 54, S. 1-24.

IDIAP. (2015). 1999 – Olympiakandidatur Sion 2006 scheitert. *Projekt Wallis-Valais digital*. Abgerufen von https://www.valais-wallis-digital.ch/de/a/#!/explore/cards/161

IHLE, H. (2017). Die Fußball-WM 2014 in Brasilien als Sportgroßveranstaltung – kommunikations- und politikwissenschaftliche Zugänge. In: H. IHLE; M. MEYEN; J. MITTAG; J.-U. NIELAND (Hrsg.): *Globales Mega-Event und nationaler Konfliktherd. Die Fußball-WM 2014 in Medien und Politik* (S. 3-27). Wiesbaden: Springer VS.

IHLE, H.; MEYEN, M.; MITTAG, J.; NIELAND, J.-U. (Hrsg.). (2017). *Globales Mega-Event und nationaler Konfliktherd. Die Fußball-WM 2014 in Medien und Politik*. Wiesbaden: Springer VS.

IHLE, H.; NIELAND, J.-U. (2012). Zivilgesellschaftlicher Widerstand gegen Olympia – inhaltsanalytische Befunde zu den Positionen und der Resonanz der »NOlympia 2018«-Bewegung. In: V. SCHÜRMANN (Hrsg.): *Sport und Zivilgesellschaft* (S. 167-190). Berlin: Lehmanns Media.

IHLE, H.; NIELAND, J.-U. (2013). Wutbürger als Bedrohung? Anmerkungen zum (medialen) Umgang mit der Olympiabewerbung 2018. In: R. T. BAUS (Hrsg.): *Parteiensystem im Wandel. Perspektiven, Strategien und Potentiale der Volksparteien*. Vorträge der Tagung »Zukunft der Volksparteien« der Konrad-Adenauer-Stiftung in Cadenabbia am Comer See vom 19. bis 21. August 2011. 2. Aufl. (S. 186-204). Sankt Augustin: Konrad-Adenauer-Stiftung.

IOC. (2014a). *Olympic Agenda 2020. 20+20 Recommendations*. Abgerufen von http://www.olympic.org/documents/olympic_agenda_2020/olympic_agenda_2020-20-20_recommendations-eng.pdf

IOC. (2014b). *Olympic Agenda 2020. Context and Background*. Abgerufen von http://www.olympic.org/documents/olympic_agenda_2020/olympic_agenda_2020-context_and_background-eng.pdf

JANKOVSKI, P. (12. Februar 2017). Das Olympia-Flämmchen ist erloschen. In: *NZZ online*. Abgerufen von https://www.nzz.ch/

schweiz/abstimmung-graubuenden-das-olympia-flaemmchen-ist-erloschen-ld.145131

KIM, A.; CHOI, M.; KAPLANIDOU, K. (2015). The Role of Media in Enhancing People's Perception of Hosting a Mega Sport Event: The Case of Pyeongchang's Winter Olympics Bids. In: *International Journal of Sport Communication*, *8*, 68-88.

KÖNECKE, T.; SCHUBERT, M.; PREUSS, H. (2015). (N)Olympia in Germany? An analysis of the referendum against Munich 2022. In: *Sportwissenschaft*. doi:10.1007/s12662-015-0384-x

KÜNZLER, M. (2013a). Leitmedien. In: G. BENTELE; H.-B. BROSIUS; O. JARREN (Hrsg.): *Lexikon Kommunikations- und Medienwissenschaft.* 2., überarb. und erw. Aufl. (S. 183-184). Wiesbaden: Springer vs.

KÜNZLER, M. (2013b). *Mediensystem Schweiz*. Konstanz: UVK.

LOHRE, M. (22. November 2010). Olympia-Bewerbung abgelehnt: Claudia Roth abgewatscht. In: *taz.de*. Abgerufen von http://www.taz.de/!5131853/

MAENNIG, W.; VIERHAUS, C. (2015). Olympiabewerbung 2024: Erfolgsfaktoren aus soziökonomischer Sicht. In: *Wirtschaftsdienst. Zeitschrift für Wirtschaftspolitik*, *95*(3), S. 213-219.

MAISSEN, U. (2014). *Erloschenes Feuer: Olympiakandidatur Graubünden 2022. Analyse der Zeitungsberichterstattung vor der kantonalen Volksabstimmung vom 3. März 2013* (unveröffentlichte Bachelorarbeit). Universität Freiburg (Schweiz).

MALLON, B. (2017). *Olympic Bid Cities*. Abgerufen von http://olympstats.com/2017/02/22/olympic-bid-cities/

MEDIA PERSPEKTIVEN BASISDATEN (2016). *Daten zur Mediensituation in Deutschland 2016*. Frankfurt/M.: Media Perspektiven.

MELCHER, M. (7. Oktober 2016).»Gibt es denn Gründe gegen Olympische Spiele?«. Somedia-Verleger Hanspeter Lebrument macht sich öffentlich für Olympische Spiele in Graubünden stark. In: *SRF.ch*. Abgerufen von http://www.srf.ch/news/regional/graubuenden/gibt-es-denn-gruende-gegen-olympische-spiele

MITTAG, J. (2011). Sport und Protest. In: *Aus Politik und Zeitgeschichte*, *61*(16-19), S. 9-14.

MITTAG, J.; NIELAND, J.-U. (2007). Der Volkssport als Spielball. Die Vereinnahmung des Fußballs durch Politik, Medien, Kultur und Wirtschaft. In: J. MITTAG; J.-U. NIELAND (Hrsg.): *Das Spiel mit dem Fußball. Interessen, Projektionen und Vereinnahmungen*. 1. Aufl. (S. 9-30). Essen: Klartext.

MITTAG, J.; NIELAND, J.-U. (2012). Die globale Bühne: Sportgroßereignisse im Spannungsfeld von politischer Inszenierung und demokratischen Reformimpulsen. In: *Zeitschrift für Politikwissenschaft*, 21(4), S. 623-632.

MITTAG, J.; NIELAND J.-U. (2016). Das Ende der Lizenz zum Machterhalt? Das System FIFA und die Grenzen von Opposition und Protest in internationalen Sportorganisationen. In: *Zeitschrift für Politikwissenschaft*, 26 (Supplement 2), S. 197-216.

NIELAND, J.-U.; IHLE, H.; MITTAG, J. (2016). Sportorganisationen unter Beobachtung: Die Olympiabewerbung Münchens 2018 in der Berichterstattung. In: A. HEBBEL-SEEGER; T. HORKY; H. J. SCHULKE (Hrsg.): *Sport als Bühne. Mediatisierung von Sport und Sportgroßveranstaltungen. 15. Hamburger Kongress für Sport, Ökonomie und Medien 2015* (S. 232-257). Aachen: Meyer & Meyer Verlag.

NOLYMPIA. (2010). *Frühere Bewerbungen von Garmisch-Partenkirchen und Berchtesgaden 1972 bis 1997*. Abgerufen auf http://www.nolympia.de/1997/12/fruhere-bewerbungen-von-garmisch-partenkirchen-und-berchtesgaden-1972-bis-1997/

NZZ. (27. September 2002). »Berne 2010« ist bereits Geschichte. In: *NZZ*. Abgerufen von https://www.nzz.ch/newzzD6M634LM-12-1.427072

PASQUAY, A. (2016). *Die deutschen Zeitungen in Zahlen und Daten 2017*. Berlin: ZV Zeitungs-Verlag.

RIVENBURGH, N. K. (2002). The Olympic Games: Twenty-first century challenges as a global media event. In: *Culture, Sport, Society*, 5(3), S. 32-50.

RP ONLINE. (10. September 2016). Olympia 2028: So könnte Olympia in NRW aussehen. In: *Rheinische Post Online*. Abgerufen von http://www.rp-online.de/sport/olympia-sommer/olympia-2028-die-olympia-karte-nrw-aid-1.6249991

SÜDOSTSCHWEIZ. (28. Januar 2013). Schon 1980 wurde in Graubünden hart um Olympia gerungen. In: *Südostschweiz*. Abgerufen von http://www.suedostschweiz.ch/politik/schon-1980-wurde-graubuenden-hart-um-olympia-gerungen

SWISSOLYMPIC. (2017). *Projekt 2026*. Abgerufen von http://www.swissolympicteam.ch/Projekt-2026/News.html

TANNER, S. (10. Februar 2017). Der alte Mann und die Spiele. Hanspeter Lebrument will Olympische Spiele in Graubünden. In: *Basler Zeitung*. Abgerufen von http://verlag.baz.ch/artikel/?objectid=07543FD6-5AF6-4B2A-984AC153D5BAF525

ANNE-CHRISTIN HOFFMANN

Zwischen Sport und Terror: Medienberichte und Rezipientengespräche über die Fußballeuropameisterschaft 2016

Die Fußballeuropameisterschaft in Frankreich war 2016 sportlich und politisch eine besondere Herausforderung. Die Ausweitung von 16 auf 24 Teilnehmer machte das Turnier zu einem noch größeren Medienereignis, das jedoch in eine Zeit von Unsicherheit aufgrund der Terrorgefahr seit den Anschlägen in Paris im November 2015 fiel. Terrorakte und Bedrohungen durch den IS überschatteten das Turnier. Es gab allein sieben Terroranschläge während der Europameisterschaft, darunter das Massaker in Orlando[1] sowie die Ermordung zweier Polizeiangehöriger in Magnanville[2]. Zeitgleich war die Angst der Deutschen vor einem Terroranschlag so hoch wie noch nie (R+V 2016). Auch Befragungen im Vorfeld der Fußball-EM zeigten, dass ein Großteil der Deutschen einen Terroranschlag bei dem Sportereignis befürchtete (65 %) sowie das Terrorrisiko mittel (44 %) bis hoch (42 %) einschätzte (YOUGOV 2016; ZDF *Politbarometer* 2016). Dass trotz Terrorangst die Fußballbegeisterung dennoch hoch ist, zeigen die Zahlen der Stadionbesucher: Insgesamt sahen 2,4 Millionen Zuschauer die 51 EM-Spiele im Stadion und damit fast doppel so viele wie bei der EM 2012 (DFB 2016). Im Gegensatz dazu gab im Vorfeld knapp ein Drittel der Deutschen an, öffentliche Public Viewing Plätze aus Terrorangst zu vermeiden

---

1   Am 12. Juni 2016 verübte ein IS-Attentäter in einem Homosexuellen-Nachtclub in Orlando einen Anschlag. Dabei starben 49 Personen, 53 wurden verletzt.
2   Am 13. Juni 2016 wurden der Chef der Kriminalpolizei der Gemeinde Les Mureaux sowie dessen Ehefrau durch einen IS-Attentäter in Magnanville in Frankreich ermordet.

(YOUGOV 2016). Die Einschaltquoten belegen, dass sich die meisten Deutschen das Fußballereignis zuhause vor dem Fernseher anschauten: Spitzenquoten erhielt das ZDF beim Halbfinale Deutschland gegen Frankreich mit 29,9 Millionen Zuschauern, was einen Marktanteil von 80,3 Prozent entsprach (GERHARD/GEESE 2016). Der vorliegende Beitrag folgt der Annahme, dass die Fußball-EM nicht nur stark rezipiert, sondern ebenso von den Rezipienten interpersonal kommuniziert wurde, da es als sportliches Medienereignis ein hoch relevantes Gesprächsthema darstellt (STIEHLER 2007). Auch dürften Zuschauer das Thema Terror sowohl verstärkt in den Medien rezipiert als auch in Gesprächen aufgegriffen haben[3]. Ausgehend von der dominanten Stellung von Terrorereignissen und großen Sportevents auf der Medienagenda (SCHRAMM/KLIMMT 2003) sowie der hohen Relevanz solcher Ereignisse beim Publikum (LOHMAR/SCHAUERTE 2013; FÜRTJES/HAGENAH 2011) stellt dieser Beitrag daher die Frage, welche Auswirkungen die Themen Europameisterschaft und Terror auf die Medienberichterstattung und interpersonale Kommunikation auf Rezipientenebene haben.

Im Fokus steht die Relevanzbeurteilung beider Themen durch das Publikum. Dabei werden Individuen in ihrem Urteil, wie wichtig sie ein Thema einstufen – sowohl von den Medien als auch über die interpersonale Kommunikation – beeinflusst (RUSSMANN 2007; HAAS 2014). Dieses Zusammenwirken von massenmedialer und interpersonaler Kommunikation über Sportereignisse wurde bislang in der Kommunikationswissenschaft kaum untersucht (FRIEMEL 2009). Sport-Wirkungsstudien blenden auf empirischer Ebene meist die interpersonale Kommunikation als soziale Rahmenbedingung aus (LOHMAR/SCHAUERTE 2013). Die wenigen empirischen Studien zu Mediensportgesprächen konzentrieren sich auf deren Themen (z. B. WENNER/GANTZ 1989; LOHMAR/SCHAUERTE 2013), deren Integrationsfunktion (z. B. KRUCK/STUKE 2003; LUDWIG/NIELAND 2013) und deren Motive für Anschlusskommunikation (z. B. DOHLE/KLIMMT/SCHRAMM 2006), wohingegen deren Einfluss auf die Relevanzbeurteilung von Sportereignissen wenig erforscht ist. Aus dem bisherigen Forschungsstand resümiert auch Friemel (2009): »Die Frage, aus welchen Gründen über

---

3   Sozialpsychologische Studien zu Copingstrategien zeigen, dass Menschen Gespräche mit anderen suchen, um Angst vor Terrorismus zu bewältigen (z. B. SCHUSTER et al. 2001; BLEICH/GELKOPF/SOLOMON 2003; HEINKE 2016).

Mediensport gesprochen wird und welche Auswirkungen dies hat, kann aufgrund der bestehenden Forschung somit nicht beantwortet werden« (S. 207). Dieser Beitrag nähert sich daher der Frage nach den Auswirkungen interpersonaler Kommunikation im Medienwirkungsprozess während der Fußballeuropameisterschaft 2016.

1. Massenmediale und interpersonale Kommunikation als Untersuchungsgegenstand

Da sich die Kommunikationswissenschaft die Untersuchung öffentlicher Kommunikation und damit massenmedialer Kommunikation zum Hauptgegenstand gemacht hat, wurde das Forschungsfeld lange Zeit getrennt von der interpersonalen Kommunikation betrachtet (REARDON/ROGERS 1988). In Wirkungsstudien waren vielmehr die Effekte von Massenmedien interessant oder welche persönlichen Merkmale diese Medieneffekte erleichtern bzw. erschweren (HÖFLICH 2016). Dass Menschen im Rahmen von Medienwirkungsprozessen in sozialen Umgebungen eingebunden sind, findet zumindest in den frühen Columbia Studies in den 1940er- und 1950er-Jahren Berücksichtigung (z. B. KATZ/LAZARSFELD 1955; COLEMAN 1959). Die Studie *The People's Choice* von Lazarsfeld, Berelson und Gaudet (1944) erschloss dabei zum ersten Mal die interpersonale Kommunikation als Überbringer von Medienbotschaften (Two-Step-Flow), was die direkte Medienwirkung negierte. Danach geriet die Wechselwirkung aufgrund der disziplinären Trennung beider Felder aus dem Blickfeld der Forschung. Erst seit der Jahrtausendwende wächst in Deutschland parallel zu den USA die Auseinandersetzung mit der interpersonalen Kommunikation und deren Verhältnis zur massenmedialen Kommunikation (z. B. LEHMKUHL 2006; GEHRAU/GOERTZ 2010; FRIEMEL 2013; HEFNER 2012; HAAS 2014; HÖLIG 2014; PORTEN-CHEÉ 2017). Gehörte im frühen Selbstverständnispapier der Deutschen Gesellschaft für Publizistik- und Kommunikationswissenschaft nur die durch Massenmedien vermittelte öffentliche Kommunikation zum Forschungsgegenstand, wird dieser 2008 erweitert: »Die Kommunikations- und Medienwissenschaft beschäftigt sich mit den sozialen Bedingungen, Folgen und Bedeutungen von medialer, öffentlicher und interpersonaler Kommunikation« (DGPUK 2008).

Während sich massenmediale Kommunikation »öffentlich [...], indirekt [...] und einseitig [...] an ein disperses Publikum« (MALETZKE 1963: 32) wendet, erfolgt interpersonale Kommunikation als wechselseitige, aufeinander bezogene und soziale Handlung zwischen mindestens zwei Partizipanten (SCHENK 2009). Die Kommunikationsformen lassen sich hinsichtlich 1) des Mediums, 2) des Senders und Empfängers, 3) der Botschaft und 4) der Wirkung unterscheiden. Massenmediale Kommunikation kommt über journalistische Botschaften in Zeitungen, Zeitschriften, TV- und Radiosendungen und auf Online-Nachrichtenseiten zustande, die sich indirekt an ein breites, meist unbekanntes Publikum mit beschränkten Dialogmöglichkeiten richten. Die interpersonale Kommunikation dagegen ermöglicht eine flexible Reaktion der Teilnehmer auf die Kommunikationsinhalte zwischen Sender und Empfänger, wie es im Massenkommunikationsprozess nur geringfügig möglich ist (KUNCZIK/ZIPFEL 2005). Die Gespräche können dabei direkt von Angesicht zu Angesicht oder technisch vermittelt erfolgen. Dabei ist es offensichtlich, dass die über interpersonale Kommunikation übertragenen Aussagen einen weitaus kleineren Kreis an Empfängern erreicht als die Massenkommunikation. Hiermit verbunden ist die Einordnung interpersonaler Kommunikation als soziale Handlung: In der Regel herrscht eine soziale Beziehung zwischen den Partizipanten, die mehr oder weniger Wissen über den bzw. die anderen Teilnehmer haben (BENTELE/BECK 1994). Allerdings kann sich die geringe Reichweite sowie das Wissen über die Gesprächsteilnehmer in digitalen Umwelten umdrehen: In öffentlich zugänglichen Räumen im Internet steigert sich die Reichweite der dort getätigten Aussagen, weshalb aus dem begrenzten Kreis der Partizipanten eine breite unbekannte Menge werden kann, die Teil einer öffentlichen interpersonalen Kommunikation wird. Die Grenze zwischen massen- und interpersonaler Kommunikation wird im Netz verwischt. Die ursprünglich als interpersonale Kommunikation definierte Face-to-Face-Kommunikation zwischen zwei Personen und kleinen Gruppen wird erweitert um die interpersonale Kommunikation im Internet.

In diesem Beitrag wird daher zwischen drei Kommunikationsformen unterschieden (vgl. Tab. 1). Als massenmedial-öffentliche Kommunikation wird die nach Maletzke (1963) definierte Nachrichtenpublikation durch die klassischen Massenmedien Rundfunk und Presse sowie journalistischer Nachrichtenseiten im Internet verstanden. In Tabelle 1 wird die interpersonale Kommunikation differenziert nach a) dem Kommunikationsmodus (direkt oder mediatisiert), b) dem Kommunikationskanal (offline oder online) und c) dem Öffentlichkeitsgrad (öffentlich, teil-öffentlich oder nicht-öffentlich).

Interpersonale Kommunikation kann direkt und vor einem Publikum stattfinden, wodurch sie öffentlich wird (z. B. Vortrag, Talk-Show). Mediatisiert findet interpersonal-öffentliche Kommunikation im Internet statt, etwa in allgemein zugänglichen Diskussionsforen oder im Kommentarbereich einer Webseite. Wird ein Einloggen oder Registrieren notwendig – wie zum Beispiel in Chatrooms, Newsgroups, Online-Communities, auf Microblogs, auf Pinnwänden sozialer Netzwerke oder in virtuellen Spielewelten – wird die interpersonale Kommunikation teilöffentlich, da sie nur einem Teil der Online-Nutzer zugänglich ist. Die interpersonal-nicht-öffentliche Kommunikation schließt neben der direkten Face-to-Face-Kommunikation mediatisierte Offline-Gespräche (z. B. per Telefon, Brief, SMS) und Online-Gespräche (z. B. per E-Mail, in Privatchats, mittels Instant Messaging) mit ein.

TABELLE 1
Massenmedial-öffentliche, interpersonal-öffentliche und -teilöffentliche sowie interpersonal-nicht-öffentliche Kommunikation

massenmedial-öffentliche Kommunikation	interpersonal-öffentliche und -teil-öffentliche Kommunikation	interpersonal-nicht-öffentliche Kommunikation
Massenmedien: Rundfunk und Presse sowie journalistische Nachrichtenseiten im Internet	direkt: Gespräche vor Präsenzpublikum	direkt: Gespräche von Angesicht zu Angesicht (Face-To-Face)
	mediatisiert online: öffentliche Gespräche in Gesprächsforen, im Kommentarbereich von Webseiten (z. B. Weblogs, Nachrichtenseiten	mediatisiert offline: Gespräche mittels Brief, Telegramm, Fax, Festnetztelefon, Mobiltelefon, Funkgerät, SMS
	mediatisiert online: teilöffentliche Gespräche in Chatrooms, Newsgroups, Online-Communities, auf Microblogs, Pinnwänden von Netzwerkplattformen, in virtuellen Spielewelten	mediatisiert online: Gespräche in Privatchats, per E-Mail, mittels Instant Messaging

Das Verhältnis zwischen massenmedialer und interpersonaler Kommunikation im Medienwirkungsprozess wird aus drei Forschungsperspektiven betrachtet: Die Kommunikationen haben 1. eine kompetitive

Beziehung (interpersonale Kommunikation verhindert oder schwächt die Medienwirkung, z. B. SCHENK/RÖSSLER 1994), 2. ein komplementäres Verhältnis (interpersonale Kommunikation wird durch Medien ausgelöst und deren Wirkung fortgeführt, z. B. WEIMANN/BROSIUS 1995) oder 3. eine verstärkende Beziehung (interpersonale Kommunikation erhöht den Medieneffekt, z. B. KRAUSE/GEHRAU 2007). In dieser Untersuchung werden die massenmediale und interpersonale Kommunikation gegenübergestellt, um herauszufinden, welchen Effekt die jeweiligen Kommunikationsformen auf die Relevanzbeurteilung der Themen Fußballeuropameisterschaft 2016 und Terror haben. Die Relevanzbeurteilung kann dabei für die Gesellschaft sowie für sich persönlich erfolgen. Studien zeigen, dass Massenmedien einen größeren Einfluss auf die Beurteilung der gesellschaftlichen Relevanz eines Themas haben als auf die persönliche (z. B. GUNTHER/STOREY 2003; HUCK/QUIRING/BROSIUS 2009). Dies kann damit begründet werden, dass massenmedial beachtete Themen als relevant wahrgenommen werden. Hinzu kommt, dass Medien die Primärquelle relevanter Themen darstellen, sodass die Einzelperson davon ausgehen kann, dass auch alle anderen Mitglieder einer Gesellschaft von den Medienthemen erfahren und diese als wichtig einstufen (MUTZ 1998). Die Beurteilung der persönlichen Relevanz steht dagegen im Zusammenhang mit der interpersonalen Kommunikation. Es wird über die Themen gesprochen, die für relevant erachtet werden. Im Umkehrschluss werden Themen als relevant wahrgenommen, über die gesprochen wird (WEAVER/ZHU/WILLNAT 1992; RÖSSLER 1997).

Um den Einfluss massenmedialer und interpersonaler Kommunikation auf die gesellschaftliche und persönliche Relevanzeinstufung der Themen Fußball-EM 2016 und Terror zu untersuchen, widmet sich der Beitrag folgenden zwei Forschungsfragen:

F1: Wie berichten welche Massenmedien über die Themen Fußballeuropameisterschaft 2016 und Terror?

F2: Welche Auswirkungen haben die massenmediale und interpersonale Kommunikation über die beiden Themen auf deren Relevanzeinstufung?

2. Methode

Die Studie kombiniert eine quantitative Inhaltsanalyse von Print-, TV- und Online-Medien mit einer quantitativen Online-Befragung, um zum einen die massenmediale Berichterstattung über Terror und die Fußballeuropameisterschaft zu erheben und um zum anderen die interpersonale Kommunikation, die Mediennutzung sowie die Relevanzurteile zu den beiden Themen zu erfassen.

2.1 Inhaltsanalyse

Analysiert wurden die Tageszeitungen *Süddeutsche Zeitung* und *Bild-Zeitung*, die TV-Nachrichtensendungen *Tagesschau* (20 Uhr) und RTL *aktuell* (18:45 Uhr) sowie die Online-Nachrichtenseiten *Spiegel Online* und *Focus Online*. Die Auswahl der analysierten Beiträge wurde durch deren Platzierung begrenzt: Bei den Tageszeitungen wurden alle redaktionellen Beiträge auf der Titelseite untersucht, bei den Nachrichtensendungen alle redaktionellen Beiträge sowie bei den Online-Nachrichtenseiten alle redaktionellen Beiträge auf der Startseite[4] bis zur Ressort-Einteilung (Intracoder-Reliabilität: r_H = .89).

Die inhaltsanalytischen Daten wurden zwei Wochen vor der Fußballeuropameisterschaft 2016 sowie bis zum EM-Finale erfasst (30. Mai bis 10. Juli 2016). Damit startete die Datenerhebung zwei Wochen vor dem Zeitraum der Befragung, um eine potenzielle zweiwöchige Medienwirkungsspanne zu berücksichtigen. Außerdem wurde so die Berichterstattung während des Gesamtzeitraums der EM erhoben (F1).

Neben formalen Kategorien (Medium, Datum, Überschrift) wurden die Platzierung sowie das Hauptthema der ausgewählten Nachrichtenbeiträge untersucht. Unter dem Hauptthema Fußballeuropameisterschaft 2016 wurden das Ereignis selbst sowie alle dazugehörigen Unterthemen auf Mikroebene (Beiträge über Akteure wie z. B. Spieler, Schiedsrichter, Trai-

---

4 Hierbei wurden die Startseiten täglich im Untersuchungszeitraum um 14 Uhr aufgerufen und archiviert. Aufgrund der permanenten Aktualisierung kann kein idealer Abrufungszeitpunkt definiert werden. Es wurde daher ein Kompromiss zwischen der durchschnittlichen Onlinenutzungszeiten und dem redaktionellen Tagesablauf geschlossen: Von 10 bis 22 Uhr sind kontinuierlich zwischen 15 und 16 Prozent der deutschen Bevölkerung online (vgl. VUMA 2017). Um 14 Uhr ist die erste Arbeitstaghälfte vorbei, sodass die bis zu dem Zeitpunkt wichtigsten News des (Vor-)Tages publiziert sein dürften.

ner, Fans, Politiker und deren Handeln in Bezug zur EM), auf Mesoebene (z. B. Beiträge über Mannschaften, Vereine, Verbände) und auf Makroebene (z. B. Beiträge über Austragungsland, -orte und -stätten oder politische und wirtschaftliche Rahmenbedingungen der EM) codiert. Unter das Hauptthema Terror fielen Beiträge über Terrorismus im Allgemeinen, über tatsächliche Anschläge und Attentate sowie über die generelle Terrorgefahr. Das Thema Terrorgefahr im Bezug zur Fußballeuropameisterschaft 2016 (z. B. Anschlagsrisiko, Sicherheitsmaßnahmen, Terrorangst während des Ereignisses) wurde als eigenes Thema erfasst. Daneben wurden weitere Einzelthemen (aus den Oberkategorien Politik, Wirtschaft, Gesundheit, Unglücke/Unfälle, Kriminalität, Sport, Kunst/Kultur sowie Gesellschaft) codiert, um die Häufigkeitsausprägungen der Themen Fußball-EM und Terror ins Verhältnis zu anderen Einzelthemen setzen zu können.

TABELLE 2
Analysierte Beiträge im Zeitraum (zwei Wochen vor und während) der Fußballeuropameisterschaft 2016 (30. Mai bis 10. Juli 2016)

Medium	Beiträge Gesamt	Beiträge Einzelmedien
Tageszeitungen	919	*SZ*: 447 (davon EM: 30, Terror: 18) *BILD*: 472 (davon EM: 46, Terror: 20)
Nachrichtensendungen	955	*Tagesschau*: 421 (davon EM: 56, Terror: 27) *RTL aktuell*: 534 (davon EM: 63, Terror: 45)
Online-Nachrichtenseiten	2.675	*Spiegel Online*: 1.644 (davon EM: 375, Terror: 99) *Focus Online*: 1.031 (davon EM: 175, Terror: 25)
Gesamt	4.549	

2.2   *Befragung*

In einer quantitativen Online-Befragung (N = 503) wurden die themenspezifische Mediennutzung, die interpersonale Kommunikation und die Relevanzbeurteilung während der ersten Woche der Fußball-EM (13. bis 19. Juni 2016) erfasst. Die Nutzung von Printmedien, Nachrichtensendungen und Online-Nachrichtenseiten sowie die Nutzungshäufigkeit (gar nicht, einmal in der Woche, mehrmals in der Woche, täglich) wurden für die beiden Themen Fußball-EM 2016 und Terrorgefahr jeweils geschlossen abgefragt. Da Terror ein schwer fassbarer und sehr allgemeiner Begriff ist, wurde das Thema als »Terrorgefahr in Europa« abgefragt. Im Fragebogen wurde es als Gefahr eines Terroranschlags in Deutschland und anderen europäischen Ländern erläutert. Die Intensität der Mediennutzung wurde für beide Themen mittels einer fünfstufigen Skala von »Ich habe das Thema überhaupt nicht aufmerksam verfolgt« bis »Ich habe das Thema sehr aufmerksam verfolgt« erfasst. Ebenso wurden themenspezifisch die genutzten Gesprächskanäle (direkt, per Telefon, SMS, Brief, E-Mail, mittels Instant Messenger, in einem geschlossenen oder offenen Chat, in einem Gesprächsforum, im Kommentarbereich einer Webseite, auf einem Microblog, einer Netzwerkplattform) und deren Nutzungshäufigkeit (s. o.) erfasst. Hierbei ordneten die Befragten ihre Redeaktivität auf einer fünfstufigen Skala von »Ich hatte meistens den kleinsten Redeanteil« bis »Ich hatte meistens den größten Redeanteil« ein. Das Relevanzurteil wurde für sich persönlich und für die Gesellschaft abgefragt, indem die Befragten ihre Meinung auf einer fünfstufigen Skala von »überhaupt nicht wichtig« bis »sehr wichtig« einstuften.

TABELLE 3
Alter, Bildung und Geschlecht der Befragten

Merkmal	Anteil in Prozent (N=503)
Alter	
16 bis 29	34,4
30 bis 54	44,9
55 bis 69	16,7
70 und älter	4,0
Schulbildung	
kein Schulabschluss, Hauptschule, Volksschule	2,0
Realschule, mittlere Reife	7,6
Fachhochschulreife, Abitur	90,4
Geschlecht	
männlich	39,2
weiblich	60,8

Die Befragten entstammen dem Sosci Panel, einem nicht-repräsentativen Pool von Interviewpartnern. Aufgrund dessen weist die Stichprobe für Internetnutzer typische Merkmale wie eine hohe Schulbildung und ein niedriges Alter auf. Tabelle 3 gibt Aufschluss über die Zusammensetzung der Soziodemografie der Befragten.

3. Ergebnisse

3.1 Berichterstattung über die Themen Fußballeuropameisterschaft 2016 und Terror

Ein beachtlicher Anteil von 16,4 Prozent (745 Beiträge) aller analysierten Beiträge (N = 4549) beinhaltet die Fußball-EM 2016 als Hauptthema, 5,1 Prozent entfallen auf das Thema Terror. Kein anderes Einzelthema nimmt einen so hohen Anteil an der Gesamtberichterstattung wie das Sportereignis ein. Insbesondere in der ersten Woche, in welcher die deutsche Nationalmannschaft die EM mit einem Sieg gegen die Ukraine antritt (12. Juni 2016; 2:0) sowie vier Tage später gegen Polen unentschieden spielt (16. Juni 2016; 0:0), schenken die untersuchten Medien dem Ereignis hohe Aufmerksamkeit: Jeder fünfte Beitrag behandelt das Sportevent (vgl. Abb. 1). Spitzenreiter in der Berichterstattung über die Fußball-EM sind die *Bild-Zeitung* (insgesamt 46 Beiträge; 9,7 %), RTL *aktuell* (insgesamt 63 Beiträge; 11,8 %) und *Spiegel Online* (insgesamt 375 Beiträge, 22,8 %).

ABBILDUNG 1

Berichterstattung über die Fußball-EM 2016 und Terror im Zeitverlauf (alle Medien)

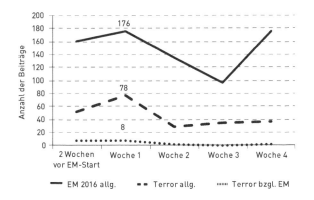

Nur insgesamt 18 Beiträge (5 von RTL aktuell, 4 von Spiegel Online, 3 von Tagesschau, jeweils 2 von Bild, Süddeutsche Zeitung und Focus Online) berichten als Hauptthema über die Terrorgefahr in Bezug zur Fußballeuropameisterschaft 2016. In der Vorberichterstattung wurde die Anschlagsgefahr und Sicherheitslage während der EM in den Medien in sieben Beiträgen diskutiert. Ebenso in der ersten Woche des Sportevents fand eine vergleichsweise hohe Thematisierung statt. Dies hängt damit zusammen, dass in der ersten EM-Woche hintereinander drei Anschläge verübt wurden, darunter das Massaker in Orlando und die Ermordung eines Polizisten und dessen Frau in Magnanville, die eine hohe Betroffenheit in Deutschland ausgelöst haben. Der Grund für diesen dennoch marginalen Anteil von 2,4 Prozent an der gesamten Fußball-EM-Berichterstattung liegt zum einen an der starken Beachtung der Hooligan-Problematik: Insbesondere in den ersten beiden Wochen der EM kam es zu gewalttätigen Ausschreitungen unter Hooligans, die die Medienagenda dominiert haben. Die Auseinandersetzungen zwischen den Gruppierungen verschärften die Diskussion über die Sicherheitsvorkehrungen, allerdings nicht im Hinblick auf mögliche Terroranschläge.

Neben diesem Verdrängungseffekt auf der Medienagenda ist ein weiterer möglicher Grund die bereits im Vorfeld starke mediale Beachtung von Terrorereignissen und der daraus resultierenden Schutzmaßnahmen im Rahmen der Fußball-EM. Nach Informierung der Öffentlichkeit über die verschärften Sicherheitsvorkehrungen könnten es die Medien als Aufgabe angesehen haben, eine »Panikmache« zu vermeiden und die EM gerade in Zeiten des Terrors als friedenstiftendes sowie länder- und kulturvereinendes Ereignis hervorzuheben anstatt verstärkt über die Terrorgefahr zu berichten.

Neben der Intensität der Berichterstattung wurde die Platzierung der beiden Themen erfasst. Tabelle 4 zeigt die medienspezifische Platzierung (von 1=»höchste Platzierung« bis 4=»niedrigste Platzierung«[5]) der Fußballeuropameisterschaft 2016 in den untersuchten Zeitungen, Nachrichtensendungen und Online-Nachrichtenseiten während des Untersuchungszeitraums.

5   Platzierung auf den Titelseiten der Zeitungen: 1=Aufmacher, 2=mehrspaltiger Artikel, 3=einspaltiger Artikel, 4=Artikel im Inhaltsverzeichnis; Platzierung in den Nachrichtensendungen: 1=erster Beitrag, 2=Beitrag mit einem Kommentar/Interview der vorab angekündigt wurde, 3=Beitrag mit einem Filmbericht, 4=reine Sprechermeldung; Platzierung auf der Startseite der Nachrichtenseiten: 1=erster Beitrag mit Bild/Video zentral oben, 2=zweiter bis fünfter Beitrag mit Bild/Video, 3=zweiter bis fünfter Beitrag als reiner Text oder sechster bis x. Beitrag mit Bild/Video, 4=sechster bis x. Beitrag als reiner Text.

TABELLE 4
Platzierung der Fußballeuropameisterschaft 2016 in den Medien vor und während des Eventzeitraums

Medium	Platzierung der EM-Beiträge	Zeitraum Fußball-EM W=Woche; Angaben in %*				
		2 W vorher	W 1	W 2	W 3	W 4
BILD und SZ (Titelseiten)	Aufmacher	13,0	11,8	20,0	11,1	25,0
	Mehrspalter	21,7	35,3	30,0	55,6	25,0
	Einspalter	47,8	47,1	40,0	11,1	31,3
	Beitrag im Inhaltsverzeichnis	17,4	5,9	10,0	22,2	18,8
ARD Tagesschau und RTL aktuell (alle Beiträge)	1. Beitrag	10,8	3,6	7,1	9,1	12,5
	Beitrag mit Verweis/Kommentar/Interview	24,3	14,3	14,3	45,5	37,5
	Beitrag mit Filmbericht	64,9	78,6	71,4	45,5	50,0
	reine Sprechermeldung	-	3,6	7,1	-	-
Focus Online und Spiegel Online (Startseiten)	1. Beitrag mit Bild/Video	1,9	0,8	1,1	-	0,7
	2. bis 5. Beitrag mit Bild/Video	12,4	16,8	7,6	6,6	8,7
	2. bis 5. reiner Textbeitrag oder 6. bis x. Beitrag mit Bild/Video	57,1	47,3	54,3	55,3	67,4
	6. bis x. reiner Textbeitrag	28,6	35,1	37,0	38,2	23,2

Anmerkung: *Anzahl der Beiträge:
Zeitungen: 2 W vorher: n=23; W 1: n=17; W 2: n=10; W 3: n=9; W 4: n=16
Nachrichtensendungen: 2 W vorher: n=37; W 1: n=28; W 2: n=14; W 3: n=11; W 4: n=24
Nachrichtenseiten: 2 W vorher: n=105; W 1: n=131; W 2: n=92; W 3: n=76; W 4: n=138

Die prominenteste Platzierung erhält die Fußball-EM bei den Tageszeitungen, auf deren Titelseiten das Ereignis meist als mehrspaltiger Artikel abgedruckt wurde. Im Gegensatz zur *Süddeutschen Zeitung* platziert die *Bild-Zeitung* die EM meistens als Aufmacher (9 Beiträge bzw. 19,6 %) und mehrspaltiger Artikel (22 Beiträge bzw. 47,8 %). In der *Süddeutschen Zeitung* erscheint das Thema vornehmlich als einspaltiger Artikel (14 Beiträge bzw. 48,3 %). Während für die *Bild-Zeitung* der Sport und insbesondere der Fußball das wichtigste Ressort sind (BÖLZ 2013) und dem Thema daher allein in der Tagesausgabe mindestens fünf Seiten gewidmet werden, ist die *Süddeutsche Zeitung* geprägt von vor allem wirtschaftlichen und politischen Themen. Diese thematische Schwerpunktsetzung findet sich in der Beachtung der Fußball-EM wieder. Das Thema Terror dagegen wird in der *Süddeutschen Zeitung* wesentlich prominenter platziert: Von den 18 publizierten Terror-Beiträgen erscheinen jeweils 4 als Aufmacher und mehrspaltiger Artikel. Die *Bild-Zeitung* druckt diese meist als einspaltige Beiträge ab (15 von 20 Artikeln).

Ähnlich unterscheiden sich die Nachrichtensendungen RTL *aktuell* und ARD *Tagesschau*. Während erst genannte zur EM vornehmlich Berichte sendet, in der das Ereignis von Experten kommentiert oder zum Gegenstand eines Interviews zwischen dem Nachrichtensprecher und Experten wird (21 Beiträge bzw. 37,5 %), sendet die *Tagesschau* meist reine Filmberichte im hinteren Teil der Sendung (43 Beiträge bzw. 82,7 %). Die *Tagesschau* folgt ihrer sachlich-informierenden Sendungsart und schenkt politischen oder wirtschaftlichen Themen verstärkt Aufmerksamkeit, während RTL *aktuell* auf eine Mischung aus Unterhaltung und Information setzt (vgl. auch RUHRMANN et al. 2003). Diese Art der Berichterstattung auf emotionalgeladener Ebene zeigt sich ebenfalls in den RTL-Beiträgen zum Thema ›Terror‹, die oft an erster Stelle besondere Beachtung finden oder mit einem Kommentar/Interview betont werden (jeweils 11 von 45 Beiträgen). Die *Tagesschau* sendet das Thema in acht von 31 Beiträgen an erster Stelle, doch in den meisten Fällen wird über Terror in einem reinen Filmbeitrag berichtet (17 Beiträge bzw. 54,8 %).

Focus Online widmet der EM eine präsentere Platzierung als *Spiegel Online*, indem das Ereignis oft – von oben nach unten gelesen – bereits als zweiter oder fünfter Beitrag auf der Startseite erscheint und mit Bild- oder Videomaterial versehen ist (55 Beiträge bzw. 36,4 %). *Spiegel Online* berichtet zwar in wesentlich mehr Beiträgen über die EM (*Focus Online*: 151; *Spiegel Online*: 372), platziert das Ereignis jedoch weiter unten und bindet ebenfalls Bilder oder Videos mit ein (196 Beiträge bzw. 52,7 %). Relevanter ist das Thema Terror, über das *Spiegel Online* in 99 Beiträgen berichtet, fast jeder dritte davon wird an erster bis fünfter Stelle publiziert. *Focus Online* veröffentlicht nur 25 Beiträge zu dem Thema, davon erscheint über die Hälfte im unteren Teil der Startseite.

3.2 Mediennutzung, interpersonale Kommunikation und Relevanzbeurteilung

Um den Einfluss der massenmedialen Kommunikation auf die Relevanzbeurteilung zu untersuchen, wurde zunächst die allgemeine Mediennutzung erfasst. Ganze 94 Prozent der Befragten haben angegeben, die Fußball-EM 2016 in den Medien wahrgenommen zu haben. 89,3 Prozent rezipierten Nachrichten zur Terrorgefahr. Am häufigsten nutzten die Befragten Nachrichtensendungen von öffentlich-rechtlichen Sendern und Radionachrichten, um sich über die Fußball-EM sowie Terrorereignisse und -gefahren zu informieren. Auch Nachrichtenseiten im Internet, regionale sowie überregionale Zeitungen spielen eine Rolle im Informationsrepertoire der Befragten (vgl. Tab. 5).

TABELLE 5
Mediennutzung der Befragten für Informationen zur Fußball-EM 2016 (n = 473) und Terrorgefahr (n = 449)

Medien geordnet nach der Häufigkeit der Mediennutzung zur Fußball-EM	Häufigkeit der Mediennutzung Anteil der Befragten, die Informationen zu den beiden Themen mehrmals in der Woche oder täglich genutzt haben, in %	
	Fußball-EM 2016	Terrorgefahr
Nachrichtensendungen der öffentlich-rechtlichen TV-Sender	77,2	71,1
Radionachrichten	75,5	67,3
Nachrichtenseiten im Internet (gemeint sind Onlineauftritte von Medienunternehmen wie z. B. Bild.de, Welt.de)	48,4	40,3
regionale Zeitungen	46,1	41,4
überregionale Zeitungen	37,2	35,4
Nachrichtenportale im Internet (gemeint sind Informationsportale wie z. B. web.de, t-online.de)	32,3	18,5
Nachrichten-Apps	31,5	25,2
Nachrichtensendungen der privaten TV-Sender	27,9	22,3
Zeitschriften	14,6	17,4

Nachrichten aus Zeitschriften, Privat-TV-Sendern, Nachrichten-Apps sowie Nachrichtenportalen wurden hingegen selten für Informationen zu den beiden Themen genutzt.

Die Aufmerksamkeit, mit welcher sich die Befragten über das Sportereignis informiert haben, wurde von jedem zweiten als hoch oder sehr hoch eingestuft. Vor allem EM-Berichte in öffentlich-rechtlichen Nachrichtensendungen, Radionachrichten und Zeitungen (überregional und regional) wurden aufmerksam verfolgt. Zeitungen und Nachrichtensendungen werden meist nicht nebenbei rezipiert, sondern bewusst konsumiert, um sich über das aktuelle Geschehen zu informieren. Dass EM-Nachrichten im Nebenbei-Medium Radio dennoch aufmerksam gehört wurden, deutet bereits an dieser Stelle auf die persönliche Relevanz des Themas hin.

Neben der Mediennutzung wurde die Häufigkeit der Gespräche über die Themen Fußball-EM 2016 und Terrorgefahr, die Gesprächskanäle sowie die Anzahl der Gesprächspartner erfasst (vgl. Tab. 6).

TABELLE 6
Kanäle der interpersonalen Kommunikation über die Fußball-EM 2016 ($n = 420$)

Häufigkeit der Gespräche	Top 3 Gesprächskanäle (Anteil der Befragten, die über die Fußball-EM gesprochen haben, in %)		
	direkt (Face-to-Face)	telefonisch	mittels Instant Messenger (z. B. WhatsApp)
gar nicht	1,7	66,3	54,1
einmal in der Woche	16,2	21,5	17,8
mehrmals in der Woche	53,9	10,7	21,8
täglich	28,2	1,5	6,3

Fast alle Befragten (83,5 %) kamen in der Alltagskommunikation mit der Fußballeuropameisterschaft in Berührung. 98,3 Prozent von ihnen haben mindestens einmal in der Woche über das Ereignis mit anderen Personen direkt gesprochen. Telefonische Fußballgespräche führten immerhin 33,7 Prozent. Dass digitale Kommunikationsmittel von wachsender Bedeutung sind, zeigt sich auch unter den Befragten: Fast die Hälfte (45,9 %) nutzte Instant Messenger wie WhatsApp und Snapchat, um sich über die EM auszutauschen.

Dabei führten die Befragten durchschnittlich mit 8,3 Personen Gespräche über das Fußballevent, schätzten ihre eigene Gesprächsaktivität aber eher als moderat ein ($M = 2.7$; $SD = 1.1$; Skala von 1=»gar nicht aktiv/kleinster Redeanteil« bis 5=»sehr aktiv/größter Redeanteil«).

43,9 Prozent der Befragten haben sich über die Terrorgefahr unterhalten, damit wurde deutlich häufiger über die Fußball-EM geredet. Bei denjenigen, die über Terror gesprochen haben, ist es vorzugsweise Thema direkter Gespräche (98,2 %). Per Telefon verständigte sich fast die Hälfte (46,5 %) über die Terrorlage, per Instant Messenger 24,9 Prozent. Die Befragten ziehen eindeutig den direkten Austausch über die Fußball-EM und die Terrorgefahr einer mediatisierten Kommunikation vor. Dabei erscheint Terror ein Thema zu sein, über welches die Befragten lieber mündlich kommunizieren (per Telefon) als digitalisiert über das Handy (Instant Messenger), während es beim Thema Fußball-EM andersherum der Fall ist. Während die Europameisterschaft ein positiv konnotiertes Ereignis ist, ruft Terror negative Emotionen hervor, über die es sich leichter direkt oder telefonisch reden lässt. Dass dies in einem kleineren, vertrauten Kreis stattfindet, lässt die – und im Vergleich zur Fußball-EM geringere Anzahl von 6,9 Gesprächspartnern vermuten. Die eigene Gesprächsaktivität wird im Vergleich zur Fußball-EM beim Thema Terror höher eingeschätzt ($M = 3.3$; $SD = 0.7$): Die Hälfte (51,2 %) hat sich aktiv oder sehr aktiv in die Gespräche eingebracht, während beim Thema Fußball-EM die Befragten zurückhaltender waren. Nur 24 Prozent sprachen mit einem großen Redeanteil über das Sportereignis.

TABELLE 7
Kanäle der interpersonalen Kommunikation über die Terrorgefahr (n = 221)

Häufigkeit der Gespräche	Top 3 Gesprächskanäle (Anteil der Befragten, die über Terror gesprochen haben, in %)		
	direkt	telefonisch	mittels Instant Messenger (z. B. WhatsApp)
gar nicht	1,8	53,5	75,1
einmal in der Woche	21,7	30,5	10,6
mehrmals in der Woche	57,9	14,1	12,2
täglich	18,6	1,9	2,1

Auffällig ist, dass sich die Befragten fast ausschließlich im nicht-öffentlichen Raum unterhielten. Neben dem Telefon und Instant Messenger nutzten die Befragten für ihre Unterhaltung über die Fußball-EM im nicht-öffentlichen Raum ab und zu E-Mails (19,3 %), Privatchats (10,6 %) oder SMS (8,9 %). Öffentlich oder teilöffentlich tauschten sich die Befragten manchmal auf einer Netzwerkplattform wie FACEBOOK (22,8 %), aber selten im Kommentarbereich einer Webseite (7,1 %), auf einem Microblog wie TWITTER (5,8 %), in einem Gesprächsforum (4,8 %) oder einem öffentlichen Chat (2,3 %) aus. Netzwerkplattformen und E-Mails stellen also eine Alternative für die Alltagskommunikation über das Sportereignis dar. Ähnlich sieht es bei Gesprächen über die Terrorgefahr aus: 21,8 Prozent der Nutzer von Netzwerkplattformen unterhielten sich auf deren Pinnwand darüber. Allerdings tauschten sich nur 8,9 Prozent per E-Mail aus. Diese digitale Kommunikationsform wird vor allem im Kollegenkreis genutzt (HÖFLICH 2016), wo es naheliegt, dass dort eher Gespräche über Fußball stattfinden als über persönliche Ängste. Dass die Terrorgefahr dennoch ein Thema ist, das bewegt, zeigt sich auch an der Kommentierbereitschaft der Befragten: Immerhin 12,9 Prozent teilten ihre Meinung im Kommentarbereich einer Webseite mit.

Insgesamt haben 407 Befragte (80,9 %) die Fußball-EM sowohl in den Medien rezipiert als auch in Gesprächen darüber kommuniziert. Die häufige Berichterstattung über das Sportereignis führt also scheinbar zu einer häufigen interpersonalen Kommunikation. Nur 17 Personen haben die EM weder in den Medien wahrgenommen noch darüber gesprochen. Die starke Präsenz dieses Themas bestätigt die hohe Bedeutung solcher Großereignisse für das Publikum. Da eine Fußballeuropameisterschaft nur alle vier Jahre stattfindet, erschafft das Ereignis eine nicht alltägliche Situationslage. Auch vorangegangene Studien zeigen, dass Ausnahmesituationen die Gesprächsaktivitäten begünstigen (SCHENK/RÖSSLER 1994; SCHENK 1995).

Über die Terrorgefahr wurde von weniger Befragten geredet als es die Medienwahrnehmung hätte erwarten lassen: 214 Personen (42,5 %) haben das Thema sowohl in den Medien rezipiert als auch darüber gesprochen. Mehr Befragte (235 bzw. 46,7 %) haben das Thema zwar in den Medien wahrgenommen, aber es nicht in ihre Alltagskommunikation einfließen lassen. Dafür haben diejenigen, die darüber gesprochen haben, sich aktiver am Gespräch beteiligt (s. o.). Dies kann ein Indikator für die persönliche Relevanz der Terrorgefahr sein. Tatsächlich wurde das Thema als sehr relevant eingestuft, sowohl für die Gesellschaft ($M = 4.0$; $SD = 0.9$; Skala von 1 = »überhaupt nicht wichtig« bis 5 = »sehr wichtig«) als auch für sich persönlich ($M = 3.7$; $SD = 1.1$). Die Auswirkungen der Terrorereignisse auf die persönliche Lebenswelt der Befragten machen sich im persönlichen Relevanzurteil bemerkbar. Die große Mehrheit (73 %) fürchtet terroristische

Attentate, die Angst vor Terror hat sich 2016 im Vergleich zu 2014 sogar fast verdoppelt (R+V 2016). Warnungen des Bundeskriminalamts vor geplanten Anschlägen in Deutschland sowie die aufgrund der Vielzahl an Terrorereignissen fortwährende Berichterstattung sensibilisiert die Bevölkerung. Die Sorge und die damit einhergehende persönliche Relevanz des Themas dürften sich nach den jüngsten Attentaten (u. a. auf dem Berliner Weihnachtsmarkt an der Gedächtniskirche im Dezember 2016, auf dem Manchester Konzert der Sängerin Ariana Grande im Mai 2017, auf dem Boulevard La Rambla im Zentrum von Barcelona im August 2017) weiter verstärkt haben.

Nur 23 Prozent nahmen die Fußball-EM für sich persönlich als wichtig oder sehr wichtig wahr, wohingegen fast drei Mal so viele (62,9 %) die Terrorgefahr als persönlich (sehr) relevantes Thema einstuften. Bei beiden Themen fällt das Relevanzurteil für die Gesellschaft höher aus, jeweils rund 70 Prozent schätzten die Themen EM und Terrorgefahr als gesellschaftlich (sehr) wichtig ein (vgl. Tab. 8).

Die beiden Relevanzurteile unterscheiden sich insbesondere beim Thema Fußball-EM: Während das Ereignis gesellschaftlich hoch relevant eingestuft wurde ($M = 3.9$; $SD = 0.7$), wurde es persönlich deutlich weniger wichtig eingeschätzt ($M = 2.3$; $SD = 1.3$). Erklärbar ist dieses Phänomen mit dem Third-Person-Effekt: Individuen gehen davon aus, dass andere von den Medien stärker beeinflusst werden als man selbst (DAVISON 1983; DOHLE 2013). Wie beschrieben, steht das gesellschaftliche Relevanzurteil mit der Medienberichterstattung im Zusammenhang. Möglicherweise stufen die Befragten die gesellschaftliche Relevanz deshalb so hoch ein, weil sie anhand der Dominanz des Themas in der Berichterstattung auf dessen starke Wirkung auf die übrigen Mitglieder der Gesellschaft geschlossen haben. Daher liegt das gesellschaftliche Relevanzurteil meist höher als das persönliche (vgl. auch HAAS 2014; SCHENK/RÖSSLER 1994).

Zur Messung der Zusammenhänge zwischen der Mediennutzung und interpersonalen Kommunikation auf der einen Seite (unabhängige Variablen) sowie dem persönlichen und gesellschaftlichen Relevanzurteil auf der anderen Seite (abhängige Variablen) wurden die Dimensionen in ein lineares Regressionsmodell aufgenommen. Wie die Regressionsgewichte (betas) in Tabelle 9 zeigen, liegt der stärkste Zusammenhang zwischen der Intensität der Mediennutzung und dem Relevanzurteil. Ein besonders signifikant starker Zusammenhang besteht zwischen dem persönlichen Relevanzurteil bezüglich der Fußball-EM 2016 und der Intensität der Mediennutzung. Ebenso lässt sich der Zusammenhang beim Thema

TABELLE 8
Beurteilung der persönlichen und gesellschaftlichen Relevanz der Themen Fußball-EM 2016 und Terrorgefahr (N = 503)

Relevanz	Fußball-EM 2016		Terrorgefahr	
	Person	Gesellschaft	Person	Gesellschaft
1 = überhaupt nicht wichtig	35,9%	0,0%	2,6%	0,7%
2	21,4%	2,5%	11,8%	3,3%
3	19,7%	25,1%	22,7%	23,5%
4	18,7%	54,6%	34,6%	43,6%
5 = sehr wichtig	4,3%	17,9%	28,3%	29,0%

Terrorgefahr finden, wenn auch nur von mittlerer Stärke. Dieses Ergebnis erscheint plausibel: Je aufmerksamer das Thema in den Medien verfolgt wird, desto wichtiger wird es für sich persönlich eingeschätzt.

Personen, die vor allem das Internet und TV-Nachrichtensendungen nutzten, stuften das Thema Terrorgefahr persönlich und gesellschaftlich relevanter ein als Zeitungsleser. Das kann darauf zurückgeführt werden, dass die Zeitungen seltener über Terror berichtet haben, als die beiden anderen Medienformate. Dass in den Nachrichtensendungen die Fußball-EM ein wesentlicher Bestandteil war, zeigt sich auch darin, dass ein signifikanter Zusammenhang zwischen der Rezeption der Sendungen sowie dem persönlichen und gesellschaftlichen Relevanzurteil besteht. Vor allem beim Thema Fußball-EM ist es die interpersonale Kommunikation, die im engen Verhältnis zum persönlichen Relevanzurteil steht. Insbesondere die Gesprächsaktivität ist ein wichtiger Indikator dafür, wie wichtig das Sportereignis für die eigene Person eingestuft wird. Dies ist wenig überraschend, da vor allem als relevant erachtete Themen zum Gesprächsstoff werden. Einzig die Häufigkeit der Gespräche hat einen signifikanten Einfluss auf die Relevanzbeurteilung des Themas Terrorgefahr für die Gesellschaft. Dies kann damit erklärt werden, dass relevante Themen mit dem Umfeld besprochen werden. Dieses stellt wiederum einen Teil der Gesellschaft dar, sodass von der Relevanzzuschreibung im eigenen Umfeld auf die übrigen Mitglieder der Gesellschaft geschlossen werden kann. Fußballgespräche dagegen haben keinen Einfluss auf das gesellschaftliche Relevanzurteil, vielmehr steht dieses im Zusammenhang mit der Intensität der Mediennutzung, wie bereits vermutet wurde: Themen, die in den Medien oft wahrgenommen werden, werden für die Gesellschaft wichtig eingeschätzt, da der Einzelne davon ausgeht, dass die anderen ähnlich häufig mit den Medienthemen in Berührung kommen und diese daher für relevant erachten.

TABELLE 9
Einfluss der massenmedialen und interpersonalen Kommunikation auf die Relevanzeinstufung der Fußball-EM 2016 und Terrorgefahr

Stand. Regressionskoeffizienten (betas)		persönliche Relevanz		gesellschaftliche Relevanz	
		Terror-gefahr	Fußball-EM	Terror-gefahr	Fußball-EM
Dimensionen der Mediennutzung	Print	.13**	.18**	-.02	.10*
	Internet	.13**	.28**	.02	.18**
	TV	.21**	.23**	.27	.16**
	Intensität	.77**	.50**	.20**	.28**
Dimensionen der interpersonalen Kommunikation	Häufigkeit	.45**	.34**	-.09	.20**
	Intensität	.66**	.34**	-.22	.08
	Netzwerkgröße	.33**	.27**	-.01	.13

Anmerkung: * $p<.05$, ** $p<.01$

4. Zusammenfassung

Die Fußballeuropameisterschaft und die Terrorereignisse im Vorfeld und während des Ereigniszeitraums sind zentrale Themen in der Medienberichterstattung und noch viel mehr in den Gesprächen des Publikums. Die Ergebnisse lassen sich zu drei Hauptbefunden verdichten:

1. Die untersuchten Medien berichten konstant, jedoch mit schwankender Aufmerksamkeit (Platzierung und Quantität) über die Fußballeuropameisterschaft 2016. Bemerkenswert ist, dass kein anderes Einzelthema eine so hohe mediale Beachtung erhält wie die EM. Besonders häufig wird in der ersten und vierten Woche der Fußball-EM über das Sportereignis berichtet. Trotz der Vielzahl an Terrorakten unterliegt die Anzahl an Terrorberichten derer der EM. Erstere sind jedoch prominenter platziert. Trotz der hohen Anzahl der Terroranschläge weit im Vorfeld des Großereignisses wurde nur geringfügig über die Terrorgefahr in Bezug auf die Fußball-EM berichtet.

2. Obwohl das Thema Terror einen weitaus geringeren Anteil an der Gesamtberichterstattung einnimmt, wird es intensiver rezipiert, diskutiert und relevanter für sich persönlich und die Gesellschaft als die Fußball-EM eingestuft.
3. Die Intensität der Mediennutzung ist ein zentraler Indikator für die persönliche Relevanz insbesondere der Fußball-EM. Wichtiger für die Relevanzeinstufung ist jedoch die interpersonale Kommunikation. Es besteht beim Thema Fußball-EM ein signifikant starker, beim Thema Terror etwas schwächerer Zusammenhang zwischen der Häufigkeit und Intensität der interpersonalen Kommunikation sowie dem persönlichen Relevanzurteil.

Die Schatten der Fußballeuropameisterschaft 2016 in Form von Terrorakten und Terrorangst haben die Deutschen nachweisbar bewegt. Gespräche können dabei eine Strategie sein, mit Terrorismus umzugehen (HEINKE 2016) oder sich allgemein über das Sportereignis auszutauschen und relevante Sportthemen zu erfahren. Dieser Beitrag hat sich der Frage nach den Folgen von Mediensportgesprächen angenähert, indem er das Zusammenspiel von Mediennutzung, interpersonaler Kommunikation und Relevanzbeurteilung betrachtet hat. Es konnte gezeigt werden, dass Gespräche eine zentrale (und im Vergleich zur Mediennutzung wichtigere) Rolle dabei spielen, wie relevant die Themen Fußball-EM und Terror eingeschätzt werden.

Literatur

BENTELE, G.; BECK, K. (1994). Information – Kommunikation – Massenkommunikation. Grundbegriffe und Modelle der Publizistik- und Kommunikationswissenschaft. In: O. JARREN (Hrsg.): *Medien und Journalismus 1. Eine Einführung* (S. 15-50). Opladen: Westdeutscher Verlag.

BLEICH, A.; GELKOPF, M.; SOLOMON, Z. (2003). Exposure to Terrorism, Stress-Related Mental Health Symptoms and Coping Behaviors Among a Nationally Representative Sample in Israel. In: *JAMA, 290*, S. 612-620.

BÖLZ, M. (2013). *Fußballjournalismus. Eine medienethnographische Analyse redaktioneller Arbeitsprozesse.* Wiesbaden: Springer VS.

COLEMAN, J. S. (1959). Relational analysis: The study of social organization with survey methods. In: *Human Organization, 17*, S. 28-36.

DAVISON, W. P. (1983). The third-person effect in communication. In: *Public Opinion Quarterly*, *47*, S. 1-15.
DFB. (2016). *Die Mannschaft. Die Zuschauerzahlen*. Abgerufen von http://www.dfb.de/die-mannschaft/turniere/europameisterschaften/zuschauerzahlen/
DGPUK. (2008). *Kommunikation und Medien in der Gesellschaft: Leistungen und Perspektiven der Kommunikations- und Medienwissenschaft. Eckpunkte für das Selbstverständnis der Kommunikations- und Medienwissenschaft. Selbstverständnispapier der Deutschen Gesellschaft für Publizistik- und Kommunikationswissenschaft (DGPuK)*. Abgerufen von https://www.dgpuk.de/de/selbstverständnis-der-dgpuk.html
DOHLE, M. (2013). *Third-Person-Effekt*. Baden-Baden: Nomos.
DOHLE, M.; KLIMMT, C.; SCHRAMM, H. (2006). König Fußball: Rezeptionsmotive und Medienmenüs an einem Bundesliga-Spieltag. In: *Merz Wissenschaft. Zeitschrift für Medienpädagogik*, *50*, S. 51-62.
FRIEMEL, T. (2009). Mediensport als Gesprächsthema. Sozialpsychologische Betrachtung der interpersonalen Kommunikation über Sportberichterstattung in den Massenmedien. In: H. SCHRAMM; M. MARR (Hrsg.): *Die Sozialpsychologie des Sports in den Medien* (S. 199-222). Köln: Herbert von Halem.
FRIEMEL T. (2013). *Sozialpsychologie der Mediennutzung. Motive, Charakteristiken und Wirkungen interpersonaler Kommunikation über massenmediale Inhalte*. Konstanz: UVK
FÜRTJES, O.; HAGENAH, J. (2011). Der Fußball und seine Entproletariatisierung. Zum soziostrukturellen Wandel der Kickerleserschaft von 1954 bis 2005. In: *Kölner Zeitschrift für Soziologie und Sozialpsychologie*, *63*, S. 279-300.
GEHRAU, V.; GOERTZ, L. (2010). Gespräche über Medien unter veränderten medialen Bedingungen. In: *Publizistik*, *55(2)*, S. 153-172.
GERHARD, H.; GEESE, S. (2016). Die Fußball-Europameisterschaft 2016 im Fernsehen. Daten zur Rezeption und Bewertung. In: *Media Perspektiven*, *o. Jg.(10)*, S. 491-500.
GUNTHER, A. C.; STOREY, D. J. (2003). The influence of presumed influence. In: *Journal of Communication*, *53*, S. 199-215.
HAAS, A. (2014). *Interpersonale Kommunikation und Medienwirkungen. Beurteilung der Themenrelevanz im Zusammenspiel mit Gesprächen und Mediennutzung*. Wiesbaden: Springer VS.

HEFNER, D. (2012). *Alltagsgespräche über Nachrichten. Medienrezeption, politische Expertise und die wissensbildende Qualität von Anschlusskommunikation*. Baden-Baden: Nomos.

HEINKE, E. (2016). *Copingstrategien junger Erwachsener im Umgang mit Terrorismus in Reaktion auf Medien. Eine qualitative Befragung zu Copingstrategien und der Bedeutung von Medien in Folge der Rezeption der Berichterstattung zu den Attentaten vom 13. November 2015 in Paris* (unveröffentlichte Masterarbeit). Ludwig-Maximilians-Universität, München.

HÖFLICH, J. R. (2016). *Der Mensch und seine Medien. Mediatisierte interpersonale Kommunikation. Eine Einführung*. Wiesbaden: Springer vs.

HÖLIG, S. (2014). *Informationsorientierte Kommunikationsmodi zwischen Massen- und interpersonaler Kommunikation*. Baden-Baden: Nomos.

HUCK, I.; QUIRING, O.; BROSIUS, H.-B. (2009). Perceptual phenomena in the agenda setting process. In: *International Journal of Public Opinion Research*, 21, S. 139-164.

KATZ, E.; LAZARSFELD, P. F. (1955). *Personal Influence. The part played by people in the flow of mass communication*. Glencoe: The Free Press.

KRAUSE, B.; GEHRAU, V. (2007). Das Paradox der Medienwirkung auf Nichtnutzer. Eine Zeitreihenanalyse auf Tagesbasis zu den kurzfristigen Agenda-Setting-Effekten von Fernsehnachrichten. In: *Publizistik*, 52, S. 191-209.

KRUCK, P.; STUKE, F.R. (2003). WM-Monitor 2002. In: T. HORKY (Hrsg.): *Die Fußballweltmeisterschaft als Kommunikationsthema* (S. 35-53). Norderstedt: Books on Demand.

KUNCZIK, M.; ZIPFEL, A. (2005). *Publizistik* (2. Aufl.). Köln: Böhlau.

LAZARSFELD, P. F.; BERELSON, B.; GAUDET, H. (1944). *The People's Choice. How the Voter Makes Up his Mind in a Presidential Campaign*. New York: Columbia University Press.

LEHMKUHL, M. (2006). *Massenmedien und interpersonale Kommunikation. Eine explorative Studie am Beispiel BSE*. Konstanz: UVK.

LOHMAR, O.; SCHAUERTE, T. (2013). Die Fußball-Weltmeisterschaft 2010 – ein Medienereignis als Gesprächsthema. In: S. BRUNNER; G. ELLERT; G. SCHAFMEISTER (Hrsg.): *Die Fußball-Weltmeisterschaft 2010 im wissenschaftlichen Fokus. Interdisziplinäre Analyse einer sportlichen Großveranstaltung* (S. 227-254). Köln: Sportverlag Strauß.

LUDWIG, M.; NIELAND, J.-U. (2013). Mediensport als Integrationsmotor? Mediennutzung und Anschlusskommunikation türkischer

Migranten in Zeiten medialer Segmentierung. In: K. IMHOF;
R. BLUM; H. BONFADELLI; O. JARREN (Hrsg.): *Stratifizierte und
segmentierte Öffentlichkeit* (S. 219-231). Wiesbaden: Springer vs.
MALETZKE, G. (1963). *Psychologie der Massenkommunikation. Theorie und
Systematik*. Hamburg: Hans-Bredow-Institut.
MUTZ, D. C. (1998). *Interpersonal influence: How perceptions of mass collectives
affect political attitudes.* Cambridge: Cambridge University Press.
PORTEN-CHEÉ, P. (2017). *Anschlusskommunikation als Medienwirkung.
Der Einfluss von Relevanz und Qualität von Medieninhalten auf das
Gesprächsverhalten*. Baden-Baden: Nomos.
REARDON, K.; ROGERS, E. M. (1988). Interpersonal versus mass media
communication: A false dichotomy. In: *Human Communication Research*,
15, S. 284-303.
RÖSSLER, P. (1997). *Agenda-Setting. Theoretische Annahmen und empirische
Evidenzen einer Medienwirkungsstudie*. Opladen: Westdeutscher Verlag.
RUHRMANN, G.; WOELKE, J.; MAIER, M.; DIEHLMANN, N. (2003). *Der Wert
von Nachrichten im deutschen Fernsehen. Ein Modell zur Validierung von
Nachrichtenfaktoren*. Wiesbaden: Springer vs.
RUSSMANN, U. (2007). *Agenda Setting und Internet. Themensetzung im
Spannungsfeld von Onlinemedien und sozialen Netzwerken*. München:
Reinhard Fischer.
R+V. (2016). *Die Ängste der Deutschen*. Abgerufen von https://www.ruv.de/
presse/aengste-der-deutschen
SCHENK, M. (1995). *Soziale Netzwerke und Massenmedien. Untersuchungen zum
Einfluss der persönlichen Kommunikation*. Tübingen: Mohr.
SCHENK, M. (2009). Interpersonale Kommunikation. In: E. NOELLE-
NEUMANN; W. SCHULZ; J. WILKE (Hrsg.): *Fischer Lexikon: Publizistik,
Massenkommunikation* (S. 65-80). Frankfurt/M.: Fischer Verlag.
SCHENK, M.; RÖSSLER, P. (1994). Das unterschätzte Publikum. Wie
Themenbewußtsein und politische Meinungsbildung im Alltag von
Massenmedien und interpersonaler Kommunikation beeinflußt
werden. In: F. NEIDHARDT (Hrsg.): *Öffentlichkeit, öffentliche
Meinung, soziale Bewegungen*. Kölner Zeitschrift für Soziologie
und Sozialpsychologie, Sonderheft 34 (S. 261-295). Opladen:
Westdeutscher Verlag.
SCHRAMM, H.; KLIMMT, C. (2003). Nach dem Spiel ist vor dem Spiel.
Die Rezeption der Fußball-Weltmeisterschaft 2002 im Fernsehen:

Eine Panel-Studie zur Entwicklung von Rezeptionsmotiven im Turnierverlauf. In: *Medien & Kommunikationswissenschaft, 51*, S. 55-81.

SCHUSTER, M. A.; STEIN B. D.; JAYCOX, L. H.; COLLINS, R. L.; MARSHALL, M. N.; ELLIOT, M. (2001). A National Survey of Stress Reactions After The September 11, 2001, Terrorism Attacks. In: *The New England Journal of Medicine, 345*, S. 1507- 1512.

STIEHLER, H.-J. (2007). Sportrezeption zwischen Unterhaltung und Information. In: T. SCHIERL (Hrsg): *Handbuch Medien, Kommunikation und Sport* (S. 182-199). Schorndorf: Hofmann.

VUMA. (2017). *Tagesablauf nach Medien/Tätigkeiten*. Abgerufen von https://touchpoints.vuma.de/#/tagesablauf/

WEAVER, D. H.; ZHU, J.-H.; WILLNAT, L. (1992). The bridging function of interpersonal communication in agenda-setting. In: *Journalism Quarterly, 55*, S. 267-279.

WEIMANN, G.; BROSIUS, H.-B. (1995). Is there a two-step flow of agenda-setting? In: *International Journal of Public Opinion Research, 6*, S. 323-341.

WENNER, L. A.; GANTZ, W. (1989). The Audience Experience with Sports on Television. In: L. A. WENNER (Hrsg.): *Media, Sports, & Society* (S. 233-251). London, New Delhi: Sage.

YOUGOV. (2016). *Fußball-EM: Mehrheit in fünf Ländern hält Terrorgefahr für hoch*. Abgerufen von https://yougov.de/news/2016/06/09/fussball-em-mehrheit-funf-landern-halt-terrorgefah/

ZDF POLITBAROMETER. (2016). *Große Mehrheit für Verbleib Großbritanniens in der EU. Deutschland wird Europameister - das glauben 39 Prozent*. Abgerufen von http://www.heute.de/grosse-mehrheit-fuer-verbleib-grossbritanniens-in-der-eu-deutschland-wird-europameister-das-glauben-39-prozent-43784108.html

CHRISTIANA SCHALLHORN

Zwischen Karneval und Korruption: Wie die Rezeption der Fußballweltmeisterschaft 2014 und der Olympischen Spiele 2016 in Brasilien die Wahrnehmung des Gastgeberlandes beeinflusst

1. Sportgroßereignisse als Kontrastprogramm zur täglichen Berichterstattung über andere Länder

Mit der Fußballweltmeisterschaft 2014 und den Olympischen Sommerspielen 2016 hat Brasilien innerhalb kürzester Zeit die weltweit wohl zwei bedeutendsten Sportgroßereignisse ausgetragen. Neben den sportlichen Highlights in den Stadien und Wettkampfstätten sind Sportgroßereignisse aber auch auf politische oder marketingstrategische Ziele ausgerichtet (FALKHEIMER 2007: 87; HEDE 2005; GIFFARD/RIVENBURGH 2000; ZENG/ GO/KOLMER 2011). Das heißt, Gastgeberländer versuchen durch Investitionen (z. B. in die Infrastruktur) im Vorfeld solcher sportlichen Events, nationale Entwicklungen anzustoßen, aber insbesondere auch während der Wettkämpfe international sichtbarer zu werden und dabei möglichst positiv und attraktiv wahrgenommen zu werden (GIFFARD/RIVENBURGH 2000: 8; ZENG/GO/KOLMER 2011: 320). Zwar zeigen aktuelle Zahlen, dass die Auslandsberichterstattung in den letzten Jahren zugenommen hat, jedoch sind vor allem Länder mit großer geografischer und kultureller Nähe in den Medien präsent (KRÜGER 2015). So verwundert es kaum, dass im Zeitraum von 2012 bis 2015 kein südamerikanisches Land unter den

Top 20 meistgenannten Ländern in den deutschen Nachrichten war (ebd.). Betrachtet man neben der Häufigkeit der Präsenz einzelner Länder in den Medien, worüber berichtet wurde, fällt auf, dass vor allem »Krisen und Konflikte innerhalb und außerhalb Europas, global agierender Terrorismus, internationale Verflechtungen in Politik und Wirtschaft, Migration und Flucht aus Krisenländern nach Europa« im Mittelpunkt der Berichterstattung stehen (KRÜGER 2015: 573). Das heißt, es werden insbesondere krisenbehaftete Themen aufgegriffen und infolgedessen eher negativ über das Ausland berichtet (ebd.; NWUNELI et al. 1993). Diese Befunde verdeutlichen, warum sportliche Großereignisse gerade für sonst eher »unsichtbare« Länder eine Chance sein können: Sportgroßereignisse sind globale Ereignisse, die einem Land kurzfristig weltweite mediale (positive) Aufmerksamkeit verschaffen (KRÜGER 2015) und damit Impulsgeber für den Tourismus und die Wirtschaft sein können (GIFFARD/RIVENBURGH 2000). Der vorliegende Beitrag geht der Frage nach, inwiefern die Austragung der Fußballweltmeisterschaft 2014 und der Olympischen Spiele 2016 die Wahrnehmung Brasiliens in der deutschen Bevölkerung beeinflusst hat, genauer gesagt, ob und wie sich die Vorstellungen von Brasilien bei den Rezipienten in Deutschland verändert haben. Vor dem Hintergrund der Ergebnisse soll anschließend diskutiert werden, ob die Austragung der Sportgroßereignisse als ein Gewinn für Brasilien gesehen werden kann.

2. Zum Einfluss des Fernsehprogramms auf Vorstellungen über andere Länder bei Zuschauern

Auch wenn der Sport und die Berichterstattung über die Athleten und Wettkämpfe bei den Olympischen Spielen und den Fußballgroßereignissen im Zentrum der Berichterstattung stehen, so rückt auch das Gastgeberland in den Fokus der Medien (PANAGIOTOPOULOU 2011; ROCHE 1994; ZENG/GO/ KOLMER 2011). »There is no prematch coverage without a tape about the town hosting the game, preferably including details of its cultural traditions, its sights and its typical food« (STIEHLER/MARR 2003: 142). Durch die zahlreichen Hintergrundinformationen, die Zuschauer während der Sportübertragungen oder der begleitenden Berichterstattung erhalten, lernen sie das Gastgeberland kennen und erfahren beispielsweise etwas über die Landschaft, Kultur und Attraktionen des Landes (HEDE 2005: 190).

Es kann zwar nicht davon ausgegangen werden, dass sich durch die Bilder aus dem Fernsehen genau *eine* Vorstellung von einem Land bei *jedem* Zuschauer manifestiert, es ist dennoch anzunehmen, dass die wiederholte Darstellung bestimmter landestypischer Informationen einen Eindruck bei den Rezipienten hinterlässt (RIVENBURGH 1992: 2). Dieser Grundgedanke findet sich in der *Kultivierungsforschung* wieder. Gerbner und Kollegen gingen davon aus, dass mediale Botschaften, die in verschiedenen Medien konsonant wiederholt werden, langfristig Vorstellungen von der Realität prägen können (z. B. GERBNER/GROSS 1976). So wurde mehrfach belegt, dass durch die Rezeption amerikanischer Film- und Serienproduktionen bei Vielsehern aus anderen Länder ein bestimmtes (z. T. sogar eher negatives) Bild von den USA und den US-Amerikanern geprägt wurde (z. B. EZHAR/WAN 2006; TAN/LI/SIMPSON 1986; TAN/SUARCHAVARAT 1988). Aber auch non-fiktionale Medieninhalte wie Nachrichten aus dem Ausland können Vorstellungen von anderen Ländern beeinflussen (ATKIN/GARRAMONE 1984; HETSRONI 2010; MCNELLY/IZCARAY 1986). Der mediale Einfluss auf die Vorstellungen der Rezipienten ist besonders groß, wenn persönliche Erfahrungen mit einem Thema begrenzt sind. Denn infolgedessen ist die Abhängigkeit von Informationen aus den Medien hoch, um sich einen Eindruck zu verschaffen (ADONI/MANE 1984: 331; NWUNELI et al. 1993). Mit Blick auf die Gastgeberländer kann somit angenommen werden, dass neben der Übertragung der Wettkämpfe vor allem die Berichterstattung rund um die Ereignisse außerhalb der Wettkampfstätten die Wahrnehmung des Landes beeinflusst – und dies im besonderen Maße, wenn Rezipienten vom Gastgeberland wenig Vorwissen haben und nicht über persönliche Erfahrungen verfügen. Wahrscheinlich ist zudem, dass aufgrund der Allgegenwart der Berichterstattung zu den Sportgroßereignissen während der Turniere auch weniger Sportinteressierte das Geschehen im Gastgeberland zu einem gewissen Grad mitbekommen und somit ebenfalls bestimmte Eindrücke erhalten (HEDE 2005; RIVENBURGH 1992; STIEHLER/MARR 2003).

3. Darstellung der Gastgeberländer bei Sportgroßereignissen

Obwohl Sportgroßereignissen weltweit eine enorme mediale Aufmerksamkeit zukommt und Gastgeberländer von einer positiven Wirkung durch die Übertragung der Sportevents ausgehen, wurde erstaunlicherweise nur selten der Versuch unternommen, die Inhalte der Berichterstattung systematisch zu erfassen. Als eine der ersten Studien ist eine Inhaltsanalyse der Fernsehberichterstattung zu den Olympischen Spielen 1988 in Südkorea von Rivenburgh (1992) zu nennen. Sie fand heraus, dass nur etwa zwei Prozent (2,5 Stunden) der Übertragung auf NBC Informationen über das Gastgeberland enthielten. Über die Mehrheit der Themen wurde neutral berichtet (58 %), 30 Prozent waren negativ und nur 12 Prozent positiv konnotiert. Im Rahmen der Olympischen Spiele 2008 in Peking führten Zeng et al. (2011) eine Inhaltsanalyse von Fernsehnachrichten in acht Ländern durch (Deutschland, Frankreich, Großbritannien, Italien, Schweiz, Spanien, USA, Südafrika und zusätzlich zwei arabische Sender). Sie stellten fest, dass über China kurz vor Beginn der Spiele häufiger und negativer berichtet wurde (35 %), mit Beginn der Spiele die kritische Berichterstattung zurückging (17 %), aber kritische Aspekte nach den Spielen wieder zunahmen (40 %). Auch Manzenreiter (2010) kam im Rahmen seiner Analyse von 68 Zeitungen aus 29 Ländern zu dem Schluss, dass der Anteil negativer Nachrichten mit Beginn der Spiele gering war (15 %) und in der Berichterstattung vor allem der Sport und weniger politische Themen im Vordergrund standen. Gao (2010) untersuchte ebenfalls die Berichterstattung im Rahmen von Olympia 2008. In ihrer Analyse von 240 Artikeln in der *New York Times* (USA) und der *South China Morning Post* (Hong Kong) stellte sie fest, dass sich negative Beiträge vor allem gegen die chinesische Regierung und Themen wie Internetzensur, fehlende Pressefreiheit, eingeschränkte Religionsfreiheit, Missachtung von Menschenrechten und Umweltprobleme richteten. Die Chinesen selbst wurden aber stets als freundlich beschrieben und die chinesische Kultur positiv dargestellt. Zeng et al. (2011), Manzenreiter (2010) und Gao (2010) vermuten aufgrund ihrer Ergebnisse, dass sich das Image Chinas durch die ambivalente und in der Summe neutrale Medienberichterstattung kaum verändert haben sollte.

Hammett (2011) führte vor dem Hintergrund der Fußball-WM 2010 in Südafrika eine Diskursanalyse von vier britischen Zeitungen (*The Guardian*, *The Times*, *The Daily Mail*, *The Daily Star*) im Zeitraum von Januar bis Juli 2010 durch. Die drei meist genannten Themen waren: 1. Gewalt und Sicherheit, 2. Allgemeines Interesse (wird im Aufsatz nicht näher spezifiziert), 3. Bedrohungen für Fans und Teams. Die beiden Boulevard-Zeitungen (*The Daily Mail*, *The Daily Star*) berichteten eher sensationslüstern, wobei Südafrika als exotisches, faszinierendes, pre-modernes und gefährliches Land charakterisiert wurde. Die Qualitätszeitungen (*The Guardian*, *The Times*) skizzierten hingegen ein vielfältiges Bild von Südafrika, gingen aber auch stärker auf Berichte über Gewalt und Sicherheit ein. Zusammenfassend zeigt sich, dass Medien durchaus kritisch berichten, wobei die Kritik vor allem auf innenpolitische Themen abzielt. Darüber hinaus scheinen Medien aber tendenziell eher neutral bis wohlwollend über das Gastgeberland, wie beispielsweise über seine Kultur, Natur und Bevölkerung, zu informieren.

4. Wahrnehmung der Gastgeberländer von Sportgroßereignissen

Es gibt unzählige Studien, die die Wahrnehmung bzw. das Image eines Gastgeberlandes von Sportgroßereignissen untersucht haben. Dabei wurden vor allem Personen befragt, die das Sportereignis vor Ort besucht haben (vgl. KIM/MORRISON 2005: 234). Der Einfluss der Medienberichterstattung wurde aber nur selten in die Überlegungen einbezogen. Die wenigen Ausnahmen werden nachfolgend kurz vorgestellt.

Hede (2005) führte nach den Olympischen Spielen 2004 in Athen eine telefonische Befragung bei 350 Australiern durch. Die große Mehrheit der Befragten hatte ein deutlich positives Bild von Griechenland (extrem positiv $n = 75$ [22 %], sehr positiv $n = 153$ [45 %], positiv $n = 83$ [24 %], negativ $n = 29$ [9 %]). Knapp 39 Prozent der Befragten gaben an, dass sie ihre Bewertungen auf die Übertragung der Olympischen Spiele in Griechenland zurückführen. Den Schilderungen der Befragten zufolge wurden bisherige Vorstellungen (z. B. antikes Griechenland) durch neue positive Eindrücke (z. B. moderne Häfen) aufgrund der Bilder aus den Medien ersetzt bzw. erweitert.

Lepp und Gibson (2011) befragten amerikanische Studierende vor und nach der Fußball-WM 2010 in Südafrika zu ihren Assoziationen mit dem Land und zur Risikowahrnehmung Südafrikas (z. B. »Kleinkriminalität wie Taschendiebstahl sind ein Problem in Südafrika«). Zu den fünf der meistgenannten Assoziationen zählten zu beiden Befragungszeitpunkten Sport, Parks und Wildnis, Nelson Mandela, Dritte Welt und Rassismus. Zudem zeigte sich, dass die Bewertung Südafrikas als gefährlich (z. B. hinsichtlich Kriminalität, Krankheiten, Unsicherheit) zu beiden Erhebungen moderat ausfiel, aber Südafrika nach der WM als moderner eingeschätzt wurde. Das Fernsehen wurde als Hauptinformationsquelle (36,7 %) über Südafrika genannt. Die Anzahl der gesehenen Spiele der WM hatte keinen Einfluss auf die Imageveränderungen bei den Studierenden. Lepp und Gibson (2011) als auch Hede (2005) gehen davon aus, dass die Wahrnehmung des jeweiligen Gastgeberlandes von der sportevent-begleitenden Berichterstattung beeinflusst wurde.

5. Forschungsfragen und Hypothesen

Obwohl Sportgroßereignisse wie die Olympischen Spiele und die Fußballweltmeisterschaften weltweit enorme mediale Aufmerksamkeit erhalten und ein riesiges internationales Publikum haben, wurde der Einfluss der Medienberichterstattung auf die Wahrnehmung des Gastgeberlandes bei Rezipienten, die nicht vor Ort waren, kaum untersucht (HEDE 2005; KIM/MORRISON 2005; LEPP/GIBSON 2011). Vor diesem Hintergrund stellte sich konkret die Frage, wie sich die Wahrnehmung Brasiliens durch die Berichterstattung zur Fußball-WM 2014 und den Olympischen Spielen 2016 verändert hat. Das heißt, es soll im Längsschnitt – insgesamt über mehr als 2,5 Jahre – untersucht werden, ob sich Vorstellungen und Assoziationen zu Brasilien verändert haben. Folgenden zwei Forschungsfragen wurde explorativ nachgegangen:

F1: Wie verändert sich die Wahrnehmung Brasiliens von vor der Fußball-WM zu nach der WM und nach den Olympischen Spielen mit Blick auf ausgewählte Themen?

Außerdem sollte wie bei Lepp und Gibson (2011) untersucht werden, was Rezipienten vor bzw. nach der Fußball-WM und den Olympischen Spielen mit Brasilien assoziieren. Denkbar ist, dass sich durch eine offene Antwortmöglichkeit ein anderes Bild von Brasilien ergibt als bei der Bewertung vorgegebener Themen. Daher lautete die zweite Forschungsfrage:

F2: Welche Assoziationen verbinden Rezipienten vor und nach der Fußball-WM bzw. nach den Olympischen Spielen mit Brasilien und inwiefern verändern sich diese?

6. Methode

6.1 Studiendesign und Datenerhebung

Die Befragung wurde als Panel-Studie durch einen Online-Fragebogen durchgeführt, wobei aktiv bzw. gezielt eine möglichst heterogene Stichprobe rekrutiert werden sollte. Der erste Befragungszeitraum war fünf Monate vor der WM, um Vorstellungen von Brasilien zu erfassen, die möglichst noch unbeeinflusst von der zu erwartenden WM-Berichterstattung existierten (14. Februar 2014 bis 02. März 2014). Die zweite Erhebung startete direkt am Tag nach dem WM-Finale (14. Juli 2014 bis 30. Juli 2014). Die dritte und damit letzte Datenerhebung fand etwa einen Monat nach den Olympischen Spielen 2016 in Rio de Janeiro, direkt im Anschluss an die Paralympischen Spiele statt (19. September 2016 bis 04. Oktober 2016).

Bei der Rekrutierung im WM-Jahr halfen ca. 40 Medienkommunikations-Studierende der Julius-Maximilians-Universität Würzburg, in dem sie nach bestimmten Quotenvorgaben hinsichtlich des Alters und Geschlechts den Link zum Fragebogen gezielt an passende Personen weiterleiteten. Personen, die am Ende des ersten Fragebogens angegeben hatten, für weitere Befragungen zur Verfügung zu stehen, erhielten nach der Fußball-WM erneut per E-Mail einen Link. War dies nicht der Fall, mussten die Personen durch die verantwortlichen Studierenden erneut auf den Fragebogen aufmerksam gemacht und zur Teilnahme motiviert werden. Für die Befragung nach den Olympischen Spielen konnten nur noch diejenigen kontaktiert werden, die ihre E-Mail hinterlassen hatten, weshalb von einem eher geringen Datenrücklauf auszugehen war.

6.2 Aufbau der Fragebögen

Nachfolgend werden nur die für die Analyse relevanten Teile der drei Fragebögen vorgestellt. Nach der Willkommensseite wurden die Befragten gebeten, einen Code einzugeben, der sich aus Buchstaben und Zahlen persönlicher Angaben zusammensetzte. Dieser diente dazu, die Datensätze später anonym zusammenfügen zu können.

Zunächst wurden die Teilnehmenden zu ihren Assoziationen mit Brasilien befragt. Hier konnten bis zu zehn Assoziationen genannt werden. Die offene Antwortmöglichkeit zu Beginn sollte ermöglichen, dass die Befragten jene Gedanken äußerten, die ihnen spontan durch den Kopf gingen, ohne dass sie bereits durch andere themenspezifische Fragen beeinflusst wurden. Im Anschluss wurde die Wahrnehmung Brasiliens anhand verschiedener Themen durch je vier bis sechs Items gemessen. Dabei gaben die Teilnehmer ihre Zustimmung zu den Aussagen auf einer 5-stufigen Likert-Skala an (mit den äußeren Ausprägungen »stimme überhaupt nicht zu« (1) bis »stimme voll und ganz zu« (5)). Im Folgenden werden diese Themen kurz mit einem Beispiel-Item beschrieben.

Zunächst wurde das Thema Attraktivität der *Natur* abgefragt. Die Items wurden in Anlehnung an vergleichbare Studien (GIBSON/QI/ZHANG 2008; LIN et al. 2007; REZENDE-PARKER/MORRISON/ISMAIL 2003; TSIOTSOU/BYON/ZHANG 2010) formuliert und beinhalteten Aussagen zur Artenvielfalt von Flora und Fauna, Nationalparks und der Einzigartigkeit der Natur Brasiliens, zum Beispiel »In Brasilien gibt es eine besonders große Artenvielfalt von Flora und Fauna« (Itemanzahl: 4; Reliabilität nach Cronbachs α: t1: .78, t2: .88, t3: .88).

Die Aussagen zur *Kultur* bzw. zum kulturellen Angebot orientierten sich an verschiedenen Studien (BEERLI/MARTÍN 2004; CHALIP/GREEN/HILL 2003; KIM/MORRISON 2005; KREŠIć/PREBEŽAC 2011; LIN et al. 2007; REZENDE-PARKER/MORRISON/ISMAIL 2003; TSIOTSOU/BYON/ZHANG 2010). Erfasst wurden Aspekte wie die Architektur in den Städten, kulturelle und nationaltypische Events, Sehenswürdigkeiten und Freizeitmöglichkeiten. Zum Beispiel »Brasilien hat viele historische Denkmäler und Sehenswürdigkeiten« (Itemanzahl: 5; Reliabilität nach Cronbachs α: t1: .72, t2: .65, t3: .65).

Nach den eher bekannten, landestypischen Dimensionen wurden spezifische Themen abgefragt, die in direktem oder indirektem Bezug zur WM standen. Hierbei ging es zunächst um die Bewertung der *Hotels*. Entsprechende Items wurden aus anderen Studien (GIBSON/QI/ZHANG 2008; REZENDE-PARKER/MORRISON/ISMAIL 2003; TSIOTSOU/BYON/ZHANG 2010) adaptiert und beinhalteten Einschätzungen zur Sauberkeit, technischen Ausstattung und Service-Leistung in den Hotels sowie zu den Hotelkapazitäten für WM-Gäste. Zum Beispiel »Die Hotels in Brasilien sind technisch sehr gut ausgestattet« (Itemanzahl: 4; Reliabilität nach Cronbachs α: t1: .77, t2: .83, t3: .85).

Außerdem sollte die *Infrastruktur* bewertet werden. Items von ähnlichen Studien (BEERLI/MARTÍN 2004; CHALIP/GREEN/HILL 2003; LIN et. al. 2007; REZENDE-PARKER/MORRISON/ISMAIL 2003; TSIOTSOU/BYON/ZHANG 2010) wurden für diese Befragung übernommen und zielten auf die Anbindung durch öffentliche Verkehrsmittel sowie deren Sicherheit, Zustand und

Kapazitäten ab. Zum Beispiel »Die Infrastruktur (Straßen- und Bahnnetze, Flughäfen) ist gut ausgebaut« (Itemanzahl: 5; Reliabilität nach Cronbachs α: t1: .75, t2: .79, t3: .80).

Die Items zur *Sicherheit* wurden in Anlehnung an die Reise- und Sicherheitshinweise des Auswärtigen Amtes (2013) formuliert und orientierten sich an einigen Items in Studien von Gibson, Qi und Zhang (2008) sowie Chalip, Green und Hill (2003). Gefragt wurde nach der Einschätzung der allgemeinen Sicherheit für Urlauber in Brasilien sowie u. a. nach der Sicherheit an Stränden und in Großstädten. Zum Beispiel »Brasilien ist ein sicheres Urlaubsland« (Itemanzahl: 5; Reliabilität nach Cronbachs α: t1: .84, t2: .79, t3: .83).

Im letzten Drittel des Fragebogens über die Wahrnehmung Brasiliens wurden wirtschaftliche und soziale Dimensionen aufgegriffen. Zunächst wurde die Einschätzung der *Kriminalität* in Brasilien abgefragt. Die Items wurden ebenfalls von der Beschreibung des Auswärtigen Amtes (2013) abgeleitet. Die Teilnehmer sollten ihre Zustimmung oder Ablehnung zu Aussagen angeben, bei denen es u. a. um die Häufigkeit von Überfällen, Diebstählen und Gewaltverbrechen in Großstädten, in Favelas oder an Stränden ging. Zum Beispiel »In Brasilien gibt es häufig Überfälle und Gewaltverbrechen« (Itemanzahl: 5; Reliabilität nach Cronbachs α: t1: .85, t2: .93, t3: .92).

Der *Lebensstandard* Brasiliens wurde durch die Frage nach der Lebenssituation in Brasilien abgebildet. Einige Items zum Lebensstandard wurden aus anderen Studien übernommen (MARTIN/EROGLU 1993; SCHALLHORN 2013), andere Aussagen – wie z. B. zur Bildung, zum Gesundheits- und zum Sozialsystem – wurden neu entwickelt. Schönenberg (2010) beschreibt, dass auch »Schulbildung und Gesundheitsversorgung zu den öffentlichen Gütern [gehören], die ein Staat bereitstellen sollte« (S. 268). Zudem ging aus der Berichterstattung während des Confederations Cups hervor, dass die Menschen in Brasilien mehr Geld für das Gesundheits- und Bildungssystem forderten (HUSSEINI DE ARAÚJO/SCHMITT/TSCHORN 2013). Deshalb wurden auch diese Aspekte zur Messung des wahrgenommenen Lebensstandards aufgenommen. Zum Beispiel »Brasilien hat ein gutes Gesundheitssystem« (Itemanzahl: 5; Reliabilität nach Cronbachs α: t1: .80, t2: .85, t3: .81).

Der folgende Block fragte Vorstellungen zur *Armut* in Brasilien ab. Die verwendeten Items hatten sich bereits in einer Studie zum Confederations Cup 2013 in Brasilien bewährt, sodass sie mit minimalen sprachlichen Veränderungen übernommen wurden (vgl. SCHALLHORN 2017). In den Items wurden Aussagen u. a. über die Armut der Bürger und die finanzielle Unterstützung durch den Staat gemacht. Zum Beispiel »Viele Brasilianer sind sehr arm« (Itemanzahl: 4; Reliabilität nach Cronbachs α: t1: .79, t2: .83, t3: .78).

Die letzte Bewertungsdimension erfasste die *Zukunftschancen*, die durch die Austragung der WM beeinflusst werden könnten. Die Items wurden in Anlehnung an die Studie von Kim und Petrick (2005) formuliert sowie weitere aus einer Studie zum Confederations Cup in Brasilien übernommen (vgl. SCHALLHORN 2017). Zum Beispiel »Auch kleinere Unternehmen werden von der WM profitieren« (Itemanzahl: 6; Reliabilität nach Cronbachs α: t1: .83, t2: .91, t3: .93).

Die Angabe demografischer Daten wurde bereits am Ende des ersten Fragebogens integriert. Zu den abgefragten Merkmalen zählten Alter, Geschlecht, Bildung und Nationalität.

Nach Abschluss des Fragebogens konnten die Teilnehmer ihre E-Mailadresse auf einer separaten Seite angeben, um an der Verlosung von Amazon-Gutscheinen teilzunehmen und um per E-Mail den Link zur zweiten Befragung zu erhalten.

Der Fragebogen der zweiten Erhebungsphase war zunächst gleich aufgebaut, beginnend mit Fragen zu Assoziationen, gefolgt von den Items zur Wahrnehmung Brasiliens. Anschließend sollten die Befragten jeweils angeben, an wie vielen Tagen der Woche sie a) die Live-Berichterstattung oder Aufzeichnung von Spielen und b) die Vor- und Nachberichterstattung zu den Spielen verfolgt haben. Die Abstufung war mit 0-1 Tag, 2-3 Tage, 4-5 Tage und 6-7 Tage vorgegeben. Abschließend wurde ein Dankeschön für die Teilnahme ausgesprochen und die Teilnehmer konnten erneut an der Verlosung von Gutscheinen teilnehmen.[1]

Der Fragebogen der dritten Erhebung war analog zum ersten und zweiten Fragebogen aufgebaut. Das heißt, nach Eingabe des individuellen Codes, der Abfrage der Assoziationen und der Themenbewertungen folgten Fragen zur Mediennutzung. Es gab eine Anpassung: Formulierungen, die sich in den ersten beiden Befragungen auf die WM bezogen, wurden entsprechend an Olympia angepasst, zum Beispiel bei der Abfrage der Rezeption der *Olympia*-Live-Berichterstattung sowie der Vor- und Nachberichterstattung der olympischen Spiele.

---

1   Da die Ergebnisse der ersten beiden Befragungen als eigenständige Publikation erschienen sind (SCHALLHORN 2017), wurden Formulierungen zur Beschreibung der Fragebögen aus der Monografie übernommen.

6.3 Stichprobe

An der dritten Befragungswelle nach den Olympischen Spielen 2016, mehr als 2,5 Jahre nach der ersten Befragungswelle, nahmen 76 Personen von ursprünglich etwas über 700 Befragten teil. Trotz der sehr hohen Panelmortalität von der ersten zur letzten Befragung (finale Ausschöpfungsquote ca. 10,5 %), blieb die Zusammensetzung des Samples im Hinblick auf zentrale demografische Daten aber heterogen. Es nahmen etwas mehr Frauen (53,9 %) als Männer (46,1 %) teil. Das Alter der Teilnehmenden lag zwischen 19 und 64 Jahren und betrug im Durchschnitt ca. 40 Jahre ($SD = 14$). Jedoch beteiligten sich vorrangig Personen mit hoher formaler Bildung an der Befragung (80,2 % hatten mindestens das Abitur). Die finale Stichprobe ist daher nicht repräsentativ, weist jedoch zumindest bei Alter und Geschlecht eine zufriedenstellende Varianz bzw. Verteilung auf.

Mit Blick auf die Mediennutzung zeigt sich, dass knapp 90 Prozent der Befragten an mindestens zwei Tagen pro Woche WM-Übertragungen oder Aufzeichnungen von Spielen bzw. deren Vor- und Nachberichterstattung angeschaut haben. Die Olympischen Spiele wurden von rund 64 Prozent der Befragten an mindestens zwei Tagen pro Woche verfolgt. Die Wettkämpfe der Paralympischen Spiele sahen hingegen nur etwa 15 Prozent an zwei oder mehr Tagen pro Woche. Somit ist davon auszugehen, dass vor allem die Übertragungen zur Fußball-WM und zu den Olympischen Spielen einen Einfluss auf die Vorstellungen des Gastgeberlandes Brasilien bei den Rezipienten gehabt haben.

7. Ergebnisse

Mit der ersten Forschungsfrage wurde hinterfragt, ob sich die Wahrnehmung Brasiliens von vor der Fußball-WM zu nach der WM und nach den Olympischen Spielen verändert hat. Zugunsten einer besseren Nachvollziehbarkeit werden zunächst signifikante Veränderungen beschrieben.

Wie in Tabelle 1 ersichtlich wird, gab es zwischen den ersten zwei Erhebungen drei signifikante Veränderungen. Der *Lebensstandard* wurde nach der WM schlechter als vor der WM bewertet (t1: $M = 2.39$, $SD = .56$; t2: $M = 2.21$, $SD = .61$; $p < .05$). Ebenfalls negativer wurden die *Zukunftschancen* Brasiliens nach der WM eingeschätzt als noch vor der WM (t1: $M = 2.47$, $SD = .67$; t2: $M = 2.15$, $SD = .70$; $p = .001$). Die *Sicherheit* wurde hingegen nach der WM größer eingeschätzt als vor der WM (t1: $M = 2.54$, $SD = .66$; t2: $M = 2.79$, $SD = .66$; $p < .05$). Allerdings verschlechterte sich die Bewertung der *Sicherheit* nach den Olympischen Spielen im Vergleich zu nach der WM wieder (t3: $M = 2.58$, $SD = .70$, $p = .05$), sodass die Bewertung der *Sicherheit* nach den Olympischen Spielen den nahezu gleichen Wert hatte, wie vor Beginn der Sportgroßereignisse (*ns*). Außerdem wurde die *Kriminalität* nach Olympia signifikant höher eingeschätzt als nach der WM (t2: $M = 3.88$, $SD = .81$; t3: $M = 4.14$, $SD = .66$; $p < .05$). Eine weitere Verschlechterung zeigte sich bei der Bewertung der *Hotels* nach den Olympischen Spielen. Während die Bewertung der *Hotels* vor und nach der WM noch recht konstant war (t1: $M = 3.09$, $SD = .58$; t2: $M = 3.16$, $SD = .50$; *ns*), verschlechterte sich die Bewertung nach den Olympischen Spielen (t3: $M = 2.87$, $SD = .53$) signifikant zum ersten ($p < .05$) und zweiten Erhebungszeitraum ($p < .001$).

Die Attraktivität der *Natur* wurde zu allen Messzeitpunkten sehr hoch bewertet (t1: $M = 4.53$, $SD = .55$; t2: $M = 4.47$, $SD = .63$; t3: $M = 4.50$, $SD = .60$). Auch die Bewertung der *Kultur* blieb unverändert auf einem eher positiven Level (t1: $M = 3.73$, $SD = .60$; t2: $M = 3.67$, $SD = .52$; t3: $M = 3.59$, $SD = .55$). Sowohl *Infrastruktur* als auch *Armut* wurden über die gesamten Befragungen hinweg eher negativ bewertet. (Infrastruktur: t1: $M = 2.51$, $SD = .55$; t2: $M = 2.66$, $SD = .58$; t3: $M = 2.54$, $SD = .58$; Armut: t1: $M = 3.88$, $SD = .79$; t2: $M = 3.71$, $SD = .90$; t3: $M = 3.85$, $SD = .82$).

Zusammenfassend lässt sich festhalten, dass sich die einzig positive Veränderung einer Wahrnehmungsdimension bei der Bewertung der *Sicherheit* nach der WM im Vergleich zu vor der WM zeigte. Nach den Olympischen Spielen wurde die *Sicherheit* aber wieder signifikant geringer eingeschätzt, wobei im Gegenzug die *Kriminalität* noch höher als nach der WM eingeschätzt wurde. Auch bei der Bewertung der Themen *Hotels*, *Lebensstandard* und *Zukunftschancen* gab es Verschlechterungen im Zeitverlauf. Somit muss geschlussfolgert werden, dass sich die Wahrnehmung Brasiliens insgesamt verschlechtert hat und nach Olympia sogar z. T. noch negativer war als vor den Sportgroßereignissen.

Mit der zweiten Forschungsfrage wurde untersucht, was die Befragten vor der WM und nach den jeweiligen Sportgroßereignissen mit Brasilien assoziierten. Im Fragebogen konnten bis zu zehn Assoziationen genannt werden. In der Auswertung wurden nur die ersten drei berücksichtigt. Einerseits war davon auszugehen, dass die Top 3 auch die für die Befragten am relevantesten waren, weil sie von den Rezipienten als erstes aufgeschrieben worden sind. Anderseits sprachen auch forschungspragmatische Gründe

TABELLE 1
Einstellungen vor und nach der Fußballweltmeisterschaft 2014 sowie nach den Olympischen/Paralympischen Spielen 2016 (N=76)

	t1		t2		t3		t1 → t2		t2 → t3		t1 → t3	
	M	SD	M	SD	M	SD	M_{Diff}	p	M_{Diff}	p	M_{Diff}	p
Natur	4.53	.55	4.47	.63	4.50	.60	.06	.87	-.04	1.00	.03	1.00
Kultur	3.73	.60	3.67	.52	3.59	.55	.06	1.00	.07	.88	.13	.23
Hotels	3.09	.58	3.16	.50	2.87	.53	-.07	1.00	.29	<.001	.22	<.05
Infrastruktur	2.51	.55	2.66	.58	2.54	.58	-.15	.08	.12	.25	-.03	1.00
Lebensstandard	2.39	.56	2.21	.61	2.11	.58	.19	<.05	.09	.66	.28	<.001
Sicherheit	2.54	.66	2.79	.66	2.58	.70	-.25	<.05	.21	.05	-.04	1.00
Kriminalität	4.07	.66	3.88	.81	4.14	.66	.19	.20	-.26	<.05	-.07	1.00
Armut	3.88	.79	3.71	.90	3.85	.82	.17	.56	-.14	.53	.03	1.00
Zukunftschancen	2.47	.67	2.15	.70	2.01	.76	.32	.001	.15	.19	.48	<.001

Anmerkungen: Höhere Mittelwerte bedeuten positivere Einstellungen. Ausnahme: Hohe Mittelwerte bei Armut und Kriminalität gehen mit negativen Einstellungen einher (große Armut, viel Kriminalität). M_{Diff} beschreibt den Mittelwertunterschied zwischen zwei Erhebungsphasen, der p-Wert gibt das Signifikanzniveau an (Post-hoc-Tests nach Bonferroni). Minimale Abweichungen der Mittelwerte unter M_{Diff} resultieren aus Rundungen bei der Berechnung.

für die Beschränkung auf drei Assoziationen. Die Auswertung erfolgte in mehreren Schritten. Ausgangspunkt bei der Kategorisierung der Nennungen war der Fragebogen, der verschiedene Themen über Brasilien enthielt. Zunächst wurden die Nennungen den vorhandenen Kategorien zugeordnet oder – wenn dies nicht möglich war – in einer weiteren Spalte notiert, um darüber später ebenfalls thematisch gleiche Assoziationen zusammenzuziehen. Dadurch konnte die Erfassung übersichtlich und strukturiert erfolgen. Anschließend wurden gleiche Nennungen unter einem Begriff zusammengefasst und die Häufigkeit ermittelt. Beispielsweise wurden die Nennungen »Karneval«, »Carnaval de Brasil« und »Fasching« unter dem Schlagwort »Karneval« subsumiert. Dieses Vorgehen wurde für jede Erhebungsphase angewendet. In der Kategorie »Sonstiges« wurden am Ende jeder Analyse alle Assoziationen vereint, die sich nicht anderen Schlagworten zuordnen ließen oder die innerhalb eines Untersuchungszeitraums weniger als drei Mal genannt wurden. Ebenso fielen unter die »Sonstige«-Kategorie Nennungen, die nicht eindeutig interpretierbar waren (z. B. »schöne Bilder«, »bunt«, »Flagge«). Insgesamt wurden 614 Assoziationen codiert. Davon entfielen 227 auf die Befragung vor der WM, 204 auf die Erhebung nach der WM und 183 auf den Untersuchungszeitraum nach den Olympischen Spielen. Die Codierung wurde von der Autorin durchgeführt. Die folgenden Ausführungen fokussieren sich auf zentrale Befunde. In Tabelle 2 sind die Assoziationen nach Event und Häufigkeit gemäß der genannten Analyselogik dargestellt.

In der Befragung vor der WM wurde Brasilien mit sehr vielen positiven Bildern verbunden. So machten die fünf Assoziationen »Karneval«, »Samba/Musik/Rhythmen«, »Rio de Janeiro«, »Sonne, Strand und Meer« sowie »Fußball« 53,3 Prozent aller Nennungen aus. Weitere Nennungen betrafen vor allem Facetten brasilianischer Natur (»Amazonas«, »Regenwald«, »Zuckerhut«, »Klima«). Mit den »Favelas« und dem Schlagwort »soziale Ungleichheit/Ungerechtigkeit« wurden nur sehr selten negative Themen genannt. Die Assoziation »Fußball-WM« wurde nur vier Mal genannt. Zusammenfassend kann gesagt werden, dass vor der WM positive Assoziationen das Bild von Brasilien dominierten.

Nach der WM stellen sich die Ergebnisse anders dar: Neben der Euphorie für das Sportevent, die sich in der vergleichsweise hohen Anzahl – aus deutscher Sicht positiver – WM-bezogener Nennungen äußerte (»Deutschland ist Weltmeister«, »Emotionen«, »Deutschland-Brasilien 7:1«, »Fußball-WM« und »Fußball«), wurden Zweifel an der »Kosten-Nutzen-Frage« der

TABELLE 2
Häufigkeit genannter Assoziationen vor und nach der Fußballweltmeisterschaft 2014 sowie nach den Olympischen/Paralympischen Spielen 2016 (N=614)

Vor der Fußball-WM 2014	n	%	Nach der Fußball-WM 2014	n	%	Nach den Olympischen Spielen 2016	n	%
Karneval	32	14,1	Deutschland ist Weltmeister	18	8,8	Doping	12	6,6
Samba/Musik/Rhythmen	26	11,5	hohe Kosten, wenig Nutzen	15	7,4	Armut	11	6,0
Rio de Janeiro	23	10,1	Emotionen	12	5,9	hohe Kosten, wenig Nutzen	11	6,0
Sonne, Strand und Meer	22	9,7	Klima	9	4,4	Sonne, Strand und Meer	9	4,9
Fußball	18	7,9	Deutschland-Brasilien 7:1	9	4,4	Korruption	9	4,9
Zuckerhut	15	6,6	Fußball-WM	8	3,9	unfaires brasilianisches Publikum	6	3,3
Regenwald	11	4,8	Proteste/politische Konflikte/Unruhen	8	3,9	Erfolge/Misserfolge bei Olympia	6	3,3
Copacabana	8	3,5	Fußball	6	2,9	Favelas	5	2,7
Klima	7	3,1	Copacabana	5	2,5	Beachvolleyball	5	2,7
Amazonas	6	2,6	Samba/Musik/Rhythmen	5	2,5	Samba/Musik/Rhythmen	4	2,2
Temperament	6	2,6	soziale Ungleichheit/Ungerechtigkeit	4	2,0	Proteste/politische Konflikte/Unruhen	4	2,2
Favelas	5	2,2	Sonne, Strand und Meer	4	2,0	Wahlen/Neuwahlen	4	2,2
Pele	4	1,8	Armut			Rio de Janeiro	4	2,2

Wahrnehmung Brasiliens nach der Fußballweltmeisterschaft 2014 und den Olympischen Spielen 2016

Vor der Fußball-WM 2014	n	%	Nach der Fußball-WM 2014	n	%	Nach den Olympischen Spielen 2016	n	%
Essen & Getränke	4	1,8	Favelas	4	2,0	Paralympische Spiele	4	2,2
Fußball-WM	4	1,8	Rio de Janeiro	4	2,0	schlechte Organisation	4	2,2
soziale Ungleichheit/ Ungerechtigkeit	3	1,3	Spieler anderer Mannschaften	4	2,0	Kriminalität	3	1,6
			Maracana	4	2,0	Temperament	3	1,6
			tolle, spannende Spiele	3	1,5	Präsidentin (Dilma Rousseff)	3	1,6
			Christus-Statue	3	1,5	Emotionen	3	1,6
			kein Geld für Schulen, Krankenhäuser	3	1,5	grünes Wasser im Schwimmbecken	3	1,6
			Temperament	3	1,5			
			weitere Stadien-Nutzung fraglich	3	1,5			
Sonstige	33	14,5	Sonstige	60	29,4	Sonstige	70	38,3
Gesamt	227	100,0	Gesamt	204	100,0	Gesamt	183	100,0

WM für die Brasilianer am zweithäufigsten (nach »Deutschland ist Weltmeister«) genannt. Gedanken an »Proteste/politische Konflikte/Unruhen« sowie »soziale Ungleichheit/Ungerechtigkeit« und »Armut« wurden in etwa genauso oft genannt wie »Samba/Musik/Rhythmen« oder »Sonne, Strand und Meer«. Die hohe Anzahl an Begriffen, die unter der Kategorie »Sonstiges« erfasst wurden, deutet außerdem darauf hin, dass das Bild von Brasilien nach der WM vielfältiger geworden ist – den Ergebnissen zufolge aber nicht unbedingt positiver. Dieser Trend setzte sich nach den Olympischen Spielen fort. »Doping« wurde in der dritten Befragungswelle am häufigsten genannt, gefolgt von »Armut« und der Einschätzung, dass die Olympischen Spiele hohe Kosten verursacht haben und der Nutzen für Brasilien hinterfragt wurde. Brasilien wurde außerdem mit »Korruption« assoziiert und auch das »unfaire Verhalten des brasilianischen Publikums« prägte die Erinnerung an Brasilien. Neben den zwei positiven Themenbereichen »Sonne, Strand und Meer« sowie »Samba/Musik/Rhythmen« blieben neben neutralen Olympia-spezifischen Nennungen vor allem weitere negativ behaftete Eindrücke (»schlechte Organisation«, »Kriminalität«) oder kritische Gedanken an politische Themen (»Proteste/politische Konflikte/Unruhen«, »Wahlen/Neuwahlen«, »brasilianische Präsidentin«) bei den Befragten zurück.

8. Fazit und Diskussion

Die vorliegende Studie untersuchte die Wahrnehmung Brasiliens zu drei Messzeitpunkten: vor der Fußball-WM 2014, nach der Fußball-WM 2014 und nach den Olympischen Spielen 2016. Das Panel-Design erlaubt Aussagen, wie sich die Wahrnehmung Brasiliens innerhalb des Analysezeitraums verändert hat. Die Ergebnisse zeigen, dass in der Bewertung vorgegebener Themen die einzige positive Veränderung bei der Bewertung der *Sicherheit* nach der WM im Vergleich zu vor der WM vorlag. Allerdings wurde die *Sicherheit* nach den Olympischen Spielen wieder geringer eingestuft, die *Kriminalität* im Gegenzug höher. Auch die Einschätzung der *Hotels*, des *Lebensstandards* und der *Zukunftschancen* Brasiliens durch die Ausrichtung der Sportgroßereignisse verschlechterte sich im Untersuchungszeitraum. Bei der Auswertung der Assoziationen spiegelten sich die durch die Großereignisse tendenziell eher negativen, vermittelten Eindrücke ebenfalls wider. Nannten die Befragten vor der WM noch nahezu ausschließlich positive Gedanken, die sie mit Brasilien assoziierten wie »Karneval«, »Samba/Musik/Rhythmen« oder »Sonne, Strand und Meer«, so war der Anteil positiver und negativer Eindrücke nach der WM in etwa gleich groß. Neben der Erinnerung an den Titelgewinn der Deutschen stand vor allem der Gedanke im Vordergrund, ob die hohen Kosten für die WM der Bevölkerung tatsächlich einen Nutzen bringen, und auch die politische Situation in Brasilien wurde von mehreren Befragten thematisiert. Nach den Olympischen Spielen, bei denen die Dopingvorfälle und der Ausschluss russischer Athleten von einigen Disziplinen kritischer Teil in der Olympia-Berichterstattung waren, wurde das Thema »Doping« am häufigsten von den Befragten genannt. Für einige Befragte war außerdem die Armut Brasiliens zentral, ebenso wie die damit in Verbindung zu bringende Kosten-Nutzen-Frage der Olympischen Spiele aus Sicht Brasiliens. Während vor der WM die fünf meist genannten Themen knapp über 50 Prozent aller codierten Themen ausmachten und damit ein ähnliches Bild bei einem Großteil der Befragten zu Brasilien vorhanden gewesen zu sein scheint, wurden die Antworten sowohl nach der WM als auch nach den Olympischen Spielen deutlich vielfältiger und ausdifferenzierter. Die am häufigsten genannten Assoziationen waren dabei aber eher negativ besetzt.

Die Ergebnisse liefern insgesamt deutliche Hinweise darauf, dass sich die Wahrnehmung Brasiliens nach den Sportgroßereignissen verschlechtert hat. Die Zweifel am Nutzen der WM in Relation zu den entstandenen Kosten für Brasilien spiegelten sich in der Bewertung der *Zukunftschancen* in der geschlossenen Frageform wider, wurden aber auch nach der WM und den Olympischen Spielen am zweit- bzw. dritthäufigsten thematisiert. Die Auswertung der Assoziationen deutet außerdem an, dass die politische Situation in Brasilien für Befragte eine gewisse Relevanz hat, weil neben rein sportbezogenen Themen immer wieder Nennungen von Assoziationen im politischen Kontext wie »Korruption«, »Proteste/politische Konflikte/Unruhen« und »Wahlen/Neuwahlen« zu finden sind.

Ausgehend von der Annahme, dass die veränderten Vorstellungen über Brasilien fast ausnahmslos aus der Medienberichterstattung resultierten, könnte geschlussfolgert werden, dass die Berichterstattung überwiegend negativ über Brasilien gewesen sein muss bzw. vorwiegend über kritische Themen berichtet wurde. Eine umfassende, medienübergreifende Analyse der Medienberichterstattung während der WM zeigt allerdings, dass dem nicht so ist: Berichtet wurde vor allem über generell positiv besetzte Themen wie Natur, Sicherheit oder Kultur (SCHALLHORN 2017). Problematische

Themen wie Lebensstandard, Armut und Zukunftschancen wurden vergleichsweise selten von den Medien aufgegriffen. Letzteres wurde nur in 37 von über 3.400 analysierten Beiträgen direkt thematisiert (ebd.). Trotzdem äußerten die Befragten häufig Bedenken zu den Zukunftschancen bzw. zum Nutzen der WM. Das macht deutlich, dass die Publikumsagenda nicht unbedingt der Medienagenda folgt, wie es der Ansatz des *Agenda Settings* vorsieht. Vielmehr zeigt sich, dass sich Menschen auch aufgrund weniger Eindrücke ein Bild von einem Thema machen können und dieses im Gedächtnis bleibt. In dieser Studie deutet vieles darauf hin, dass vor allem negative Schlagzeilen in Erinnerung bleiben – selbst wenn vorrangig positiv berichtet wurde. Im Sinne der *Kultivierungsforschung* hat sich bestätigt, dass die Medienberichterstattung während eines Sportgroßereignisses, das in einem Zeitraum von mehreren Wochen stattfindet, Vorstellungen zur sozialen Realität anderer Ländern prägen kann. Wie langfristig diese Vorstellungen bei den Rezipienten allerdings bestehen bleiben, kann mit der vorliegenden Studie nicht beantwortet werden. Es ist jedoch davon auszugehen, dass vorhandene Eindrücke erst verändert werden, wenn neue Informationen vorliegen. Da Brasilien aber nur selten Gegenstand in der deutschen Berichterstattung ist (HAFEZ 2005; KRÜGER 2015), ist davon auszugehen, dass die Assoziationen zu Brasilien und die Vorstellungen über das Land einen eher bitteren Nachgeschmack beibehalten werden. Dieser wird ein halbes Jahr nach den Olympischen Spielen sogar noch verstärkt, in dem berichtet wird, wie sich die Situation in Rio seit den Olympischen Spielen verschlechtert hat. So berichten Gertz und Hermann (2017) auf der Online-Seite der *Süddeutschen Zeitung*:

> »Aber was tatsächlich zählt, ist nur der Moment. Und wenn ein paar Monate nach der Schlussfeier im Stadion [Maracana, Anm. d. Verf.] der Strom abgedreht wird, weil nicht klar ist, wer die Rechnungen zahlen muss? Wenn die überforderte Polizei nicht mehr wachsam genug ist, um im Stadion die Plünderer abzuhalten? [...] Und das IOC muss sich fragen lassen, warum eine so mächtige Institution, die so viel fordert von Gastgeberstädten und immer satte Bilanzen präsentiert nach den Spielen, diese Bilder und diesen Niedergang zulässt.«

Abschließend werden nun einige zentrale Limitationen der Studie aufgeführt. Panel-Studien bergen immer das Risiko hoher Abbruchquoten. An der dritten Erhebung nahmen immerhin noch 10,5 Prozent der ursprünglichen Stichprobe teil, wobei der größte Teil der Befragten erst von der zweiten zur dritten Erhebung wegfiel. Eine Ursache für die Panelmortalität ist, dass Personen nicht mehr erreichbar waren, weil keine Daten für eine erneute Teilnahme hinterlassen wurden. Des Weiteren ist sicher auch mit einem Wegfall von Teilnehmenden durch z. B. mangelnde Motivation und/oder Zeit zu rechnen. Trotzdem zeigt sich, dass die Zusammensetzung der Stichprobe vom zweiten zum dritten Erhebungszeitpunkt hinsichtlich Alter und Geschlecht vergleichbar war und nur der Anteil formal gering gebildeter Teilnehmer geringer wurde. Dies deutet darauf hin, dass Teilnehmende durch verschiedenste Gründe nicht mehr teilgenommen haben, man aber nicht von einem ausschließlich systematischen Ausfall bestimmter Teilnehmergruppen ausgehen muss (SCHERER/NAAB 2013). Trotzdem ist die Stichprobe nach einer dreiwelligen Panel-Befragung, die über einen Zeitraum von mehr als 2,5 Jahre lief und ein weitgehend heterogenes Sample von 76 Teilnehmenden enthält, zufriedenstellend.

Aufgrund des langen Untersuchungszeitraums ist zudem nicht auszuschließen, dass die Vorstellungen der Befragten neben der Berichterstattung zu den Sportgroßereignissen durch weitere Informationen in der alltäglichen Berichterstattung die Wahrnehmung Brasiliens beeinflusst wurden. Zwar deuten Analysen darauf hin, dass Brasilien nur selten Thema in den deutschen Medien ist (HAFEZ 2005; KRÜGER 2015). Es ist jedoch nicht auszuschließen, dass trotzdem Ereignisse oder Informationen »zwischen« den Sportgroßereignissen ebenfalls die Vorstellungen von Brasilien geprägt haben. Eine weitere Einschränkung zur Wirkung der Medienberichterstattung resultiert aus der Entscheidung, die sportspezifische Nutzung nur als Indikator für die Reichweite der Sportgroßereignisse in der gesamten Stichprobe heranzuziehen. Die individuelle Rezeption der WM-Übertragungen und der Olympischen Spiele wurde in der Auswertung nicht berücksichtigt. Auch wenn davon auszugehen ist, dass Assoziationen zu Brasilien und Vorstellungen zu ausgewählten Themen aufgrund fehlender persönlicher Erfahrungen auf die Berichterstattung zurückzuführen sind, so könnten kombinierte Analysen weitere aufschlussreiche Erkenntnisse liefern, ob und in welchem Maße Medien die Wahrnehmung von Viel- und Wenigsehern von Sportgroßereignissen beeinflusst. Mit Blick auf die Analyse der Assoziationen sollte angemerkt werden, dass nur die ersten drei genannten einbezogen worden. Es ist folglich nicht auszuschließen, dass sich ein positiveres Bild von Brasilien ergeben hätte, wenn alle aufgeführten Assoziationen ausgewertet worden wären. Nichtsdestotrotz ist davon auszugehen, dass die ersten drei genannten Assoziationen auch die am stärksten ausgeprägten sind – weil sie zuerst genannt wurden.

Zukünftige Studien zur Wahrnehmung von Gastgeberländern von Sportgroßereignissen sollten sich ambitionierte Ziele stecken. So lieferte das Panel-Design aufschlussreiche Erkenntnisse, die vor allem durch die Veränderungen im Zeitverlauf sichtbar wurden. Ergänzend könnten Inhaltsanalysen ausgewählter Medien dazu dienen, um die entsprechenden Veränderungen in den Vorstellungen der Rezipienten zu erklären und damit den Einfluss der Medien untermauern zu können. Die Herausforderung besteht zudem insbesondere darin, im Vorfeld einer solchen Studie Themen festzulegen, die untersucht werden sollen. Denn es ist vorab nicht klar, welche Themen in der Berichterstattung aufgegriffen werden und bei welchen Themen sich Wirkungen zeigen (CHALIP/GREEN/HILL 2003: 216). Die politische Komponente wurde in der Befragung zu Brasilien in den geschlossen abgefragten Themenbewertungen nicht berücksichtigt (Forschungsfrage 1), erwies sich aber anhand der Ergebnisse zu den Assoziationen (Forschungsfrage 2) als relevanter Teil des Bildes von Brasilien. Gerade mit Blick auf die Fußballweltmeisterschaft 2018 in Russland oder 2022 in Katar sollten politische Themen unbedingt mit erhoben werden. Gerade die Beziehung von Sportgroßereignissen und politischen Interessen dürfte in den nächsten Jahren aufgrund der zukünftigen Gastgeberländer von großer Relevanz und Spannung sein.

Literatur

ADONI, H.; MANE, S. (1984). Media and the social construction of reality: Toward an integration of theory and research. In: *Communication Research, 11*, S. 323-340.

ATKIN, C.; GARRAMONE, G. (1984). The role of foreign news coverage in adolescent political socialization. In: *Communications, 10*, S. 43-61.

AUSWÄRTIGES AMT (2013). *Brasilien: Reise- und Sicherheitshinweise.* Abgerufen von http://www.auswaertiges-amt.de/sid_270FD9F81D08 4B6259017A184F974BE1/DE/Laenderinformationen/00-SiHi/Nodes/ BrasilienSicherheit_node.html

BEERLI, A.; MARTÍN, J. D. (2004). Factors influencing destination image. In: *Annals of Tourism Research*, 31, S. 657-681.

CHALIP, L.; GREEN, C.; HILL, B. (2003). Effects of sport event media on destination image and intention to visit. In: *Journal of Sport Management*, 17, S. 214-234.

EZHAR, T.; WAN, A. W. A. (2006). Exposure to the US news media, religion and the Malaysians' students' attitudes towards the United States. In: *Pertanika Journal of Social Sciences & Humanities*, 14, S. 1-9.

FALKHEIMER, J. (2007). Events framed by the mass media: Media coverage and effects of America's cup preregatta in Sweden. In: *Event Management*, 11, S. 81-88.

GAO, F. (2010). Politics/nationalism affect 2008 Olympics coverage. In: *Newspaper Research Journal*, 31, S. 77-92.

GERBNER, G.; GROSS, L. (1976). Living with television: The violence profile. In: *Journal of Communication*, 26, S. 172-194.

GERTZ, H.; HERMANN, B. (2017). Games over in Rio. In: *Süddeutsche Zeitung*. Abgerufen von http://www.sueddeutsche.de/sport/olympische-sommerspiele-games-over-in-rio-1.3384481

GIBSON, H.; QI, C. X.; ZHANG, J. J. (2008). Destination image and intent to visit China and the 2008 Beijing Olympic Games. In: *Journal of Sport Management*, 22, S. 427-450.

GIFFARD, C. A.; RIVENBURGH, N. K. (2000). News agencies, national images, and global media events. In: *Journalism & Mass Communication Quarterly*, 77, S. 8-21.

HAFEZ, K. (2005). *Mythos Globalisierung*. Wiesbaden: vs Verlag für Sozialwissenschaften.

HAMMETT, D. (2011). British media representations of South Africa and the 2010 FIFA World Cup. In: *South African Geographical Journal*, 93, S. 63-74.

HEDE, A.-M. (2005). Sports-events, tourism and destination marketing strategies: An Australian case study of Athens 2004 and its media telecast. In: *Journal of Sport & Tourism*, 10, S. 187-200.

HETSRONI, A. (2010). When the wind changes direction: The impact of content shift on the cultivation effect. In: *Communications*, 35, S. 439-460.

HUSSEINI DE ARAÚJO, S.; SCHMITT, T.; TSCHORN, L. (2013). Widerständigkeiten im ›Land der Zukunft‹ – eine Einleitung. In: S. HUSSEINI DE ARAÚJO; T. SCHMITT; L. TSCHORN (Hrsg.): *Widerständigkeiten im »Land der Zukunft«. Andere Blicke auf und aus Brasilien* (1. Aufl, S. 9-18). Münster, Westf: Unrast.

KIM, S. S.; MORRISON, A. M. (2005). Change of images of South Korea among foreign tourists after the 2002 FIFA World Cup. In: *Tourism Management*, 26, S. 233-247.

KIM, S. S.; PETRICK, J. F. (2005). Residents' perceptions on impacts of the FIFA 2002 World Cup: The case of Seoul as a host city. In: *Tourism Management*, 26, S. 25-38.

KREŠIĆ, D.; PREBEŽAC, D. (2011). Index of destination attractiveness as a tool for destination attractiveness assessment. In: *Tourism*, 59, S. 497-517.

KRÜGER, U. M. (2015). Fernsehnachrichten: Auslandsberichterstattung nimmt zu. In: *Media Perspektiven, o. J.*, S. 573-601.

LEPP, A.; GIBSON, H. (2011). Reimaging a nation: South Africa and the 2010 FIFA World Cup. In: *Journal of Sport & Tourism*, 16, S. 211-230.

LIN, C.-H.; MORAIS, D. B.; KERSTETTER, D. L.; HOU, J.-S. (2007). Examining the role of cognitive and affective image in predicting choice across natural, developed, and theme-park destinations. In: *Journal of Travel Research*, 46, S. 183-194.

MANZENREITER, W. (2010). The Beijing games in the western imagination of China: The weak power of soft power. In: *Journal of Sport & Social Issues*, 34, S. 29-48.

MARTIN, I. M.; EROGLU, S. (1993). Measuring a multi-dimensional construct: Country image. In: *Journal of Business Research*, 28, S. 191-210.

MCNELLY, J. T.; IZCARAY, F. (1986). International news exposure and images of nations. In: *Journalism & Mass Communication Quarterly*, 63, S. 546-553.

NWUNELI, O.; OKOYE, I.; OKUNNA, C.; AYO, J. (1993). Media use, knowledge of world media use, knowledge of world affairs and image of nations among Nigerian youth. In: *Africa Media Review*, 7, S. 33-49.

PANAGIOTOPOULOU, R. (2011). Hosting the Olympic Games. From promoting the nation to nation-branding. In: A. TOMLINSON; C. YOUNG; R. HOLT (Hrsg.): *Sport and the Transformation of Modern Europe. States, Media and Markets, 1950-2010* (Culture, Economy and the Social, S. 150-170). Abingdon, Oxon: Routledge.

REZENDE-PARKER, A. M.; MORRISON, A. M.; ISMAIL, J. A. (2003). Dazed and confused? An exploratory study of the image of Brazil as a travel destination. In: *Journal of Vacation Marketing*, 9, S. 243-259.

RIVENBURGH, N. K. (1992). National image richness in US-televised coverage of South Korea during the 1988 Olympics. In: *Asian Journal of Communication*, 2, S. 1-39.

ROCHE, M. (1994). Mega-events and urban policy. In: *Annals of Tourism Research*, 21, S. 1-19.

SCHALLHORN, C. (2013). Der Einfluss von Fernsehübertragungen von Mega-Events auf die Wahrnehmung des Gastgeberlandes. Eine Studie am Beispiel des Eurovision Song Contests in Aserbaidschan. In: *Studies in Communication | Media*, 2, 497-523. Verfügbar unter http://www.scm.nomos.de/fileadmin/scm/doc/SCM_13_04_02.pdf

SCHALLHORN, C. (2017). *Kultivierung durch Sportgroßereignisse. Zum Einfluss der Medienberichterstattung über die Fußballweltmeisterschaft 2014 auf die Wahrnehmung des Gastgeberlandes Brasilien*. Köln: Herbert von Halem.

SCHERER, H.; NAAB, T. K. (2013). Messen im Zeitverlauf. In: W. Möhring; D. Schlütz (Hrsg.): *Handbuch standardisierte Erhebungsverfahren in der Kommunikationswissenschaft* (S. 103-124). Wiesbaden: Springer vs.

SCHÖNENBERG, R. (2010). Gewalt, Kriminalität und Drogenhandel. In: S. COSTA (Hrsg.): *Brasilien heute. Geographischer Raum, Politik, Wirtschaft, Kultur* (Bibliotheca Ibero-Americana, Bd. 134, 2. vollst. neu bearb. Aufl, S. 265-281). Frankfurt/M.: Vervuert.

STIEHLER, H.-J.; MARR, M. (2003). Attribution of failure: A German soccer story. In: A. BERNSTEIN; N. BLAIN (Hrsg.): *Sport, Media, Culture. Global and Local Dimensions* (S. 139-165). London: F. Cass.

TAN, A. S.; LI, S.; SIMPSON, C. (1986). American TV and social stereotypes of Americans in Taiwan and Mexico. In: *Journalism Quarterly*, 63, S. 809-814.

TAN, A. S.; SUARCHAVARAT, K. (1988). American TV and social stereotypes of Americans in Thailand. In: *Journalism & Mass Communication Quarterly*, 65, S. 648-654.

TSIOTSOU, R. H.; BYON, K. K.; ZHANG, J. J. (2010). Development of a scale measuring destination image. In: *Marketing Intelligence & Planning*, 28, S. 508-532.

ZENG, G.; GO, F.; KOLMER, C. (2011). Beijing Olympics 2008 impact on China's image formation in international TV coverage: A media content analysis perspective. In: *International Journal of Sports Marketing & Sponsorship*, 12, S. 319-336

CHRISTOPHER STARKE / MARCO LÜNICH /
FRANK MARCINKOWSKI / PERO DOSENOVIC /
FELIX FLEMMING

Zwischen Politik und Sporterleben: Der Umgang des deutschen Fernsehens mit den Olympischen Spielen 2016

Weltweit erregen Sportgroßveranstaltungen wie die FIFA-Weltmeisterschaft, die UEFA-Europameisterschaft oder die Olympischen Sommer- und Winterspiele die Aufmerksamkeit von Milliarden von Menschen. Während die Wettkämpfe dem Publikum vor allem Unterhaltung bieten, versprechen sich andere Stakeholder wie internationale Sportverbände, Gastgeberstädte und -länder, Sponsoren und natürlich auch die Medien wirtschaftliche und reputative Erfolge (BOOTH 2011; BURTON 2003; HORNE 2015; SAMUEL-AZRAN et al. 2016). Die Medien dienen dabei als Kanäle, um Informationen über die Ereignisse zu verbreiten und somit alle anderen an der Veranstaltung beteiligten Parteien zu verbinden. Da es für die oben genannten Stakeholder von größter Bedeutung ist, wie die Massenmedien über eine Sportgroßveranstaltung berichten, untersucht diese Studie die Berichterstattung über die Olympischen Sommerspiele 2016 in Rio de Janeiro im deutschen Fernsehen. Das Hauptziel ist es, den journalistischen Umgang mit und das öffentliche Interesse an den oftmals prekären Bedingungen, die neben den Sportwettkämpfen bestehen, zu analysieren. Öffentlich zirkulierende Informationen über negative Aspekte von Sportgroßveranstaltungen sind für die Ziele der meisten beteiligten Stakeholder eher schädlich. Daher wird der journalistischen Medienberichterstattung besondere Aufmerksamkeit geschenkt. Empirisch bedeutet dies, dass eine standardisierte quantitative Inhaltsanalyse von der Hintergrundberichterstattung über Olympia 2016 durchgeführt wird, um die Zusammensetzung der Hintergrundberichterstattung der übertragenden Fernsehsender zu analysieren.

1. Die prekären Umstände von Sportgroßveranstaltungen

Von gesellschafts- und sportpolitischen Kontroversen wie Korruption und Doping bis hin zu Umweltproblemen gibt es kaum Sportveranstaltungen, die nicht zumindest einige solch negativer Aspekte insbesondere für das Gastgeberland aber auch für die Athleten und Zuschauer mit sich bringen (CHAPPELET/PARENT 2015). Dies sind zudem nur ein paar Gründe, warum die Bürger in westlichen Demokratien per Referendum gegen die organisatorischen und wirtschaftlichen Belastungen stimmen, wie die gescheiterten Kandidaturen von Oslo 2022 und Hamburg 2024 eindrucksvoll gezeigt haben. Gleichzeitig gibt es einen globalen Trend, Olympische Spiele und Weltmeisterschaften an Länder zu vergeben, die als defekte Demokratien oder sogar autokratische Regime gelten und denen eine systematische Verletzung der Menschenrechte vorgeworfen wird. Derart umstrittene Ereignisse der jüngsten Vergangenheit waren die Olympischen Sommerspiele 2008 in Peking, die Olympischen Winterspiele 2014 in Sotschi sowie die FIFA-Weltmeisterschaften 2018 und 2022, die an Russland und Katar vergeben wurden. Weitere Themen, die allem Anschein nach auch in Zukunft von großer Bedeutung sein werden, sind die tief verwurzelten Probleme der Sportwelt selbst, vor allem Doping und Korruption. Ersteres erstreckt sich von einzelnen Athleten, die gegen die olympischen Werte verstoßen bis hin zu systematischem staatlich unterstütztem Doping, wie der Fall von Russland nahelegt (MCLAREN 2016). Letzteres äußert sich in korruptem und unmoralischem Handeln von Sportverbänden sowie Funktionären, die weniger an den athletischen Leistungen, sondern vielmehr an wirtschaftlichem Gewinn und Machterwerb interessiert sind.

Internationale Sportverbände, Gastgeberstädte und -länder sowie Sponsoren versuchen, die potenziell negativen Auswirkungen solcher Probleme zu mildern, indem sie ihre Anstrengungen zur Veränderung der öffentlichen Wahrnehmung der jeweiligen Veranstaltung intensivieren. Zensur (KIDD 2010) sowie die Einrichtung von *Inseln der Exzellenz* (CURI/KNIJNIK/MASCARENHAS 2011), in denen die sportlichen Veranstaltungen abgeschottet von der eigentlichen Lebenswelt der Bürger des jeweiligen Gastgeberlandes

CHRISTOPHER STARKE / MARCO LÜNICH / FRANK MARCINKOWSKI /
PERO DOSENOVIC / FELIX FLEMMING

stattfinden, zielen darauf ab, nur die angenehmen Aspekte (bspw. die aufwendigen Inszenierungen der Eröffnungs- und Schlusszeremonien) einer Veranstaltung zu betonen. Diese Maßnahmen sind zwar teilweise wirksam, jedoch eher unpopulär. Ein weicherer Ansatz liegt darin, die Veranstaltung durch so genanntes *Greening* (SAMUEL/STUBBS 2012) oder andere *Corporate Social Responsibility*-Aktivitäten (CSR) ökologisch und sozial nachhaltig erscheinen zu lassen (DE ALMEIDA et al. 2015; KULCZYCKI/KOENIGSTORFER 2016). Während diese Bestrebungen mehr oder weniger zur Veränderung der öffentlichen Wahrnehmung beitragen, bleiben die Nachrichtenmedien nach wie vor der Hauptkanal zur Verbreitung von positiven sowie negativen Informationen über die Veranstaltung (HORNE/MANZENREITER 2006). Besonders im Fernsehen, in den Zeitungen und zunehmend in Online-News und -Streams kann die Öffentlichkeit nicht nur den Sportwettkämpfen folgen, sondern auch mehr über die angenehmen und die prekären Umstände erfahren, unter denen die Veranstaltung stattfindet.

Studien zeigen, dass diese Informationen die öffentliche Wahrnehmung von Sportgroßveranstaltungen signifikant beeinflussen können (SCHALLHORN 2017). Die Art und Weise, wie Medien über die Umstände dieser Veranstaltungen berichten, kann sich direkt auf die Zustimmung und insbesondere die Ablehnung durch das Publikum auswirken (KULCZYCKI/ KOENIGSTORFER 2016). Dies geht so weit, dass Zuschauer bereit sind, den Sportgroßveranstaltungen gänzlich fern zu bleiben oder zumindest auf Produkte zu verzichten, die in irgendeiner Form mit der Veranstaltung assoziiert sind (FLEMMING et al. 2016). Folglich sind alle beteiligten Stakeholder besonders sensibel im Hinblick auf negative Medienberichte über mögliche Probleme der Veranstaltung, die zu derartigem Verhalten des Publikums führen könnten. Basierend auf dieser Argumentation kann man von einer veritablen Krise vom Leistungssport im Allgemeinen und Sportgroßveranstaltungen im Speziellen sprechen. Die Popularität der *Tour de France* erlitt beispielsweise einen schweren Schlag, nachdem die öffentlich-rechtlichen Rundfunkanstalten beschlossen, sich aus der Berichterstattung zurückzuziehen, und sich die Zuschauer wegen der ungelösten Frage des Dopings von dem Event abwandten (VAN REETH 2013). Daraus ergibt sich die forschungsleitende Frage des vorliegenden Beitrags: Wie berichten die Medien über die Probleme rund um Sportgroßveranstaltungen? Auf der einen Seite leben die Medien von der Unterhaltung, die Sportwettkämpfe bieten und die ihnen monetisierbare Aufmerksamkeit sichern. Auf der anderen Seite haben sie den öffentlichen Auftrag, das Publikum über alle relevanten Angelegenheiten zu informieren und können daher die Begleiterscheinungen von Megaereignissen nicht einfach ignorieren. Wir argumentieren, dass dies in einem Drahtseilakt resultiert, der zu teils widersprüchlichen Schlussfolgerungen in Bezug auf die Berichterstattung über Sportgroßveranstaltungen führt. Die Olympischen Sommerspiele 2016 in Rio de Janeiro (Brasilien) und die damit verbundene Fernsehübertragung im öffentlich-rechtlichen Fernsehen in Deutschland dienen als geeignete massenmedial vermittelte Sportgroßveranstaltung, um dieses journalistische Dilemma wissenschaftlich zu untersuchen.

2. Medienberichterstattung über Sportgroßveranstaltungen – Der Sonderfall der öffentlich-rechtlichen Sendeanstalten in Deutschland

Nach dem Vorbild des britischen öffentlich-rechtlichen Rundfunks wurde nach dem Zweiten Weltkrieg das Mediensystem in Deutschland eingeführt (HALLIN/MANCINI 2004; HUMPHREYS 1994; PFETSCH 1996). Heutzutage existieren neben den öffentlich-rechtlichen Rundfunkanstalten auch privat geführte Rundfunkanbieter. Der Rundfunkstaatsvertrag schreibt vor, dass Ereignisse von großem öffentlichen Interesse von den öffentlich-rechtlichen Rundfunkanstalten übertragen werden müssen, welche mittels Rundfunkbeiträgen von jedem deutschen Haushalt finanziert werden. Die Übertragungsrechte für Veranstaltungen wie die Olympischen Spiele und die FIFA-Weltmeisterschaft werden von den beiden öffentlich-rechtlichen Rundfunkanstalten ARD und ZDF mit ihren Hauptfernsehkanälen DAS ERSTE bzw. ZDF gemeinsam bezahlt und organisiert. Neben ihrer Mission, die Sportgroßveranstaltungen der Öffentlichkeit für Unterhaltungszwecke zur Verfügung zu stellen, müssen sie auf Grundlage von pädagogischen und bürgerlichen Erwägungen das Publikum mit politischen Nachrichten und Kommentaren versorgen. Diese Situation hat zweierlei Konsequenzen. Erstens, durch den Auftrag, das Publikum gleichzeitig zu unterhalten und zu informieren, ergibt sich für die öffentlich-rechtlichen Rundfunkanstalten eine Konfliktsituation. Auf der einen Seite müssen sie die Sportwettkämpfe unterhaltend präsentieren, um ihren Zuschauern Anreize zu geben, einzuschalten. Hohe Einschaltquoten und die Refinanzierung der oftmals teuren Lizenzen sind notwendige Voraussetzungen, um ihre Arbeit vor einer kritischen Politik sowie den Gebühren zahlenden Privathaushalten zu rechtfertigen. Auf der anderen Seite ist es die Aufgabe der öffentlichen-rechtlichen Sender, über unangenehme Umstände zu berichten, ohne die oben erwähnten Probleme zu ignorieren oder ein kritisches Publikum zu vertreiben (PFETSCH 1996). Zweitens wird das System des öffentlich-rechtlichen Rundfunks oftmals stark kritisiert und politischen Reformen unterworfen. Die jüngsten Entwicklungen haben zu der Situation geführt, dass die öffentlich-rechtlichen Rundfunkanstalten die Ausstrahlungsrechte für zukünftige Olympische Spiele nicht erwerben konnten. Nach aktuellem Stand (Juli 2017) waren die Olympischen Spiele 2016 in Rio de Janeiro die letzten Olympischen Spiele, die vom öffentlich-rechtlichen Rundfunk ausgestrahlt wurden. Die Berichterstattung über zukünftige Sportgroßveranstaltungen wird sich vermutlich wesentlich verändern und rein ökonomischen Interessen folgen. Dadurch ist zu befürchten, dass jegliche politische und pädagogische Erwägungen vernachlässigt werden (PFETSCH 1996).

Zusammenfassend sehen wir, dass Sportgroßveranstaltungen teils sehr umstrittene Medienveranstaltungen sind, bei denen unterschiedliche Stakeholder mit ihren individuellen Zielen und oftmals widersprüchlichen Interessen aufeinandertreffen und eine öffentliche Sphäre bilden.

3. Forschungsfragen und theoretische Überlegungen

Auf Grundlage der theoretischen und empirischen Literatur werden im Folgenden die vier wichtigsten Faktoren dargelegt, die einen Einfluss auf die journalistische Berichterstattung über die prekären Umstände globaler Sportgroßveranstaltungen haben (SCHAFFRATH/KAUTZ/SCHULZ 2016): 1) Ökonomische Zwänge, 2) Publikumswahrnehmungen der Journalisten, 3) Rollenwahrnehmung der Journalisten und (4) professionelle Distanz. Zusammengenommen beeinflussen diese Faktoren die Zeit und den Platz, die kontroversen Themen in der Sportberichterstattung eingeräumt wird. Die allgemeine Differenzierung in vier verschiedene Faktoren beruht auf einer Studie von Schaffrath, Kautz und Schulz (2016), die untersucht, wie deutsche Sportjournalisten Fragen nach Doping in der Berichterstattung thematisieren und welche externen und internen Faktoren einen Einfluss auf ihre journalistische Arbeit haben. Da Doping eines der umstrittensten Themen des zeitgenössischen Sportjournalismus ist, gehen wir davon aus, dass sich die Perspektive der Journalisten äquivalent auf andere gesellschaftspolitische Fragen rund um Sportgroßveranstaltungen überträgt.

(1) Ökonomische Zwänge: Aufgrund sinkender Umsätze und stärker werdendem Wettbewerb sind viele journalistische Produkte einem wirtschaftlichen Druck unterworfen, was eine Rationalisierung journalistischer Redaktionen und Prozesse zur Folge hat. Dies führt zum Abbau von Personal und zur Begrenzung anderer wichtiger Ressourcen wie beispielsweise der Zeit für tiefgehende Recherchen (MCCHESNEY 2003). Dieser Trend gilt für die meisten Gattungen des Journalismus und wirkt sich folglich auch auf Sportjournalisten aus, die zunehmend ökonomische Kosten und Nutzen ihrer Arbeit berücksichtigen müssen. Im Hinblick auf den Sportjournalismus im Fernsehen wird zudem die Frage der Lizenzierung immer wichtiger. Aufgrund der globalen Reichweite und der Beliebtheit konkurrieren viele verschiedene Rundfunkanbieter miteinander um die jeweiligen Übertragungsrechte. Dieser Auktionsmechanismus führt zu steigenden Kosten für die Rechte, um globale Sportveranstaltungen zu übertragen. Zum Beispiel bezahlt das US-amerikanische Netzwerk MSNBC für die exklusiven Rechte für die Olympischen Spiele 2010-2020 mehr als 6 Milliarden US-Dollar und zwischen 1990 und Anfang 2000 gab es eine sechsfache Zunahme für die Kosten der Rundfunkrechte der FIFA-Fußballweltmeisterschaft auf nunmehr 2 Milliarden US-Dollar (GREYSER/KOGAN 2013; HORNE/MANZENREITER 2006). Die Rundfunkanstalten werden unter Druck gesetzt, diese Kosten entweder über Werbeeinnahmen oder Abonnementgebühren zu refinanzieren. Bei den öffentlich-rechtlichen Rundfunkanstalten spielt zudem der Aspekt, diese Kosten vor einem Publikum zu rechtfertigen, das letztlich mit ihren Gebühren für die Rundfunkrechte bezahlt, eine wichtige Rolle. In jedem Fall würde die Thematisierung der prekären Umstände, unter denen das globale Sportereignis stattfindet, höchstwahrscheinlich das Rezeptionserleben des Publikums trüben und wäre daher im Hinblick auf die ökonomische Argumentation kontraproduktiv. Wie kann man es rechtfertigen, hohe Summen für die Ausstrahlung von Lizenzen auszugeben, nur um das Publikum mit einer langen Liste von Gründen zu konfrontieren, um nicht einzuschalten? Dies kann letztlich zu einer potenziellen Entfremdung von Teilen des Publikums führen (FLEMMING et al. 2016).

(2) Publikumswahrnehmungen der Journalisten: Der zweite Punkt steht in engem Zusammenhang mit dem vorherigen. Da ökonomischer Wettbewerb gleichzusetzen ist mit dem Wettbewerb um die Aufmerksamkeit des Publikums, die schließlich monetarisiert werden kann, sind die Sender stark auf

die Zuschauer angewiesen. Daher ist es plausibel, davon auszugehen, dass sich die Rundfunkveranstalter bei der Programmplanung an den wahrgenommenen Wünschen des Publikums orientieren, um so die größtmögliche Aufmerksamkeit der Zuschauer zu erhalten. Dies könnte zur Folge haben, dass die positiven, schönen und unterhaltsamen Aspekte der Ereignisse hervorgehoben werden, während diejenigen Aspekte, die den Genuss des Publikums schmälern könnten, vernachlässigt werden. Dieses Phänomen bezeichnen Ihle und Nieland (2013: 155) auch als »Unterhaltungsfalle«, obwohl ein Teil des Publikums unter Umständen sogar bereit ist, auf die Live-Berichterstattung der Sportwettbewerbe zu verzichten, wenn sie im Gegenzug mehr Informationen über die negativen Aspekte der Veranstaltung erhalten (FLEMMING et al. 2016). Wenn die Berichterstattung sich jedoch zu sehr auf die prekären Begleitumstände konzentriert, könnte das den Unterhaltungswert der Übertragungen trüben. Da es kaum Studien über das optimale Verhältnis zwischen unterhaltender und kritischer Berichterstattung gibt, greifen Journalisten auf Best-Practice-Erfahrungen und eigene Alltagstheorien zurück, um sich ein Urteil über die Erwartungen des Publikums zu bilden.

(3) Selbstwahrnehmungen der Journalisten: In den vergangenen Jahrzehnten wurden viele journalistische Ressorts einer zunehmenden *Entertainisierung* (THUSSU 2008) ausgesetzt. Der Begriff bezieht sich auf einen Trend, dass journalistische Inhalte entweder in einer unterhaltsamen Weise dargestellt werden oder dass unterhaltsame Themen mehr Aufmerksamkeit in der Medienberichterstattung erhalten. Eine Umfrage unter den Journalisten in Deutschland zeigt, dass Sportjournalisten (69 %) weitaus häufiger Unterhaltung als ein zentrales Ziel ihrer journalistischen Arbeit ansehen als beispielsweise Politikjournalisten (24 %) oder Kulturjournalisten (44 %) (WEISCHENBERG/MALIK/SCHOLL 2006). Möglicherweise sehen Sportjournalisten kritische Berichterstattung nicht als ihren Aufgabenbereich an und argumentieren, dass das Aufdecken von politischem und ethischem Fehlverhalten eher in den Kompetenzbereich von investigativen Journalisten fällt (SCHAFFRATH/KAUTZ/SCHULZ 2016). Darüber hinaus sind Sportjournalisten oft selbst sportbegeistert, was dazu führt, dass ihnen mitunter eine kritische Distanz zum Inhalt ihrer Berichterstattung fehlt. Ähnliche Trends sind in Bezug auf andere journalistische Ressorts wie Reisejournalismus (HANUSCH 2012) zu beobachten. Wenn Journalisten also selbst voreingenommen sind und/oder glauben, dass die Berichterstattung über sozio-politische Probleme des Sports nicht Teil ihrer Stellenbeschreibung

ist, ist es unwahrscheinlich, dass diese Themen in ihrer journalistischen Arbeit über Sportgroßveranstaltungen Beachtung finden.

(4) Professionelle Distanz: Sportjournalismus arbeitet in einer umkämpften Arena der öffentlichen Kommunikation. Aufgrund der gesellschaftlichen und ökonomischen Bedeutung des professionellen Sports sind beteiligte Stakeholder wie Sportverbände, Sportvereine, Athleten und deren jeweilige PR-Beauftragten hoch professionalisierte Kommunikatoren, die im jeweiligen Eigeninteresse handeln. Das Aushandeln antagonistischer Eigeninteressen ist eine zentrale Herausforderung für die journalistische Arbeit (L'ETANG 2006; MACNAMARA 2016; PINCUS et al. 1993). Folglich gibt es gewisse Einschränkungen für die Recherchearbeit von Sportjournalisten, da sie auf die offiziellen und inoffiziellen Quellen rund um die Veranstaltungen angewiesen sind (GRIMMER 2016). Die Verletzung unausgesprochener Loyalitätsregeln und das Verbreiten von Unruhe aufgrund kritischer Berichterstattung über die prekären Umstände gefährdet dieses Abhängigkeitsverhältnis (SUGDEN/TOMLINSON 2007). Infolgedessen kann der Informationsfluss leicht eingeschränkt werden, da die Sportler bzw. Mannschaften beispielsweise vor wichtigen Spielen und Turnieren von der Öffentlichkeit abgeschirmt werden. Verschiedene Stakeholder nutzen dieses Druckmittel, das sie gegenüber Journalisten haben, wie das Presseverbot des englischen Fußballclubs Swindon Town FC verdeutlicht (SHERWOOD/NICHOLSON/MARJORIBANKS 2016). Darüber hinaus haben Sherwood und Kollegen (2016) gezeigt, dass Online-Kanäle eine veritable Alternative für Sportorganisationen geworden sind, um eigenen Inhalt zu verbreiten und somit die traditionelle Medienberichterstattung umgehen können. Um also zu vermeiden, marginalisiert zu werden, könnten Journalisten ihre notwendige professionelle Distanz vernachlässigen und sich selbst zensieren, wenn ein Thema zu brisant wird.

Auf Basis der vier genannten Argumente, kann geschlussfolgert werden, dass eine umfangreiche journalistische Berichterstattung über die prekären Umstände globaler Sportveranstaltungen unwahrscheinlich ist. Gleichzeitig haben öffentlich-rechtliche Rundfunkanstalten die Mission, ihr Publikum sowohl mit Unterhaltungsangeboten als auch mit relevanter politischer Information zu versorgen. Dabei versuchen sie vorherzusehen, welche Themen für das Publikum relevant sind und wie viel Zeit jedem Thema gewidmet werden sollte. Infolgedessen erwarten wir trotz der oben gelisteten Hindernisse, dass neben den Sportwettkämpfen sowohl positiv-unterhaltsame als auch problematische Aspekte der Olympischen Spiele diskutiert werden. Positiv-unterhaltsame Aspekte könnten Human-Interest-Geschichten über das Privatleben der Athleten oder Informationen über das Land Brasilien sowie die Menschen und Lebensweisen beinhalten. Problematische Aspekte wiederum rekurrieren auf gesellschaftspolitische Fragen oder Umweltbelange im Gastland sowie die tief verwurzelten Probleme der Sportwelt, vor allem die Frage nach Doping (STARKE/FLEMMING 2017). Da Programmdirektoren und Journalisten implizite Vorstellungen über die Präferenzen des Publikums und ihre anschließenden Erwartungen bezüglich des Programminhalts haben, können solche journalistischen Überlegungen auch in das Endprodukt einfließen. Die Berichterstattung spiegelt damit auch die journalistische Erwartungshypothese über das Publikum sowie normative Überlegungen wider. Dementsprechend fragt die erste Forschungsfrage nach der Prävalenz der besagten Themen in der Medienberichterstattung:

F1: Inwieweit werden positiv-unterhaltsame und problematische Aspekte der Olympischen Spiele 2016 in der Medienberichterstattung von ARD und ZDF diskutiert?

Auf der Grundlage des vermuteten journalistischen Konflikts der öffentlich-rechtlichen Sender erwarten wir, dass sie unterschiedliche Strategien einsetzen, um mit gegensätzlichen Erwartungen umzugehen. Eine mögliche Strategie könnte sein, bestimmte Themen an die Randbereiche der täglichen Berichterstattung zu drängen, nämlich nachts oder am Nachmittag, wenn das Zuschauerinteresse in der Regel niedrig ist. Darüber hinaus könnten die Medien jene Themen, die das Unterhaltungsbedürfnis der Zuschauer adressieren, prominent am Abend während der Primetime senden, wenn die Aufmerksamkeit der Zuschauer ihren Höhepunkt erreicht.

H1: Positiv-unterhaltsame Themen werden während des Primetime-Programms stärker hervorgehoben als problematische Themen.

Des Weiteren können Journalisten, sobald sie negativ konnotierte Themen angesprochen haben, auch positive Aspekte in die Berichterstattung einfließen lassen, um so möglichen Vorwürfen von Unausgewogenheit zu begegnen und gleichzeitig dem Publikum die relevanten Probleme schmackhafter zu machen. Dabei würden die öffentlich-rechtlichen Rundfunkanbieter ihren Auftrag von Information und Unterhaltung erfüllen, während sie es den Zuschauern gleichzeitig leichter machen, widersprüchliche Gedanken in Einklang zu bringen. Man könnte also erwarten, dass positiv-unterhaltsame und kritische Aspekte der Olympischen Spiele gleichzeitig ausgestrahlt werden.

H2: In Segmenten, bei denen problematische Aspekte der Sportgroßveranstaltung angesprochen werden, tauchen auch positivunterhaltsame Themen auf.

Um die oben aufgeworfene Forschungsfrage zu beantworten und die beiden Hypothesen zu prüfen, haben wir mittels einer standardisierten Inhaltsanalyse die Zusammensetzung der medialen Hintergrundberichterstattung der beiden öffentlich-rechtlichen Rundfunkanstalten untersucht.

4. Methode

Die im Folgenden ausgewerteten Daten wurden vermittels einer standardisierten Inhaltsanalyse der deutschen TV-Berichterstattung über die Olympischen Spiele 2016 erhoben. Sportliche Großereignisse sind nach wie vor eine der wenigen Medienereignisse, die ein großes Publikum im linearen Fernsehen finden (GEESE/GERHARD 2012). Das wachsende Angebot von sowie die Nachfrage nach Online-Streams verschärft den Wettbewerb jedoch (DAVID/MILLWARD 2014). Diese Studie konzentriert sich dennoch nur auf die Fernsehübertragungen als bevorzugte Rezeptionsform der Mehrheit des deutschen Publikums (EGGER/VAN EIMEREN 2016).

4.1 Untersuchungsmaterial: Grundgesamtheit und Stichprobenziehung

Die öffentlich-rechtlichen Rundfunkanstalten ARD und ZDF kündigten im Vorfeld der Veranstaltungen an, rund 325 Stunden über die Olympischen Spiele zu berichten (*Welt* 2016). Die bisherige Erfahrung zeigt, dass 25 Prozent dieser Übertragungen *nicht* aus reinen Live-Sendungen über die eigentlichen Wettkämpfe bestehen (GSCHEIDLE/GERHARD 2016; GEESE/GERHARD 2012; STEINBRECHER 2009). Im Folgenden sprechen wir daher über ›Hintergrundberichterstattung‹, die sich beispielsweise aus Studiointerviews mit Athleten und Trainern, Kommentaren externer Experten und Journalisten, sowie Beiträgen über den Rahmen der Spiele (z. B. Land, Leute und Kultur Brasiliens) zusammensetzt. Zur Untersuchungseinheit zählen folglich etwa 80 Stunden solcher Hintergrundberichterstattung über die Olympischen Spiele. Die Spiele und somit der Untersuchungszeitraum begannen mit der Eröffnungszeremonie am 5. August 2016 und endeten mit der Abschlusszeremonie am 21. August 2016. Aus diesen 16 Tagen wurde eine künstliche Woche gezogen. Voraussetzung für diese Stichprobenziehung war erstens, dass alle Wochentage in der Stichprobe vertreten sein sollten und zweitens eine etwa gleichwertige Abdeckung des Programms der beiden öffentlich-rechtlichen Sender gewährleistet ist. Letztlich wurden sieben Tage der Medienberichterstattung analysiert (vier Tage von DAS ERSTE, drei Tage vom ZDF). Die Aufnahme folgte dabei dem Programmaufbau der jeweiligen Sender, die das Tagesprogramm in verschiedene Sendungsblöcke unterteilten. Diese Blöcke wurden jeweils in Gänze nacheinander aufgezeichnet und digital archiviert.

4.1.1   Analyseeinheit: Die Sendungsbeiträge

Während einige aufgezeichnete Sendungen nur ein paar Minuten Sendezeit füllten, dauerten andere bis zu fünf Stunden. Daher und im Hinblick auf die Differenzierung nach Themen wurden die einzelnen Beiträge einer Sendung als die Analyseeinheit festgelegt. Ein Beitrag wurde als eine kohärente Sinneinheit definiert, die sich durch Format, thematische Zusammengehörigkeit sowie mögliche journalistische Gestaltungselemente wie Intro oder Outro von anderen Sinneinheiten unterscheidet. Ob ein Beitrag in die Stichprobe einbezogen wurde oder nicht, hing davon ab, ob die Olympischen Spiele und/oder das Gastland Brasilien mindestens einmal in der ersten Minute des jeweiligen Beitrags erwähnt wurden.

4.1.2   Stichprobenumfang

Insgesamt wurden 939 Beiträge in der Stichprobe identifiziert und kodiert, von denen 58 Prozent von DAS ERSTE und 42 Prozent vom ZDF ausgestrahlt wurden. Im Durchschnitt dauerte ein Beitrag 2 Minuten und 27 Sekunden ($SD = 2$ Min. 59 Sek.). Insgesamt wurden 38,4 Stunden Olympia-Hintergrundberichterstattung kodiert, die neben den Live-Sendungen der Wettkämpfe ausgestrahlt wurde. Hochgerechnet auf die gesamte Turnierdauer kommen wir auf 87,8 Stunden Medienberichterstattung, die zusätzlich zu den Wettkämpfen ausgestrahlt wurden. Dieser Wert stimmt annähernd mit dem vorangekündigten Wert der Rundfunkveranstalter von etwa 80 Stunden überein.

4.1.3 Formale und inhaltliche Kategorien

Formale Kategorien auf Sendungsebene waren der jeweilige öffentlich-rechtliche Sender, der Name der Sendung und das Ausstrahlungsdatum. Auf Beitragsebene wurde zudem die Beitragsdauer erfasst. Alle diese Informationen wurden manuell aus den digital archivierten Dateien herauskopiert.

Die inhaltsbezogenen Kategorien

Für jeden Beitrag wurden bis zu fünf Akteure kodiert (Intercoder-Reliabilität: Krippendorfs $\alpha = .75$), d. h. Personen, die in einem Beitrag zu Wort kamen. Darüber hinaus wurden bis zu drei Themen kodiert ($\alpha = .68$). Beide Kategorien wurden chronologisch in der Reihenfolge ihres Vorkommens festgehalten. Darüber hinaus wurden Verweise auf Online-Inhalte kodiert, da es möglich ist, dass Themen kurz erwähnt werden, aber die Zuschauer auf eine korrespondierende Webseite oder andere Online-Inhalte verwiesen werden.

5. Ergebnisse

5.1 Themen der Olympia-Medienberichterstattung

Die erste Forschungsfrage befasste sich mit den Themen, die während der Olympischen Spiele im Fernsehen diskutiert wurden. Zu diesen Themen gehörten die oben beschriebenen Probleme der Sportgroßereignissen (Doping, allg. Probleme des Spitzensport und sozio-politische Konflikte in Brasilien) sowie Human-Interest-Geschichten, die das Privatleben der Athleten betreffen, Informationen über Land, Leute und Kultur des Gastgeberlandes und zu guter Letzt die reine Sportberichterstattung. In jedem der 939 Beiträge konnten bis zu drei dieser Themen vorkommen und codiert werden. Die Probleme von Sportgroßereignissen (13,5 % aller Beiträge) waren deutlich seltener zu finden, als positiv-unterhaltsame Human-Interest-Beiträge (21,3 %) (s. Tab. 1). Darüber hinaus wurde in über 86 Prozent der Fälle ausschließlich oder ergänzend über das sportliche Geschehen bei den Wettkämpfen und in Deutschland berichtet.

TABELLE 1
Gesamtverteilung der Themen

Themen	n	Prozent aller Fälle	extrapolierte relative Häufigkeit in %
Doping	47	5,0	1,3
globale Sportpolitik	36	3,8	1,0
sozio-politische Krise Brasiliens	55	5,9	1,5
Zwischensumme	127	13,5	3,4
Privatleben der Athleten	119	12,7	3,2
Land, Leute & Kultur	84	8,9	2,3
Zwischensumme	200	21,3	5,3
Olympia-Geschichten über Deutschland & Anderes	256	27,3	6,8
reine Sportberichterstattung	634	67,5	16,8
Zwischensumme	812	86,5	21,6
Anzahl untersuchter Beiträge	939		

Pro Beitrag wurden max. drei Themen codiert.

Schließlich wurde der Anteil der Berichterstattung über jedes Thema auf die gesamte Berichterstattung hochgerechnet (vgl. Spalte 3 in Tab. 1). Das bedeutet, dass der jeweilige Anteil eines Themas in unserer Stichprobe zur Hintergrundberichterstattung durch den Gesamtbetrag der olympischen Medienberichterstattung der öffentlich-rechtlichen Sender geteilt wurde. Die Validität dieses Verfahrens ist insoweit begrenzt, als dass alle Themen selbstverständlich auch während der Live-Berichterstattung von Wettbewerben diskutiert werden konnten, was jedoch im Rahmen unserer Analyse nicht nachvollzogen werden kann. Nach unserer eigenen Seherfahrung kam es durchaus häufig vor, dass bestimmte Themen auch während der Wettkämpfe angesprochen wurden. Allerdings wurden die meisten Verweise auf die oben genannten Themen eher im Vorbeigehen von den TV-

Moderatoren geäußert, die zwar Kommentare und Bedenken aussprachen, ohne jedoch ins Detail zu gehen und zusätzliche visuelle Informationen zu geben. D. h., man kann nicht mit Sicherheit sagen, dass es nicht auch eine zufällige Konfrontierung mit den Problemen der Olympischen Spiele während der eigentlichen Wettkämpfe gegeben hat, die einen möglichen Einfluss auf Teile der Öffentlichkeit ausübt, die in der Regel dazu neigen, solche negativen Informationen zu vermeiden (SCHÖNBACH/LAUF 2002, 2004). Die Ergebnisse zeigen, dass in weniger als dreieinhalb Prozent der gesamten Medienberichterstattung zu den Olympischen Spielen die Probleme der Sportgroßereignisse und der Welt des Sports thematisiert wurden. Ähnliches gilt für Human-Interest-Geschichten, die in nur etwas über fünf Prozent der Beiträge angesprochen wurden. Dabei ist es zunächst nicht überraschend, dass sich die meiste Medienberichterstattung nur auf Sport und die Olympischen Wettbewerbe bezog. Die Bedeutung dieser Zahlen und ihrer Verhältnisse wird jedoch illustrativ, wenn sie als Grundlage für einen Vergleich mit den tatsächlichen Präferenzen des Publikums herangezogen werden (s. FLEMMING et al. in diesem Band).

5.2 Themenunterschiede zwischen Primetime und Nicht-Primetime

Die H1 untersucht, ob ein Unterschied zwischen den Themen bestand, die während der Primetime und der Nicht-Primetime ausgestrahlt wurden. Primetime wurde als die Zeit zwischen 20 Uhr und 23 Uhr definiert, die in der Regel den höchsten Zuschaueranteil hat und in der wir einen höheren Anteil an den unterhaltsamen Aspekten der Wettbewerbe erwarteten. Von den 20 zuschauerstärksten Sendungen während der Olympischen Spiele fand nur ein Boxkampf, der um 23 Uhr begann, außerhalb der Primetime statt.

Wie Tabelle 2 zeigt, gab es einen Unterschied der Themenanteile zwischen Primetime und Nicht-Primetime-Beiträgen. Allerdings haben wider Erwarten die eher negativen globalen Sportprobleme und gesellschaftspolitischen Fragen in Brasilien in der Primetime einen höheren Anteil an der Hintergrundberichterstattung als während der Nicht-Primetime (22 % gegenüber 12,8 %). Der Unterschied war hochsignifikant ($\chi^2 = 35.15$, $df = 7$, $p < .001$). H1 wurde daher abgelehnt. Allerdings muss an dieser Stelle darauf hingewiesen werden, dass unter der Annahme, dass das Programm

TABELLE 2
Verteilung der Themen unterschieden zwischen Primetime und Nicht-Primetime

Themen	Nicht-Primetime		Primetime (20 – 23 Uhr)	
	n	Relative Häufigkeit in %	n	Relative Häufigkeit in %
negative Aspekte der Sportveranstaltung				
Doping	39	4,5	8	9,9
globale Sportpolitik	31	3,6	5	6,2
sozio-politische Krise Brasiliens	47	5,5	8	9,9
Zwischensumme	110	12,8	17	21,0
positive Aspekte der Sportveranstaltung				
Privatleben der Athleten	110	12,8	9	11,1
Land, Leute & Kultur	82	9,6	2	2,5
Zwischensumme*	189	22,0	11	13,6
sonstige Aspekte der Sportveranstaltung				
Olympia-Geschichten über Deutschland & Anderes	249	29,0	7	8,6
reine Sportberichterstattung	569	66,3	65	80,2
Zwischensumme*	741	86,4	71	87,7
Anzahl der Beiträge (n = 939)	858	91,4	81	8,6

*Pro Beitrag wurden max. drei Themen codiert, wobei es vorkommen kann, dass einzelne Unterthemen mehrfach in einem Beitrag Erwähnung fanden. Daher unterscheiden sich die Zwischensummen der übergeordneten Themenfelder von den Unterthemen.

gleichmäßig über den ganzen Tag verteilt wäre, etwa 12,5 Prozent aller Hintergrundberichte während der Primetime ausgestrahlt hätten werden können. Die Ergebnisse zeigen jedoch, dass nur 8,6 Prozent dieser Berichterstattung während dieser Zeit gezeigt wurde. Dies deutet darauf hin, dass die Primetime vorzugsweise mit Live-Sendungen der Wettkämpfe gefüllt war und nicht mit begleitender Hintergrundberichterstattung.

5.3 *Die Verknüpfung von problematischen mit unterhaltsamen Aspekten der Olympischen Spiele*

Es wurde zudem geprüft, ob Journalisten versuchten, den potenziell deprimierenden Einfluss der problematischen Aspekte von Sportgroßereignissen zu reduzieren. Dies würde sich zeigen, wenn die jeweiligen Themen gleichzeitig im selben Beitrag nebeneinander erscheinen. Zum Beispiel würde ein solcher Beitrag in Anschluss an eine Diskussion über die gesellschaftspolitischen Fragen von Brasilien auch einen Bericht über die Menschen, Kultur oder Landschaft von Brasilien enthalten. Die Daten zeigen jedoch, dass nur 28 der 969 untersuchten Segmente beide Arten von Themen zur gleichen Zeit enthielten. Dies entspricht nur 3,0 Prozent (SE [.95] = ±.011) aller Beiträge der Hintergrundberichterstattung. Daher wurde die Hypothese 2 abgelehnt.

6. Diskussion

Die zuvor berichteten Ergebnisse zeigen, dass die Medienberichterstattung der Olympischen Spiele stark auf sportliche Angelegenheiten ausgerichtet aber dennoch nicht einseitig war. Tatsächlich gab es eine beträchtliche Menge an Berichterstattung, die sich sozio-politischen Fragen sowie der Krise der Olympischen Spiele und den Problemen von Sportgroßveranstaltungen widmete. Es zeigte sich, dass der deutsche öffentlich-rechtliche Rundfunk zusätzlich zu den Sportwettbewerben auch auf solche Themen eingegangen ist, die vom Publikum als Belastung ihres Sehvergnügens aufgefasst werden könnten und somit die primären journalistischen Ziele bedrohen könnten. Die Ursachen für die Krise der Sportgroßereignisse sind in der Tat ausgiebig abgedeckt. Die Sender haben nicht nur einen Teil der Berichterstattung auf die belastenden Aspekte der Olympischen Spiele verwandt, sondern diese Probleme häufig auch während der Primetime hervorgehoben, als die Aufmerksamkeit des Publikums besonders hoch war. Unangenehme Nachrichten wurden nicht an die Programmränder geschoben. Während der öffentlich-rechtliche Rundfunk auch die Bedürfnisse von Eskapismus, Unterhaltung und Human-Interest-Geschichten bediente, wurden solche unterhaltsamen Aspekte nicht dazu genutzt, tiefgreifende Probleme der Wettkämpfe zu vertuschen oder gar zu verleugnen. Mit dieser gewagten Strategie sind die öffentlich-rechtlichen Sender das Risiko eingegangen, ihren Auftrag zu verfolgen, gleichzeitig relevante Informationen und Unterhaltung zu liefern, ohne die Sportberichterstattung zu reduzieren. Diese Gratwanderung kann als ein Versuch betrachtet werden, zugleich den rundfunkrechtlichen Anforderungen an die Informationsfunktion des Journalismus gerecht zu werden und dabei die Freude des breiten Publikums möglichst wenig einzutrüben. Um zu beurteilen, ob dieser Drahtseilakt einwandfrei gelungen ist, bedarf es eines externen Bezugsrahmens, der in der Lage ist, die nackten Zahlen mit Bedeutung aufzuladen. Ein solcher Rahmen kann theoretisch-normativ abgeleitet oder aber empirisch begründet sein. Wir optieren in dem Fall für die zweitgenannte Variante und betrachten das Urteil des Medienpublikums als geeignete Referenzgröße. Um dieses Urteil realitätsnah zu ermitteln, haben wir einen methodischen Ansatz gewählt, der über summarische Globalindikatoren und Bewertungen von Einzelaspekten hinausgeht (vgl. FLEMMING et al. in diesem Band). Die Ergebnisse dieser Untersuchung, die an der genannten Stelle detailliert referiert werden, zeigen, dass die Doppelstrategie des öffentlich-rechtlichen Rundfunks letztlich alle Segmente des Medienpublikums unzufrieden zurücklässt. Angesichts der Krise globaler Sportgroßveranstaltungen bleibt daher mehr als fraglich, ob das Dilemma zwischen Sport als Unterhaltung und Sport als Spannungsfeld divergierender Interessen und gesellschaftlicher Konflikte journalistisch zufriedenstellend aufgelöst werden kann und inwieweit diese Entwicklung die Bereitschaft des sportinteressierten Publikums (oder einzelner Teilpublika), globale Sportereignisse medial intensiv zu verfolgen, langfristig beeinträchtigen wird.

Die vorliegende Studie versteht sich als Aufforderung, die sportjournalistischen Informationsleistungen jenseits von Zeiten, Höhen und Weiten von Seiten der kommunikationswissenschaftlichen Inhaltsforschung stärker in den Blick zu nehmen. Sie geht von der Annahme aus, dass dem Sportjournalismus dank der prekären Verquickung von Politik, globalisierter Ökonomie und Spitzensport ihrer Folgen, die sich insbesondere anlässlich sportlicher Megaevents beobachten lassen, eine enorme Verantwortung für die Aufklärung des Massenpublikums zugewachsen ist, das er weit besser erreicht als etwa der Politik- oder Wirtschaftsjournalismus. Künftige Forschungsbemühungen sollten diese Thematik im Kontext anderer Sportgroßveranstaltungen, in andern Ländern und im Hinblick auf andere Programmanbieter aufgreifen. Hier sollten auch Veränderungen bei der Zusammensetzung des Programms berücksichtigt werden, die unlängst durch die Vergabe der Rundfunkrechte an kommerzielle private Fernsehsender in Zukunft durchaus wahrscheinlich erscheinen. Es scheint möglich, dass kommerzielle Medien im Gegensatz zu den öffentlich-rechtlichen noch weniger Anreize haben, allzu kritisch über Sportgroßereignisse zu berichten, da sie in größerem Maße von einem ungestörten Unterhaltungserleben ihrer Zuschauer abhängig sind. Folglich könnte eine noch höhere Fokussierung auf die unterhaltsamen Aspekte der Sportveranstaltungen gelegt werden, die eher problematische Themen ausblendet. Diese gesteigerte Publikumspolarisierung könnte unter dem Licht der Forschungsergebnisse, die von Flemming et al. in diesem Band berichtet werden, letztendlich schädliche Folgen für alle Stakeholder haben. Folglich sind die kritische Medienberichterstattung und ein wachsames Publikum gleichzeitig Treiber und Getriebene des Wandels medialer Sportgroßereignisse, solange die grundlegenden Probleme dieser Ereignisse ungelöst bleiben bzw. sich weiter verschärfen.

Literatur

ALMEIDA, B. S. DE.; BOLSMANN, C.; JÚNIOR, W. M.; SOUZA, J. DE. (2015). Rationales, rhetoric and realities: FIFA's World Cup in South Africa 2010 and Brazil 2014. In: *International Review for the Sociology of Sport*, 50(3), S. 265-282.

BOOTH, D. (2011). Olympic city bidding: An exegesis of power. In: *International Review for the Sociology of Sport*, 46(4), S. 367-386.

BURTON, R. (2003). Olympic Games Host City Marketing: An Exploration of Expectations and Outcomes. In: *Sport Marketing Quarterly*, 12(1), S. 37-47.

CHAPPELET, J. L.; PARENT, M. M. (2015). The (wide) world of sports events. In: M. M. PARENT; J. L. CHAPPELET (Hrsg.): *Routledge handbook of sports event management* (S. 1-17). London: Routledge

CURI, M.; KNIJNIK, J.; MASCARENHAS, G. (2011). The Pan American Games in Rio de Janeiro 2007: Consequences of a sport mega-event on a BRIC country. In: *International Review for the Sociology of Sport*, 46(2), S. 140-156.

DAVID, M.; MILLWARD, P. (2014). Sport and New Media. In: R. GIULIANOTTI (Hrsg.): *Routledge Handbook of the Sociology of Sport* (S. 388-397). New York: Routledge.

EGGER, A.; VAN EIMEREN, B. (2016). Bewegtbild im Internet: Markt und Nutzung digitaler Plattformen. Analyse des Marktumfelds und empirische Ergebnisse aus der ARD/ZDF-Onlinestudie. In: *Media Perspektiven*, 46(2), S. 108-119.

FLEMMING, F.; LÜNICH, M.; MARCINKOWSKI, F.; STARKE, C. (2016). Coping with dilemma: How German sport media users respond to sport mega events in autocratic countries. In: *International Review for the Sociology of Sport* [Online first], doi:10.1177/1012690216638545

GEESE, S.; GERHARD, H. (2012). Die Olympischen Spiele 2012 im Fernsehen. Nutzung und Bewertung durch die Zuschauer. In: *Media Perspektiven*, 42(11), S. 546-554.

GREYSER, S. A.; KOGAN, V. (2013). NBC and the 2012 London Olympics: Unexpected success. *Harvard Business School*. Abgerufen von http://www.hbs.edu/faculty/Publication%20Files/14-028_99a0100c-7dcc-4fc4-bf29-6c0bd2f5561d.pdf

GRIMMER, C. G. (2016). Pressure On Printed Press. In: *Digital Journalism*, 5(5), S. 607-635.

GSCHEIDLE, C.; GERHARD, H. (2016). Die Olympischen Spiele 2016 im Fernsehen. *Media Perspektiven*, o. Jg. (11), S. 549-556.

HALLIN, D. C.; MANCINI, P. (2004). *Comparing media systems: Three models of media and politics*. Cambridge and New York: Cambridge University Press.

HANUSCH, F. (2012). A profile of Australian travel journalists' professional views and ethical standards. In: *Journalism*, 13(5), S. 668-686.

HORNE, J. (2015). Assessing the sociology of sport: On sports mega-events and capitalist modernity. In: *International Review for the Sociology of Sport*, 50(4-5), S. 466-471.

HORNE, J.; MANZENREITER, W. (2006). An introduction to the sociology of sports mega-events. In: *The Sociological Review*, 54(2), S. 1-24.

HUMPHREYS, P. (1994). *Media and media policy in Germany: The press and broadcasting since 1945* (2. Aufl.). Oxford, UK; Providence, USA: Berg.

IHLE, H.; NIELAND, J.-U. (2013). Dopingaufklärung in der Unterhaltungsfalle? Überlegungen zum Umgang mit Doping im medialisierten Sport. In: E. MEINBERG; S. KÖRNER (Hrsg.): *Doping kulturwissenschaftlich betrachtet* (S. 155-171). St. Augustin: Academia Verlag.

KIDD, B. (2010). Human rights and the Olympic Movement after Beijing. In: *Sport in Society*, 13(5), S. 901-910.

KULCZYCKI, W.; KOENIGSTORFER, J. (2016). Why sponsors should worry about corruption as a mega sport event syndrome. In: *European Sport Management Quarterly*, 16(5), S. 545-574.

L'ETANG, J. (2006). Public relations and sport in promotional culture. In: *Public Relations Review*, 32(4), S. 386-394.

MACNAMARA, J. (2016). The Continuing Convergence of Journalism and PR: New Insights for Ethical Practice from a Three-Country Study of Senior Practitioners. In: *Journalism & Mass Communication Quarterly*, 93(1), S. 118-141.

MCCHESNEY, R. W. (2003). The Problem of Journalism: A political economic contribution to an explanation of the crisis in contemporary US journalism. In: *Journalism Studies*, 4(3), S. 299-329.

MCLAREN, R. H. (2016). *Independent Person WADA Investigation of Sochi Allegations*. World Anti-Doping Agency.

PFETSCH, B. (1996). Convergence through Privatization? Changing Media Environments and Televised Politics in Germany. In: *European Journal of Communication*, 11(4), S. 427-451.

PINCUS, J. D.; RIMMER, T.; RAYFIELD, R. E.; CROPP, F. (1993). Newspaper Editors' Perceptions of Public Relations: How Business, News, and Sports Editors Differ. In: *Journal of Public Relations Research*, 5(1), S. 27-45.

REETH, D. VAN (2013). TV demand for the Tour de France: The importance of stage characteristics versus outcome uncertainty, patriotism, and doping. In: *International Journal of Sport Finance*, 8(1), S. 39-60.

SAMUEL-AZRAN, T.; YARCHI, M.; GALILY, Y.; TAMIR, I. (2016). Promoting Terror or Sport? The Case of Qatar's International Image. In: *American Behavioral Scientist*, 60(9), S. 1101-1115.

SAMUEL, S.; STUBBS, W. (2012). Green Olympics, green legacies? An exploration of the environmental legacies of the Olympic Games. In: *International Review for the Sociology of Sport*, 48(4), S. 485-504.

SCHAFFRATH, M.; KAUTZ, F.; SCHULZ, T. (2016). Kompetenzprobleme wegen Komplexität. Wissensdefizite von Sportjournalisten beim Thema Doping. In: *Medien & Kommunikationswissenschaft*, 64, S. 219-243.

SCHALLHORN, C. (2017). *Kultivierung durch Sportgroßereignisse. Zum Einfluss der Medienberichterstattung über die Fußballweltmeisterschaft 2014 auf die Wahrnehmung des Gastgeberlandes Brasilien*. Köln: Herbert von Halem.

SCHÖNBACH, K.; LAUF, E. (2002). The »Trap« Effect of Television and Its Competitors. In: *Communication Research*, 29(5), S. 564-583.

SCHÖNBACH, K.; LAUF, E. (2004). Another look at the »trap« effect of television – and beyond. In: *International Journal of Public Opinion Research*, 16, S. 169-182.

SHERWOOD, M.; NICHOLSON, M.; MARJORIBANKS, T. (2016). Controlling the Message and the Medium? In: *Digital Journalism*, 5(5), S. 513-531.
STARKE, C.; FLEMMING, F. (2017). Who is Responsible for Doping in Sports? The Attribution of Responsibility in the German Print Media. In: *Communication & Sport*, 5(2), S. 245-262.
STEINBRECHER, M. (2009). *Olympische Spiele und Fernsehen. Programmgestalter im Netz olympischer Abhängigkeiten?*. Konstanz: UVK.
SUGDEN, J.; TOMLINSON, A. (2007). Stories from Planet Football and Sportsworld. In: *Journalism Practice*, 1(1), S. 44-61.
THUSSU, D. K. (2008). *News as Entertainment: The Rise of Global Infotainment*. New York: SAGE.
WEISCHENBERG, S.; MALIK, M.; SCHOLL, A. (2006). *Die Souffleure der Mediengesellschaft. Report über die Journalisten in Deutschland*. Konstanz: UVK.
WELT. (5. August 2016). TV-Marathon für Hartgesottene: Olympia live bis 5 Uhr früh. In: *Welt*. Abgerufen von https://www.welt.de/newsticker/dpa_nt/infoline_nt/thema_nt/article157515091/Olympia-live-bis-5-Uhr-frueh.html

II. AKZEPTANZ UND IGNORANZ VON SPORTGROSSEREIGNISSEN

FELIX FLEMMING / PERO DOSENOVIC /
FRANK MARCINKOWSKI / MARCO LÜNICH /
CHRISTOPHER STARKE

Von Unterhaltung bis Kritik: Wie das deutsche Publikum die Olympischen Spiele 2016 sehen möchte

Olympische Spiele sind das größte globale Sportgroßereignis, das nicht nur die Aufmerksamkeit der Massenmedien und Zuschauer aus der ganzen Welt anzieht, sondern auch Milliarden an Investitionen aufseiten der Werbebranche, Sponsoren, Organisatoren und der lokalen Wirtschaft generiert (HORNE/MANZENREITER 2006; ROWE/MCKAY 2012). In Deutschland schalteten über 50 Millionen Menschen (was ca. 70 % aller Fernsehzuschauer entspricht) mindestens einmal die Übertragungen der Olympischen Spiele 2012 aus London ein. Auch für die Wettkämpfe aus Rio im Sommer 2016 konnten mit 46 Millionen Zuschauern ähnliche Reichweiten verzeichnet werden (GEESE/GERHARD 2012; GSCHEIDLE/GERHARD 2016). Die Berichterstattung über solche Sportgroßereignisse erreicht somit nicht nur den sportbegeisterten Teil der Bevölkerung, sondern kann auch Aufmerksamkeit eines breiten Publikums für die sportlichen Wettkämpfe, aber auch für die politischen, sozialen und wirtschaftlichen Themen erregen, die den Sport an sich ebenso wie einzelne Stakeholder des Ereignisses betreffen (MAENNIG/ZIMBALIST 2012). Diese Stakeholder – ganz gleich ob Journalisten, Sponsoren, das Gastgeberland, Athleten, Funktionäre des Internationalen Olympischen Komitees (IOC) oder das Publikum – profitieren in besonderer Weise von reibungslos ablaufenden Spielen durch hohe Einschaltquoten, erfolgreiches Sponsoring oder positive Werbung für das Gastgeberland. Als große, positiv konnotierte Unterhaltungsveranstaltung tituliert, verfolgt auch die Mehrheit des heterogenen Publikums Sportgroßereignisse mit dem Wunsch und dem Bedürfnis nach Entspannung, Unterhaltung, aber auch Spannung beim Kampf um die Medaillen (BRYANT/RANEY 2000; RANEY 2006).

In den letzten Jahren sind jedoch zunehmend negative Begleiterscheinungen von Sportgroßereignissen in den Fokus gerückt (CHAPPELET/ PARENT 2015). Dies gilt insbesondere auch für die Olympischen Sommerspiele 2016 in Rio de Janeiro. Zunächst gab es große politische und gesellschaftliche Probleme im Ausrichterland. Neben einer großen Wirtschaftskrise und zahlreichen politischen Problemen, wie Korruptionsvorwürfen gegen die politische Elite, zählten auch die Verschmutzung der Guanabara Bucht in Rio de Janeiro, die Umsiedlung von Menschen aus den Favelas und die unvollendeten und teilweise schon maroden Bauvorhaben zu den vielfach diskutierten Themen im Vorfeld der Spiele (SEBASTIÃO/LEMOS/SOARES 2016). Darüber hinaus wurden die Olympischen Spiele 2016 durch negative Entwicklungen innerhalb der globalen Sportwelt überschattet (z. B. Doping, Korruptionsvorwürfe gegenüber Sportfunktionären des IOC sowie die generelle Misswirtschaft und die hohen Kosten von Sportgroßereignissen).

Sportgroßereignisse sind Kristallisationspunkte medialer Aufmerksamkeit, in denen auch die zahlreichen Schattenseiten der globalen Sportwelt für ein weltweites Publikum sichtbar werden. Diese Studie geht von der Annahme aus, dass diese negativen Entwicklungen den Unterhaltungscharakter der Olympischen Spiele und den ungetrübten Genuss der Rezipienten schmälern. Umfragen im Vorfeld der Olympischen Spiele von Rio 2016 geben erste Aufschlüsse darüber, dass die prekären Umstände die Vorfreude des Publikums für die Sportwettbewerbe trüben. So sank beispielsweise das allgemeine Interesse an Olympischen Spielen in den USA auf einen neuen Tiefstand (GALLUP 2016). Auch in Deutschland gaben etwa 41 Prozent der Befragten über 18 Jahren an, dass ihre Vorfreude unter anderem durch die Enthüllung des systematischen Staatsdopings in Russland abgenommen hat (STATISTA 2016).

Ziel der Studie ist es, am Beispiel der Olympischen Spiele 2016 in Rio de Janeiro den Umgang des Publikums mit dem Dilemma von Sportgroßereignissen explorativ zu erforschen. Einerseits will das Publikum die Olympischen Spiele und ihre Übertragungen genießen. Auf der anderen Seite sind die Zuschauer sich des sportlichen Betrugs durch Doping, des ausufernden Kommerzes sowie der politischen Instabilität und des sozialen

FELIX FLEMMING / PERO DOSENOVIC / FRANK MARCINKOWSKI /
MARCO LÜNICH / CHRISTOPHER STARKE

Elends im Gastgeberland bewusst, welches sich hinter der schönen Fassade eines unterhaltsamen und spannenden sportlichen Wettbewerbs verbirgt. Konkret soll analysiert werden, welcher Umgang mit den hellen und dunklen Seiten innerhalb des Publikums in Bezug auf ihre Rezeptionsabsicht dieser Hintergründe vorherrscht. Darüber hinaus wollen wir untersuchen, welche Zuschauermerkmale divergierende Reaktionsmuster erklären können.

1. Mögliche Reaktionen des Medienpublikums auf »kontaminierte« Sportgroßereignisse

Rezeptions- und Medienwirkungsstudien innerhalb der Sportkommunikationsforschung befassen sich kaum mit der Thematisierung negativer Begleiterscheinungen des Sports bzw. von Sportgroßereignissen (CRAIG 2016: 257-261; BOYLE/HAYNES 2009: 184-203). Eine Ausnahme bildet allerdings die Studie von Schallhorn (2017). Empirische Arbeiten konzentrieren sich stattdessen überwiegend auf allgemeine Rezeptionsmotive von Sport (BRYANT/RANEY 2000; RANEY 2006). Sie zeigen, dass »the motivations for and responses to viewing sports on television are primarily functions of affect, but they contain distinctly cognitive and social aspects as well« (RANEY 2006: 325). Die Hauptmotive sind vor allem emotionaler (z. B. Unterhaltung und Spannung) und verhaltensorientierter Natur (z. B. Anschlusskommunikation, soziale Zugehörigkeit). Die Mehrheit der Rezipienten tendiert somit zu einer vorwiegend unbeschwerten und komplett auf den Sportwettbewerb konzentrierten Rezeption. Studien mit Blick auf Sportgroßereignisse haben aber ebenso herausgefunden, dass Rezipienten sich im Rahmen dieser Ereignisse informieren bzw. Informationen erhalten wollen (SCHALLHORN/SCHRAMM 2014; SCHRAMM/KLIMMT 2003).

Wir argumentieren, dass dieses vorwiegend sorglose, unbeschwerte Genießen angesichts der zunehmend problematischen Umstände von Sportgroßereignissen deutlich gehemmt wird. Eine der wenigen Studien, die sich mit dem Umgang der Rezipienten vor dem Hintergrund zunehmender prekärer Begleiterscheinungen von Sportgroßveranstaltungen befasst, wurde von Flemming et al. (2016) durchgeführt. Am Beispiel der FIFA Fußballweltmeisterschaft 2018 in Russland belegen die Autoren, dass sich die Rezipienten bereits im Vorfeld den problematischen Umständen des Turniers bewusst sind und verschiedene Strategien im Umgang mit der entstehenden kognitiven Dissonanz anwenden. Strategien der Dissonanzreduktion zeigen sich mit Bezug auf die Bewertung des Gastgeberlandes, die Einstellungen gegenüber den berichtenden Medien und den Konsum von Produkten, die mit FIFA-Veranstaltungen assoziiert werden. So kann argumentiert werden, dass ein bedeutender Teil des Publikums ein Bewusstsein für die zwei Seiten des Turniers entwickelt und politischen Konsum in Form von Verzicht auf Sponsorenprodukte sowie eine tiefergehende Auseinandersetzung mit den Problemen als geeignete Strategien mit dem Umgang negativer Umstände von Sportgroßereignissen ansieht.

Wir knüpfen an dieses Forschungsinteresse an und benutzen die Olympischen Sommerspiele 2016 in Rio de Janeiro als Fallbeispiel, um die Reaktion des Fernsehpublikums hinsichtlich ihrer Mediennutzung zu untersuchen. Während die FIFA vorwiegend mit einem Mangel an Transparenz und Korruptionsvorwürfen zu kämpfen hat, ist davon auszugehen, dass die Probleme rund um die Olympischen Sommerspiele in Rio eine noch größere Breite darstellen. Im Vorfeld der Spiele war Doping nicht nur in der Sportberichterstattung das dominierende Thema. Auch zwei Tage vor der Eröffnungszeremonie am 5. August 2016 herrschte große Ungewissheit darüber, ob die russische Mannschaft wegen der Vorwürfe des staatlich unterstützten Dopings an den Olympischen Spielen teilnehmen dürfte. Neben Russland waren auch andere Nationen im Fokus (z.B. Kenia und Brasilien), weil es bei ihnen Unstimmigkeiten rund um Dopingtests gegeben haben soll. Weitere Negativschlagzeilen der globalen Sportpolitik waren die Korruptionsvorwürfe gegenüber dem IOC, der unklare und stockende Kampf gegen Doping im Sport, die hohen Kosten solcher Sportgroßveranstaltungen, die späte Fertigstellung der Bauprojekte in Rio de Janeiro sowie das geringe lokale Interesse für die Wettkämpfe, welches zu leeren Tribünen bei vielen Wettkämpfen führte (ZIMBALIST 2017). Darüber hinaus wurden die Spiele in Rio von der politischen und wirtschaftlichen Krise Brasiliens und seinen gesellschaftlichen Konsequenzen überschattet, einschließlich der Anklage der Präsidentin Dilma Rousseff, Korruption innerhalb der politischen Elite, ökologisches Fehlverhalten, die Vertreibung armer Menschen aus den Favelas und der gefürchtete Anstieg der Kriminalität (SEBASTIÃO/LEMOS/SOARES 2016).

Die angesprochenen Probleme waren bereits in den Wochen vor der Eröffnungszeremonie von einem globalen Medieninteresse begleitet worden, weshalb von einem grundlegenden Bewusstsein für die Problematiken beim Olympiapublikum auszugehen ist. Während bei einem rein sportinteressierten Publikum noch die Möglichkeit besteht, dass die politischen Verhältnisse in Brasilien ignoriert werden, kann man sich kaum vorstellen, dass der allgegenwärtige Missbrauch von illegalen, leistungssteigernden Mitteln den größten Sport- und Olympiafanatiker unbeeindruckt lässt. Spätestens aber im Rahmen der Olympischen Spiele ist davon auszugehen, dass die öffentlich-rechtlichen Rundfunkanstalten ARD und ZDF, die in Deutschland die Übertragungsrechte besaßen, aufgrund ihres gesetzlichen Auftrags alle kulturellen, wirtschaftlichen wie auch politischen Themen – ob positiver oder negativer Natur – abdecken würden (PORTER/ HASSELBACH 2002; vgl. dazu in diesem Band STARKE et al.). Da somit davon auszugehen ist, dass fast alle Rezipienten von Olympia 2016 mit den Problemen des Ereignisses vertraut sind, gilt es zu klären, wie sich dieses Bewusstsein auf ihr Rezeptionsverhalten auswirkt.

F1: Wie reagieren deutsche Fernsehzuschauer auf die Berichterstattung über problematische Hintergründe zu den Olympischen Spielen 2016?

Im Rahmen eines breiten Verständnisses des Uses-and-Gratifications-Ansatzes (z. B. RUBIN 2009; RUGGIERO 2000) leiten wir vier mögliche Strategien im Umgang mit der Medienberichterstattung rund um die Olympischen Spiele 2016 ab. Rezeptionsmotive für die Sportmediennutzung sind zwar vielfältig, haben jedoch alle positives Vergnügen als Gemeinsamkeit: Zuschauer genießen die Erregung, die sie bei einem spannenden Spiel erleben; Sport-Fans erfahren eine Stärkung des Selbstwertgefühls, wenn ihr Team oder Lieblingsathlet gewinnt; sie entkommen den Verbindlichkeiten des Alltags durch den Genuss der Ästhetik und der Schönheit einer sportlichen Aufführung und haben das Gefühl, Teil einer größeren Gemeinschaft zu sein (WANN 1995; WENNER/GANTZ 1989; ZILLMANN/BRYANT/SAPOLSKY 1989). Es ist davon auszugehen, dass der Erhalt der genannten Gratifikationen durch die Thematisierung der Schattenseiten der olympischen Spiele innerhalb der TV-Berichterstattung gemindert wird.

Sportfans, denen es nicht möglich ist, die oben genannten prekären Umstände auszublenden, werden dazu neigen, sich vollständig von der Fernsehberichterstattung zu distanzieren. Vergnügen scheint für sie in der Form nicht mehr möglich zu sein. Tatsächlich zeigen Umfragen in Deutschland und den USA, dass zumindest ein kleiner Teil des Publikums sich von den Übertragungen vollständig abwendet – oder dies zumindest in Umfragen angibt (GALLUP 2016; STATISTA 2016). Trotz der negativen Themen rund um Brasilien, Rio de Janeiro und den globalen Sport üben die Olympischen Spiele jedoch immer noch eine enorme Faszination und Attraktivität für ein globales Publikum aus. Eine vollständige Abkehr von der Veranstaltung scheint demnach ein eher unwahrscheinliches Rezeptionsverhalten zu sein, wenn man die Olympischen Spiele doch eigentlich verfolgen will. Stattdessen halten wir drei dominante Verhaltensreaktionen im deutschen Publikum der Olympischen Spiele 2016 für naheliegender: Ignorieren der prekären Umstände, Vermeidung negativer Themen und Konzentration auf die schönen Facetten von Rio 2016 (Eskapismus) sowie eine bewusste Auseinandersetzung mit den Schattenseiten auf Kosten des eigenen Vergnügens.

Das Ignorieren und Vermeiden bestimmter Nachrichteninhalte ist in der Theorie der selektiven Medienzuwendung vielfach nachgewiesen worden (DONSBACH 1991; SEARS/FREEDMAN 1967). Menschen wählen eher die Medieninhalte aus, die ihren Interessen, Überzeugungen und politischen Prädispositionen entsprechen (STROUD 2008: 342). Dementsprechend ist für unsere Studie zu vermuten, dass ein bestimmter Teil des Sportmedienpublikums zusätzliche Hintergrundinformationen über Doping, Korruption und die Kommerzialisierung des Weltsports gezielt vermeiden will, weil diese Informationen das Genießen der sportlichen Wettkämpfe verringern könnten. Diese Zuschauer wollen sich vielmehr und vielleicht ausschließlich auf den Sport konzentrieren, wenn sie die Olympischen Spiele im Fernsehen rezipieren. Ein entsprechendes eben skizziertes Rezeptionsverhalten könnte zu einer schrumpfenden Zufriedenheit mit der Medienberichterstattung insgesamt führen, weil ARD und ZDF verpflichtet sind, Hintergründe für alle wirtschaftlichen, gesellschaftlichen und politischen Facetten der Olympischen Spiele in Rio bereitzustellen (PORTER/HASSELBACH 2002).

In der Literatur zum Eskapismus heißt es, dass die Rezeption bestimmter Medieninhalte die Funktion übernehmen kann, Probleme und Sorgen zu vergessen, indem sich auf Inhalte konzentriert wird, von denen angenommen wird, dass sie diese Funktion erfüllen (HENNING/VORDERER 2001; KATZ/FOULKES 1962; KNOBLOCH-WESTERWICK 2015). Mit dieser Reaktion gegenüber der Medienberichterstattung wird adressiert, dass sich das Fernsehpublikum nicht vollständig von der Hintergrundberichterstattung bei der Verfolgung eines Sportgroßereignisses wie den Olympischen Spielen befreien kann. In diesem Fall wollen Zuschauer die positiven Facetten von Brasilien, Rio de Janeiro und den Sportwettkämpfen in den Mittelpunkt der Hintergrundberichterstellung gestellt bekommen. So könnte ein eventueller Teil des Publikums die Wahrnehmung der positiven Aspekte des Ereignisses bewahren und gleichzeitig den eigenen Genuss und Unterhaltungswert der Berichterstattung erhöhen. Indirekt werden die negativen Fragen rund um die Veranstaltung mehr oder weniger ausgeblendet.

Die dritte angenommene strategische Antwort auf die Schattenseiten von Rio 2016 könnte sein, sich ganz bewusst mit den negativen Umständen des Ereignisses auszusetzen. Diese Annahme bezieht sich auf die Rolle der Informationssuche innerhalb der Uses-and-Gratifications-Theorie. In der ursprünglichen Formulierung des Ansatzes von Blumler und Katz (1974) wird ›Überwachung‹ bzw. ›Kontrolle der Umwelt‹ (*surveillance*) als eine von vier grundlegenden, von jedem Medienrezipienten gesuchten Befriedigungen identifiziert. Das Konzept deutet auf ein wahrgenommenes Bedürfnis hin, zu wissen, was in der Welt vor sich geht, um sich entsprechend und angemessen zu verhalten. Empirische Studien zum Uses-and-Gratifications-Ansatz bestätigen immer wieder, dass Beobachtung ein zentrales Bedürfnis und weit verbreitetes Motiv der Mediennutzung ist (BEAUDOIN/THORSON 2004). Dementsprechend könnten bestimmte Teile des Sportmedienpublikums dazu neigen, nachträglich zusätzliche Informationen über jene negativen Themen der Olympischen Spiele zu suchen, um auf dem Laufenden zu bleiben und das komplette Bild der Veranstaltung zu erhalten.

Die hohen Einschaltquoten für die Olympischen Spiele zeigen, dass das olympische Publikum sehr heterogen ist und nicht nur aus Sportbegeisterten besteht. Infolgedessen scheint es unrealistisch, eine dominante Antwort auf die Schattenseiten der Spiele in Rio de Janeiro zu erwarten. Wir gehen daher von unterschiedlichen Reaktionen in unterschiedlichen Segmenten des Publikums aus. Man kann beispielsweise vermuten, dass das Ignorieren der Schattenseiten in erster Linie von Rezipienten mit hohem Sportinteresse angewandt wird, die eine umfangreiche Berichterstattung über die Sportwettbewerbe verlangen. Allerdings erwarten wir, dass diese Untergruppe am stärksten eine Hintergrundberichterstattung über Doping ablehnt, weil das stetige Erinnern an die Zweifel über eine saubere sportliche Leistung die Logik von sportlichen Wettkämpfen untergräbt. Gleichzeitig scheint es selbstverständlich, dass politisch stärker interessierte Menschen mehr Berichterstattung über die kritischen Aspekte der Olympischen Spiele 2016 begrüßen würden. Angesichts des Mangels an Theorie und empirischen Befunden stellen wir eine weitere Forschungsfrage:

F2: Wie setzen sich unterschiedliche Zuschauergruppen zusammen?

Uns interessiert besonders, wie sich ein hohes Sportinvolvement und politisches Interesse auf den Umgang mit der Hintergrundberichterstattung zu den Olympischen Spielen 2016 in Rio de Janeiro auswirkt.

Unsere Herangehensweise basiert auf der Annahme, dass die Reaktion der Rezipienten auf die Hintergrundberichterstattung während der Spiele als Indikator für den generellen Umgang mit den Schattenseiten und positiven Aspekten eines solchen Großereignisses steht. Aus früheren empirischen Untersuchungen zur deutschen Berichterstattung über Olympische Spiele ist bekannt, dass bestimmte Themen (Kultur des Gastgeberlandes, touristische Attraktionen sowie die Vorbereitungen und Erfahrungen der Athleten) eine bedeutende Rolle im Programmablauf spielen (GEESE/GERHARD 2012; GSCHEIDLE/GERHARD 2016; STEINBRECHER 2009). Dementsprechend haben wir die Teilnehmer unserer Umfrage nach ihrer Präferenz für diese Inhalte gefragt. Darüber hinaus verweisen wir auf die spezifischen negativen Facetten rund um die Wettbewerbe in Rio.

2. Methode

2.1 Methodischer Ansatz und Forschungsdesign

Um unser Forschungsinteresse zu adressieren, haben wir ein Conjoint-Experiment innerhalb einer Online-Befragung durchgeführt. Im Folgenden erklären wir schrittweise die Logik und das Vorgehen einer Conjoint-Analyse und illustrieren jeden dieser Schritte anhand der konkreten Umsetzung in unserer Studie.

In dem Experiment mussten die Befragten spezifische Hintergrundberichterstattungsszenarien über die positiven und negativen Facetten der Olympischen Spiele in Rio bewerten. Ein solches Design ermöglicht es, die Themenzusammensetzung der verschiedenen Szenarien zufällig zu variieren, um zu überprüfen, wie diese Variationen sich auf die Bewertung der Berichterstattung durch das Publikum auswirken. Ihren Ursprung hat die Conjoint-Analyse in der Marketingforschung zur Ermittlung von Verbraucherpräferenzen. In den Sozialwissenschaften und vor allem in der Kommunikationswissenschaft sind Conjoint-Analysen nur selten angewandt worden (GUSTAFSSON/HERRMANN/HUBER 2007). Einige wenige Studien haben diese Methode dennoch verfolgt, um Präferenzen von Befragten zu ermitteln, beispielsweise in Bezug auf die Ausgestaltung von

FELIX FLEMMING / PERO DOSENOVIC / FRANK MARCINKOWSKI / MARCO LÜNICH / CHRISTOPHER STARKE

Politikprogrammen (HAINMUELLER/HOPKINS/YAMAMOTO 2014) oder die Bewertung von Kandidaten in Wahlkämpfen (FRANCHINO/ZUCCHINI 2015). Im Gegensatz zu der konventionellen Vorgehensweise, die Befragten nach ihren Vorlieben zu fragen, indem sie einfach einzelne Items bewerten oder die wichtigsten auswählen, müssen die Teilnehmer bei einer Conjoint-Analyse die zusammengesetzten Gesamtkompositionen (eine Zusammenstellung verschiedener *Attribute*) vergleichen und bewerten (CONsider JOINTly) (GREEN/KRIEGER/WIND 2001). Dabei werden die Teilnehmer stärker an ein realistischeres Setting herangeführt, weil sie nur so berücksichtigen können, dass ein Mehr an Berichterstattung über ein bestimmtes Thema automatisch ein Weniger an Berichterstattung über ein anderes Thema nach sich zieht, da die Fernsehübertragungszeit begrenzt ist. In unserer Studie sind diese Attribute unterschiedliche Themen rund um die Olympischen Spiele und ihr jeweiliger Anteil an der Medienberichterstattung durch ARD und ZDF. Studien über die deutsche Olympia-Berichterstattung zeigen, dass ARD und ZDF Live-Sportwettkämpfe in einem Umfang von etwa drei Viertel ihrer gesamten Sendezeit ausstrahlen. Das andere Viertel wird mit verschiedenen Hintergrundinformationen über die Athleten, das Gastland, die Gastgeberstadt oder andere wichtige Aspekte der Wettkämpfe ergänzt (GEESE/GERHARD 2012; GSCHEIDLE/GERHARD 2016; STEINBRECHER 2009).

Die Messung der individuellen Programmpräferenzen für die Fernsehberichterstattung der Olympischen Spiele 2016 nehmen wir anhand von fünf Themen vor (vgl. in diesem Band auch STARKE et al.). Wie einleitend schon dargestellt, sind drei Themenkomplexe für die negativen Facetten im Rahmen von Rio 2016 relevant: (1) *Doping*, (2) *globale Sportpolitik* und die (3) *politische und wirtschaftliche Krise in Brasilien*. Das Interesse an diesen Themen könnte auf die Bereitschaft hindeuten, sich mit der Komplexität dieses Sportgroßereignisses auseinanderzusetzen. Im Gegensatz dazu bieten die Olympischen Spiele ebenso die Plattform für positive Aspekte und schöne Facetten der Sportwelt, abgesehen von den spannenden Wettbewerben. Erstens kann die Hintergrundberichterstattung das (4) *Privatleben und die Freizeitgestaltung der nationalen Athleten und ihre Vorbereitungen auf die Wettkämpfe* ausführlich begleiten. Zudem sind die Olympischen Spiele nicht nur eine Sportveranstaltung, sondern auch eine große Chance für die Gastgeberländer, sich für Tourismus und Wirtschaftsinvestitionen zu bewerben. Der Journalismus könnte dieses Interesse aufgreifen, indem er dem Fernsehpublikum ein Verständnis für das (5) *Gastgeberland, seine Menschen, die Kultur, Landschaft und Sehenswürdigkeiten* gibt. Eine starke Präferenz für Hintergrundberichte zu diesen letzten beiden Themenkomplexen könnte als ein Indikator fungieren, vor den unangenehmen, negativen Aspekten der Olympischen Spiele zu ›fliehen‹. Schließlich könnte die Präferenz für keinerlei Hintergrundberichterstattung ein Hinweis darauf sein, alle ereignisbezogenen Themen außer den Sportwettbewerben bewusst ignorieren zu wollen.

Auf Basis dieser Spezifikationen wurde unser Szenario den Teilnehmern im Rahmen einer simulierten Programmplanung von ARD und ZDF vorgestellt. Nachdem sich die Probanden mit dem Szenario und den verschiedenen Themenbereichen vertraut gemacht hatten, begann das Conjoint-Experiment. Dazu wurden den Befragten 18 verschiedene Karten nacheinander vorgestellt (eine Beispielkarte ist in Abb. 1 zu finden). Auf jeder Karte wurden die fünf Themenbereiche (die Literatur zur Conjoint-Analyse nennt diese *Attribute*) entweder mit einem Anteil von 0 Prozent, 5 Prozent oder 10 Prozent der Gesamtberichterstattung platziert. Die Prozentangaben markieren unsere *Attributniveaus*. Bei der Auswahl der drei Prozentwerte haben wir den Anteil von einem Viertel für Hintergrundberichte in Relation zur gesamten Übertragungszeit berücksichtigt. Im unteren Bereich auf jeder Programmszenariokarte wurden die Probanden darüber informiert, wie viel Zeit entsprechend der Anteile der Hintergrundberichte dann noch für die Live-Sendungen der Sportwettkämpfe übrigbleiben würde (von 50 bis zu 100 Prozent der gesamten Übertragungszeit). So steht jede der 18 Karten für ein Berichterstattungsszenario. Alle 18 Karten mussten auf einer 6-Punkt-Likert-Skala bewertet werden.

ABBILDUNG 1
Beispielkarte Conjoint-Experiment

Themen von Rio 2016	Anteil an der TV-Berichterstattung
Doping in der Sportwelt	5%
Korruption und Kommerzialisierung im Weltsport	0%
Die deutschen Athleten in Rio de Janeiro	10%
Land und Leute: Die bunten Seiten Brasiliens	10%
Politische Krise Brasiliens	5%
Übertragung der sportlichen Wettkämpfe	70%

FELIX FLEMMING / PERO DOSENOVIC / FRANK MARCINKOWSKI /
MARCO LÜNICH / CHRISTOPHER STARKE

Mit Conjoint-Analysen kann herausgefunden werden, welche Wirkung ein Attribut auf die Bewertung eines Produkts (d. h., in dieser Studie die Zusammensetzungen der Hintergrundberichterstattung) hat und wie wichtig ein Attribut für die Bewertung dieses Produkts ist. Es geht also – grob formuliert – um individuelle Nutzenvorstellungen. Die empirische Analyse wird auf der Grundlage von zwei statistischen Begriffen durchgeführt: der *Teilnutzenwert* (attribute utility value) und die *relative Wichtigkeit des Attributs* für die Entscheidungsfindung (attribute importance level). Der Teilnutzenwert gibt dabei an, wie jedes Attribut die Bewertung beeinflusst (BACKHAUS et al. 2010). Die Ergebnisse einer Conjoint-Analyse werden in der Regel auf aggregierter Ebene interpretiert. Allerdings können die Teilnutzenwerte auch auf individueller Ebene extrahiert und analysiert werden.

Fünf Attribute, die mit drei verschiedenen Attributniveaus kombiniert werden, führen zu insgesamt 243 verschiedenen Programmkompositionen (3^5), die aus offensichtlichen Gründen nicht alle von den Befragten bewertet werden können. Um diese Schwierigkeit zu umgehen, ist es empfehlenswert, reduzierte Designs anzuwenden, die auf dem Prinzip der Orthogonalität, also der maximalen Unabhängigkeit der einzelnen Attribute, basiert (ADDELMAN 1962). Mit SPSS kann ein orthogonales Design berechnet werden, das es uns ermöglicht, eine viel kleinere Anzahl von Attributkompositionen (in unserem Fall 18 Szenarien) zu testen. Aufgrund dieser Bewertungen ist es möglich, für jedes einzelne Attribut, ebenso wie für gesamte Kompositionen, spezifische Nutzenwerte zu berechnen. Da das Ziel unserer Studie nicht nur darin besteht, unterschiedliche Reaktionen auf die positiven und negativen Facetten der Olympischen Spiele 2016 zu beschreiben, sondern auch die Zielgruppensegmente, die diese Muster anwenden, zu charakterisieren, haben wir außerdem mehrere Variablen auf individueller Ebene gesammelt.

Eine davon war die *Nutzungsabsicht der Olympia-Live-Berichterstattung*. Um beurteilen zu können, wer ein potenzieller Zuschauer der Fernsehberichterstattung von Rio 2016 ist, haben wir die Befragten auf einer 5-Punkte-Skala (1 =»nie«, 5 =»sehr oft/fast täglich«) gefragt, wie oft sie die Olympiasendungen bei ARD und ZDF verfolgen werden ($M = 3.15$; $SD = 1.20$). Zudem interessierte uns, wie stark sich die Befragten für Sport interessieren. Gemessen wurde dies mit drei Variablen: Zunächst über das *allgemeine Interesse an Sport*, welches wir auf einer 5-Punkte-Likert-Skala abgefragt haben (1 =»gar nicht«, 5 =»sehr viel«; $M = 3.43$; $SD = 1.25$). Ergänzt wurde das Interesse um die *sportbezogene Mediennutzung*, die wir mit 4 Items (Fernsehen, Zeitungen,

Radio, Internet) ebenfalls auf einer 5-Punkte-Likert-Skala abgefragt haben (1=»gar nicht«, 5=»sehr oft/fast täglich«). Die Mediennutzung wurde in einem Mittelwertindex als *Sportmediennutzung* verrechnet (α=.879; M=2.59; SD=1.03). Wir haben die Teilnehmer auch aufgefordert, anzugeben, wie oft sie sportlich aktiv sind (*sportliche Aktivität*) auf einer weiteren 5-Punkte-Likert-Skala (1=»gar nicht«, 5=»sehr oft/fast täglich«; M=3.02; SD=1.25).

Weiter gingen wir davon aus, dass auch politisches Interesse einen Einfluss auf die Bereitschaft hat, sich mit Hintergrundberichten – insbesondere gesellschaftlich und politisch relevanten Beiträgen – zu beschäftigen. Hierzu verwendeten wir zwei Indizes: *Politisches Interesse* wurde auf einer 5-Punkte-Skala mit drei Variablen gemessen (Interesse an deutscher, europäischer und außereuropäischer/internationaler Politik) sowie in einem Index verrechnet (α=.916; M=3.35; SD=.99). Außerdem wurde die *politische Mediennutzung* in Anlehnung an die Sportmediennutzung mit vier Items gemessen (α=.757; M=3.41; SD=.93).

Und schließlich haben wir noch soziodemografische Daten erhoben. Die Befragten nannten ihr *Alter* (M=44.6; SD=15.2), ihr *Geschlecht* (51 % männlich) und ihren *höchsten Bildungsabschluss*. Die Hälfte unserer Stichprobe gab an, mindestens Abitur oder einen höheren Abschluss zu haben.

2.2   Stichprobe und Datenmanagement

Die Daten für unsere Studie stammen aus einer Online-Umfrage, die am 22. Juli 2016, also gut zwei Wochen vor dem Start der Olympischen Spiele in Rio de Janeiro ins Feld ging, und am 28. Juli 2016 endete. Die Teilnehmer wurden über die Marktforschungsgesellschaft Respondi AG rekrutiert. Unter Verwendung einer Multi-Channel-Methode und der Rekrutierung on- wie offline enthält das ISO-zertifizierte Access-Panel etwa 100.000 potenzielle Teilnehmer (RESPONDI 2016). Der Fragebogen wurde mit der Software oFb eingerichtet und von SoSci Survey gehostet. Die Grundgesamtheit bestand aus allen Fernsehzuschauern, die mindestens 18 Jahre alt waren. Teilnehmer, die kundtaten, dass sie nicht fernsehen würden, wurden für die Stichprobe nicht berücksichtigt. Um fast annähernd gleiche Gruppengrößen zu gewährleisten, wurde nach Geschlecht (50:50) und vier Altersgruppen (18-29, 30-45, 46-55, 56+) quotiert. Damit haben wir die übliche Verzerrung von rein selbstrekrutierten Online-Samples adressiert und uns um eine möglichst heterogene Stichprobe in Bezug auf Alter und Geschlecht bemüht. Allerdings kann die

Stichprobe keine Repräsentativität der deutschen Bevölkerung beanspruchen. Der finale Datensatz enthielt insgesamt 289 Interviews, sofern nicht anders angegeben. Teilnehmer, die das Conjoint-Experiment, also die Bewertung der Berichterstattungsszenarien, nicht korrekt durchlaufen haben, und die Befragten, die weniger als 3 Minuten für die gesamte Umfrage benötigten, sind ausgeschlossen worden, sodass sich auch die Quotierung leicht verändert hat. Alle statistischen Analysen wurden mit IBM SPSS Statistics 23 und dem Conjoint-Modul innerhalb von IBM SPSS Statistics durchgeführt.

3. Ergebnisse

3.1 *Präferenz für Berichterstattung über die prekären Umstände von Rio 2016*

Im ersten Schritt der Analyse sollen die Präferenzen des deutschen Fernsehpublikums für verschiedene Berichterstattungsinhalte zu den Olympischen Spielen 2016 untersucht werden. Auf individueller Basis wird gemessen, inwiefern eine bestimmte Zusammensetzung von Berichterstattungsinhalten – die oben genannten fünf Attribute – auf Zustimmung oder Ablehnung bei den Befragten stößt. Diese Antworten können gleichermaßen als Hinweis dafür genommen werden, wie die Thematisierung problematischer Umstände in der Olympia- Berichterstattung individuell beurteilt wird. Die Ergebnisse der Conjoint-Analyse für die gesamte Stichprobe sind in Tabelle 1 dargestellt. Die fünf verschiedenen Themen zu den positiven und negativen Facetten der Olympischen Spiele in Rio beeinflussen die Bewertung bestimmter Berichterstattungsszenarien zu gleichen Teilen. Das ist anhand der Wichtigkeitswerte ablesbar, die sich alle um rund 20 Prozent bewegen – von 19 Prozent für die globale Sportpolitik bis zu 21 Prozent für das Thema Doping. Keines der Themen scheint bei der Beurteilung also hervorzustechen. Die Teilnutzenwerte bestätigen dies ebenfalls. Beispielsweise führt ein etwas größerer Anteil an globaler Sportpolitik zu einer minimal geringeren Zufriedenheit: Wird ein Prozent mehr über globale Sportpolitik berichtet, so ist mit einer Abnahme von 0.009 auf einer 6-Punkte-Likert-Skala bei der Zufriedenheitsbewertung zu rechnen. Bei zehn Prozent mehr, macht dies weniger als ein Hundertstelpunkt Abnahme aus. Für die anderen vier Themenkomplexe sind ähnliche Ergebnisse zu beobachten, sodass für die Gesamtpopulation keine richtungsweisende Aussage zu treffen ist.

Eine Reichweite von über 60 Prozent bei Olympischen Spielen im Fernsehen deutet bereits darauf hin, dass das Publikum von Sportgroßereignissen eher heterogen ist und nicht nur aus reinen Sport-Enthusiasten zusammengesetzt ist. Vielmehr ist davon auszugehen, dass sich im gesamten Publikum verschiedene Interessenlagen wiederfinden. Aus diesem Grund bietet sich der Blick auf verschiedene Teilsegmente des Publikums hinsichtlich ihrer Präferenzen an. Hierfür führen wir eine Clusteranalyse nach k-Means-Algorithmus auf Basis der einzelnen Teilnutzenwerte durch.[1] Die Clusteranalyse ist ein statistisches Verfahren zur Entdeckung von Befragtengruppen mit ähnlichen Merkmalen. In unserem Fall beruht die Ähnlichkeit auf der Präferenz für verschiedene Programminhalte, die wir ihrerseits als Indikatoren für den individuellen Umgang mit den belastenden Begleitumständen der Olympischen Spiele von Rio 2016 ansehen. Die Clusteranalyse ergibt drei Publikumsgruppen, die aufgrund der statistisch eindeutig unterschiedlichen Präferenzmuster für einen jeweils typischen Umgang mit den prekären Umständen der Olympischen Spiele von Rio stehen.

TABELLE 1
Nutzenwerte und Wichtigkeit der fünf Issues zu Rio 2016

	Gesamt	Sportpuristen	Eskapisten	Informationssuchende
	(n = 289)	(n = 79)	(n = 121)	(n = 89)
Doping	.001 (21.0%)	-.076 (20.1%)	-.017 (19.2%)	.095 (24.3%)
globale Sportpolitik	-.009 (19.0%)	-.077 (20.4%)	-.021 (17.4%)	.070 (19.8%)
Krise Brasiliens	-.001 (19.9%)	-.081 (20.5%)	-.009 (17.2%)	.079 (23.3%)
Land, Leute und Kultur	.016 (20.2%)	-.073 (19.8%)	.044 (20.9%)	.058 (19.4%)
Privates der Athleten	.014 (20.0%)	-.068 (19.1%)	.066 (25.3%)	.016 (13.2%)

Anmerkung: Conjoint-Analyse für die Gesamtstichprobe und die geclusterten Segmente der Stichprobe. Clusteranalyse nach k-Means-Algorithmus auf Basis der einzelnen Teilnutzenwerte. Wichtigkeitswert für das Attribut in Klammern.

---

[1] Verschiedene akkumulative und divisive Methoden der Clusteranalyse führten zu ähnlichen Ergebnissen; das k-Means-Clusterverfahren mit drei Clustern eignet sich besonders, was an zufriedenstellenden PRE-Maßen (zwischen $\eta^2 = .38$ und $\eta^2 = .52$) abzulesen ist.

Die erste von uns identifizierte Gruppe beschreibt eine Präferenz, die in Anlehnung an die theoretische Herleitung möglicher Strategien mit Ignoranz übersetzt werden kann. Das Präferenzmuster zeichnet sich durch eine deutliche Ablehnung jeglicher Hintergrund- und eine Zustimmung zu reiner Live-Wettkampfberichterstattung aus. Alle fünf abgefragten Themenkomplexe führen zu einem deutlichen Rückgang des Gefallens der Befragten (zwischen $b = .068$ und $b = -.081$), unabhängig von ihrer tatsächlichen Wertigkeit. Dies bedeutet, dass je 10 Prozent mehr Berichterstattung über eines der Themen die Zustimmung auf einer 6-Punkte-Likert-Skala zwischen 0.68 und 0.81 abnimmt. Betrachtet man die Wichtigkeitswerte, hebt sich keines der Themen als besonders relevant in der Bewertung der Berichterstattungsmuster hervor, weil ja keinerlei Berichterstattungsinhalt abseits des Live-Sports favorisiert wird. Diese Gruppe bezeichnen wir als *Sportpuristen*.

Das zweite Publikumssegment stellen die sogenannten *Eskapisten* dar. Sie zeichnen sich durch eine Bevorzugung positiv-unterhaltender Themen aus. So führen Land und Leute ($b = .044$) sowie das Privatleben der Athleten ($b = .066$) zu höheren Zustimmungswerten. Letzterer Themenkomplex ist für die Bewertung wichtiger (25,3 %) als alle anderen vier Themen (von 17,2 % bis 20,9 %). Im Gegensatz zu den positiv-unterhaltenden Themen führt ein Mehr an Berichterstattung über die prekären Umstände zu einem größeren Missfallen in dieser Publikumsgruppe. Befragte, deren Strategie eher mit Eskapismus zu bezeichnen ist, neigen folglich dazu, negative Aspekte rund um die Olympischen Spiele zu vermeiden und sich stattdessen auf zusätzliche »Soft News« zu den Athleten wie auch auf die kulturellen Hintergründe zu konzentrieren. Sie entfliehen förmlich den prekären Umständen, indem sie sich den vermeintlich schönen Seiten von Rio 2016 widmen wollen.

Die dritte Publikumsgruppe neigt zu einer aktiven Konfrontation mit den Schattenseiten rund um die Olympischen Spiele 2016. Sie sind die sogenannten *Informationssuchenden*. Unsere Daten zeigen, dass die Befragten in diesem Segment in der Regel mehr Berichterstattung über alle fünf Themen unterstützen. Insbesondere Doping ($b = .095$), die politische Krise in Brasilien ($b = .079$), die globale Sportpolitik ($b = .070$) und die Berichterstattung über Menschen, Kultur und Landschaft ($b = .058$) führen zu einem größeren Gefallen. Das Privatleben der Athleten scheint im Vergleich weniger wichtig für diese Gruppe zu sein, was sich in einem deutlich geringeren Wichtigkeitswert (13,2 %) niederschlägt.

Was heißen diese Teilnutzenwerte für die Bewertung verschiedener Programmzusammensetzungen? Wie wäre die tatsächliche Zusammensetzung der Olympia-Berichterstattung von den unterschiedlichen Gruppen bewertet worden, hätte man das persönliche Gefallen nach dem Ereignis abgefragt? Die Conjoint-Analyse bietet die Möglichkeit basierend auf dem Antwortverhalten der einzelnen Befragten die Zustimmung zu sämtlichen denkbaren Szenarien zu berechnen. In Tabelle 2 sind die errechneten Bewertungen verschiedener Zusammensetzungen dargestellt. An dieser Stelle sind Extremfälle ausgewählt worden, bei denen die Auswirkungen der Präferenzen der drei Zuschauergruppen für einzelne Programminhalte auf die Bewertung der Programmzusammensetzung am deutlichsten veranschaulicht werden können.

Am größten fallen die Unterschiede zwischen den drei Gruppen bei den Extrempräferenzen »keine Rahmenberichterstattung« und »maximale Rahmenberichterstattung« aus. Während erstere von den Sportpuristen auf der 6-Punkte-Skala mit 5 bewertet würde, läge die Bewertung der Informationssuchenden nahezu am untersten Ende der Skala, nämlich bei 1.34. Das genaue Gegenteil ist für eine Programmkomposition zu beobachten, bei der Rahmenberichterstattung die Hälfte der gesamten Olympiaprogramms in Anspruch nehmen würde.

Konzentrierte sich die Hintergrundberichterstattung lediglich auf positive oder negative Aspekte, so ist überraschenderweise kaum ein Unterschied zwischen Sportpuristen und Eskapisten zu erwarten. Auch wenn beide Gruppen unterschiedliche Präferenzen für einzelne Aspekte der Rahmenberichterstattung aufweisen (s. Tab. 1), zeigt sich mit Blick auf die gesamte Programmzusammensetzung kein signifikanter Unterschied. Dieser ist hingegen im Vergleich zu den Informationssuchenden für beide Gruppen vorhanden.

Starke et al. haben in diesem Band gezeigt, wie sich die tatsächliche Zusammensetzung des Olympiaprogramms von ARD und ZDF für Rio 2016 darstellte. Zuvor entwickelten sie die These, dass sich die Programmgestalter neben ihrem öffentlich-rechtlichen Auftrag an der vermuteten Zuschauererwartung orientieren. Mit Hilfe der Conjoint-Analyse können wir nun prüfen, ob und inwieweit die journalistische Hypothese über Zuschauerpräferenzen, soweit sie im gesendeten Programm zum Ausdruck kommt, mit der tatsächlichen Präferenzstruktur des Olympiapublikums, soweit sie im Conjoint-Experiment zum Ausdruck kommt, übereinstimmt. Über die gesamte Stichprobe und somit das Gesamtpublikum hinweg ergäbe sich eine Zustimmung von 3.09 auf der 6-Punkte-Skala. Der Befund für die drei Zuschauertypen zeigt, dass die von Starke et al. identifizierte

Komposition vom Publikum durchaus unterschiedlich bewertet werden dürfte. Während Sportpuristen mit 4.35 deutlich über dem Skalenmittelwert liegen, bewegen sich Eskapisten in ihrer Bewertung nahe an selbigem. Informationssuchende kämen vermutlich nicht über eine Bewertung von 2 hinaus. Das heterogene Publikum von olympischen Spielen im Fernsehen führt folglich dazu, dass die öffentlich-rechtlichen Sender wohl kaum den Präferenzen des ganzen Publikums entsprechen können.

TABELLE 2
Bewertung extremer Conjoint-Szenarien und der tatsächlichen Zusammensetzung des Olympia-Programms

	Sportpuristen	Eskapisten	Informationssuchende	F	η^2
keine Rahmenberichterstattung (Alle Attribute bei 0%)[1]	5,05[a,b] (1,05)	2,90[a,c] (1,24)	1,34[b,c] (0,95)	266,984***	.790
maximale Rahmenberichterstattung (Alle Attribute bei 10%)[1]	1,30[a,b] (1,29)	3,52[a,c] (1,03)	4,51[b,c] (1,09)	237,679***	.745
nur positive Rahmenberichterstattung	3,64[a] (1,21)	3,99[b] (1,13)	2,07[a,b] (1,16)	74,379***	.585
nur negative Rahmenberichterstattung[1]	2,71[a] (1,12)	2,42[b] (1,27)	3,77[a,b] (1,03)	276,754***	.450
tatsächliche Zusammensetzung Olympia Berichterstattung[1,2]	4,35[a,b] (0,96)	3,14[a,c] (1,07)	1,86[b,c] (0,79)	269,499***	.681
$n =$	79	121	89		

Anmerkung: Univariate ANOVA. Standardabweichung in Klammern. Mittelwerte mit gleichen Kennzeichnungen (a, b, c) in einer Reihe, sind auf einem $p<.05$-Niveau nach dem Scheffé-Posthoc-Test signifikant voneinander unterschiedlich.
Die Bewertung der Programmzusammensetzungen erfolgte auf einer 6-Punkte-Skala zu der Frage »Wie gut gefällt Ihnen persönlich die vorgeschlagene Zusammensetzung? 1 bedeutet gar nicht gut und 6 bedeutet sehr gut«.
[1] Aufgrund mangelnder Varianzhomogenität wurde der Brown-Forsyth-Test durchgeführt.
[2] Für die Angaben der tatsächlichen Zusammensetzung wurden die extrapolierten Werte aus der Inhaltsanalyse von Starke et al. aus diesem Band verwendet und gerundet: Doping = 1,5 %; Globale Sportpolitik = 1 %; Krise Brasilien = 1,5 %; Land und Leute = 2,5 %; Privates = 3,0 %.
* $p<.05$, ** $p<.01$, *** $p<.001$.

3.2 Soziodemografie und Eigenschaften der drei Publikumsgruppen

Unsere zweite Forschungsfrage sucht nach Erklärungen für die unterschiedlichen Publikumsgruppen: Warum bevorzugt Person A ein bestimmtes Berichterstattungsmuster eher als Person B? Um dies beantworten zu können, wurden neben der Conjoint-Analyse zusätzlich mehrere Variablen auf individueller Ebene erhoben (z. B. Soziodemografie, Nutzungsabsicht der Olympiaübertragungen, Sportinteresse sowie politisches Interesse). Die Ergebnisse einer univariaten ANOVA sind in Tabelle 3 dargestellt.

Leichte Unterschiede zwischen den drei Zielgruppensegmenten sind bereits im Hinblick auf die Soziodemografie festzustellen. So neigen insbesondere jüngere Befragte und diejenigen mit höherer Schulbildung zu einer größeren Auseinandersetzung mit allen Themen rund um die Olympischen Spiele 2016 in Rio. Ignoranz der Hintergründe wird in erster Linie von männlichen Zuschauern (62 %) bevorzugt, während Eskapismus und bewusste Konfrontation zu etwa gleichen Teilen als Reaktionsmuster beider Geschlechter zu bezeichnen ist. Diese Unterschiede sind allerdings auf einem 5-prozentiges Signifikanzniveau nicht signifikant. Auch die generelle Neigung zu privatem oder öffentlich-rechtlichem Fernsehen führt zu keinen überzufälligen Unterschieden.

Anders sieht das bei der Nutzungsabsicht der Olympiaübertragungen aus. Sie unterscheidet sich signifikant zwischen den Zuschauern, die die Konfrontationsstrategie bevorzugen, und denjenigen, die die Schattenseiten eher ignorieren oder ihnen entgehen möchten ($F(2, 286) = 9.728$, $p < 0.001$). Bei Letzteren ist die Wahrscheinlichkeit, die olympischen Spiele zu schauen deutlich höher (Sportpuristen: $M = 3.43$; $SD = 1.22$, Eskapisten: $M = 3.30$; $SD = 1.15$) als bei denjenigen, die die Konfrontation mit den Schattenseiten suchen ($M = 2.70$; $SD = 1.13$).

Für das allgemeine Sportinteresse ($F(2, 288) = 16.044$, $p < .001$) sowie die Sportmediennutzung ($F(2, 288) = 4.914$, $p < 0.01$) kann genau der identische Zusammenhang gefunden werden. Es unterscheidet sich signifikant zwischen allen Publikumsgruppen, wobei gilt, dass je größer das Interesse an Sport, desto weniger die Thematisierung irgendwelcher Hintergründe abseits des Sports präferiert wird. Sportbegeisterte fokussieren sich am liebsten ausschließlich auf die Sportwettkämpfe und blenden problematischen Themen, die den angeblichen Ruhm und Stellenwert des Ereignisses verdunkeln könnten, aus. Die allgemeine Sportmediennutzung unterscheidet sich dabei signifikant zwischen jenen, die die prekären Umstände ignorieren, und denjenigen, die es vorziehen, mit ihnen konfrontiert zu werden. Sportpuristen nutzen Sportmedien stärker in ihrem Alltag als die Informationssuchenden. Überraschenderweise geht politisches Interesse nicht mit einem größeren Interesse an Hintergründen einher. Wir können weder einen signifikanten Unterschied im politischen Interesse noch in der politischen Mediennutzung zwischen den drei Publikumsgruppen beobachten. Somit scheinen auch die politisch gebildeten und interessierten Befragten ihre Augen vor den prekären Umständen von Rio 2016 zu verschließen, wenn sie ein großes Sportinteresse aufweisen.

TABELLE 3
Charakteristika der Publikumssegmente

	Sport-puristen	Eska-pisten	Informations-suchende	F	η^2
Geschlecht: Anteil männlicher Befragter (in %)[1]	.62 (.49)	.45 (.50)	.51 (.50)	2.935	.020
Alter	47.5 (16.2)	44.2 (15.1)	42.5 (14.3)	2.309	.016
Bildung: Anteil hoch gebildeter Befragter (in %)	.53 (.50)	.43 (.50)	.57 (.50)	2.313	.016
Nutzungsabsicht Olympia im TV (Skala 1-5)	3.43[a] (1.22)	3.30[b] (1.15)	2.70[a,b] (1.13)	9.728 ***	.064
generelles Sportinteresse (Skala 1-5)	3.97[a,b] (1.06)	3.45[a,c] (1.20)	2.93[b,c] (1.28)	16.044 ***	.101
Nutzung Sportmedien (Index 1-5)	2.82[a] (.94)	2.64 (1.02)	2.33[a] (1.07)	11.354 ***	.028
Aktives Sporttreiben (Skala 1-5)	3.10 (1.29)	2.96 (1.29)	3.02 (1.19)	.309	.002
Politisches Interesse (Index 1-5)	3.30 (.98)	3.24 (1.05)	3.56 (.89)	2.911	.020
Politische Mediennutzung (Index 1-5)	3.40 (.92)	3.30 (.99)	3.56 (.84)	1.930	.013
n =	79	121	89		

Anmerkung: Univariate ANOVA. * $p<.05$, ** $p<.01$, *** $p<.001$. Standardabweichung in Klammern. Mittelwerte mit gleichen Kennzeichnungen (a, b, c) in einer Reihe, sind auf einem $p<.05$-Niveau nach dem Scheffé-Posthoc-Test signifikant voneinander unterschiedlich.
[1] Aufgrund mangelnder Varianzhomogenität wurde der Brown-Forsyth-Test durchgeführt.

4. Diskussion

Das Publikum globaler Sportgroßereignisse ist immer mehr einem Dilemma ausgeliefert. Einerseits freuen sich Sportfans weltweit auf die Übertragungen spannender und unterhaltsamer sportlicher Wettkämpfe, andererseits sind sie sich aber auch der prekären Umstände in den Ausrichterländern sowie in der globalen Sportwelt bewusst. Wir gehen davon aus, dass dieser Umstand direkte Konsequenzen für das Rezeptionsverhalten von Übertragungen der Sportgroßereignisse haben könnte. Angesichts der Heterogenität des medialen Publikums von beispielsweise Olympischen Spielen erwarten wir außerdem, dass diesem Dilemma auf unterschiedliche Weise begegnet werden kann. Mithilfe unseres Conjoint-Experiments konnten wir zumindest für die Olympischen Spiele 2016 in Rio de Janeiro zeigen, dass das Publikum nicht gleichförmig auf diese Umstände reagiert. Stattdessen hat unsere statistische Analyse erste substanzielle Hinweise auf drei mögliche Strategien hervorgebracht: Die Verweigerung jeglicher Hintergrundinformationen (Sportpuristen), das Ignorieren negativer Themen und Konzentration auf positive Aspekte der Olympischen Spiele (Eskapisten) sowie die bewusste Konfrontation und Auseinandersetzung mit allen positiven wie negativen Facetten rund um Rio 2016 (Informationssuchende). Mit Daten aus einer nicht repräsentativen Umfrage können wir den genauen Anteil jeder Gruppe im deutschen Fernsehpublikum nicht ausweisen. Es ist jedoch bemerkenswert, dass alle drei Muster in unserer Stichprobe ziemlich gleichmäßig verteilt sind, wobei die Eskapisten dominieren (etwa 40 %), während Sportpuristen und Informationssuchende etwa jeweils 30 Prozent der Befragten ausmachen. Das könnte vorläufig als Hinweis dafür genommen werden, dass die Kontaminierung von Sportgroßereignissen bereits zu einer Polarisierung des Medienpublikums geführt hat: Verschiedene Segmente des Publikums wünschen sich einen unterschiedlichen Umgang des Journalismus mit den Hintergründen von Sportgroßereignissen, was bei zu positiver oder zu negativer Berichterstattung zu deutlichen Unterschieden in der Zufriedenheit und im äußersten Fall sogar zu einer Abwendung von der Berichterstattung führen könnte. Der von Starke et al. (in diesem Band) attestierte Mittelweg, den die Programmgestalter gewählt haben, führt folgerichtig zu sehr unterschiedlichen Bewertungen der Berichterstattung bei Sportpuristen, Eskapisten und Informationssuchenden. Insbesondere letztere Gruppe könnte geneigt sein, einer nur mäßig reflektierten Berichterstattung über die Schattenseiten der

Spiele den Rücken zuzuwenden. Ebenso ist bei Sportpuristen und Eskapisten keine große Begeisterung zu erwarten, wenn über Doping, Klüngelei beim IOC oder soziale und politische Probleme in Brasilien berichtet wird. Wenn es nach dem Publikum geht, scheint die Verknüpfung von normativen gesellschaftlichen Ansprüchen an den öffentlich-rechtlichen Rundfunk mit den Präferenzen für die Zusammensetzung der Berichterstattung über Sportgroßereignisse unvereinbar – zumindest wenn der Anspruch besteht, die Präferenzen des gesamten Publikums zu berücksichtigen.

Es ist nicht überraschend, dass Sportinvolvement der wichtigste Faktor zur Erklärung möglicher Reaktionen des potenziellen Publikums auf problematische Sportgroßereignisse ist. Je größer das Interesse an Sport, Mannschaften oder Sportlern ist, desto mehr neigt das Publikum dazu, sich von kritischen Hintergrundinformationen abzuwenden und bewahrt sich damit die Illusion unbelasteter und positiv-unterhaltender Spiele. Auch Privates aus dem Leben der Sportler sowie Berichterstattung über Land und Leute – wenn auch eher als unterhaltsame Themen zu bezeichnen – werden von Sportpuristen ebenfalls abgelehnt. Insbesondere die Verdrängung der Dopingthematik ist bei diesen hochinteressierten, hochaktiven und höchst sportaffinen Zuschauern bemerkenswert: Trotz der Annahme, dass der Dopingmissbrauch im Sport bekannt und die grundsätzliche Idee und Logik des sportlichen Wettkampfs dadurch gefährdet ist, bevorzugen vor allem Sportbegeisterte ein Weg- anstatt ein Hinschauen. »Loyalität« statt »Abwendung« oder »Auseinandersetzung« scheint die bevorzugte Strategie bei deutschen Sportbegeisterten zu sein, wenn sie mit kontaminiertem olympischem Sport konfrontiert werden. Das Ignorieren jeglicher Bedrohung für den Sport scheint der Preis zu sein, den man bereit ist, zu zahlen.

Umgekehrt könnte man erwarten, dass politisch hochinteressierte Menschen konsequent die Thematisierung der kritischen Aspekte der Olympischen Spiele begrüßen würden. Die Befunde bestätigen diese Vermutung jedoch nicht. Tatsächlich unterscheidet sich das politische Interesse zwischen den unterschiedlichen Gruppen nur marginal. Die Sportbegeisterung kann dementsprechend auch bei politisch gut gebildeten Teilen des Publikums Ignoranz für auch politisch brisante Themen hervorrufen – zumindest während eines Sportgroßereignisses.

Nichtsdestotrotz zeigt die Studie, dass ein bemerkenswerter Anteil des Mediensportpublikums sich nicht nur mit den prekären Umständen auseinandersetzen möchte, sondern das Wissen um diese Umstände auch einen Einfluss auf die Nutzungswahrscheinlichkeit haben mag. Die Daten zeigen, dass die Absicht, die Olympischen Spiele im Fernsehen zu verfolgen (und vermutlich auch das Ausmaß der Nutzung), bei den Informationssuchenden im Vergleich zu den Sportpuristen deutlich niedriger ist. Man kann vermuten, dass der jeweilige Teil des deutschen Sportpublikums sich von solchen Sportübertragungen abwendet, wenn relevante Hintergründe nicht mehr journalistisch eingeordnet und zur Verfügung gestellt werden. In naher Zukunft kann dies tatsächlich eintreten: Die Olympischen Spiele 2018 bis 2024 werden lediglich bei den privaten Sendern EUROSPORT, DMAX sowie TLC und über kostenpflichtige Online-Angebote von EUROSPORT zu sehen sein – eine Sendergruppe, von denen eine umfangreiche Auseinandersetzung mit kritischen Themen wie Doping, Korruption und der Misswirtschaft von Sportgroßereignissen aufgrund eigener wirtschaftlicher Interessen kaum zu erwarten ist. Wie das Publikum sich in dieser Situation verhält, kann noch nicht gesagt werden. Es kann aber vermutet werden, dass ein wahrnehmbarer Teil sich von der Olympia-Berichterstattung und vom olympischen Sport abwenden könnte.

Mit den Ergebnissen dieser Studie konnten die Autoren einen der wenigen Beiträge in der Untersuchung des Mediensportpublikums und seine Reaktionen auf zunehmend problematische Umstände von Sportwelt und Sportgroßereignissen liefern, insbesondere durch den spezifischen Blick auf die Mediennutzung. Dabei bieten sich – oder vielleicht gerade deswegen – vielfältige Möglichkeiten für Anschlussforschungen. Die drei strategischen Nutzungsmuster, die im Hinblick auf die Rezeption festgestellt wurden, bedürfen einer tiefergehenden sowie von der Stichprobe breiter aufgestellten Forschung. Möglich wäre die Wiederholung der Studie auf Basis einer repräsentativen Stichprobe, mit der Aussagen über die tatsächliche Größe der jeweiligen Zuschauergruppen getroffen werden können. Berücksichtigt man die globale Bedeutung von Sportgroßereignissen, wie den Olympischen Spielen oder Fußballweltmeisterschaften, sind Erweiterungen des Forschungsdesigns auf andere Länder denkbar. Welchen Einfluss haben hier verschiedene Mediensysteme und Mediensozialisation sowie die Bedeutung des Sports in der Gesellschaft auf den Umgang mit den prekären Umständen sowie die Erwartungen an den Sportjournalismus? Ländervergleichende Studien wären in diesem Feld äußerst wünschenswert.

Die Olympischen Spiele 2016 stellten angesichts der einzigartigen Ansammlung und Breite problematischer Umstände im Sportsystem sowie im Ausrichterland ein äußerst geeignetes Untersuchungsobjekt dar. Die

Schattenseiten von Sportgroßereignissen werden aber sicherlich auch in Zukunft von größter Relevanz bleiben. Immer mehr Städte in demokratischen Ländern ziehen ihre Bewerbungen wegen zu hoher Kosten und großer Ablehnung in der Bevölkerung zurück. Die FIFA Fußballweltmeisterschaften 2018 und 2022 werden mit Russland und Katar in einem fragilen demokratischen bzw. einem autokratischen Staat stattfinden. Das Gleiche gilt für die 2019 stattfindenden European Games in Weißrussland oder die 2022 stattfindenden Olympischen Winterspiele in der chinesischen Stadt Peking, in der es nur äußerst selten schneit. Die Probleme dieser Sportgroßereignisse sind offensichtlich. Auch die Vorbereitungen für die Olympischen Sommerspiele 2020 in Tokio sind bereits durch zahlreiche Probleme und Fehlkalkulationen (Kosten bei über 26 Milliarden US-Dollar) gestört (ROBERTS/WHITING 2016). Weiter bleiben Unsicherheiten im Anti-Dopingkampf bestehen. Aus diesen allgemeinen Bemerkungen ergeben sich neue Fragen für die zukünftige Forschung über die Rezeption von Sportgroßereignissen in der Sportkommunikationsforschung: Inwiefern gefährdet der organisierte Spitzensport seine gesellschaftliche Relevanz durch das Schaffen und Verstärken neuer Schwierigkeiten im Rahmen von Sportgroßereignissen? Werden die prekären Begleitumstände im Spitzensport zu einer Abwendung oder gar Verdrossenheit gegenüber Sportgroßereignissen führen, so wie es bereits für die Politik oder Demokratie beobachtet werden kann (STROKER 2006)? Werden Sportbegeisterte und andere Teile des Publikums weiter Sportgroßereignisse zur Unterhaltung nutzen und sich nicht von den angesprochenen Problemen stören lassen oder nutzen sie solche Ereignisse ganz bewusst und gezielt, um über die prekären Begleitumstände informiert werden zu wollen? Diese Fragen sind Beleg dafür, dass eine weitere empirische Erforschung des Mediensportpublikums erforderlich sein wird.

Literatur

ADDELMAN, S. (1962). Orthogonal main-effect plans for asymmetrical factorial experiments. In: *Technometrics, 4*(1), S. 21-46.

BACKHAUS, K.; ERICHSON, B.; PLINKE, W.; WEIBER, R. (2011): *Multivariate Analysemethoden: Eine anwendungsorientierte Einführung* (13., überarb. Aufl.). Berlin: Springer.

BEAUDOIN, C. E.; THORSON, E. (2004). Testing the cognitive mediation model. The roles of news reliance and three gratifications sought. In: *Communication Research, 31*(4), S. 446-471.

BLUMLER, JAY; KATZ, ELIHU (Hrsg.) (1974): *The Uses of Mass Communications. Current Perspectives on Gratification Research.* Beverly Hills/London: Sage Publications.

BOYLE, R.; HAYNES, R. (2009). *Power play. Sport, the media and popular culture.* Edinburgh: Edinburgh University Press.

BRYANT, J.; RANEY, A. A. (2000). Sports on the screen. In: D. ZILLMANN; P. VORDERER (Hrsg.): *Media entertainment. The psychology of its appeal* (S. 153-174). Mahwah, NJ: Lawrence Erlbaum.

CHAPPELET, J.-L.; PARENT, M. M. (2015). The (wide) world of sports events. In: M. M. PARENT; J.-L. CHAPPELET (Hrsg.): *Routledge handbook of sports event management* (S. 1-17). London: Routledge.

CRAIG, P. (2016). *Sport sociology.* London: SAGE.

DONSBACH, W. (1991). *Medienwirkung trotz Selektion. Einflussfaktoren auf die Zuwendung zu Zeitungsinhalten.* Köln: Böhlau.

FLEMMING, F.; LÜNICH, M.; MARCINKOWSKI, F.; STARKE, C. (2016): Coping with dilemma. How German sport media users respond to sport mega events in autocratic countries. In: *International Review for the Sociology of Sport* [Online first], doi: 10.1177/1012690216638545

FRANCHINO, F.; ZUCCHINI, F. (2015). Voting in a multi-dimensional space: A conjoint analysis employing valence and ideology attributes of candidates. In: *Political Science Research and Methods, 3*(2), S. 221-241.

GALLUP (02. August 2016). *Americans' interest in watching Olympics tumbles to new low.* Abgerufen von http://www.gallup.com/poll/194117/americans-interest-watching-olympics-tumbles-new-low.aspx

GEESE, S.; GERHARD, H. (2012). Die Olympischen Spiele 2012 im Fernsehen. Nutzung und Bewertung durch die Zuschauer. In: *Media Perspektiven, 42*(11), S. 546-554.

GREEN, P. E.; KRIEGER, A. M.; WIND, Y. (2001). Thirty Years of Conjoint Analysis: Reflections and Prospects. In: *Interfaces, 31*(3), S. 68-70.

GSCHEIDLE, C.; GERHARD, H. (2016). Die Olympischen Spiele 2016 im Fernsehen. In: *Media Perspektiven, o. Jg.*(11), S. 549-556.

GUSTAFSSON, A.; HERRMANN, A.; HUBER, F. (2007). Conjoint analysis as an instrument of market research practice. In: A. GUSTAFSSON; A. HERRMANN; F. HUBER (Hrsg.): *Conjoint measurement. Methods and applications* (S. 3-30). Berlin: Springer.

HAINMUELLER, J.; HOPKINS, D. J.; YAMAMOTO, T. (2014). Causal inference in conjoint analysis: Understanding multidimensional choices via stated preference experiments. In: *Political Analysis, 22*, S. 1-30.

HENNING, B.; VORDERER, P. (2001). Psychological escapism. Predicting the amount of television viewing by need for cognition. In: *Journal of Communication, 51*, S. 100-120.

HORNE, J.; MANZENREITER, W. (2006). An introduction to the sociology of sports mega events. In: J. HORNE; W. MANZENREITER (Hrsg.): *Sports mega-events: social scientific analyses of a global phenomenon* (S. 1-24). Oxford: Blackwell.

KATZ, E.; FOULKES, D. (1962). On the use of the mass media as »escape«: Clarification of a concept. In: *Public Opinion Quarterly, 26*, S. 377-388.

KNOBLOCH-WESTERWICK, S. (2015). *Choice and preference in media use. Advances in selective exposure theory and research.* New York: Routledge.

MAENNIG, W.; ZIMBALIST, A. (2012). What is a mega sporting event? In: W. MAENNIG; A. ZIMBALIST (Hrsg.): *International handbook on the economics of mega sporting events* (S. 9-16). Cheltenham: Edward Elgar.

PORTER, V.; HASSELBACH, S. (2002). *Pluralism, politics, and the marketplace. The regulation of German broadcasting.* London/New York: Routledge.

RANEY, A. A. (2006). Why we watch and enjoy mediated sports. In: A. A. RANEY; J. BRYANT (Hrsg.): *Handbook of sports and media* (S. 313-329). Mahwah, NJ: Lawrence Erlbaum.

RESPONDI. (2016). *Panelbook*. Abgerufen von https://www.respondi.com/downloads

ROBERTS, D.; WHITING, R. (19. Februar 2016). *Are the 2020 Tokyo Olympics in trouble?*. Abgerufen von http://foreignpolicy.com/2016/02/19/are-the-2020-tokyo-olympics-in-trouble

ROWE, D.; MCKAY, J. (2012). Torchlight temptations. Hosting the Olympics and the global gaze. In: J. P. SUGDEN; A. TOMLINSON (Hrsg.): *Watching the Olympics. Politics, power and representation* (S. 122-137). London, New York: Routledge.

RUBIN, A. M. (2009). Uses-and-gratification perspective on media effects. In: J. BRYANT; M. B. OLIVER (Hrsg.): *Media effects: Advances in theory and research* (S. 165-184). New York: Routledge.

RUGGIERO, T. E. (2000). Uses and gratifications theory in the 21st century. In: *Mass Communication & Society, 3*, S. 3-37.

SCHALLHORN, C. (2017). *Kultivierung durch Sportgroßereignisse. Zum Einfluss der Medienberichterstattung über die Fußballweltmeisterschaft 2014 auf die Wahrnehmung des Gastgeberlandes Brasilien.* Köln: Herbert von Halem.

SCHALLHORN, C.; SCHRAMM, H. (2014). A men's world? – Die Rezeption der Fußballeuropameisterschaft 2012 im Fernsehen: Intensität und Entwicklung der Rezeptionsmotive von Frauen und Männern im Turnierverlauf. In: *Sport und Gesellschaft – Sport and Society, 11*(1), S. 34-51.

SCHRAMM, H.; KLIMMT, C. (2003). »Nach dem Spiel ist vor dem Spiel«. Die Rezeption der Fußball-Weltmeisterschaft 2002 im Fernsehen: Eine Panel-Studie zur Entwicklung von Rezeptionsmotiven im Turnierverlauf. In: *Medien & Kommunikationswissenschaft, 51*(1), S. 55-81.

SEARS, D. O.; FREEDMAN, J. L. (1967). Selective exposure to information: A critical review. In: *Public Opinion Quarterly, 31*(2), S. 194-213.

SEBASTIÃO, S. P.; LEMOS, A. I.; SOARES, I. (2016). The coverage of opposing events. Brazil's sporting mega-events preparation and the host community civil protests. In: B. MITU; S. POULAKIDAKOS (Hrsg.): *Media events. A critical contemporary approach* (S. 71-91). London/New York: Palgrave Macmillan.

STATISTA. (2016). *Dossier zu den Olympischen Sommerspielen in Rio de Janeiro 2016*. Abgerufen von https://de.statista.com/statistik/studie/id/32196/dokument/olympische-sommerspiele-2016-in-rio-de-janeiro-statista-dossier

STEINBRECHER, M. (2009). *Olympische Spiele und Fernsehen. Programmgestalter im Netz olympischer Abhängigkeiten?* Konstanz: UVK.

STROKER, G. (2006). Explaining political disenchantment: Finding pathways to democratic renewal. In: *The Political Quarterly, 77*(2), S. 184-194.

STROUD, N. (2008). Media use and political predispositions. Revisiting the concept of selective exposure. In: *Political Behavior, 30*(3), S. 341-366.

WANN, D. L. (1995). Preliminary validation of the sport fan motivation scale. In: *Journal of Sport and Social Issues, 19*, S. 377-396.

WENNER, L. A.; GANTZ, W. (1989). The audience experience with sports on television. In: L. A. WENNER (Hrsg.): *Media, sports, & society* (S. 241-269). Newbury Park, CA: Sage.

ZILLMANN, D.; BRYANT, J.; SAPOLSKY, B. S. (1989). Enjoyment from sports spectatorship. In: J. H. GOLDSTEIN (Hrsg.): *Sports, games, and play: Social and psychological viewpoints* (S. 241-278). Hillsdale, NJ: Lawrence Erlbaum.

ZIMBALIST, A. (2017). *Rio 2016: Olympic myths and hard realities*. Washington, DC: Brookings Institution Press.

ELKE KRONEWALD / THOMAS DÖBLER

Vom Außenseiter zum Spitzenreiter? Entwicklung der Medienberichterstattung über die Paralympischen Spiele zwischen 2000 und 2016

»2,5 Millionen Zuschauer, die größte je bei Paralympischen Spielen erlebte Kulisse, lassen sich mitreißen – mit fast noch mehr Begeisterung als bei den Spielen vor einem Monat. Die 80.000 Sitze des Olympiastadions sind bis zum letzten Tag ausverkauft, die feiernde Menge schwelgt in ihrem Enthusiasmus. Wobei die Enttäuschung bei denen, die keine Karten mehr bekommen haben, zu ungeahnter Einschaltquote bei CHANNEL 4 führt, der die Spiele 150 Stunden lang überträgt« (KIELINGER 2012). Die Paralympischen Spiele 2012 in London schienen alle Rekorde zu brechen: 4.200 Athleten, 166 Nationen, 2,7 Millionen verkaufte Eintrittskarten und deutlich ausgeweitete Fernsehübertragungen (*Spiegel Online* 2012).

Zu den Paralympischen Spielen in London 2012 hatte es sich vor allem der britische Fernsehsender CHANNEL 4 zur Aufgabe gemacht, mit der Kampagne »Meet the Superhumans« den Behindertensport in die Breite zu tragen (CHANNEL 4 2012). Auch in Deutschland weiteten ARD und ZDF ihre Berichterstattung zu den Paralympics 2012 auf das Doppelte aus (insgesamt fast 66 Stunden; KÖGEL 2012), wohingegen die eingeschränkte TV-Berichterstattung in den USA vom Internationalen Paralympischen Komitee (IPC) bemängelt wurde (GIBSON 2012). Die Präsidenten von IPC und Deutschem Behindertensportverband (DBS) zeigten sich mit den Spielen in London überaus zufrieden und konstatierten im Hinblick auf Emotionen und Rezeption in der Öffentlichkeit eine deutliche Wende zum Positiven (KAMP 2014).

Vier Jahre später, bei den Paralympischen Spielen in Rio de Janeiro 2016, schien diese Euphorie verpufft. Journalisten sprachen gar von einer Krise, da zur Durchführung der Paralympics notwendige Budgets gestrichen oder nicht freigegeben wurden (u. a. BECKER 2016). In diesem Kontext wurde auch die Sicht auf die mediale Präsenz der Paralympics wieder realistischer: »Aber bei genauem Hinschauen erkennt man, dass es noch immer eine andere Welt ist. ARD und ZDF werden rund 60 Stunden live und noch einmal 85 Stunden im Live-Stream übertragen. Das ist gut und viel, reicht aber nicht annähernd an die 280 Live-Stunden der Olympischen Spiele heran, dort waren es zusätzlich 1.000 Stunden im Live-Stream. Auch wenn die Paralympics fünf Tage kürzer sind als Olympia. Möglicherweise wird die Ungleichheit der Spiele nirgendwo so deutlich wie in Brasilien. Für Olympia gab es Geld, bei den Paralympics wurde es gestrichen.« (SPILLER 2016).

Die Prognosen für die Fernsehberichterstattung sind bis 2024 für die Paralympischen Spiele ungewiss: Bereits bei der Vergabe der Übertragungsrechte für die olympischen Wettbewerbe zwischen 2018 und 2024 an EUROSPORT und DISCOVERY drohten ARD und ZDF mit einer deutlichen Kürzung der Berichterstattung über die paralympischen Wettbewerbe (ÁLVAREZ 2015). Diese Ankündigung wäre insofern ein Rückschlag für die paralympische Bewegung, da sie insbesondere von ihrer Präsenz im öffentlich-rechtlichen Fernsehen profitiert (KAMP 2014). Zwar haben beide öffentlich-rechtlichen Sender für die Übertragungsrechte der Paralympics mittlerweile ein Angebot abgegeben (*Frankfurter Allgemeine Zeitung* 2016), die finale Entscheidung steht jedoch noch aus.

Allerdings findet die mediale Berichterstattung über die Paralympischen Spiele nicht nur im Fernsehen, sondern auch in Print- und Online-Medien sowie dem Radio statt. Insbesondere die klassischen Printmedien sind vom Streit um Übertragungsrechte weitestgehend unbehelligt und können kontinuierlich über die Paralympischen Spiele berichten und somit eine wichtige Vermittlungsleistung im zunehmenden gesellschaftlichen Diskurs um Inklusion erbringen (u. a. KAMP 2014), wenn etwa der Kommunikationsanlass Paralympics in ähnlichem Maße genutzt würde, wie es bei den Olympischen Spielen der Fall ist.[1] Daher stellt sich die Frage, in-

---

[1] Seit der Unterzeichnung der UN-Behindertenrechtskonvention durch Deutschland gilt die (recht vage) Aufforderung an die nationalen Medien, behinderte Menschen im Sinne der Konvention darzustellen (für eine zusammenfassende Darstellung der UN-Behindertenrechtskonvention und ihrer Implikationen für die Medien s. WEBER/REBMANN 2017)

wiefern sich Tageszeitungen in Deutschland mit dem Thema Paralympics tatsächlich beschäftigen und ob die journalistische Berichterstattung im Hinblick auf Quantität und Qualität Besonderheiten aufweist.

Um diese Fragen zu beantworten, wird in Abschnitt 1 zunächst auf bisherige Erkenntnisse zur Paralympics-Berichterstattung eingegangen. Die im Anschluss sich ergebenden Forschungsfragen (Abschnitt 2) werden mithilfe einer quantitativen Inhaltsanalyse untersucht (Abschnitt 3). Die Ergebnisse der Analyse werden in den Abschnitten 4 und 5 dargestellt und eingeordnet.

1. Die Paralympics im Spiegel der Medien

Die grundlegenden Funktionen der Sportberichterstattung lassen sich mit Information, Kritik und Unterhaltung umschreiben (GLEICH 2000). Allerdings zeichnet sich seit vielen Jahren eine zunehmende Orientierung am Leistungssport bei gleichzeitiger Vernachlässigung von Rand- und Breitensport nicht nur im TV, sondern auch in den Printmedien ab (MARR 2009; SCHAFMEISTER 2007). Parallel zu dieser Entwicklung lässt sich verstärkt eine ereignis- und ergebnisorientierte Berichterstattung diagnostizieren, die zudem primär auf die agierenden Sportler abzielt (SPANNY 2007). Die Personalisierung von Sportarten wird nicht zuletzt dafür genutzt, um über einzelne populäre Persönlichkeiten eine Sportart medial zu befördern (SCHIERL/BERTLING 2007). Schauerte (2007) verweist auf eine zunehmende Visualisierung und Boulevardisierung als wichtige Faktoren der heutigen Berichterstattung. Kurz, die Sportberichterstattung ist von einer zunehmenden Unterhaltungsorientierung sowie Ästhetisierung gekennzeichnet (BERTLING et al. 2011). Dies betrifft nicht nur das Fernsehen, sondern auch die Printmedien, die z. B. bei sportlichen Großevents wie den Olympischen Spielen, eigene Mitarbeiter vor Ort berichten lassen, um exklusives Material für die Zeitung zu erhalten (KLEMM 2007).

Wenn nun aber Sportjournalisten immer mehr in die Rolle des Unterhalters schlüpfen, stellt sich für den Behindertensport die Frage, ob und inwieweit eine emotionalisierte und personalisierte Ausrichtung und die Bevorzugung von dynamischen Bildern auch hier zu realisieren sind: So erweist sich etwa die Fokussierung auf bestimmte Sportler im Behindertensport mit wenigen Ausnahmen als weitaus schwieriger, da es hier – bislang – kein Starsystem gibt (SCHIERL 2012). Dies hängt mit einem grundsätzlicheren, gesellschaftlich bedingten Phänomen zusammen, nämlich dass sich bis in die jüngste Zeit Unterhaltung und Behinderung in der medialen Aufbereitung eher auszuschließen schienen (BERTLING 2012). Noch bei den Paralympischen Spielen in Barcelona 1992 fiel die Berichterstattung der beiden öffentlich-rechtlichen Sendern ARD und ZDF mit nicht einmal drei Stunden Sendezeit (KAUER/BÖS 1998) vernachlässigbar gering aus, vor allem aber berichteten in Barcelona zum größten Teil noch nicht die Sport-, sondern die Medizin- und Sozialredaktionen (SPANNY 2007) über die Paralympics. Vier Jahre später in Atlanta wurde vom DBS erstmals ein Pressebüro vor Ort eingerichtet, worüber die Journalisten mit grundlegenden Informationen versorgt wurden; dies trug nicht nur zu einer spürbaren Steigerung der medialen Präsenz bei, sondern auch dazu, dass der Behindertensport ab nun nicht mehr ein »Schattendasein [...] in Sozial- und Medizinressorts der Medien« (KAUER/BÖS 1998: 124) fristete. Berichteten in Atlanta allerdings noch weniger als 40 Journalisten über die Paralympics (im Vergleich zu mehreren Hundert bei den Olympischen Spielen; KAUER/BÖS 1998), war zu den Paralympics in Sydney im Jahr 2000 die Berichterstattung dann in jeder deutschen Sportredaktion angekommen.

Scholz stellte bereits im Rahmen einer Inhaltsanalyse von Printmedien aus den Jahren 2000 bis 2005 fest, dass »für körperliche Einschränkungsformen oder Blindheit in Kombination mit paralympischen Höchstleistungen eine einigermaßen regelmäßige Berichterstattung« (2010: 232) stattfindet. Dennoch offenbart ein Vergleich der olympischen mit der paralympischen Print-Berichterstattung für die Jahre 2000 (Sommerspiele in Sydney) und 2002 (Winterspiele in Salt Lake City) weiterhin deutliche quantitative sowie qualitative Unterschiede: Es wurden signifikant weniger Artikel über die Paralympischen als über die Olympischen Spiele publiziert, der Artikelumfang war geringer, der Fokus lag auf (kostengünstiger zu erstellenden) Nachrichten und Berichten, Bilder fanden seltener Verwendung und kaschierten zumeist die jeweilige Behinderung des Athleten (SCHIERL 2012).

Für die *Frankfurter Allgemeine Zeitung* konstatiert Kamp (2014) im Rahmen einer Archivrecherche eine Ausweitung der paralympischen Berichterstattung seit 2008 in Peking. Dies wird mit der Entsendung eines eigenen Redakteurs, einer vorübergehenden Aufstockung des Sportressorts von zwei auf drei Seiten sowie einem größeren Interesse anderer Ressorts (z. B. Politik, Wissenschaft, Reportage) an den Paralympics erklärt. Diese insgesamt positive Entwicklung in der medialen Beachtung und Aufmerksamkeit der Paralympischen Spiele insbesondere in Deutschland (NIELAND 2012) setzte sich, wie eingangs ausgeführt, bis zu seinem vorläufigen Höhepunkt in London im Jahre 2012 dynamisch fort. Der Berichterstattung über die Paralympischen Spiele kann mittlerweile attestiert werden, einen festen Platz in den deutschen Medien einzunehmen.

Im Hinblick auf den journalistischen Umgang mit der jeweiligen Behinderung der Athleten scheint es jedoch Unterschiede zwischen den Printmedien zu geben: Während der *Frankfurter Allgemeine Zeitung* ein unemotionaler und sachlicher Zugang nachgewiesen wird, versucht die *Bild*-Zeitung die Behinderung der Athleten zur Dramatisierung und Emotionalisierung zu nutzen (MROWINSKI O. J.).

Dies kann durchaus als (fragwürdiger) Versuch gewertet werden, paralympische Sportler als Vorbilder (BLASCHKE 2014) zu inszenieren und damit den Weg zu einem Starsystem zu ebnen; ob und inwieweit aber auch auf Rezipientenseite sich erste Erfolge dahingehend zeigen, dass neben Respekt vor der Leistung behinderter Sportler tatsächlich auch nachhaltig ein gesteigertes Interesse oder gar eine gewisse Faszination vergleichbar wie gegenüber dem Sport und den Sportlern im nicht-behinderten Bereich sich zu entwickeln beginnt, scheint derzeit noch sehr fraglich (BLASCHKE 2014).

So wird als eine weitere Ursache für das vergleichsweise noch stark zurückhaltende Interesse an den Paralympischen Spielen eine immer noch fehlende bzw. reduzierte Akzeptanz und Ernsthaftigkeit bei der Anerkennung sportlicher Leistungen benannt (HEMMERLING 2012). Eine weiterhin noch bestehende Mitleidskomponente (SCHIERL 2012) mit einem verstärkten Fokus auf die einzelnen Schicksale einerseits und eine höhere empfundene und vermittelte Ästhetik des Nicht-Behindertensports andererseits sind hierfür vermutlich mitverantwortlich. Eine andere Argumentation verweist darauf, dass nicht-behinderte Sportler oft auch unabhängig von Sportübertragungen deutlich medienpräsenter sind. So führt nicht allein die Quantität von Sportübertragungen, sondern auch die Verwendung von prominenten Sportlern, etwa als Markenbotschafter bzw. Werbegesichter, zu einer insgesamt höheren Medienpräsenz nicht behinderter Athleten (JÄCKEL/ECKERT 2011; GRÜNLING 2012); diese, so kann vermutet werden, kann sich auf die Wahrnehmung der Konsumenten insofern nachhaltig auswirken, als dass durch den Wiedererkennungswert einzelner Sportler dem gesamten Sportevent eine höhere Attraktivität beigemessen wird.

Denn auch wenn z. B. die Einschaltquoten bei den paralympischen Übertragungen der Fernsehsender absolut gesehen eine imposante Steigerung erfahren haben, bleiben bei einer relativen Betrachtung der medialen Aufbereitung des Behindertensports sowie dessen Rezeption im Vergleich zum Nichtbehindertensport weiterhin sehr große Abstände bestehen – und das obwohl z. B. bei den Paralympischen Spielen mit über 200 Entscheidungen mehr als bei den Olympischen Spielen im Grunde erheblich mehr Kommunikationsanlässe bestehen.

Möglicherweise verwirrt und überfordert aber auch die große Anzahl an Wettbewerben Zuschauer wie Journalisten. Zumindest werden nicht nur von paralympischen Sportlern und Verbänden oft qualitative Mängel in der Berichterstattung moniert, wofür neben Berührungsängsten (BERTLING 2012) ein immer noch fehlendes Hintergrundwissen über die paralympischen Wettbewerbe, insbesondere eine unzureichende Fachkenntnis hinsichtlich der verschiedenen Behinderungsgrade und Schadensklassen verantwortlich gemacht werden (WESTERMANN 2014). Diese journalistischen Defizite erkennen die Journalisten (BERTLING 2012, 2014) sowie die übertragenden TV-Sender durchaus selbst an, wie folgendes Statement des NORDDEUTSCHEN RUNDFUNKS veröffentlicht zusammen mit der ZDF-Hauptabteilung für Kommunikation (2016) exemplarisch illustriert: »Es gilt, den manchmal verwirrenden Wettkampf-Dschungel von insgesamt 528 Medaillenentscheidungen, zusammengedrängt auf lediglich elf Wettkampftage, zu durchdringen und den Zuschauern nachvollziehbar zu vermitteln.«

Allerdings können noch bestehende journalistische Defizite in der Berichterstattung der Paralympics die vergleichsweise geringen Zuschauerquoten und Reichweiten der letzten Paralympischen Spiele in Rio bestenfalls partiell erklären. Denn auch wenn ARD und ZDF ein insgesamt positives Fazit zu ihrer Paralympics-Übertragung in Rio zogen, verfolgten im Schnitt doch weniger als eine halbe Million Zuschauer die Übertragungen beider Sender (in London waren es – ohne Zeitverschiebung – im Schnitt 0,84 Millionen), was lediglich einem Marktanteil von 6,8 Prozent entspricht (RP Online 2016) – eine für Sportübertragungen doch eher »miese« (SCHERING 2016) Sehbeteiligung, die selbst bei den Paralympics-Zusammenfassungen am Nachmittag kaum übertroffen werden konnte.

2. Forschungsfragen

Trotz der Tatsache, dass sich die Übertragungszeiten der Paralympischen Spiele im deutschen – öffentlich-rechtlichen – Fernsehen deutlich erhöht haben, wäre es somit ein Kurzschluss daraus abzuleiten, dass sich die Berichterstattung auch in den – privatwirtschaftlich organisierten – Printmedien gleichermaßen gesteigert hat. Vielmehr ist empirisch erst noch zu prüfen, ob die Paralympischen Spiele mit und seit London 2012 tatsächlich mehr print-mediale Beachtung finden als zuvor. Veränderungen im Zeitverlauf sowie Unterschiede zwischen verschiedenen Printmedien sind möglich. Daraus leitet sich zunächst die Frage ab, wie sich das Verhältnis von paralympischer zu olympischer Berichterstattung im Laufe der Zeit entwickelt hat. Gab es eine quantitative Angleichung dieser beiden Großereignisse seit London 2012?

Neben einer reinen Steigerung der Artikelanzahl kann sich eine größere mediale Bedeutung in Positionierung und Umfang der Artikel ausdrücken. Wie entwickeln sich diese formalen Aspekte in der paralympischen Berichterstattung seit 2000?

Jedoch sind nicht nur Quantität und formale Kriterien von Interesse, sondern auch die tatsächlichen Inhalte der paralympischen Berichterstattung. Gibt es in den letzten Jahren Veränderungen im Hinblick auf thematischen Fokus, Tonalität und den Einsatz von Bildern?

3. Methode

Um die aufgestellten Forschungsfragen zu beantworten, erfolgt eine quantitative Inhaltsanalyse der beiden (seit Jahren) auflagenstärksten überregionalen Tageszeitungen in Deutschland, *Süddeutsche Zeitung* und *Bild*-Zeitung. Die Inhaltsanalyse wird in drei Recherche- bzw. Analyseschritten durchgeführt, die unterschiedliche Analysetiefen ermöglichen.

Mithilfe einer Schlagwort-Recherche in den Digitalarchiven der beiden Printmedien wird zunächst die Anzahl der überregional publizierten Artikel zu den Olympischen und Paralympischen Sommerspielen seit 2000 extrahiert.[2] Der Zeitraum der Recherche beinhaltet den Zeitraum der jeweiligen Spiele (inklusive Eröffnungsfeier) sowie die zwei Tage davor und danach. Hierbei ist zu beachten, dass die Olympischen Sommerspiele nach der Eröffnungsfeier in der Regel 16 Tage dauern (IOC/D.O.M. 2013), die Pa-

---

2 2000 (Sydney, Australien), 2004 (Athen, Griechenland), 2008 (Peking, China), 2012 (London, England), 2016 (Rio de Janeiro, Brasilien)

ralympischen Sommerspiele jedoch nur elf Tage (SPILLER 2016).[3] Somit umfasst der Recherchezeitraum für Olympische Spiele insgesamt 21 Tage, für Paralympische Spiele 16 Tage. Anhand dieser ersten digitalen Recherche können bereits Rückschlüsse auf die Entwicklung der Berichterstattungsquantität in beiden Medien im Zeitverlauf gezogen werden. Das Digitalarchiv der *Süddeutschen Zeitung* ermittelt insgesamt 2.083 Artikel, das der *Bild*-Zeitung 1.071 Artikel.

Im Anschluss findet eine Fokussierung auf die Artikel zu den Paralympischen Spielen statt (*Süddeutsche Zeitung*: 186 Artikel, *Bild*-Zeitung: 93 Artikel).

Die paralympische Berichterstattung wird im gesamten Zeitverlauf (2000 bis 2016) anhand rein formaler Merkmale analysiert, die bei der digitalen Recherche automatisch mit ausgegeben werden (z. B. Erscheinungsdatum, Seiten- sowie Wörter-/Zeichenanzahl des Artikels). Die Positionierung im jeweiligen Medium sowie der Umfang der Berichterstattung sind für die Wahrnehmungswahrscheinlichkeit des Rezipienten zentral und können zudem Aufschluss über die Entwicklung der journalistischen Relevanz des Themas geben.

Eine vertiefte Analyse der letzten beiden Paralympischen Spielen 2012 in London (England) und 2016 in Rio de Janeiro (Brasilien) erfolgt im Rahmen einer manuellen Inhaltsanalyse, indem zunächst die digital ermittelten Treffer auf ihre Relevanz hin überprüft werden. In die Codierung gehen diejenigen Artikel ein, die eine thematische und journalistische Auseinandersetzung mit den Paralympischen Sommerspielen beinhalten; reine Randerwähnungen und Einzelnennungen der Großveranstaltung in anderen Kontexten (z. B. Verweise auf Übertragungen im Fernsehen) sowie tabellarische Darstellungsformen (z. B. Ergebnisauflistungen, Medaillenspiegel) ohne einen Bezug zu einem Artikel werden vernachlässigt. Größere Artikel werden gegebenenfalls auf Basis der Artikeldefinition im Codebuch in mehrere Artikel unterteilt. Insgesamt reduziert sich die Stichprobengröße – insbesondere bei der *Süddeutschen Zeitung* – deutlich, sodass die bisherigen Unterschiede in der Artikelanzahl zwischen *Bild*-Zeitung und *Süddeutsche Zeitung* nun weniger ins Gewicht fallen.

Alle ermittelten Artikel (*Süddeutsche Zeitung*: 58 Artikel, *Bild*-Zeitung: 52 Artikel) werden auf Artikelebene anhand formaler (u. a. Erscheinungsda-

---

3   Die Tatsache, dass die ersten Begegnungen in der Disziplin Fußball bereits zwei Tage vor der Eröffnungsfeier stattfinden (*Focus Online* 2008), wird hierbei vernachlässigt.

tum, Ressort, Überschrift, Anzahl Bilder) und inhaltlicher Kriterien codiert, die sowohl den Text als auch die Bilder berücksichtigen. Bei der Analyse der Bilder ist vorrangig das Motiv von Interesse (z. B. Einzelsportler bzw. Team aus Deutschland oder einem anderen Land, Einfangen der olympischen Atmosphäre, bspw. im Rahmen der Eröffnungs- oder Abschlussfeier), aber auch die Tatsache, ob das jeweilige Handicap der Akteure sichtbar ist. Der Text wird in Bezug auf das zentrale Thema (hier insbesondere die Differenzierung zwischen sportlichen Ergebnissen und privaten Hintergründen) sowie die Tonalität des gesamten Artikels codiert. Die Codierung erfolgte im Rahmen eines studentischen Projekts von einem Masterstudierenden des Studiengangs »Angewandte Kommunikationswissenschaft« der Fachhochschule Kiel. Die Intracoder-Reliabilität fällt noch zufriedenstellend aus: Während sie bei den formalen Variablen bei fast 1 liegt, manifestiert sich in Werten von knapp unter 0,8 die Komplexität der Bildcodierung sowie der Entscheidung für ein Thema und eine Tonalität pro Artikel.

4. Ergebnisse

Der dreistufigen Inhaltsanalyse folgend werden nun die Ergebnisse auf den unterschiedlichen Analyseniveaus in drei Unterkapiteln dargestellt.

4.1 *Quantität der Berichterstattung über Olympische und Paralympische Sommerspiele (2000-2016)*

Die aus der Schlagwortrecherche in den Digitalarchiven ermittelte Artikelanzahl kann zwar nur als grober Indikator gelten, da die Suchen unterschiedlich genau sind und auch weniger relevante Treffer auflisten (z. B. Hinweise auf das Fernsehprogramm), jedoch wird im direkten Vergleich schnell ersichtlich, dass die *Süddeutsche Zeitung* prinzipiell häufiger über die gewählten Sportereignisse berichtet (insgesamt 2.083 Artikel) als die *Bild*-Zeitung (insgesamt 1.071 Artikel). Dieser Befund ist jedoch durch den größeren Umfang der *Süddeutschen Zeitung* erklärbar und somit wenig überraschend.

Auffällig sind hingegen die Unterschiede in der Quantität der Berichterstattung innerhalb eines Mediums. Während die *Süddeutsche Zeitung* ihre Berichterstattung über die Olympischen Spiele bereits 2008 in Peking deutlich verstärkt hat (Anstieg von ca. 300 Treffern auf ca. 500 Treffer), ist ein quantitativer Aufschwung bei den Paralympischen Spielen tatsächlich erst 2012 in London zu verzeichnen (Anstieg von 30 auf 50 Treffer; dieses Ergebnis deckt sich somit nicht mit den Befunden für die *Frankfurter Allgemeine Zeitung* (KAMP 2014 und Abschnitt 1). Bei kursorischer Betrachtung der Überschriften scheint der Anstieg in Peking insbesondere das Resultat von Kritik an der politischen Situation in China und den Dopingvorfällen in der deutschen Mannschaft zu sein, wohingegen die Artikelzunahme in London auf ein größeres mediales Interesse, aber vermutlich auch auf eine größere geografische und kulturelle Nähe des Austragungsortes zurückzuführen ist (KAMP 2014). 2016 in Rio geht die Berichterstattung zu den Olympischen Spielen wieder auf das Normalmaß der vorhergehenden Jahre zurück, bei den Paralympischen Spielen bleibt sie auf dem Niveau von London.

Anteilig umfasst bei der *Süddeutschen Zeitung* die Berichterstattung über die Paralympics in den Jahren 2000 und 2004 ca. 9 Prozent der Berichterstattung über die Olympischen Spiele (s. Abb. 1). Dieser Anteil sinkt 2008 in Peking auf 6 Prozent ab, um dann 2012 auf knapp 11 Prozent und 2016 auf ca. 17 Prozent zu steigen.

Das Archiv weist für die *Bild*-Zeitung seit 2000 konstant ca. 200 Treffer pro Olympische Sommerspiele aus; nur 2016 in Rio ist diese Zahl leicht rückläufig (153 Artikel). Weniger konstant ist der Verlauf bei den Paralympischen Spielen. Parallel zu den Ergebnissen bei der *Süddeutschen Zeitung* ist auch hier ein deutlicher Zuwachs (wenn auch auf niedrigem Niveau) in London 2012 zu erkennen (Verdopplung der Trefferanzahl von durchschnittlich 14,5 in den Vorjahren auf 29 Treffer im Jahr 2012), der jedoch 2016 bereits wieder rückläufig ist. Auch hier scheint London tatsächlich einen quantitativen Aufschwung in der Berichterstattung herbeigeführt zu haben.

Anteilig schwankt die Berichterstattung der *Bild*-Zeitung über die Paralympischen im Vergleich zu den Olympischen Spielen von 2000 bis 2008 zwischen 6,5 und 8,5 Prozent. Mit den Paralympischen Spielen 2012 in London steigt dieser Anteil jedoch auf knapp über 13 Prozent (s. Abb. 1).

Der direkte Vergleich zwischen den beiden Printmedien zeigt, dass die *Süddeutsche Zeitung* zwar in absoluten Zahlen mehr Treffer für die Paralympischen Spiele vorzuweisen hat, prozentual aber eine ähnlich geringe Berichterstattungshäufigkeit wie die *Bild*-Zeitung aufweist. Somit leistet die *Süddeutsche Zeitung* – bezogen auf die absoluten Zahlen – zwar einen höheren Beitrag zum Thema Inklusion, die verhältnismäßige Sichtbarkeit im Medium ist jedoch ähnlich eingeschränkt wie bei der *Bild*-Zeitung. Durch London 2012 ist die absolute und relative Sichtbarkeit der Paralym-

ABBILDUNG 1
Prozentualer Anteil paralympischer Berichterstattung an olympischer Berichterstattung in *Süddeutsche Zeitung* (*SZ*) und *Bild*-Zeitung zwischen 2000 und 2016

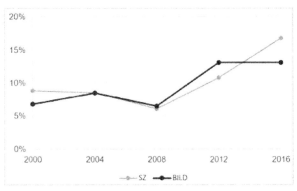

pischen Spiele in beiden Medien gestiegen, jedoch überschreitet der Anteil paralympischer an olympischer Berichterstattung auch seitdem kaum 15 Prozent. Selbst eine Bereinigung dieser Werte um die unterschiedliche Dauer der beiden Großveranstaltungen (s. Abschnitt 3), erhöht die Prozentwerte nur leicht.

Im Durchschnitt weist das digitale Archiv der *Süddeutschen Zeitung* pro Tag (Sonntage ausgenommen) also zwischen ca. 17 und 28 Treffer für die Olympischen und lediglich ca. zwei (vor London 2012) bis vier (nach London 2012) Treffer für die Paralympischen Spiele aus. Die durchschnittliche Trefferanzahl pro Tag liegt bei der *Bild*-Zeitung für die Olympischen Spiele zwischen ca. acht und zwölf Treffern, bei den Paralympischen Spielen zwischen ca. ein (vor London 2012) und zwei Treffern (nach London 2012). Es ist somit eine marginale und sukzessive Ausweitung der Berichterstattung erkennbar, die aber vermutlich unterhalb der Wahrnehmungsschwelle des Lesers bleibt.

4.2 *Entwicklung der Berichterstattung über Paralympische Sommerspiele im Hinblick auf formale Kriterien (2000-2016)*

Analysiert man die paralympische Berichterstattung zwischen 2000 und 2016 bezüglich ihrer formalen Kriterien, ist bei der *Bild*-Zeitung im Hinblick auf die Positionierung im Blatt ein Europa-Effekt zu beobachten: Finden die Paralympics in Europa (Athen 2004, London 2012) statt, rückt die diesbezügliche Berichterstattung im Durchschnitt um eine Seite nach vorne (von Seite 11 auf Seite 10). Bei der *Süddeutschen Zeitung* verläuft die Veränderung hingegen kontinuierlicher bzw. nachhaltiger: Zu den Paralympischen Spielen 2000 in Sydney findet die Berichterstattung durchschnittlich noch auf Seite 40 und damit hauptsächlich im Sportressort statt. 2004 und 2008 rücken die Artikel durchschnittlich auf die Seiten 28 und 30 vor, da nun vereinzelt auch Artikel im Politik- und Meinungsteil der Zeitung veröffentlicht werden, die traditionell weiter vorne im Blatt angesiedelt sind und den Fokus auf Themen außerhalb der reinen Sportergebnisberichterstattung legen. Diese Tendenz verstärkt sich mit London 2012 durch einige »Themen des Tages«-Meldungen sowie »Seite Drei«-Reportagen noch, so dass seitdem die Artikel über die Paralympischen Spiele im Durchschnitt auf den Seiten 24 bzw. 25 aufzufinden sind. Somit ähneln die Befunde zur *Süddeutschen Zeitung* den Analysen von Kamp (2014) in Bezug auf die *Frankfurter Allgemeine Zeitung* (vgl. Abschnitt 1).

Der Umfang der Artikel wird im Archiv der *Bild*-Zeitung mithilfe der Zeichenanzahl, bei der *Süddeutschen Zeitung* mithilfe der Wortanzahl angegeben. Diese Wortanzahl steigt zwischen den Jahren 2000 und 2016 von durchschnittlich ca. 528 Wörtern auf 744 Wörter an. Dieser Befund weist auf eine steigende journalistische Bedeutung der Paralympischen Sommerspiele hin, da seit 2008 (Peking) offensichtlich wortreicher und ausführlicher berichtet wird.

Die durchschnittliche Zeichenanzahl der paralympischen Artikel der *Bild*-Zeitung steigt ebenfalls über die Jahre kontinuierlich an, von 860 Zeichen im Jahr 2000 auf über 1.900 Zeichen bei der Rio-Berichterstattung 2016. Die größten Steigerungsraten ergeben sich von 2000 (Sydney) auf 2004 (Athen; 41,2 %) sowie von 2008 (Peking) auf 2012 (London; 27,3 %). Paralympics, die in Europa stattfinden, scheinen durch die geografische Nähe jeweils zu einem nachhaltigen Schub im Hinblick auf den Umfang der Berichterstattung zu führen.

Bei beiden Medien sind insgesamt eine verbesserte Artikelpositionierung sowie eine umfangreichere Berichterstattung im Zeitverlauf festzustellen. Auslöser für stärkere Veränderungen und eine intensivere Berichterstattung sind bei der *Bild*-Zeitung Paralympische Spiele mit einem europäischen Austragungsort (Athen, London), bei der *Süddeutschen Zeitung* Paralympische Spiele, die im Ausland stattfinden und ökonomisch bzw.

politisch umstritten sind (Peking, Rio). Diese Effekte sind jeweils insofern nachhaltig, dass die Berichterstattungsintensität auch bei den nachfolgenden Paralympics bestehen bleibt.

4.3 Vergleich der Berichterstattung über die Paralympischen Sommerspiele in London (2012) und Rio (2016)

Die Quantität und der Umfang der Berichterstattung geben bereits Hinweise auf die gestiegene mediale Bedeutung der Paralympischen Spiele im Zeitverlauf sowie auf die besondere Bedeutung der Spiele in London 2012 für die aktuelle Berichterstattung. Eine vertiefende Analyse der inhaltlichen Aspekte der Berichterstattung über die Paralympischen Sommerspiele 2012 in London und 2016 in Rio[4] bestätigt die bereits im vorhergehenden Abschnitt angedeutete Tendenz, dass die Paralympischen Spiele nicht mehr ausschließlich Teil der Sportberichterstattung sind, sondern sich auch auf andere Ressorts ausdehnen, wobei dies auch für die *Bild*-Zeitung gilt. Jedoch finden sich zu London 2012 im Gegensatz zur *Süddeutschen Zeitung* keine Artikel im Politik- oder Meinungsteil der *Bild*-Zeitung, sondern auf der Titelseite sowie in der Prominenten-Rubrik. Diese seltenen Ausnahmen sind somit ebenso wenig das Resultat sportlicher Leistungen, sondern dienen der Berichterstattung über Prominente im Kontext der Paralympics (z. B. Spekulationen darüber, ob Jens Lehmann 2016 im Tor der Nationalmannschaft der Blindenfußballer stehen wird oder die Eröffnung der Paralympics durch die Queen). Bereits zu Rio 2016 fokussiert die Berichterstattung wieder stärker auf den Sport und befindet sich somit fast ausschließlich im Sportteil (91,3 %).

Die überwiegende Stilform der Artikel ist die Nachricht bzw. die Meldung (jeweils um die 50 %) und entspricht somit den Befunden von Schierl (2012; s. Abschnitt 1). London 2012 gibt der *Süddeutschen Zeitung* allerdings auch Anlass für Kommentare (14,3 %) und Porträts über einzelne Athleten (17,9 %), während sich die *Bild*-Zeitung der Reportage bzw. des Hintergrundberichts bedient (13,8 %), die zumeist Unfälle im Fokus haben (z. B. »Er op-

---

4 Aufgrund der geringen Artikelanzahl für die vertiefende Analyse sowie der Codierung auf Artikelebene (vgl. Abschnitt 3) weicht die rein quantitative Ergebnisdarstellung im Folgenden vielfach einer eher qualitativen Interpretation und Illustration der identifizierten Tendenzen.

fert ein Bein für seinen Bruder – Paralympics-Star überlebt Hai-Attacke« vom 01. September 2012 oder »Zanardi: Gold Triumph - 11 Jahre nach dem Horror-Unfall« vom 06. September 2012). 2016 besteht bereits ein Viertel der paralympischen *Bild*-Berichterstattung aus Reportagen mit ähnlicher Thematik (u. a. »Unser Volleyball-Kapitän überlebte 15000 Volt« vom 08. September 2016 oder »Die Schicksale unserer Gold-Hoffnungen« vom 06. September 2016). 2016 weitet auch die *Süddeutsche Zeitung* ihren Anteil an Reportagen bzw. Hintergrundberichterstattung auf ein Fünftel der Gesamtberichterstattung aus, um sich kritisch mit dem Thema Paralympics und Inklusion im Sport auseinanderzusetzen (z. B. »Die Krisenspiele« vom 07. September 2016 oder »Paralympischer Mehrheitsgeschmack« vom 13. September 2016). Im Zuge dessen steigt der Anteil langer Artikel 2016 im Vergleich zu 2012 deutlich an (*Süddeutsche Zeitung*: von 7,1 auf 26,7 %; *Bild*-Zeitung: von 3,4 auf 13,0 %), auch wenn die Randnotiz bzw. der kurze Artikel weiterhin überwiegt (zumeist über zwei Drittel der Berichterstattung im jeweiligen Medium). Dementsprechend steigt die durchschnittliche Bildanzahl pro Artikel bei der *Süddeutschen Zeitung* von 2012 auf 2016 (von durchschnittlich 0,6 auf 1,3 Bilder), wohingegen die *Bild*-Zeitung erwartungsgemäß konstant mit deutlich mehr Bildern arbeitet (ca. 1,6 Bilder pro Artikel).

Thematisch gibt es zwischen beiden Medien ebenfalls Unterschiede, jedoch insbesondere Entwicklungen im Zeitverlauf. In der Berichterstattung der *Bild*-Zeitung sowie der *Süddeutschen Zeitung* dominieren 2012 die sportlichen Erfolge der Athleten: Fast die Hälfte aller Beiträge haben das Abschneiden der Paralympioniken zum Thema. Dabei konzentriert sich die *Bild*-Zeitung eher auf Sportliches der deutschen Teilnehmer (z. B. »Dietz, unser Paralympics-Harting« vom 04. September 2012), die *Süddeutsche Zeitung* nimmt auch die Teilnehmer anderer Nationen in den Blick (z. B. »Pistorius' leichtes Spiel« vom 10. September 2012). Rund ein Viertel der Artikel behandeln allgemeine paralympische Themen, wie bspw. die Prämienvergabe an die Medaillengewinner oder die Einschaltquoten (z. B. »Neuer Streit um Paralympics-Prämien« vom 28. August 2012 in der *Bild*-Zeitung oder »Fernsehquote stagniert« vom 10. September 2012 in der *Süddeutschen Zeitung*). Am dritthäufigsten wird das Privatleben eines Sportlers in den Vordergrund gestellt, in der *Süddeutschen Zeitung* allerdings noch etwas häufiger (21,4 %) als in der *Bild*-Zeitung (13,8 %). Zu jeweils ca. zehn Prozent finden sich Porträts von Sportarten in der *Bild*-Zeitung (z. B. »Bei den Blinden klingelt der Fußball« vom 07. September 2012) und Krisenberichterstattung in der *Süddeutschen Zeitung* (z. B. »Drei weitere Gewichtheber gedopt« vom 10. September 2012). 2016 verschiebt sich der thematische Fokus beider Printmedien deutlich. Das sportliche Abschneiden der Paralympics-Teilnehmer rückt stark in den Hintergrund (nur noch ca. ein Viertel der Beiträge) zugunsten von Privatem (ebenfalls ein Viertel der Beiträge; s. Beispiele oben) und Krisenthemen (z. B. die Einteilung in Schadensklassen oder das Fernbleiben von IOC-Präsident Thomas Bach).

Insgesamt liegt der Berichterstattungsfokus beider Printmedien bei den Paralympischen Spielen in London 2012 auf den sportlichen Leistungen der Athleten (aufgeteilt auf mehrere Ressorts; s. oben) und trägt somit dem Gedanken der Inklusion Rechnung. 2016 verschiebt sich das mediale Interesse zu persönlichen Schicksalen und Krisen (allerdings dargestellt im Sportteil der jeweiligen Zeitung; s. ebenfalls oben), so dass die positiven Entwicklungen von London nicht nachhaltig zu sein scheinen.

Der Grund für die thematischen Verschiebungen können jedoch auch pragmatischer Natur sein: 2012 stammen bei beiden Medien prozentual deutlich mehr Artikel von Agenturen bzw. aus nicht erkennbarer Quelle (Zulieferung von Sportergebnissen) als 2016, wo Beiträge von Journalisten überwiegen (*Süddeutsche Zeitung*: 73,7 %; *Bild*-Zeitung: 56,5 %), die eine Hintergrundberichterstattung über Krisen oder Privates der Sportler ermöglichen.

Entsprechend der thematischen Entwicklungen zwischen 2012 und 2016 wird die Tonalität der Artikel von 2012 zu 2016 ebenfalls kritischer. Hierzu trägt nicht nur der Fokus auf die privaten Schicksale der Athleten bei, sondern auch die ungünstigen Bedingungen in Rio, die den Paralympischen Spielen schon früh den Status der »Krisenspiele« einbringen (*Süddeutsche Zeitung* vom 07. September 2016). Das Verhalten von IOC-Präsident Thomas Bach, der den Paralympischen Spielen nicht beiwohnte, wird ebenfalls in beiden Printmedien kritisiert (»Bach lieber in Kroatien« in der *Süddeutschen Zeitung* vom 12. September 2016 sowie »Warum fliegt Bach nicht zu den Paralympics?« in der *Bild*-Zeitung vom 09. September 2016). Auch der Anteil neutraler Berichterstattung steigt zwischen 2012 und 2016, indem Interviews mit paralympischen Akteuren geführt (z. B. mit Sir Philip Craven, dem Präsidenten des Internationalen Paralympischen Komitees, in der *Bild*-Zeitung vom 20. September 2016 oder mit der zwölffachen Paralympics-Siegerin Verena Bentele in der *Süddeutschen Zeitung* vom 20. September 2016) oder Hintergründe zu den Paralympics (wie bspw. die verschiedenen Schadensklassen) dargestellt werden (z. B. »222 Gold-Medaillen mehr als bei Olympia« in der *Bild*-Zeitung vom 08. September 2016 oder »Schadensklassen« vom 08. September 2016 in der *Süddeutschen Zeitung*). Die Entwicklung der Berichterstattungstonalität stützt somit die vorausgegangenen Vermutungen, dass die sportlich-euphorische Berichterstattung von London 2012 in Rio 2016 durch einen neutraleren bis kritischeren Journalismus abgelöst wird. Zwar werden auch 2016 die sportlichen Erfolge der Paralympioniken dargestellt (z. B. »Judo-Siege! Brussig-Zwillinge holen unsere ersten Medaillen« vom 09. September 2016 in der *Bild*-Zeitung sowie »Bakas Rekord« vom 14. September 2016 in der *Süddeutschen Zeitung*), jedoch verringert sich der Anteil der positiven Berichterstattung von ca. 50 Prozent in 2012 auf 30 Prozent bei der *Bild*-Zeitung bzw. 40 Prozent bei der *Süddeutschen Zeitung*.

Sowohl 2012 als auch 2016 bilden die Mehrzahl der abgedruckten Fotos Einzelsportler ab oder sportliche Szenen aus dem Wettbewerb. Dabei konzentriert sich die *Bild*-Zeitung stärker auf deutsche Athleten, die *Süddeutsche Zeitung* bebildert Sportler aus Deutschland und anderen Nationen gleichermaßen, was mit der thematischen Ausrichtung beider Zeitungen übereinstimmt (s. oben). Das jeweilige Handicap der Athleten steht 2012 deutlich stärker in der *Bild*-Zeitung als in der *Süddeutschen Zeitung* im Fokus. Allerdings schließt die *Süddeutsche Zeitung* 2016 diesbezüglich zur *Bild*-Zeitung auf: Über zwei Drittel der Bilder von Paralympioniken in Rio zeigen deren jeweilige Beeinträchtigung. Ein Kaschieren der Behinderung findet somit deutlich seltener als früher (SCHIERL 2012; vgl. Abschnitt 1) statt und kann Zeichen eines unverkrampfteren Umgangs mit paralympischen Athleten sein. Darüber hinaus werden 2016 vermehrt Bilder von der feierlichen Eröffnungs- und Abschlussfeier sowie von Funktionären (z. B. von IPC-Präsident Philip Craven) abgedruckt. Diese Befunde zum Einsatz von Fotos belegen somit erneut die journalistische Umorientierung von der sportorientierten Berichterstattung in London 2012 zu einer kritischen Hintergrundberichterstattung in Rio 2016, die bereits bei der Auswertung der Themen sichtbar wurde.

5. Fazit und Ausblick

Die Analyse der paralympischen Berichterstattung von *Süddeutscher Zeitung* und *Bild*-Zeitung zeigt ein ambivalentes Bild – eine eindeutige oder einheitliche Entwicklung lässt sich über den Analysezeitraum nicht nachzeichnen. Dies mag nicht zuletzt der Tatsache geschuldet sein, dass es sich bei den beiden auflagenstärksten Printmedien im Hinblick auf formale Merkmale, journalistische Qualität und thematische Ausrichtung um zwei sehr unterschiedliche Medien handelt. Die verschiedenen Analyseebenen tragen ebenfalls zu teilweise uneinheitlichen Befunden bei, da quantitative und qualitative Entwicklungen häufig nicht parallel verlaufen. Zudem ist davon auszugehen, dass die Digitalarchive beider Medien (qualitativ) unterschiedliche Trefferlisten hervorbringen, was insbesondere die vertiefende Analyse der Paralympics-Artikel von 2012 und 2016 impliziert, aus der deutlich differierende Stichprobengrößen resultieren (s. Abschnitt 3). Somit lassen sich aus den beiden ersten Analyseschritten im besten Fall Tendenzen ablesen, die auch nicht immer direkt miteinander vergleichbar sind (z. B. Angabe der Wörterzahl bei der *Süddeutschen Zeitung*, Angabe der Zeichenzahl bei der *Bild*-Zeitung). Die Recherche in den Digitalarchiven zeigt gleichzeitig, dass ein nicht unerheblicher Anteil olympischer und paralympischer Berichterstattung in den Lokal- und Regionalressorts der Printmedien stattfindet, die dem Nachrichtenwert der räumlichen Nähe Rechnung trägt, deren Berücksichtigung jedoch den Rahmen der vorliegenden Untersuchung gesprengt hätte. Gleiches gilt für eine detailliertere Themenanalyse, die aufgrund der teilweise zu beobachtenden thematischen Vielfalt innerhalb eines Artikels vermutlich zu differenzierteren Ergebnissen im Hinblick auf Thema und Tonalität führen würde.

 Unter normativen Gesichtspunkten ist somit zunächst der in einer längerfristigen Betrachtung seit 2000 nachweisbare quantitative Anstieg der Berichterstattung zu den Paralympics positiv zu vermerken. Besonders deutlich wird dies im Vergleich zur Berichterstattung zu den Olympischen Spielen wachsenden relativen Anteil: In beiden untersuchten Printmedien hat sich dieser von klar unter 10 Prozent auf rund 15 Prozent gesteigert. Allerdings verläuft die Entwicklung keinesfalls linear, sondern ist zwischenzeitlich von Rückgängen bzw. Stagnation gekennzeichnet. Es ist heute noch nicht absehbar, inwieweit der deutliche Schub, der durch die Spiele in London ausgelöst wurde, über Rio hinaus nachhaltig bleiben wird.

 Weiterhin ist hervorzuheben, dass beide Printmedien für ihre Berichterstattung zu den Paralympischen Spielen in Rio weniger als bei den Spielen zuvor auf Agenturmeldungen oder zugelieferte Beiträge zurückgreifen, sondern die Beiträge von Journalisten erkennbar ausgebaut sind, womit nicht nur z. B. Hintergrundberichte ausgeweitet werden, sondern vor allem damit auch dem »Gebot der Vielfalt« (SCHATZ/SCHULZ 1992, zitiert nach BERTLING 2014) stärker Rechnung getragen wird. Dies ist jedoch nicht gleichbedeutend – und unter normativen Gesichtspunkten kritisch zu bewerten – dass mit vermehrten Beiträgen von Journalisten weitere von Schatz und Schulz 1992 aufgestellte Gebote, etwa das der Professionalität oder das der Relevanz (zitiert nach BERTLING 2014) sich per se verbessern – im Gegenteil, hier können sogar partiell Rückschritte festgemacht werden: Im Unterschied zu London rückt nämlich das sportliche Abschneiden der Paralympics-Athleten zugunsten von persönlichen Schicksalen wieder stärker in den Hintergrund. Umgekehrt finden sich in beiden Printmedien bei der Berichterstattung zu Rio deutlich mehr kritischere Anteile als noch zu London – und zwar sowohl was die Themen als auch die Tonalität der einzelnen Berichte angeht. Die sehr euphorische und damit ein Stück weit stärker unkritische Berichterstattung der Paralympics in London ist in Rio einer neutraleren bzw. kritischeren – zumindest was Rahmenbedingungen wie Wettkampfstätten, Doping, IOC usw. angeht – und damit im Sinne von Schatz und Schulz professionelleren Berichterstattung gewichen. Dass, wenn auch erst vereinzelt, weitere journalistische Stilmittel wie etwa Interviews zum Einsatz gelangten, ist in diesem Sinne ebenfalls positiv zu bewerten.

Allerdings bleibt ähnlich wie bei der quantitativen Entwicklung bei diesen qualitativen Veränderungen von London zu Rio offen, ob und inwieweit diese tatsächlich nachhaltig sein werden. Dies hängt nicht zuletzt davon ab, wie es auf gesellschaftlicher Ebene gelingt, die Parallelwelten von Behinderten und Nicht-Behinderten im Alltag stärker zusammenzuführen (RADTKE 2003) und welche Rolle das Thema Inklusion im politischen und öffentlichen Diskurs einnehmen wird. Dass es hieran auch im Jahr 2016 noch mangelt, belegen erste Befunde einer explorativen Studie der Autoren zu Fans, Followern und Likes von deutschen Sportlern der Olympischen und Paralympischen Spiele in Rio 2016. Trotz eines ähnlichen formalen, zeitlichen (Häufigkeit der Posts) und thematischen Aufbaus der jeweiligen Facebook-Seiten, erhalten die Sportler der Olympischen Spiele im Durchschnitt ein Vielfaches an Resonanz auf ihre Facebook-Posts als die paralympischen Sportler. Bekannte paralympische Sportler, wie bspw. Markus Rehm und Vanessa Low, bieten daher oftmals durch die Möglichkeit zur Teilnahme an einem Gewinnspiel – ein Feature, das in der Regel bei prominenten olympischen Sportlern fehlt – noch einen Zusatzanreiz für den Besuch ihrer Seiten.

Eine fehlende Identifikation mit paralympischen Sportlern (ROTHER 2012), ein daraus resultierend mangelnder Anreiz, deren Wettkämpfe zu verfolgen oder deren Social Media-Seiten zu besuchen, verweist insofern auf grundsätzlichere gesellschaftlich bedingte Bewertungen (SPANNY 2007), die nicht allein vom Sport gelöst werden können. Aber, dem Sport und seiner medialen Aufbereitung kommt hier eine sehr gewichtige Rolle zu. Die Paralympics haben schon eine gewisse Öffentlichkeit erlangt und wenn sie diese noch erweitern können, kann damit nicht nur Akzeptanz und Beachtung des Behindertensports insgesamt gesteigert werden, sondern auch die auf gesellschaftlicher Ebene vielfach noch bestehenden Berührungsängste weiter gemildert werden. Dies beinhaltet eine den Olympischen Spielen vergleichbare und den sportlichen Leistungen angemessene Aufbereitung der Paralympics (BERTLING 2014). Aber – und hierauf verweist Schierl bereits 2012 – der Behindertensport muss von sich aus mehr tun, um die Nachfrage seitens der Medien bzw. der Rezipienten zu erhöhen. In einem den Marktgesetzen unterworfenen Mediensystem muss Sport, wenn er denn in den Massenmedien beachtet und thematisiert werden will, sich attraktiv machen und gut verkaufen. So sollte trotz der bislang noch ambivalenten Erfolge analog dem nicht-behinderten Sport ein Starsystem und ein größeres Unterhaltungspotenzial systematisch entwickelt werden – dies sieht Schierl (2012) als Basis für Aufmerksamkeit bei Medien und Rezipienten; darüber hinaus empfiehlt er eine weiter professionalisierte Kommunikations- und Öffentlichkeitsarbeit seitens des DBS.

Letztlich wird es jedoch auch für die Berichterstattung der Printmedien von Bedeutung sein, wie und in welcher Form die Paralympischen Spiele künftig – noch? – im Fernsehen übertragen werden.

Literatur

ALVAREZ, S. (21. Juli 2015). ZDF will weniger über Paralympics berichten. In: *Der Tagesspiegel*. Abgerufen von http://www.tagesspiegel.de/medien/nach-discovery-deal-zdf-will-weniger-ueber-paralympics-berichten/12082824.html

BECKER, C. (19. August 2016). Paralympics in schwerer Krise. In: *Frankfurter Allgemeine Zeitung*. Abgerufen von http://www.faz.net/aktuell/sport/olympia/sportpolitik/budget-bei-paralympics-2016-in-rio-de-janeiro-wieder-gekuerzt-14397091.html

BERTLING, C. (2012). Einstellungen deutscher Sportjournalisten zum Behindertensport: Wenig Kontakt, viel Berührungsangst.

In: C. BERTLING; T. SCHIERL (Hrsg.): *Der Behindertensport und die Medien* (S. 126-143). Gütersloh: Medienfabrik.

BERTLING, C. (2014). Zwischen Quantität und Qualität – Herausforderungen an Sport, Medien und Kommunikation bei den Paralympics 2012. In: A. HEBBEL-SEEGER; T. HORKY; H. SCHULKE (Hrsg.): *Sport und Inklusion – Ziemlich beste Freunde* (S. 184-196). Aachen: Meyer & Meyer.

BERTLING, C.; GESKE, N.; NIELAND, J.-U.; OELRICHS, I.; ROTHER, N. (2011). *Behindertensport in den Medien zwischen sozialer Verantwortung und ökonomischem Kalkül – Die Paralympics 2010 bei ARD, ZDF, BBC und SRG im Vergleich.* Köln: Institut für Kommunikations- und Medienforschung.

BLASCHKE, R. (2014). Paralympics: Die begrenzte Macht der Übermenschen – Von London nach Sotschi. In: *Leidmedien.* Abgerufen von http://leidmedien.de/sprache-kultur-undpolitik/sport-analyse/paralympics-london-sotschi

CHANNEL 4. (2012). *The London 2012 Paralympic Games.* Abgerufen von http://www.channel4.com/media/documents/press/news/Paralympic%20Booklet.pdf

FOCUS ONLINE (8. Mai 2008). Olympia beginnt zwei Tage vor Eröffnungsfeier. In: *Focus Online.* Abgerufen von http://www.focus.de/sport/olympia-2008/aktuell/topnews/fussball-olympia-beginnt-zwei-tage-vor-eroeffnungsfeier_aid_322525.html

FRANKFURTER ALLGEMEINE ZEITUNG. (29. November 2016). ARD und ZDF verhandeln über Paralympics-Rechte. In: *Frankfurter Allgemeine Zeitung.* Abgerufen von http://www.faz.net/aktuell/sport/sportpolitik/nach-olympia-aus-ard-und-zdf-wollen-paralympics-rechte-14551039.html

GIBSON, O. (31. August 2012). Paralympics organisers criticise lack of US media coverage. In: *The Guardian.* Abgerufen von https://www.theguardian.com/sport/2012/aug/31/paralympics-organisers-criticise-us-media

GLEICH, U. (2000). Sport und Medien – Ein Forschungsüberblick. Merkmale und Funktionen der Sportberichterstattung. In: *Media Perspektiven*, o. Jg.(11), S. 511-516.

GRÜLING, B. (16. November 2012). Sportler mit Handicap. Wenn die Karriere ins Rollen kommt. In: *Spiegel Online.* Abgerufen von http://www.spiegel.de/karriere/behindertensportler-und-ihr-beruf-nach-den-paralympics-a-864808.html

HEMMERLING, C. (2012). *Das Image des Behindertenleistungssports - ein Vergleich zum Nichtbehindertenleistungssport unter Berücksichtigung persönlicher Erfahrungen mit Behinderung.* Abgerufen von http://docplayer.org/42508712-Carolin-hemmerling-3-preistraegerin-kategorie-poster-lsb-berlin-53-2012-1-summary.html

IOC, DAS OLYMPISCHE MUSEUM, ABTEILUNG FÜR BILDUNG UND KULTUR (D.O.M.). (2013). *Die Olympischen Spiele der Neuzeit.* Abgerufen von https://stillmed.olympic.org/media/Document%20Library/OlympicOrg/Documents/Document-Set-Teachers-The-Main-Olympic-Topics/Dokumenten-Set-Lehrer-Die-grossen-Olympia-Themen/Die-Olympischen-Spiele-der-Neuzeit.pdf

JÄCKEL, M.; ECKERT, M. (2011). Auch Du kannst ein Sieger sein: Anmerkungen zu Menschen mit Behinderung als Werbeträger. In: T. SCHIERL; D. SCHAAF (Hrsg.): *Sport und Werbung* (S. 86-101). Köln: Herbert von Halem.

KAMP, H. (2014). Die Paralympics als Mega- und Mediensportevent – der große Sprung von London und die Berichterstattung in der Frankfurter Allgemeinen Zeitung. In: A. HEBBEL-SEEGER; T. HORKY; H. SCHULKE (Hrsg.): *Sport und Inklusion – Ziemlich beste Freunde* (S. 168-183). Aachen: Meyer & Meyer.

KAUER, O.; BÖS, K. (1998). *Behindertensport in den Medien* (Band 8). Aachen: Meyer & Meyer.

KIELINGER, T. (4. September 2012). Was nützt die Heldenverehrung den Behinderten? In: *Die Welt.* Abgerufen von https://www.welt.de/kultur/article108990018/Was-nuetzt-die-Heldenverehrung-den-Behinderten.html

KLEMM, T. (2007). Sportjournalismus in Printmedien. In: T. SCHIERL (Hrsg.): *Handbuch Medien, Kommunikation und Sport.* Band 159 der »Beiträge zur Lehre und Forschung im Sport.« (S. 325-326). Schorndorf: Hofmann.

KÖGEL, A. (29. August 2012). Pistorius, der Posterboy. In: *Der Tagesspiegel.* Abgerufen von http://www.tagesspiegel.de/medien/tv-sport-pistorius-der-posterboy/7065780.html

MARR, M. (2009). Die mediale Transformation des Sports. In: H. SCHRAMM; M. MARR (Hrsg.): *Die Sozialpsychologie des Sports in den Medien* (S. 15-39). Köln: Herbert von Halem.

MROWINSKI, K. (o.J.). *Mediale Berichterstattung über den Behindertensport in den Printmedien. Einblicke in die Berichterstattung über Sotschi 2014.*

Abgerufen von https://www.dshs-koeln.de/fileadmin/redaktion/Kompetenzen_in_der_Lehre/Forschungsorientierte_Lehre/Berichterstattung.pdf

NIELAND, J.-U. (2012). Die TV-Berichterstattung bei den Öffentlich-Rechtlichen: Zur Bedeutung eines stark vernachlässigten Bereiches. In: C. BERTLING; T. SCHIERL (Hrsg.): *Der Behindertensport und die Medien* (S. 88-108). Gütersloh: Medienfabrik.

NORDDEUTSCHER RUNDFUNK, HAMBURG/ZDF-HAUPTABTEILUNG KOMMUNIKATION. (2016). *XV. Paralympics. 7. bis 18. September 2016. XXXI. Olympische Spiele. 5. bis 21. August 2016.* Abgerufen von https://presseportal.zdf.de/fileadmin/zdf_upload/Bilder/Teaser-Bilder/2016/08/Olympische_Spiele_2016.pdf

RADTKE, P. (2003). Zum Bild behinderter Menschen in den Medien. In: *Aus Politik und Zeitgeschichte*, *8*, S. 7-12.

ROTHER, N. (2012). Einstellungen zu Behindertensport als medialer Inhalt. Steigerung von Medienpräsenz. In: C. BERTLING; T. SCHIERL (Hrsg.): *Der Behindertensport und die Medien* (S. 110-125). Gütersloh: Medienfabrik.

RP ONLINE. (2016, 18. September). ARD und ZDF zufrieden mit Paralympics-Übertragung. In: *RP Online*. Abgerufen von http://www.rp-online.de/sport/olympia-sommer/paralympics/paralympics-ard-und-zdf-zufrieden-mit-uebertragung-und-quoten-aid-1.6267417

SCHAFMEISTER, G. (2007). *Sport im Fernsehen – Eine Analyse der Kundenpräferenzen für mediale Dienstleistungen.* Wiesbaden: Deutscher Universitäts-Verlag.

SCHAUERTE, T. (2007). *Was ist Sport in den Medien? Theorien – Befunde – Desiderate* (Sport, Medien, Gesellschaft; Band 6). Köln: Sportverlag Strauß.

SCHERING, S. (13. September 2016). Kaum Interesse an Paralympics-Zusammenfassung. In: *Quotenmeter.* Abgerufen von http://www.quotenmeter.de/n/88067/kaum-interesse-an-paralympics-zusammenfassung

SCHIERL, T. (2012). Die Aufbereitung des Behindertensports in den Massenmedien. Die überregionale Berichterstattung in deutschen Tageszeitungen: Ein medialer Vergleich zu den Olympischen Spielen. In: C. BERTLING; T. SCHIERL (Hrsg.): *Der Behindertensport und die Medien* (S. 32-49). Gütersloh: Medienfabrik.

SCHIERL, T.; BERTLING, C. (2007). *Personalisierung und Prominenz in der Sportberichterstattung* In: T. SCHIERL (Hrsg.): *Handbuch Medien, Kommunikation und Sport* (S. 155-164). Schorndorf: Hofmann.

SCHOLZ, M. (2010). *Presse und Behinderung. Eine qualitative und quantitative Untersuchung.* Wiesbaden: VS.

SPANNY, B. (2007). *Behindertensport – Medienpräsenz aus Sicht von Sportler und Journalisten.* Saarbrücken: VDM Verlag Dr. Müller.

SPIEGEL ONLINE. (9. September 2012). Das war der »Sommer-Wahnsinn«. In: *Spiegel Online.* Abgerufen von http://www.spiegel.de/sport/sonst/paralympics-2012-teilnehmer-bejubeln-zweites-olympia-a-854782.html

SPILLER, C. (7. September 2016). Mehr »Murderball«! In: *Zeit Online.* Abgerufen von http://www.zeit.de/sport/2016-09/paralympische-spiele-rio-de-janeiro-2016-olympia

WEBER, P.; REBMANN, D.K. (2017). Inklusive Unterhaltung? Die Darstellung von Menschen mit Behinderung in deutschen Daily Soaps. In: *Medien & Kommunikationswissenschaft,* 65(1), S. 12-27.

WESTERMANN, M. (2014). *Die Entwicklung des Zuschauerinteresses an Behindertensport am Beispiel der Paralympics* (Bachelorarbeit). Hochschule Mittweida, University of Applied Sciences. Abgerufen von https://monami.hs-mittweida.de/files/4833/BACHELORARBEIT.pdf

MARKUS SCHÄFER / JÖRG HASSLER / DANIEL WEBER /
GABRIEL BELINGA BELINGA / SASCHA HIMMELREICH

Von Fußballexperten und Fußballlaien:
Die Bedeutung der Mediennutzung
für Tippstrategien und Tipperfolg bei
Online-Tippspielen am Beispiel der
Fußballeuropameisterschaft 2016

1. Einleitung

Fußball hat in Deutschland eine derart große Bedeutung, dass mitunter sogar der Frage nachgegangen wird, ob es sich dabei nicht um eine Religion handelt (KLEIN/SCHMIDT-LUX 2006). Auch wenn zumindest Klein und Schmidt-Lux zu dem Schluss kommen »Fußball *ist* nicht Religion, aber mitunter ist er religionsfähig« (ebd.: 35, Herv. i. O.), lässt sich nicht abstreiten, dass der Fußball in Deutschland häufig den Platz eines Rituals einnimmt. Ganz besonders gilt das für Sportgroßereignisse wie Welt- und Europameisterschaften, die alle zwei Jahre speziell im Fokus stehen (GERHARD/GEESE 2016; SCHRÖDER 2014a). Die Ritualität beschränkt sich dabei mittlerweile nicht mehr nur auf das (gemeinsame) Anschauen der Spiele im Stadion oder Fernsehen, sondern greift inzwischen auch auf andere Bereiche des Privat- und Berufslebens über. *Online-Tippspiele* erfreuen sich hier wachsender Beliebtheit (BITKOM 2016). Ganz gleich ob Fußballenthusiast oder Fußballlaie, ob im engen Kreis mit Freunden und Familie oder in der großen Tipprunde mit Arbeitskollegen, Tippspiele gehören inzwischen als »festes Rahmenprogramm« (BITKOM 2016) zu den verbreiteten Ritualen großer Fußballturniere. Spezialseiten wie kicktipp.de zählen während Welt- und Europameisterschaften mit Blick auf die Reichweite inzwischen regelmäßig zu den großen Gewinnern der Sommermonate (BITKOM 2016; PAPERLEIN 2014; SCHRÖDER 2012) und nicht selten in dieser Zeit zu den reichweitenstärksten Online-Sportangeboten überhaupt (AGOF 2012). Kein Wunder also, dass, egal ob originärer Fußballfokus oder nicht, mittlerweile nahezu jedes große Nachrichtenmedium – von den lokalen und überregionalen Tageszeitungen über die Sport- und Nachrichtenmagazine bis hin zu den Hörfunk- und Fernsehsendern – zu Welt- und Europameisterschaften ein eigenes Online-Tippspiel anbietet (zur EM 2016 u. a. bild.de, faz.net, kicker.de, mdr.de, *Spiegel Online*, swr.de, sz.de, zdf.de).

Trotz der großen Verbreitung ist dem medialen Phänomen der Online-Tippspiele in Deutschland aus kommunikationswissenschaftlicher Perspektive bislang kaum Beachtung geschenkt worden. Zwar gibt es inzwischen verschiedene internationale Studien, die den Tipperfolg von Fußballexperten und Fußballlaien vergleichen (u. a. ANDERSSON/EDMAN/EKMAN 2005; ANDERSSON/EKMAN/EDMAN 2003; ANDERSSON/MEMMERT/POPOWICZ 2009) und/oder dem Erfolg bestimmter Tippstrategien nachgehen (u. a. FORREST/ GODDARD/SIMMONS 2005; FORREST/SIMMONS 2000; GODDARD 2005; GOLDSTEIN/GIGERENZER 2009; PACHUR/BIELE 2007; SPANN/SKIERA 2009). Allerdings sind die Faktoren, die diese Tippstrategien und den Tipperfolg letztlich bedingen, bislang so gut wie gar nicht beleuchtet. Insbesondere die Mediennutzung als möglicher Einflussfaktor wurde bislang vernachlässigt. Der vorliegende Beitrag geht anhand der Fußball-Europameisterschaft 2016 erstmals der Frage nach, welche Rolle die fußballbezogene Mediennutzung für die gewählten Tippstrategien und den Tipperfolg von Online-Tippern spielt. Er stützt sich dafür auf zwei empirische Säulen: a) ein Online-Tippspiel auf der Plattform kicktipp.de sowie b) eine begleitende quantitative Online-Panelbefragung der Teilnehmer dieser Tipprunde.

2. Fußball als Mediensport – Fußballturniere als Mediengroßereignisse

Fußball ist die mit Abstand beliebteste Sportart in Deutschland. 78 Prozent der deutschen Bevölkerung haben ein mindestens moderates Interesse am Sport (INSTITUT FÜR DEMOSKOPIE ALLENSBACH 2010), mehr als 35 Prozent interessieren sich in besonders hohem Maße für Fußball (SCHAFFRATH 2012). Der Fußball ist hierzulande zu einem »alltagskulturellen Phänomen« (BÖLZ 2014: 50) geworden, das mittlerweile selbst die »höchsten Gruppen der deutschen Gesellschaft« (GEBAUER 2013: 13) auf seiner Seite weiß. Der Deutsche Fußball-Bund ist der mitgliederstärkste Sportverband der Welt (DFB, 2016). Und so ist gelegentlich sogar von einer »Fußballisierung« von Politik, Medien und Gesellschaft die Rede (MEIER/ HAGENAH 2016; MITTAG/ISMAR 2004).

Die allgemeine Feststellung, dass Sport auch für die Medien nicht nur die »schönste Nebensache der Welt« sei, sondern inzwischen »zweifellos den Status einer Hauptsache« genieße, »der das Publikum nur schwer ausweichen kann« (MARR 2009: 24), lässt sich ebenfalls nahtlos auf den Fußball übertragen. Keine andere Sportdisziplin erfährt medial mehr Aufmerksamkeit (HORKY/NIELAND 2013). Live-Übertragungen von Fußballspielen sind seit Jahren ein Garant für hohe Reichweiten. Spiele bei Welt- oder Europameisterschaften ermöglichen den Fernsehsendern regelmäßig Traumquoten. Mit 34,7 Millionen Zuschauern schalteten beim Finale der Weltmeisterschaft 2014 hierzulande mehr Menschen den Fernseher ein, als jemals zuvor bei einer Fernsehsendung in Deutschland (SCHRÖDER 2014a). Und auch die Europameisterschaft 2016 in Frankreich, erstmals in der EM-Geschichte mit einem erweiterten Teilnehmerfeld von 24 Mannschaften ausgetragen, lieferte als das »TV-Ereignis des Jahres« (focus.de 2016) Rekordquoten, die sogar die Reichweiten der Olympischen Spiele im gleichen Jahr deutlich übertrafen (*Spiegel Online* 2016). Fast 60 Millionen Fernsehzuschauer schauten mindestens eines der 51 EM-Spiele. Knapp 30 Millionen schalteten beim Halbfinale ein, das die deutsche Nationalmannschaft gegen Frankreich mit 0:2 verlor. Noch nie zuvor hatte hierzulande ein Europameisterschaftsspiel mehr Zuschauer (GERHARD/GEESE 2016).

Etwas geringer als bei vorherigen Turnieren fielen bei der EM die durchschnittliche Sehbeteiligung und die Marktanteile der Fernsehsender aus. Dies hängt mit der Erweiterung der Teilnehmerzahl von 16 auf 24 Mannschaften zusammen, durch die einige Spiele auf reichweitenschwächeren Sendeplätzen um 15 Uhr ausgestrahlt werden mussten. Zudem wurden sechs Spiele zeitgleich bei verschiedenen Fernsehsendern (ARD, ZDF und SAT.1) übertragen (GERHARD/GEESE 2016). Alles in allem berichteten ARD, ZDF und SAT.1 gemeinsam über 146 Stunden über die Europameisterschaft. Das entspricht mehr als sechs vollen Tagen Rund-um-die-Uhr-Fußballberichterstattung (GERHARD/GEESE 2016).

Der enorme Stellenwert des Fußballs im Allgemeinen und von Fußballgroßturnieren im Speziellen zeigt sich auch darin, dass zunehmend

MARKUS SCHÄFER / JÖRG HASSLER / DANIEL WEBER /
GABRIEL BELINGA BELINGA / SASCHA HIMMELREICH

Elemente ins mediale Angebot integriert werden, die das Spielgeschehen und dessen Rezeption ergänzen und erweitern (MEYEN 2015; SCHÄFER/ SCHÄFER-HOCK 2016). Dies äußert sich nicht zuletzt im Bedeutungsgewinn von Online-Tippspielen, die zu Großturnieren inzwischen nicht mehr nur von Spezialseiten angeboten werden, sondern auf nahezu allen großen Nachrichtenportalen prominent platziert sind. Und das mit durchschlagendem Erfolg: Vor der EM 2016 in Frankreich äußerte jeder sechste Internetnutzer in Deutschland, an einem Online-Tippspiel teilnehmen zu wollen (BITKOM 2016).

3. Online-Tippspiele

Online-Tippspiele werden in Deutschland immer beliebter und verzeichnen insbesondere während Fußballgroßereignissen ein wachsendes Interesse. Während bei der WM 2014 in Brasilien nur sechs Prozent der Internetnutzer in Deutschland an einem Online-Tippspiel teilnahmen, gaben bei einer repräsentativen Befragung im Vorfeld der EM 2016 in Frankreich schon 18 Prozent der User an, bei einem Tippspiel im Internet mitmachen zu wollen (BITKOM 2016). Genutzt werden offenbar vor allem private Tipprunden, die über spezielle Plattformen organisiert werden. Immerhin 60 Prozent der Online-Tipper äußerten, auf entsprechende Anbieter zurückzugreifen. 38 Prozent gaben an, an größeren öffentlichen Tipprunden teilnehmen zu wollen, wie sie zum Beispiel auf Internetportalen von Zeitungen, Zeitschriften und Rundfunksendern veranstaltet wurden (BITKOM 2016).

Tatsächlich zählen spezielle Tippspielanbieter in Deutschland während großer Fußballturniere inzwischen zu den reichweitenstärksten (Sport-) Portalen überhaupt (AGOF 2012; PAPERLEIN 2014). So erreichte *kicktipp.de* während der WM in Brasilien im Juni 2014 mit 3,1 Millionen Unique Usern deutlich mehr Menschen als viele inhaltlich breiter aufgestellte Nachrichtenseiten (SCHRÖDER 2014b). Und auch während der EM 2016 in Frankreich verzeichnete die Plattform nach Auskunft der Betreiber mit 1,2 Milliarden Seitenaufrufen und knapp 3,5 Millionen aktiven Tippern neue Rekordwerte (J. Vygen, persönliche Kommunikation, 26. September 2016).

Nicht zuletzt der große Publikumserfolg der Spezialanbieter hat dazu geführt, dass auch journalistische Online-Medien immer häufiger eigene Tipprunden auflegen, insbesondere während der großen Turniere, aber zunehmend auch darüber hinaus (vgl. Abb. 1). Erklären lässt sich das mit der kommerziellen Handlungslogik der Massenmedien, die den Erfolg bei den Rezipienten ins Zentrum stellt (MAZZOLENI/SPLENDORE 2015; MEYEN 2014, 2015). Um ein größtmögliches Publikum zu erreichen, setzen Medien auf Inhalte, die Aufmerksamkeit erzeugen. Diese kommerziellen Interessen sorgen dafür, dass auch bei journalistischen Nachrichtenportalen nicht immer journalistische Informationen im Mittelpunkt stehen, sondern durchaus ergänzende Inhalte ins Zentrum rücken können, die eine hohe Reichweite garantieren (LANDERER 2013; MEYEN 2015). Hierzu zählen Online-Tippspiele, die nach Meier und Hagenah (2016) als einer von fünf Trends im Kontext der medialen Vermarktung des Fußballs auch künftig große Reichweiten erwarten lassen.

ABBILDUNG 1
Aktive Bewerbung von Fußball-Tippspielen auf Startseiten von Nachrichtenportalen (unabhängig von der aktuellen Nachrichtenlage)

Anmerkung: Quelle: faz.net; spiegel.de (Zugriff jeweils am 13. Oktober 2016).

Das Grundprinzip der Tippspiele ist, unabhängig vom konkreten Anbieter, meist recht ähnlich. Getippt werden konkrete Spielergebnisse (also beispielsweise 1:0; 2:3; 5:5), für die je nach Tippmodus eine bestimmte Anzahl an Punkten vergeben wird. Während einige Modi nur das exakte Spielresultat belohnen, genügt bei anderen Varianten bereits der korrekt getippte Abstand (also z. B. ein Tipp auf ein 2:1 bei einem 1:0) oder die richtige Tendenz des Tipps (Heimsieg, Unentschieden, Auswärtssieg), um Punkte zu erzielen. Die Punktevergabe selbst orientiert sich häufig am Schwierigkeitsgrad der Vorhersage. So sieht beispielsweise die Standardeinstellung auf *kicktipp.de* für EM- und WM-Spiele die Vergabe von zwei Punkten für die richtige Tendenz vor, während drei Punkte für den korrekten Abstand und sogar vier Punkte für das exakt getippte Ergebnis vergeben werden.

4. Erfolgsfaktoren bei Fußball-Tippspielen

Modus und Punktevergabe beeinflussen die Wahl von Tippstrategien und damit nicht zuletzt auch den Tipperfolg. Darüber hinaus hat sich die internationale Forschung in den letzten Jahren verstärkt mit den Herangehensweisen von Tippern und möglichen Einflussfaktoren auf deren Abschneiden auseinandergesetzt (ANDERSSON et al. 2005; ANDERSSON et al. 2003; ANDERSSON et al. 2009; FORREST et al. 2005; FORREST/SIMMONS 2000; GODDARD 2005; GOLDSTEIN/GIGERENZER 2009; PACHUR/BIELE 2007; SPANN/SKIERA 2009). Die Studien stellen meist die Frage in den Mittelpunkt, ob Experten Ergebnisse besser vorhersagen oder ob Laien mithilfe von »Bauchentscheidungen« zu besseren oder zumindest ähnlich guten Resultaten kommen. Sie gehen häufig auf die Forschungsprogramme von Daniel Kahneman und Amos Tversky (z. B. KAHNEMAN/TVERSKY 1973) bzw. von Gerd Gigerenzer (z. B. GIGERENZER 1991) zurück, die sich aus unterschiedlichen Perspektiven damit auseinandersetzen, ob Heuristiken zuverlässige Vorhersagen ermöglichen. Während Kahneman und Tversky (1973) die Position vertreten, dass Experten in der Regel bessere Entscheidungen treffen, geht Gigerenzer (1991) davon aus, dass Heuristiken bzw. »Bauchentscheidungen« schneller als rationale Entscheidungen zu gleich guten oder besseren Ergebnissen führen können (für einen Überblick s. GIGERENZER/KOBER 2008; GOLDSTEIN/GIGERENZER 2009).

Inzwischen haben sich einige Untersuchungen mit der Vorhersage von Fußballresultaten beschäftigt, wobei auch immer wieder Fußballgroßturniere im Blickpunkt standen. Gröschner und Raab (2006) ließen Laien und Experten den Sieger der WM 2002 tippen. Sie fanden heraus, dass Laien den Gewinner des Turniers häufiger korrekt vorhersagten als Experten. Die Autoren vermuteten, dass die Teilnehmer, die sich selbst als Laien einstuften, unter anderem dank der rezipierten Medienberichte über genügend Informationen über Fußball verfügten, um Heuristiken erfolgreich anwenden zu können. So könnten die Laien beispielsweise im Sinne der sogenannten Rekognitionsheuristik die Namen von erfolgreichen Teilnehmerländern wiedererkannt und darauf basierend effektive Entscheidungen getroffen haben (GRÖSCHNER/RAAB 2006).

Dass Experten gegenüber Laien bei der Tippabgabe nicht unbedingt im Vorteil sind, zeigt auch eine Untersuchung von Andersson, Edman und Ekman (2005). Die Autoren fragten 251 Probanden, welche Mannschaften bei der WM 2002 ins Achtelfinale einziehen würden. Die Teilnehmer unterschieden sich hinsichtlich ihres Vorwissens über Fußball. Zudem erhielten sie entweder Fragebögen mit Zusatzinformationen zu den Mannschaften oder Fragebögen ohne Zusatzinformationen. Tatsächlich zeigten sich keine signifikanten Unterschiede zwischen den Tipps von Experten und Laien. Und auch die Verfügbarkeit zusätzlicher Informationen hatte keinen Einfluss auf die Richtigkeit der Vorhersagen, sondern beeinflusste lediglich das Selbstvertrauen, mit dem die Tipps abgegeben wurden (ebd.).

Zu gegenteiligen Ergebnissen kommen Pachur und Biele (2007) für die EM 2004. Die Autoren ließen 124 Laien und Experten auf die Sieger der 24 Vorrundenspiele des Turniers tippen. Die Experten sagten im Durchschnitt über 76 Prozent der Ergebnisse korrekt vorher. Der durchschnittliche Anteil unter den Laien lag bei rund 65 Prozent (PACHUR/BIELE 2007). Zwar deuten die Ergebnisse darauf hin, dass Laien besonders dann gute Ergebnisse erzielten, wenn sie auf das Land als Gewinner setzten, von dem sie im Kontext von Fußball schon einmal gehört hatten (Rekognitionsheuristik), doch waren die Experten alles in allem zu zuverlässigeren Vorhersagen fähig (ebd.).

Grundsätzlich scheinen die Tipps von Experten den Tipps von Laien vor allem dann überlegen, je komplexer die zu treffende Vorhersage ist. Während sich die Erfolgsquoten von Experten und Laien bei der Vorhersage von Turniersiegern kaum unterscheiden, sind Experten offenbar im Vorteil, wenn es um die Abgabe sehr präziser bzw. sehr spezieller Tipps geht. So konnten Andersson, Memmert und Popowicz (2009) zeigen, dass Laien und Experten bei Tipps auf das Weiterkommen von Mannschaften ähnlich gut abschneiden, während konkrete Ballbesitzverhältnisse von den Experten zuverlässiger vorhergesagt wurden.

Zumindest erste Anhaltspunkte gibt es in den bisherigen Studien dazu, welche Informationen eine zuverlässige Tippabgabe ermöglichen. So scheint die Rekognitionsheuristik insbesondere für Fußballlaien eine vergleichsweise zielführende Strategie zu sein (PACHUR/BIELE 2007; HERZOG/HERTWIG 2011; GRÖSCHNER/RAAB 2006). Und auch die Wettquoten der Buchmacher bieten eine verhältnismäßig zuverlässige Quelle (FORREST/GODDART/SIMMONS 2005; FORREST/SIMMONS 2000; GODDARD 2005; HERZOG/HERTWIG 2011; SPANN/SKIERA 2009).

MARKUS SCHÄFER / JÖRG HASSLER / DANIEL WEBER /
GABRIEL BELINGA BELINGA / SASCHA HIMMELREICH

Systematisch erfasst wurden bei der Tippabgabe herangezogene Informationen von Andersson, Ekman und Edman (2003). Sie fragten ihre Probanden, welche 16 Mannschaften bei der WM 2002 ins Achtelfinale einziehen würden und baten sie um detaillierte Angaben, welche Informationen sie für ihre Vorhersage nutzten. Einer Gruppe von Laien wurden zudem einige Fakten im Vorfeld der Tippabgabe zur Verfügung gestellt. Die herangezogenen Informationen fassten die Autoren zu vier Faktengruppen zusammen: 1.) *allgemeine Fußballfakten*, wozu Kenntnisse über Starspieler, die Qualität der verschiedenen Nationalmannschaften oder die vorherige Teilnahme an Weltmeisterschaften gehörten; 2.) *länderspezifische Fakten* wie die Anzahl von aktiven Fußballspielern und Fußballvereinen in einem Land oder die wirtschaftliche Prosperität; 3.) *fußballspezifische Fakten* wie das Spielsystem der jeweiligen Nationalmannschaft, die Kompetenz der Nationaltrainer oder das Abschneiden der Teams bei früheren Aufeinandertreffen sowie 4.) *Wettquoten und Ratings* (ANDERSSON/EKMAN/EDMAN 2003). Das Fazit zur Bedeutung dieser Informationen fällt mit Blick auf das Abschneiden der Teilnehmer jedoch eher ernüchternd aus: So deuten die Ergebnisse der Studie zwar darauf hin, dass sich die Verfügbarkeit zusätzlicher Informationen positiv auf die Beurteilung der eigenen Fähigkeiten auswirkt, Spiele korrekt vorhersagen zu können; einen Einfluss auf den Tipperfolg scheinen sie allerdings nicht zu haben. Insgesamt schnitten die Probanden, die informationsbasiert entschieden, nicht besser ab als uninformierte Laien. Die Rekognitionsheuristik erwies sich dagegen erneut als zuverlässige Strategie (ebd.; ANDERSSON/EDMAN/EKMAN 2005).

Interessanterweise spielt die Rolle der *Mediennutzung* in den bisherigen Überlegungen zu (Erfolgs-)Strategien bei Fußball-Tippspielen so gut wie keine Rolle. Zwar wurde in früheren Untersuchungen vereinzelt auf die mögliche Relevanz der Medienberichterstattung für den Tipperfolg hingewiesen, die Laien unter anderem hilfreiche Informationen zur Anwendung der Rekognitionsheuristik bereitstellen könnte (GRÖSCHNER/RAAB 2006). Allerdings wurde die Bedeutung der Mediennutzung für Tippstrategien und Tipperfolg bei (Online-)Tippspielen bislang nicht empirisch untersucht. Dies ist umso verwunderlicher, als die Berichterstattung der Massenmedien als die wichtigste Quelle für Sportinformationen gilt (WILLMS 2004). Der vorliegende Beitrag geht am Beispiel der Fußballeuropameisterschaft 2016 erstmals der Frage nach, welche Rolle die fußballbezogene Mediennutzung für die gewählten Tippstrategien und den Tipperfolg von Online-Tippern spielt.

5. Methode

Um die Forschungsfrage zu beantworten, wurden verschiedene methodische Ansätze kombiniert. Das Untersuchungsdesign bestand aus zwei zentralen Elementen. Erstens wurde ein Tippspiel zur Europameisterschaft bei der Tippspielplattform *kicktipp.de* eingerichtet. Zweitens wurden alle Teilnehmer dieses Online-Tippspiels mittels einer begleitenden Online-Befragung im Paneldesign zu drei Zeitpunkten (vor Beginn der Europameisterschaft, nach dem Achtelfinale und nach Abschluss des Turniers) unter anderem zu ihrem Fußballinteresse und den individuellen Tippstrategien, ihrer Fußballkompetenz sowie zu ihrem Mediennutzungsverhalten befragt (s. Abb. 2). Das Paneldesign ermöglichte es dabei, Veränderungen der Mediennutzung im Verlauf des Turniers zu erheben. Ebenfalls erfasst wurde, inwieweit die Tipper beim Thema Fußball Meinungsführer in ihrem Freundes- und Bekanntenkreis sind, also beispielsweise in Gesprächen über den Sport vergleichsweise viele Informationen einbringen oder von Bekannten und Freunden verstärkt als Experten bzw. Ratgeber herangezogen werden.

Die Fußballeuropameisterschaft startete am 10. Juni 2016 mit dem Eröffnungsspiel und endete am 10. Juli 2016 mit dem Finale in Paris, das Portugal gegen Gastgeber Frankreich nach Verlängerung mit 1:0 gewann. Die Teilnehmer der Studie wurden im Vorfeld des Turniers sowohl offline (u. a. über die Medienberichterstattung in Presse, Hörfunk und Fernsehen) als auch online (über die Projekthomepage sowie Aufrufe auf Websites und Social-Media-Plattformen, u. a. von Amateur- und Profi-Fußball- und Sportvereinen) rekrutiert und zur Teilnahme an der Tipprunde eingeladen (s. Abb. 3). Als Incentives wurden zehn Gutscheinbücher im Wert von ca. 20 Euro bereitgestellt, die nach Abschluss der drei Befragungswellen unter allen Projektteilnehmern verlost wurden. Für den Sieger des Tippspiels wurde zudem ein Gutschein im Wert von 50 Euro für ein Online-Versandhaus ausgelobt.

Der Tipperfolg der Teilnehmer wurde anhand ihres tatsächlichen Abschneidens im Online-Tippspiel gemessen. Getippt wurden sämtliche Ergebnisse aller 51 Spiele der Fußball-Europameisterschaft, wobei auch bei K.o.-Spielen der Spielstand nach 90 Minuten ausschlaggebend war. Wie in Online-Tippspielen üblich, musste das exakte Spielergebnis vorhergesagt werden. Auch die Punktevergabe erfolgte nach den Standardeinstellungen des Anbieters: Für einen Tipp des exakt richtigen Ergebnisses erhielten

ABBILDUNG 2
Projektaufbau

die Tipper vier Punkte. Die korrekte Tordifferenz brachte den Teilnehmern drei Punkte ein, wobei Unentschieden von dieser Regel ausgenommen waren. Wurde die Tendenz (Sieg Mannschaft A, Unentschieden, Sieg Mannschaft B) richtig getippt, erhielt der Tipper zwei Punkte.

Die Tipps konnten bis spätestens zum Anpfiff des jeweiligen Spiels abgegeben werden. Dies ermöglichte den Teilnehmern eine maximal flexible Tippabgabe, die die individuellen Vorlieben der Tipper berücksichtigt. So war es sowohl möglich, alle 51 EM-Spiele auf einen Schlag zu tippen, als auch Tipps von Spieltag zu Spieltag abzugeben oder jedes Spiel einzeln anzugehen.

Der große Vorteil des Projektaufbaus bestand darin, dass nicht nur Verhaltensabsichten erhoben wurden, sondern manifestes Tippverhalten unter weithin realistischen Bedingungen erfasst werden konnte. Der Ergebnistipp ermöglichte dabei die gleichzeitige Erfassung von verschiedenen abhängigen Variablen mit unterschiedlichem Schwierigkeitsgrad (Tipps mit korrektem Ergebnis, Tipps mit korrektem Abstand, Tipps mit korrekter Tendenz). Erhoben werden konnten damit sowohl tippspielspezifische Erfolgsindikatoren, die den speziellen Spielmodus und die Punktevergabe berücksichtigen (erzielte Punktzahl) als auch Indikatoren, die weitgehend unabhängig von der Punktevergabe sind.

Gegenüber bestehenden Studien zum Tippverhalten bietet das vorliegende Studiendesign zudem einige Vorzüge. So wurden in bisherigen Untersuchungen meist nur wenige Spiele einbezogen. Auch erfolgte die Tippabgabe häufig in künstlichen Laborsituationen in festen Settings vor Ort. Zudem mussten die Teilnehmer ihre Tipps in der Regel für alle Spiele gleichzeitig abgeben, was die beobachteten Ergebnisse in ihrer Aussagekraft

ABBILDUNG 3
Projekthomepage zur Teilnehmerrekrutierung und Online-Tipprunde

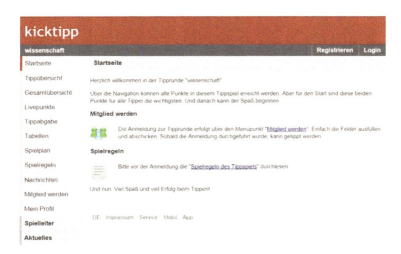

einschränkt. Demgegenüber garantiert die Nutzung einer realen, reichweitenstarken Online-Plattform, auf der im Juni und Juli 2016 eine Vielzahl privater EM-Tippspiele in Deutschland organisiert wurde, ein hohes Maß an externer Validität. Tippabgabe und Punktevergabe unterschieden sich in der vorliegenden Studie nicht von den Vorgaben herkömmlicher Online-Tippspiele und ermöglichten den Teilnehmern, die Spiele in ihrem

MARKUS SCHÄFER / JÖRG HASSLER / DANIEL WEBER /
GABRIEL BELINGA BELINGA / SASCHA HIMMELREICH

gewohnten Umfeld entsprechend ihrer individuellen Bedürfnisse und Vorlieben zu tippen, ganz egal ob zu Hause, auf der Arbeit oder bei Freunden und ganz gleich ob via PC, Laptop, Tablet oder Smartphone.

Parallel zur Tipprunde wurden die Teilnehmer über einen Online-Fragebogen vor Beginn der Europameisterschaft, in der Mitte des Turniers, nach dem Achtelfinale und unmittelbar nach dem Abschluss der EM befragt. Die Tipper wurden hierzu jeweils per E-Mail eingeladen, die einen individualisierten Link zu den Fragebögen enthielt. Aufgrund der vergleichsweise schmalen Zeitfenster zwischen den Spielen durch den eng getakteten EM-Spielplan wurden bei nichtausgefüllten Fragebögen bis zu drei zusätzliche Reminder in kurzen Abständen an die Teilnehmer verschickt. In Anbetracht des langen Erhebungszeitraums, der zudem in eine beliebte Ferien- und Urlaubszeit fiel, der Vielzahl an zu tippenden Spielen und der kurzen Zeitspanne für die Teilnahme an den Befragungen, können Rücklauf und Panelmortalität durchaus positiv bewertet werden. Insgesamt melden sich 342 Tipper zur Online-Tipprunde an, von denen 309 sowohl am Projekt-Tippspiel als auch an den Befragungen teilnahmen. Davon tippten 254 Personen (82 %) mindestens 80 Prozent aller 51 Spiele der Europameisterschaft, 224 Personen (72 %) nahmen an allen drei Befragungen teil.

Am Tippspiel beteiligten sich mehr Männer (63 %) als Frauen (37 %). Dies ist angesichts der größeren Popularität, die Fußball unter Männern genießt (INSTITUT FÜR DEMOSKOPIE ALLENSBACH 2010) kaum überraschend. Auch die Verteilung ist nahezu identisch mit der Geschlechterverteilung von Internetnutzern in Deutschland, die im Vorfeld der Europameisterschaft 2016 im Rahmen einer repräsentativen Befragung angaben, an einem Online-EM-Tippspiel auf Plattformen wie *kicktipp.de* teilnehmen zu wollen (BITKOM 2016; s. Tab. 1).

An der Studie nahmen Tipper im Alter zwischen zehn und 68 Jahren teil. Tipper unter 30 bzw. 50 Jahren waren gegenüber der Bitkom-Studie jeweils leicht über-, Tipper über 50 Jahren unterrepräsentiert. Ebenso beteiligten sich überproportional viele Personen mit (Fach-)Hochschulreife. Dies lässt sich mit der explizit wissenschaftlichen Ausrichtung des Projekts erklären, die eine Teilnahme von Tippern mit wissenschaftlichem Interesse begünstigt haben dürfte.

Männer und Frauen unterscheiden sich in der vorliegenden Studie zum Teil deutlich hinsichtlich ihrer Teilnahme-Motive (s. Tab. 2). Die meisten Tipper gaben hier an, sich an Fußball-Tippspielen zu beteiligen, weil ih-

TABELLE 1
Soziodemografie Studienteilnehmer und Online-EM-Tipper in Prozent

	Studien-Teilnehmer in Prozent (n=309)	Bitkom (2016)* in Prozent (n=88)
Geschlecht		
männlich	63	60
weiblich	37	40
Alter		
-29	46	38
30-49	38	31
50-64	15	28
65+	1	3
Bildungsabschluss		
Hauptschule	6	27
Realschule	6	48
(Fach-)Abitur	84	25

Anmerkung: * Über die öffentlich verfügbaren Basisauswertungen der repräsentativen Befragung von Internetnutzern (Bitkom 2016) hinaus wurden für den vorliegenden Beitrag von Bitkom Research ergänzende Auswertungen zur Soziodemografie von Online-Tippern zur Verfügung gestellt, die eine präzisere Aufschlüsselung hinsichtlich Geschlecht, Alter, Bildung und Tippspielart ermöglichen. Hierfür bedanken wir uns herzlich!

TABELLE 2
Motive für Teilnahme an Fußball-Tippspielen nach Geschlecht in Prozent

Ich nehme teil, weil...	Männer (n=150)	Frauen (n=95)
meine Freunde/Verwandten/ Kollegen auch mitmachen	57	61
ich mich mit anderen messen will	57***	32***
ich Spaß an Tippspielen habe	83*	70*
es etwas zu gewinnen gibt	35	26
das einfach zu einem Fußballturnier dazugehört	54**	44**

Anmerkung: n=245 (T2). Mehrfachantworten möglich. Skala: 7-stufige Skala von 1 »trifft überhaupt nicht zu« bis 7 »trifft voll und ganz zu«; ausgewiesen sind Skalenbewertungen von 5 - 7; * $p<.05$; ** $p<.01$; *** $p<.001$. Basis: Chi-Quadrat Test.

nen das Tippen Spaß macht (78 %), wobei Männer dies signifikant häufiger äußerten als Frauen (83 % vs. 70 %; Chi-Quadrat-Test, $p < .05$). Eine große Rolle spielt bei Tippspielen für beide Geschlechter offenbar die soziale Komponente. So gaben 59 Prozent der Befragten an, sich an Tippspielen zu beteiligen, weil Freunde, Verwandte oder Kollegen ebenfalls teilnehmen. Während die Teilnahme an einem Tippspiel für 54 Prozent der Männer als festes Ritual zu einem Fußballturnier dazugehört, sehen nur 44 Prozent der Frauen das Tippspiel als festen Bestandteil eines solchen Ereignisses (Chi-Quadrat-Test, $p < .01$). Signifikante Unterschiede zwischen den Geschlechtern zeigen sich zudem hinsichtlich des antizipierten Wettbewerbscharakters. Während dies für 57 Prozent der Männer ein zentrales Motiv für die Teilnahme ist, liegt der Anteil der Frauen, für die dies ein wichtiges Teilnahmemotiv darstellt bei lediglich 32 Prozent (Chi-Quadrat-Test, $p < .001$).

6. Ergebnisse

6.1 Mediennutzung

Die Teilnehmer der Studie interessierten sich verhältnismäßig stark für Medienberichte über Fußball. Die Tipper gaben bereits vor Beginn der EM (T1) an, sich in einer durchschnittlichen Woche an 4,2 Tagen in den Medien über Fußball zu informieren. Während der EM (T2) erhöhte sich dieser Wert sogar auf durchschnittlich 5,7 Tage pro Woche (s. Tab. 3). Besonders deutliche Unterschiede zeigten sich hinsichtlich der fußballbezogenen Mediennutzung zwischen Teilnehmern mit tendenziell hohem und tendenziell niedrigem Fußballinteresse. Während sich die Hochinteressierten vor der EM an durchschnittlich 6,2 Tagen pro Woche in Medien über Fußball informierten, nutzten Niedriginteressierte die Medien nur an 2,2 Tagen. Mit Beginn der Europameisterschaft glich sich die Mediennutzung an. Während sich die fußballbezogene Mediennutzung bei den Teilnehmern mit vergleichsweise niedrigem Fußballinteresse in den ersten EM-Wochen auf durchschnittlich 4,7 Tage mehr als verdoppelte, steigerten die Hochinteressierten ihre ohnehin intensive Nutzung sogar noch einmal auf 6,7 Tage pro Woche. Tipper mit hohem Fußballinteresse informierten sich also während der EM an nahezu jedem Tag in den Medien über Fußball.

TABELLE 3
Fußballbezogene Mediennutzung (Tage pro Woche)[1]

	fußballbezogene Mediennutzung vor der EM	fußballbezogene Mediennutzung während der EM
hohes Fußballinteresse	6.2[a, d]	6.7[a, e]
niedriges Fußballinteresse	2.2[b, d]	4.7[b, e]
Gesamt	4.2[c]	5.7[c]

Anmerkung: Gruppen mit gleichen Kennbuchstaben unterscheiden sich signifikant; a: $t(258, 32) = 4.07$, $p < .001$; b: $t(264) = 9.13$, $p < .001$; c: $t(536, 76) = 7.36$, $p < .001$; d: $t(243, 35) = 19.75$, $p < .001$; e: $t(148, 84) = 9.06$, $p < .001$.

Unter den von den Tippspielteilnehmern genutzten Medien nehmen das Internet und das Fernsehen die führenden Positionen ein. Vor der Europameisterschaft informierten sich die Tipper vor allem im Internet über Fußball (80 %), erst danach folgten das Fernsehen (73 %) und Zeitungen oder Zeitschriften (54 %). Während der Europameisterschaft änderte sich diese Hierarchie: Mit Beginn der EM-Live-Berichterstattung übernahm das Fernsehen den ersten Platz der wichtigsten fußballbezogenen Informationsquellen (88 %), dicht gefolgt vom Internet (86 %). Zeitungen und Zeitschriften wurden von den Tippern dagegen während der EM weniger stark beachtet (49 %). Wohl vor allem aufgrund der vielen Live-Spiele im Programm waren die TV-Angebote des öffentlich-rechtlichen Rundfunks während der Europameisterschaft am beliebtesten. Alle Tipper, die angaben, sich während der ersten EM-Wochen im Fernsehen über Fußball informiert zu haben, verfolgten zumindest einmal die Fußballberichterstattung von ARD oder ZDF. Die Berichterstattung von SAT.1, wo sechs Vorrundenspiele live übertragen wurden, sahen hingegen nur 50 Prozent der Mediennutzer unter den Tippern.

98 Prozent der Teilnehmer gaben nach Ende des Turniers (T3) an, mindestens eines der 51 EM-Spiele über die Medien live verfolgt zu haben, sei es zu Hause, in Restaurants oder Kneipen oder beim Public-Viewing. Da-

---

1 Die Einteilung in die beiden Gruppen »niedriges Fußballinteresse« und »hohes Fußballinteresse« erfolgte nach einer Reliabilitätsanalyse der Skala (7-stufige Skala von 1 »stimme überhaupt nicht zu« bis 7 »stimme voll und ganz zu«) aus 8 Fußballinteresse-Items (Cronbachs $\alpha = .947$) und einer explorativen Faktorenanalyse, die zu einer Einfaktorlösung führte. Es erfolgte ein Mediansplit.

mit übertrifft die Nutzung der Live-Berichterstattung unter den Tippern noch einmal deutlich die Nutzung von Live-Spielen in der allgemeinen Bevölkerung, die während des EM-Turniers deutschlandweit bei knapp 80 Prozent lag (GERHARD/GEESE 2016). Die Tipper, die die EM live verfolgten, schätzten im Durchschnitt, knapp 60 Prozent aller EM-Spiele live gesehen zu haben.

Die fußballbezogene Mediennutzung steht eng mit dem Fußball-Involvement der Tipper in Verbindung. Eine allgemein höhere fußballbezogene Mediennutzung geht sowohl mit einem höheren Fußballinteresse als auch mit einer ausgeprägteren Rolle als fußballbezogener Meinungsführer im Freundes- und Bekanntenkreis einher (s. Tab. 4). Personen, die häufiger fußballbezogene Medien rezipieren, reden häufiger mit Freunden oder Bekannten über Fußball bzw. werden von diesen häufiger nach ihrer Meinung und ihrem Rat gefragt. Die verstärkte Redebereitschaft medienaffiner Tipper scheint auch dahingehend plausibel, als eine intensivere fußballbezogene Mediennutzung positiv mit der Kompetenz korreliert, die sich Tipper mit Blick auf Fußball selbst zuschreiben. Demnach könnte verstärktes Fußballinteresse eine intensivere fußballbezogene Mediennutzung bedingen, die sich wiederum positiv auf die Einschätzung der eigenen Fußballkompetenz auswirkt. Beides wiederum könnte die Tendenz erhöhen, mit anderen über Fußball zu reden – zum einen im Sinne eines gesteigerten Selbstvertrauens als vermeintlich fachkundiger Gesprächspartner (ANDERSSON et al. 2003; ANDERSSON et al. 2005), zum anderen durch die verstärkte Verfügbarkeit fußballbezogener Informationen als Grundlage für Anschlusskommunikation.

Die inhaltlich gleichgerichteten, aber insgesamt etwas schwächeren Zusammenhänge zwischen Fußballinteresse, Meinungsführerschaft, Kompetenzeinschätzung und fußballbezogener Mediennutzung während des EM-Turniers (T2) lassen sich dadurch erklären, dass während der Europameisterschaft wie oben aufgezeigt vor allem die Mediennutzung von Tippern mit weniger ausgeprägtem Fußballbezug stark ansteigt, während bei Tippern mit hohem Fußball-Involvement ein Deckeneffekt zu beobachten ist. Die fußballbezogene Mediennutzung während des Turniers ist somit aufgrund des Sonderfalls EM insgesamt weniger stark vom Fußball-Involvement der Tippspielteilnehmer abhängig.

Über die genaue Wirkrichtung zwischen Fußballinteresse, allgemeiner Mediennutzung und fußballbezogener Meinungsführerschaft kann an dieser Stelle allerdings nicht abschließend befunden werden, da die

TABELLE 4
Mediennutzung und Fußball-Involvement*

Fußball-Involvement	fußballbezogene Mediennutzung vor der EM (T1)	fußballbezogene Mediennutzung während der EM (T2)
Fußballinteresse	.85***	.64***
Meinungsführerschaft Fußball	.82***	.62***
Fußballkompetenz (Selbsteinschätzung)	.79***	.60***

Anmerkung: Pearson's r; * $p<.05$, ** $p<.01$, *** $p<.001$
* *Fußballinteresse:* Skala aus 8 Items (7-stufige Skala von 1 »stimme überhaupt nicht zu« bis 7 »stimme voll und ganz zu«; Cronbachs $α=.947$); *Meinungsführerschaft Fußball:* Skala aus 6 Items (7-stufige Skala von 1 »stimme überhaupt nicht zu« bis 7 »stimme voll und ganz zu«; Cronbachs $α=.925$); *Fußballkompetenz:* Selbsteinschätzung auf 7-stufiger Skala von 1 »sehr gering« bis 7 »sehr hoch«.

zugrundeliegenden Konstrukte aufgrund des relativ kurzen Erhebungszeitraums nur zu einem Messzeitpunkt abgefragt wurden (T1). Da grundsätzlich auch andere Wirkrichtungen denkbar sind, wären ergänzende Langzeitstudien wünschenswert.

6.2 Tippstrategien

Die individuellen Tippstrategien der Projektteilnehmer wurden mit Hilfe einer Batterie von 14 Items während der Europameisterschaft zum zweiten Erhebungszeitpunkt der Panelbefragung (T2) erhoben.[2] Anhand der beobachteten Herangehensweisen lassen sich auf Basis einer Hauptkomponentenanalyse (HKA) vier übergeordneten Tippstrategien identifizieren, die wir in der Folge als 1) *Expertiseorientiert (EO)*, 2.) *Datenorientiert (DO)*, 3.) *Co-orientiert (CO)* und 4.) *Sympathieorientiert (SO)* bezeichnen (s. Tab. 5).

---

2   Die genaue Frage lautete: »Kommen wir nun zu Ihren persönlichen Herangehensweisen und Tippstrategien in den vergangenen Wochen. Worauf haben Sie bei Ihren bisherigen Tipps in der EM-Tipprunde geachtet? Bitte sagen Sie uns für jede der folgenden Strategien, inwiefern diese auf Sie zutrifft oder nicht zutrifft«. Die Teilnehmer konnten ihre Antworten auf einer siebenstufigen Skala (1=»trifft überhaupt nicht zu«; 7=»trifft voll und ganz zu«) angeben.

Tipper, die eine *expertiseorientierte* Strategie verfolgen, vertrauen bei ihrer Tippabgabe tendenziell auf ihr eigenes Wissen zur sportlichen Qualität der Spieler und Trainer, zu den Stars in den Mannschaften und zum Abschneiden der Teams in vorherigen Spielen und Turnieren. Außerdem ziehen sie Medienberichte für ihre Entscheidungen heran und widersprechen verstärkt der Aussage, beim Tippen auf »nichts Besonderes« zu achten. Diese Aussage lehnen auch *datenorientierte* Tipper ab. Sie verneinen zudem vehement, bei ihren Tipps auf ihr Bauchgefühl zu hören bzw. anhand von persönlichen Präferenzen zu entscheiden. Stattdessen geben sie an, vor allem Wettquoten, wissenschaftliche Erkenntnisse und die Wahrscheinlichkeit bestimmter Ergebnisse als Informationen für die Tippabgabe heranzuziehen. Tipper, die eine *co-orientierte* Strategie verfolgen, vertrauen dagegen in erster Linie auf die Einschätzungen von Freunden und Bekannten, die Meinungen von Experten und Prominenten sowie auf die Berichterstattung der Medien. Eher sachfremde Herangehensweisen wählen *sympathieorientierte* Tipper. Sie stützen ihre Tippabgabe nach eigenen Angaben vor allem auf die Attraktivität der Spieler sowie fußballunabhängige Eigenschaften der beteiligten Länder wie die Größe oder geografische Lage (s. Tab. 5).

Die HKA macht deutlich, dass die Medienberichterstattung als Informationsquelle vor allem für Tipper eine wichtige Rolle spielt, die bei ihrer Tippabgabe auf eine expertise- oder co-orientierte Strategie zurückgreifen. Interessanterweise schlägt sich dies jedoch nur für Anwender der expertiseorientierten Strategie auch in der Intensität der Mediennutzung nieder. Während ein ausgeprägteres expertiseorientiertes Tippverhalten mit einer verstärkten Mediennutzung vor und während der Europameisterschaft einhergeht, steht die Anwendung co-orientierter Tippstrategien nicht in Zusammenhang mit der fußballbezogenen Mediennutzung (s. Tab. 6). Interpersonale Quellen im Freundes- und Bekanntenkreis scheinen hier für die Betreffenden als Referenzgrößen ungleich wichtiger zu sein. Ähnliches gilt auch für die sympathieorientierte Tippstrategie. Dagegen nutzen Personen, die verstärkt datenorientiert tippen, tendenziell häufiger fußballbezogene Medienberichte.

Dies lässt insgesamt darauf schließen, dass die Wahl der Tippstrategien weniger von der Intensität der fußballbezogenen Mediennutzung als vielmehr vom Fußball-Involvement der Tipper abhängt. So steht die Wahl expertise- und datenorientierter Tippstrategien in einem signifikanten Zusammenhang mit dem Fußballinteresse der Tippspielteilneh-

TABELLE 5
Tippstrategien

Ich achte auf…	expertise-orientiert	daten-orientiert	co-orientiert	sympathie-orientiert
die sportliche Qualität der Spieler und Trainer	.78			
die Stars in den Mannschaften	.71			
das Abschneiden bei vorherigen Spielen und Turnieren	.52			
Medienberichte	.44		.62	
nichts Besonderes	-.50	-.44		
mein Bauchgefühl		-.73		
meine persönliche Präferenz (Lieblingsteam)		-.52		
die Wettquoten		.65		
wissenschaftliche Erkenntnisse		.60		
die Wahrscheinlichkeit bestimmter Ergebnisse		.43		
die Einschätzungen und Meinungen von Freunden/ Bekannten			.80	
die Einschätzungen und Meinungen von Experten/ Prominenten			.64	
die optische Attraktivität der Spieler				.82
die Eigenschaften des Landes (z. B. Größe und Lage)				.46

Anmerkung: Hauptkomponentenanalyse, rotierte Lösung (Rotationsmethode: Varimax mit Kaiser-Normalisierung); dargestellt sind alle Ladungen >.40; 4 Faktoren, erklärte Varianz: 54 %; CO (EW: 3.2; erklärte Varianz: 23,2 %); DO (EW: 2.0; erklärte Varianz: 14,1 %); EO (EW: 1.3; erklärte Varianz: 9,4 %); SO (EW: 1.1; erklärte Varianz: 7,5 %).

mer, wobei ein mittelstarker Zusammenhang zwischen Fußballinteresse und expertiseorientierter Strategie ($r = .51, p < .001$) und ein schwacher Zusammenhang zwischen Fußballinteresse und datenorientierter Strategie ($r = .25, p < .001$) zu beobachten ist. Sowohl die Mediennutzung als auch die

TABELLE 6
Mediennutzung und Fußball-Involvement

	fußballbezogene Mediennutzung vor der EM (T1)	fußballbezogene Mediennutzung während der EM (T2)
Tipp-Strategien		
expertiseorientiert	.45***	.45***
datenorientiert	.27***	.22***
co-orientiert	-.06	-.01
sympathieorientiert	-.09	-.05

Anmerkung: Pearson's r; * p<.05, ** p<.01, *** p<.001

Wahl der Tippstrategie scheinen damit maßgeblich vom Fußballinteresse abhängig: Je stärker sich Tipper für Fußball interessieren, desto intensiver nutzen sie Medien fußballbezogen und desto eher ziehen sie daten- oder expertiseorientierte Tippstrategien in Betracht.

6.3 Tipperfolg

Bei Online-Tippspielen zu Großturnieren, die über einen langen Zeitraum gespielt werden und eine große Anzahl an Tipps erfordern, kommt es immer wieder vor, dass Tipper nicht alle Spiele tippen – zum Beispiel, weil sie keine Zeit haben (in der vorliegenden Studie 21 Prozent der Tipper, die Tipps ausgelassen haben) oder die Tippabgabe schlichtweg vergessen (75 %). Die Spieler kamen so im Durchschnitt auf ein Ergebnis von 52 Punkten (SD=14.1), was einem mittleren Wert von 1,2 Punkten pro Tipp entspricht. Teilnehmer, die alle 51 EM-Spiele tippten, erzielten durchschnittlich 60 Punkte (SD=8.5) und damit ebenfalls 1,2 Punkte pro getipptem Spiel. Die Anzahl der abgegebenen Tipps sagt also nichts über die Qualität der einzelnen Vorhersagen aus.

Der Gewinner des Projekt-Tippspiels erzielte 85 Punkte (1,7 Punkten pro Partie). Der schlechtplatzierteste Tipper, der für alle Spiele Tipps abgab, erreichte 32 Punkte (0,6 Punkte pro Spiel). Insgesamt sagten die 309 Tipper, die an Tippspiel und Befragung teilnahmen, bei durchschnittlich 4,7 EM-Spielen (SD = 2.4; Min=0, Max=11), also immerhin neun Prozent aller Begegnungen, das Endergebnis exakt vorher. Der richtige Torabstand wurde im Mittel in 9,6 Spielen (SD = 3.5; Min = 0, Max = 18) getippt, die richtige Tendenz in durchschnittlich 19,7 Partien vorhergesagt (SD = 5.1; Min = 1, Max = 32), was einem Anteil von 19 bzw. 39 Prozent aller EM-Spiele entspricht.

Tatsächlich erweist sich die fußballbezogene Mediennutzung als ein vergleichsweise guter Prädiktor für den Tipperfolg. Zwar sind die Zusammenhänge insgesamt eher schwach. Doch die generelle Mediennutzung, vor allem aber die Mediennutzung während des Turniers, kann den späteren Tipperfolg insgesamt besser erklären als Fußball-Involvement und die gewählten Tippstrategien (s. Tab. 7). Sowohl für die allgemeine Mediennutzung (T1) als auch für die Mediennutzung während der EM (T2) zeigen sich signifikante Zusammenhänge zwischen der Intensität der Nutzung und dem Abschneiden hinsichtlich aller relevanten Erfolgsgrößen (Gesamtpunktzahl, Punkte pro Tipp, Anzahl der exakt richtig getippten Endergebnisse, Anzahl der Tipps mit richtig getipptem Torabstand, Anzahl der Tipps mit richtiger Tendenz). In Anbetracht der Tatsache, dass potenziell eine Vielzahl an internen und externen Faktoren den Tipperfolg beeinflussen kann, ist dies ein durchaus bemerkenswerter Befund.

Das Fußball-Involvement der Teilnehmer hängt nur teilweise und insgesamt ebenfalls eher schwach mit dem Erfolg beim Online-Tippspiel zusammen. Die beste Vorhersagekraft kommt dabei dem generellen Fußballinteresse zu. Die Selbsteinschätzung als Fußballexperte wie auch das Auftreten als Meinungsführer sagen dagegen eher wenig über das spätere Abschneiden aus.

Was die Tippstrategien angeht, so erweist sich lediglich die expertiseorientierte Strategie als erfolgsversprechend, die zum Teil auch auf Informationen aus der Medienberichterstattung zurückgreift. Sie steht sowohl mit der erreichten Gesamtpunktzahl, der Anzahl der Tipps mit korrekter Tendenz und korrektem Torabstand als auch mit der durchschnittlich erreichten Punktzahl pro Tipp in einem positiven Zusammenhang. Keinen signifikanten Einfluss hat die Strategie dagegen auf die Anzahl der exakt vorhergesagten Spielergebnisse.

Als einzige weitere Tippstrategie steht die datenorientierte Strategie in einem schwach positiven Zusammenhang mit der durchschnittlich erreichten Punktzahl pro Tipp. Für die übrigen Herangehensweisen zeigen sich entweder keine oder mitunter sogar leicht negative Effekte auf den Tipperfolg. Besonders bemerkenswert daran ist, dass gerade die Tipper

TABELLE 7
Tipperfolg (alle Tipper)

	Punktzahl	Punkte/Tipp	Ergebnis	Abstand	Tendenz
Mediennutzung					
allgemeine Mediennutzung (T1)	.20***	.23***	.16**	.16**	.20***
Mediennutzung während der EM (T2)	.27***	.20***	.13*	.21***	.28***
Fußball-Involvement					
Fußballinteresse	.19***	.17**	.14*	.14*	.19***
Fußballkompetenz (Selbsteinschätzung)	.12*	.11	.06	.07	.13*
Meinungsführerschaft Fußball	.14*	.16**	.10	.09	.15**
Tippstrategien					
expertiseorientiert	.26***	.29***	.12	.15*	.29***
datenorientiert	.06	.14*	.12	.01	.00
co-orientiert	-.08	-.11	-.10	-.08	-.11
sympathieorientiert	-.12	-.11	-.06	-.08	-.14*

Anmerkung: Pearson's r; * p<.05, ** p<.01, *** p<.001

mit expertise- und mit Abstrichen auch datenorientierten Strategien sich durch eine verstärkte Mediennutzung auszeichnen (s. Abschnitt 6.2.). Die Ergebnisse sprechen damit insgesamt dafür, dass weniger die Affinität zum Fußball oder die Wahl einer bestimmten Tippstrategie als vielmehr die zielgerichtete fußballbezogene Mediennutzung das Abschneiden bei Tippspielen zu Fußballgroßereignissen am besten vorhersagen kann.

7. Fazit

Während der Mediennutzung als Einflussgröße bei Fußball-Tippspielen in bisherigen Studien allenfalls mit Blick auf die Anwendung bestimmter Heuristiken eine gewisse Beachtung geschenkt wurde (GRÖSCHNER/ RAAB 2006), wurde ihre mögliche Bedeutung für Tippstrategien und insbesondere das Abschneiden bei Online-Tippspielen bislang nicht systematisch untersucht. Durch die Verknüpfung eines Online-Tippspiels mit einer begleitenden Online-Befragung konnte im vorliegenden Beitrag am Beispiel der Fußballeuropameisterschaft erstmals unter weithin realistischen Bedingungen der Frage nachgegangen werden, welche Rolle die Mediennutzung für die angewandten Tippstrategien spielt und ob bzw. inwieweit sie sich auf den Tipperfolg bei Online-Tippspielen zu Fußballgroßturnieren auswirkt.

Dabei konnte gezeigt werden, dass der Intensität der fußballbezogenen Mediennutzung mit Blick auf den späteren Tipperfolg eine vergleichsweise gute Vorhersagekraft zukommt, während die meisten Tippstrategien für sich genommen mit dem Tipperfolg wenig bis gar nicht in Zusammenhang stehen. Lediglich die expertiseorientierte Strategie, die unter anderem auf Informationen aus der Medienberichterstattung zurückgreift und deren Anwender sich zudem im Vergleich mit Nutzern anderer Tippstrategien durch eine verstärkte fußballbezogene Mediennutzung vor und während der EM auszeichnen, korreliert signifikant mit dem Abschneiden in der EM-Tipprunde.

Zwar besteht ein Zusammenhang zwischen dem Fußball-Involvement und dem Tipperfolg der Teilnehmer, allerdings überrascht es durchaus, dass die Mediennutzung vor und besonders während der EM in einer meist noch stärkeren Beziehung zum Tipperfolg steht. Auch finden sich keine Hinweise darauf, dass Laien besser tippen als (selbsternannte) Fußballexperten, wie es in bisherigen Studien häufig konstatiert wurde. Vielmehr scheinen vor allem Tipper im Vorteil, die die Medienberichterstattung über Fußball regelmäßig und intensiv verfolgen, was darauf schließen lassen könnte, dass die auf medialem Weg erhaltenen Informationen den Tippern vergleichsweise effektive Hinweise für eine erfolgreiche Tippabgabe bereitstellen.

Um diesen Zusammenhängen noch detaillierter nachgehen zu können, sollten künftige Studien zusätzliche Aspekte neben der Tippabgabe in den Blick nehmen. Eine Verknüpfung von Inhaltsanalysedaten mit Befragungsdaten erscheint vielversprechend. Hierdurch könnte nachvollzogen werden, welche Medieninhalte welche Tippstrategien begünstigen und wie stark daraus ein Erfolg beim Tippen resultiert. Darüber hinaus muss kritisch angemerkt werden, dass die selbstselektive Auswahl der Befragten in der vorliegenden Studie keine verallgemeinerbaren statistischen Aussagen über alle Tippspielteilnehmer oder alle Tippspielarten zulässt. Schließlich muss einschränkend angemerkt werden, dass Tipperfolge bei anderen Spielmodi (z. B. bei anderer Punktevergabe für Tipps des exakten Ergebnisses oder des korrekten Abstands) mit den vorliegenden Ergebnissen nicht zwingend erklärt werden können.

Angesichts seiner wachsenden Bedeutung, insbesondere während Fußballgroßturnieren, scheint das gesellschaftliche Phänomen der Online-Tippspiele für die kommunikationswissenschaftliche Forschung auch in Zukunft durchaus lohnenswert. Neben der Bedeutung von Mediennutzung und Medieninhalten könnte dabei auch die Rolle der interpersonalen Kommunikation von besonderem Interesse sein. Gleichfalls relevant scheint zudem, inwiefern die Teilnahme an Online-Tippspielen die (mediale) Rezeption und das Erleben von Fußballspielen und Fußballgroßturnieren beeinflusst.

Literatur

ANDERSSON, P.; EDMAN, J.; EKMAN M. (2005). Predicting the world cup 2002 in soccer: Performance and confidence of experts and non-experts. In: *International Journal of Forecasting*, 21, S. 565-576.

ANDERSSON, P.; EKMAN, M.; EDMAN J. (2003). Forecasting the fast and frugal way: A study of performance and information-processing strategies of experts and non-experts when predicting the World Cup 2002 in soccer. In: *SSE/EFI Working Paper Series in Business Administration*, 9 (May 2003), S. 1-26.

ANDERSSON, P.; MEMMERT, D.; POPOWICZ, E. (2009). Forecasting outcomes of the world cup 2006 in football: Performance and confidence of bettors and laypeople. In: *Psychology of Sport and Exercise*, 10, S. 116-123.

ARBEITSGEMEINSCHAFT ONLINE FORSCHUNG (AGOF). (2012). *Quartalsbericht zur internet facts 2012-12*. Frankfurt/M.: AGOF.

BITKOM. (7. Juni 2016). *Fussball EM 2016: Jeder Sechste nimmt an Online-Tippspiel teil*. Abgerufen von https://www.bitkom.org/Presse/Presseinformation/Fussball-EM-2016-Jeder-Sechste-nimmt-an-Online-Tippspiel-teil.html

BÖLZ, M. (2014). *Fußballjournalismus: Eine medienethnographische Analyse redaktioneller Arbeitsprozesse.* Wiesbaden: Springer vs.

DEUTSCHER FUSSBALL-BUND (DFB). (2016). *Mitgliederstatistik 2016.* Frankfurt/M.: DFB.

FOCUS ONLINE (6. Juni 2016). EM 2016 in ARD, ZDF, Sat.1. So läuft die Euro im deutschen Fernsehen ab. In: *Focus Online.* Abgerufen von http://www.focus.de/sport/fussball/em-2016/tv-sendungen-aus-frankreich-ard-zdf-sat1-so-laeuft-die-fussball-em-im-deutschen-fernsehen-ab_id_5599515.html

FORREST, D.; GODDARD, J.; SIMMONS, R. (2005). Odds-setters as forecasters: The case of English football. In: *International Journal of Forecasting, 21*, S. 551-564.

FORREST, D.; SIMMONS, R. (2000). Forecasting sport: The behaviour and performance of football tipsters. In: *International Journal of Forecasting, 16*, S. 317-331.

GEBAUER, G. (2013). Vom »Proletensport« zum »Kulturgut«. In: *Aus Politik und Zeitgeschichte, 63*(27-28), S. 8-14.

GERHARD, H.; GEESE, S. (2016). Die Fußball-Europameisterschaft 2016 im Fernsehen: Daten zur Rezeption und Bewertung. In: *Media Perspektiven, o. Jg.* (10), S. 491-500.

GIGERENZER, G. (1991). How to Make Cognitive Illusions Disappear: Beyond »Heuristics and Biases«. In: *European Review of Social Psychology, 2*(1), S. 83-115.

GIGERENZER, G.; KOBER, H. (2008). *Bauchentscheidungen: Die Intelligenz des Unbewussten und die Macht der Intuition.* München: Goldmann.

GODDARD, J. (2005). Regression models for forecasting goals and match results in association football. In: *International Journal of Forecasting, 21,* S. 331-340.

GOLDSTEIN, D. G.; GIGERENZER, G. (2009). Fast and frugal forecasting. In: *Internation Journal of Forecasting, 25,* S. 760-772.

GRÖSCHNER, C.; RAAB, M. (2006). Vorhersagen im Fußball. In: *Zeitschrift für Sportpsychologie, 13*(1), S. 23-36.

HERZOG, S. M.; HERTWIG, R. (2011). The wisdom of ignorant crowds: Predicting sport outcomes by mere recognition. In: *Judgment and Decision Making, 6*(1), S. 58-72.

HORKY, T.; NIELAND, J.-U. (Hrsg.). (2013). *International Sports Press Survey 2011. Quantity and Quality of Sports Reporting.* Norderstedt: Books on Demand.

INSTITUT FÜR DEMOSKOPIE ALLENSBACH. (2010). »*Der Ball rollt wieder*« *Vor allem Männer freuen sich: die Fußball-Bundesliga hat wieder begonnen.* Allensbach: Allensbacher Berichte.

KAHNEMAN, D.; TVERSKY, A. (1973). On the psychology of prediction. In: *Psychological Review*, *80*(4), S. 237-251.

KLEIN, C.; SCHMIDT-LUX, T. (2006). Ist Fußball Religion? Theoretische Perspektiven und Forschungsbefunde. In: E. THALER (Hrsg.): *Sprache & Kultur. Fußball – Fremdsprachen – Forschung* (S. 18-35). Aachen: Shaker.

LANDERER, N. (2013). Rethinking the Logics: A Conceptual Framework for the Mediatization of Politics. In: *Communication Theory*, *23*(3), S. 239-258.

MARR, M. (2009). Die mediale Transformation des Sports. In: H. SCHRAMM; M. MARR (Hrsg.): *Die Sozialpsychologie des Sports in den Medien* (S. 15-39). Köln: Herbert von Halem.

MAZZOLENI, G.; SPLENDORE, S. (2015). Media Logic. Oxford Bibliographies (online). doi:10.1093/obo/9780199756841-0166

MEIER, H. E.; HAGENAH, J. (2016). »Fußballisierung« im deutschen Fernsehen?: Eine Untersuchung zum Wandel von Angebot und Nachfrage bei den wichtigsten Free TV-Sendern. In: *Medien & Kommunikationswissenschaft*, *64*(1), S. 12-35.

MEYEN, M. (2014). Medialisierung des deutschen Spitzenfußballs. Eine Fallstudie zur Anpassung von sozialen Funktionssystemen an die Handlungslogik der Massenmedien. In: *Medien & Kommunikationswissenschaft*, *62*(3), S. 377-394.

MEYEN, M. (2015). Aufmerksamkeit, Aufmerksamkeit, Aufmerksamkeit: Eine qualitative Inhaltsanalyse zur Handlungslogik der Massenmedien. In: *Publizistik*, *60*(1), 21-39.

MITTAG, J.; ISMAR, G. (2004). »Fußballisierung«? Wechselwirkungen von Politik und Fußball in der Mediengesellschaft. In: J.-U. NIELAND; K. KAMPS (Hrsg.): *Politikdarstellung und Unterhaltungskultur. Zum Wandel der politischen Kommunikation* (S. 164-192). Köln: Herbert von Halem.

PACHUR, T.; BIELE, G. (2007). Forecasting from ignorance: The use and usefulness of recognition in lay predictions of sport events. In: *Acta Psychologica*, *125*, S. 99-116.

PAPERLEIN, J. (21. August 2014). Fußball-WM beflügelt Reichweiten im Juni. *Horizont*. Abgerufen von http://www.horizont.net/medien/nachrichten/Agof-Internet-Facts-Fussball-WM-befluegelt-Reichweiten-im-Juni-121884

SCHÄFER, M.; SCHÄFER-HOCK, C. (2016). Mailand oder Madrid? Eigenschaften und Verlässlichkeit der Fußball-Transferberichterstattung in Deutschland. In: *Medien & Kommunikationswissenschaft*, 64(3), S. 379-401.

SCHAFFRATH, M. (2012). *Sport-PR als Beruf: empirische Studie zum Aufgaben- und Anforderungsprofil von Pressesprechern im Sport.* Berlin: LIT.

SCHRÖDER, J. (23. August 2012). AGOF: EM sorgt für neue Rekordzahlen. *MEEDIA*. Abgerufen von http://meedia.de/2012/08/23/agof-em-sorgt-fur-neue-rekordzahlen/

SCHRÖDER, J. (14. Juli 2014a). 34,65 Mio.: Deutscher WM-Sieg holt Quote für die Ewigkeit. In: *MEEDIA*. Abgerufen von http://meedia.de/2014/07/14/3465-mio-deutscher-wm-sieg-holt-quote-fuer-die-ewigkeit/

SCHRÖDER, J. (2014b). AGOF: Kicktipp, ran.de, weltfussball.de und kicker.de größte WM-Profiteure. In: *MEEDIA*. Abgerufen von http://meedia.de/2014/08/21/agof-kicktipp-ran-de-weltfussball-de-und-kicker-de-groesste-wm-profiteure/

SPANN, M.; SKIERA, B. (2009). Sports forecasting: a comparison of the forecast accuracy of prediction markets, betting odds and tipsters. In: *Journal of Forecasting*, 28, S. 55-72.

SPIEGEL ONLINE. (2016). Fußball schlägt wieder alles. In: *Der Spiegel*. Abgerufen von http://www.spiegel.de/sport/sonst/fussball-em-war-der-quotenbringer-des-jahres-im-fernsehen-a-1127589.html

WILLMS, W. (2004). Die regionalwirtschaftliche Bedeutung des Profi-Fußballs am Beispiel des VFL Bochum 1848 e.V. In: P. HAMMANN; L. SCHMIDT; M. WELLING (Hrsg.): *Ökonomie des Fußballs. Grundlegungen aus volks- und betriebswirtschaftlicher Perspektive* (S. 61-86). Wiesbaden: Deutscher Universitäts-Verlag.

III. INSZENIERUNG UND KOMMENTIERUNG VON SPORTGROSSEREIGNISSEN

JASPER A. FRIEDRICH / HANS-JÖRG STIEHLER /
HOLGER IHLE

Mit Routine und Innovation:
Eine vergleichende Analyse der
Inszenierungsmuster des Champions League-
Finales von 2015 in fünf europäischen Ländern

1. Die Champions League als Medienereignis

Die UEFA Champions League (CL) als Pokalwettbewerb europäischer Vereine, hervorgegangen aus dem Cup der Landesmeister, zählt zu den wichtigsten internationalen Cup-Wettbewerben im Fußball.[1] Ihr Finale erreicht weltweit große Publika. In mehr als 100 Ländern haben Fernsehstationen Rechte an den Übertragungen für Free TV und Pay TV erworben (UEFA 2015). Das Finale von 2010 erreichte weltweit über 100 Millionen Zuschauer (BBC 2010), für das Jahr 2013 wird von 360 Millionen gesprochen (CHISHTI 2013). In Jahren ohne Turniere der Welt- oder Europameisterschaft, an denen Nationalmannschaften teilnehmen, kann das CL-Finale als Topevent zumindest des europäischen Sports gelten. Neben dem herausgehobenen sportlichen Prestige dieses Wettbewerbs wird dies auch an den hohen Zuschauerzahlen

---

[1] Der Pokal der Landesmeister wurde 1955 ins Leben gerufen und bis 1991/92 unter diesem Titel ausgetragen, ehe eine Umbenennung erfolgte. Ab 1997 wurden für die Champions League auch Vizemeister, später weitere Mannschaften (nach Ranglistenpunkten) zugelassen. Dahinter steht die Idee einer europäischen »Superliga«. Damit verbunden waren Veränderungen im Wettkampfmodus (Gruppenphase), die den beteiligten Vereinen ein Mindestmaß an Spielen – und über entsprechende Fernsehverträge – gut dotierte Mindesteinnahmen garantierten.

deutlich: Während 2013 beim rein deutschen Finale zwischen Dortmund und München 21,6 Millionen Zuschauer allein im ZDF das Spiel verfolgten, waren es ohne deutsche Beteiligung in 2014 und 2015 noch 7,4 bzw. 9,7 Millionen Zuschauer (vgl. ZUBAYR/GERHARD 2014: 151; SANCHEZ 2016). Das UEFA Champions League Finale ist insofern vergleichbar mit den Finales anderer populären Sportarten, etwa dem *Super Bowl* des American Football (NFL) oder dem Finale der *Copa Libertadores de América*, dem südamerikanischen Pendant der Champions League.

Entsprechend aufwendig sind die Inszenierungen des Finales im Fernsehen. Seit den 1990er-Jahren ist zu beobachten, dass die Übertragung wichtiger Fußballspiele im deutschen Fernsehen zu einer Programmfläche geworden ist, an der das eigentliche Spiel nur einen kleineren Anteil hat und von umfänglicher Vor- und Nachberichterstattung mit einer Vielzahl an journalistischen und nichtjournalistischen Formen gerahmt wird (vgl. STIEHLER/MARR 2002). Das hat vor allem zwei Gründe (vgl. u. a. SCHIERL 2004: 105ff.): Zum einen lassen sich die Basiskosten der Übertragung (vor allem die Rechtekosten) auf eine deutlich längere Sendezeit verteilen. Diese wiederum ermöglicht mehr Werbung und fördert damit die Refinanzierung der Kosten. Zum anderen kann das Aufladen des Spiels zum Großereignis, zum Medienevent, als Versuch interpretiert werden, Unterhaltungswerte zu generieren, selbst wenn das in Verlauf, Qualität und Ergebnis unplanbare Geschehen auf dem Rasen die Erwartungen der Publika nicht erfüllen sollte (vgl. STIEHLER 2007). Beide Gründe sprengen den nationalen Kontext und lassen international ähnliche Entwicklungen erwartbar machen, so sehr sich die medienpolitischen und medienökonomischen Bedingungen von Land zu Land unterscheiden mögen (THOMASS 2007). Daher fragt unsere Fallstudie zum Finale von 2015 (6. Juni 2015, Olympiastadion Berlin: FC Barcelona vs. Inter Mailand; Endstand 3:1), ob es in verschiedenen Ländern ähnliche Muster der Berichterstattung und der generellen Anlage des Finalabends gibt.

2. Der Großsportabend als spezielles Sendeformat

Mit Großsportabend meinen wir ein Sendeformat, in dessen Mittelpunkt zwar ein, in der Regel wichtiges (Live)Sportereignis steht, das aber von einer umfangreichen und formal vielfältigen Vor- und Nachberichterstattung »gerahmt« wird. Diese Rahmenberichterstattung führt meist dazu, dass das eigentliche Sportereignis nur noch einen – mehr oder minder großen – Bruchteil der Sendezeit einnimmt. Die Rahmenberichterstattung erlaubt damit auch eine flexible Handhabung von Richtlinien und Normen der Werbung und des Sponsorings, das in vielen Ländern nur zwischen Programmteilen, aber nicht in der Sportübertragung selbst zulässig ist.[2] Dieses Format hat sich entwickelt aus der großflächigen (Live)Berichterstattung über Sportereignisse wie die Olympischen Spiele oder Europameisterschaften etwa in der Leichtathletik und im Schwimmen. Dort ist durch die Veranstaltungsform bzw. dem Wettkampfablauf eine Serie von (vielfältigen) Wettkämpfen gegeben (entweder verschiedene Sportarten wie bei Olympia oder verschiedene Wettkampfstufen wie Qualifikation, Viertel-, Halbfinale und Endkampf). Damit steht den übertragenden Sendeanstalten ein hinreichend umfangreiches Material für halb- und ganztägige Berichterstattung zur Verfügung. Der permanente Wechsel zwischen Subformaten wie Live-Übertragung, Studio-Gespräch, Tagesrückblick, Feldinterview, Hintergrundreportage, Gewinnspiel und anderen Formen der Zuschauerbeteiligung, Berichten über Land, Leute, Stars und Sternchen sind charakteristisch für die Gestaltung längerer Programmflächen (vgl. als Beispiel STEINBRECHER 2009). Die Fußballwelt- und Europameisterschaften sind insbesondere durch die Erhöhung der Teilnehmerzahlen und die dadurch erreichte Verdichtung des Spielplans (mindestens in den jeweiligen Vor- und Zwischenrunden) in diese Reihe hineingewachsen – mit dem Effekt, dass die jeweiligen übertragenden (= Rechte besitzenden) Sender an den Spieltagen quasi zu Fußballsendern eigener Art geworden sind (vgl. FRIEDRICH/STIEHLER 2005; HORKY 2007). Die Extension der Sendezeit und die Schaffung von thematisch einheitlichen Programmflächen ist seit längerem eine dominierende Form der Programmierung, nicht nur im Sport (vgl. u. a. KOCH-GOMBERT 2005). Das ist auch in der Programmierung von Spielfilmen, Real Soap- oder Gerichtsshow-Nachmittagen, Themenabenden usw. zu beobachten. Ein Hintergrund ist die Sicherung des sogenannte ›audience flow‹, also der Mitnahme oder ›Vererbung‹ von Publika von einer Sendung in die thematisch oder formal ähnliche nächste Sendung (vgl. KUCHENBUCH/AUER 2006). Im Falle des Sports und speziell

2 Es ist für das Format aus Zuschauersicht unerheblich, ob – beispielsweise in den senderinternen Programmablaufplänen und/oder in den Statistiken der kontinuierlichen Fernsehforschung (wie z. B. den Ergebnistabellen der AGF in Deutschland) – der Sportabend als eine oder mehrere Sendungen »abgerechnet« wird oder in den offiziellen Programmverlautbarungen als eine oder mehrere Sendungen angekündigt wird. Wichtig ist hier nur der thematisch zentrierte Programmfluss, selbst wenn andere Sendeformen wie beispielsweise Kurznachrichten und Werbung die Sportberichterstattung kurzzeitig unterbrechen.

des Fußballs als einer europäischen Kernsportart, kommen weitere Faktoren hinzu. Zum einen sind die Senderechte inzwischen so teuer geworden, dass die »Verteilung« dieser Fixkosten auf möglichst viele Sendeminuten ökonomisch sinnvoll ist bzw. für das interne Controlling geboten scheint (vgl. SCHIERL 2004). Zum anderen dürfen die übertragenden Fernsehsender zumindest bei absoluten Programmhöhepunkten unterstellen, dass Publikumsinteresse und -aufmerksamkeit, ablesbar an Nutzungsquoten, höher sind als bei den Programmteilen, die sie ansonsten zu diesen Zeiten ausstrahlen.[3] Damit werden sie nicht nur Publikumsbedürfnissen, vor allem nach Spannungserhöhung vor und nach Anschlusskommunikation in der Nachspielphase gerecht, sondern gewinnen in der Tagesabrechnung Marktanteile. So kann sich ein programmliches Engagement für Topsport-Ereignisse selbst dann »rechnen«, wenn beispielsweise der eingekaufte Event nicht über Werbung refinanziert werden kann.

Dass einzelne Sportereignisse wie das CL-Finale im Format des Großsportabends inszeniert werden, steht also bereits in einer gewissen Tradition der Sportberichterstattung.[4] Aktuelle Analysen zu Sportformaten und zu deren Entwicklung sind relativ rar (für ein frühes Beispiel vgl. WILLIAMS 1977). Größeres wissenschaftliches Interesse haben der Super Bowl (REAL 1975, 1989; BUTTERWORTH 2008) und die Olympischen Spiele, insbesondere deren Eröffnungsfeiern (DE MORAGAS/RIVENBURGH/LARSON 1995) hervorgerufen, allerdings vorwiegend hinsichtlich ihrer narrativ-ideologischen Aspekte. Das Format »Finale« (eines bedeutenden internationalen Wettbewerbs) ist durch eine Reihe von Merkmalen gekennzeichnet, die auch andere Medienereignisse kennzeichnen (vgl. DAYAN/KATZ 1992: 188ff.): umfangreiche Aufmerksamkeit schon im Vorfeld des Ereignisses, zielgerichtete Planung der Berichterstattung, prominente (fernsehgerechte) Platzierung, die sowohl die übliche Programmierung der TV-Programme wie die Routinen des Alltags des Publikums unterbrechen; eine festive Rahmung des Ereignisses

---

3   Zwar gibt es bei Reichweitenuntersuchungen von Fußballspielen ein weitgehend stabiles Muster, das jeweils ansteigende Werte nach Spielbeginn bis ca. 5 Minuten vor der Pause bzw. dem Schlusspfiff sowie relativ geringere Quoten für die Zeit vor und nach dem Spiel (sowie in der Pause) zeigt (vgl. als Beispiel: FRIEDRICH/STIEHLER 2005). Doch ist für die hier angedeutete Rechnung entscheidend, dass diese Quoten über denen liegen, die üblicherweise zu diesen Sendezeiten erreicht werden.

4   Dieses Format diffundiert inzwischen in alle Segmente der Sportberichterstattung – auch Vorrundenspiele zur WM, Viertelfinals des DFB-Pokals oder Aufstiegsspiele zur 4. Liga können inzwischen diesem Format unterworfen sein.

selbst (Introduktion der Akteure, Siegerehrung usw.). Das CL-Finale von 2015 fand – im Unterschied zu den Normalspieltagen – an einem Sonnabend statt, an dem zumindest in Deutschland (in den Vollprogrammen) reichweitenträchtige Angebote aus nichtfiktionaler und fiktionaler Unterhaltung gesendet werden. Es weist eine (relativ knappe) feierliche Eröffnung, die CL-typische Einführung der Mannschaften sowie eine Siegerehrung auf der Ehrentribüne und auf dem Platz als Rahmen auf. Die Erwärmung der Mannschaften bietet den Sendern, die schon früh aufgeschaltet haben, zusätzliche Bilder aus dem Stadion. Weitere Bilder generieren die Sender selbst (Anfahrt und Ankommen der Teams sowie der Fans im Stadion, Bilder der Mannschaften und von VIPs aus den Katakomben des Olympiastadions usw.).

Die Gestaltung der umfangreichen Vor- und Nachberichterstattung wirft für die jeweiligen Sender eine ganze Reihe von Problemen und Möglichkeiten bei der Inszenierung des Fußballabends auf. Zum einen benötigen Großsportabende einen klaren Programmfluss und eine auf den »eigentlichen« Kern, das Spiel, hinführende Dramaturgie. Dies kann etwa durch eine hohe Programmdynamik (Vielfalt und Kürze der Subformate wie Einspieler, Schaltungen an andere Schauplätze wie Stadion, Vorplatz, Trailer, Gewinnspiele, Interviews, Diskussionsrunden usw.) erreicht werden. Zum anderen lassen sich bedingt durch das Ziel der Refinanzierung der Rechtekosten, Bindungen aus den Senderechtsverträgen und schließlich der Rezipierbarkeit des Spiels weitere Sendungsbestandteile klassifizieren, die wir in obligatorische und fakultative Programmelemente unterscheiden. Als obligatorische Elemente bezeichnen wir Basisinformationen, ohne die das Spiel nicht rezipierbar ist, sowie Elemente, die in den Verträgen über die Nutzungsrechte als feste Gestaltungselemente vorgegeben sind. Zu den obligatorischen Elementen gehören:

- Informationen über die Mannschaften, die Konstellation, die Aufstellungen und die Schiedsrichter,
- eine Einführung des Handlungsorts (z. B. über einen ›establishment shot‹, der in der Regel schon vom Host bereitgestellt wird, der das Weltbild produziert),
- in den Übertragungsregeln festlegte Gestaltungselemente der UEFA CL (Eröffnungsfeier und Pokalübergabe, CL-Trailer, Sponsorenhinweise usw.).[5]

---

5   Die tatsächlich vom Veranstalter (UEFA) vorgegebenen (obligatorischen) Elemente dürften sich aus den Verträgen mit den übertragenden Sendern ableiten lassen bzw. aus Regieleitfäden für

Diese obligatorischen Elemente finden sich also produktionstechnisch bedingt nicht in der Rahmenberichterstattung, sondern in der unmittelbaren Übertragung des Spiels.

Fakultative Programmelemente gehen über diese Basiselemente hinaus und haben in der Vor- und Nachberichterstattung ihren bevorzugten Platz. Fakultative Elemente sind daher u. a.:

- ausgebaute obligatorische Elemente in aufbereiteten Beiträgen (z. B. Diskussion der Teamaufstellung statt deren bloßer Nennung)
- Analyse der taktischen Konstellationen,
- Einführung des Handlungsorts (mehr oder minder ausführlich),
- Beiträge zum Saisonverlauf und dem Weg der Mannschaften ins Finale,
- Vorstellung besonders wichtiger Spieler,
- Tippaktionen (durch Prominente, Experten und andere Akteure),
- Berichte von Anfahrt und Ankunft der Mannschaften im Stadion,
- Interviews,
- Social Media-Aktionen usw.

Der Fantasie, Programm zu füllen, sind hinsichtlich der fakultativen Elemente kaum Grenzen gesetzt. Insofern sind die hier aufgelisteten Möglichkeiten als ein Vorschlag zur Systematisierung von Programmelementen zu verstehen, die zur Inszenierung eines Fußball-TV-Abends eingesetzt werden können. An diesen Systematisierungsvorschlag schließt sich unsere explorativ zu beantwortende Forschungsfrage an, die wir in zwei Aspekte ausdifferenzieren:

- In welchem Umfang berichten die verschiedenen Sender?
- In welchem Umfang machen die Sender von den verschiedenen Gestaltungsmöglichkeiten Gebrauch?

Wir unterstellen als Grundannahme, dass es im internationalen Vergleich ähnliche Muster der Berichterstattung über solche Höhepunkte gibt. Die internationale Verbreitung des Formats »Großsportabend« ist wenig erklärungsbedürftig. *Erstens* stehen Sender in den verschiedensten Ländern (auch mit sehr unterschiedlichen Rundfunksystemen) jeweils vor ähnlichen Problemen der Gewinnung von Aufmerksamkeit unter Bedingungen scharfer nationaler (und im Online-Zeitalter: internationaler!)

---

die Produktionsfirma, die das Basissignal bereitstellt. Da diese Dokumente nicht öffentlich zugänglich sind, lässt sich an dieser Stelle nicht unterscheiden, welche obligatorischen Elemente lediglich aus Informationsgründen und welche aufgrund vertraglicher Bindung genutzt werden.

Konkurrenz. Eine extensive Nutzung eines Sendegutes solcher Qualität wie die UEFA Champions League und ihres Finales ist ein probates Mittel im Kampf um Marktanteile. *Zweitens* haben alle Sender ähnliche Probleme der Refinanzierung von Rechte- und Übertragungskosten – Sendezeit-Verlängerungen geben die Chance zusätzlicher Werbeblöcke. Ein gutes Beispiel ist das CL-Magazin des ZDF, (Inhaber der Übertragungsrechte in Deutschland von 2012 bis 2018). Diese Sendung beginnt an den Mittwoch-Spieltagen jeweils 19.20 Uhr und gestattet damit zwei Werbeblöcke vor und nach der Sendung (nach 20.00 Uhr ist dem ZDF Werbung untersagt). *Drittens* hat der Großsportabend eine lange Tradition, wie ja das Sportfernsehen sozusagen ein Gründungselement des Fernsehens überhaupt war. Durch Programmbeobachtung über die Landesgrenzen hinweg und internationalen Programmaustausch können sich Inszenierungsformen und Gestaltungsideen über die Sendeanstalten, die ja ohnehin in Verbünden wie der EBU (European Broadcasting Union) zusammenarbeiten, verallgemeinern. Daher kann einerseits angenommen werden, dass es bei Programmhöhepunkten wie dem Finale der UEFA Champions League ähnliche Muster der Programmgestaltung und Inszenierung gibt.[6] Andererseits ist eher erklärungsbedürftig, wenn TV-Programme von diesen Mustern abweichen, was unsere Grundannahme differenziert. Dafür kann das Konzept der Nachrichtenwerte herangezogen werden (vgl. MAIER/MARSHALL/STENGEL 2010). Für das von uns untersuchte Finale der Champions League von 2015 (FC Barcelona vs. Juventus Turin 3:1, Olympiastadion Berlin, 06. Juni 2015) bedeutet das: Es kann angenommen werden, dass aufgrund der hohen Ausprägung der Nachrichtenfaktoren »Nähe« und »Konflikt« die TV-Sender aus den Ländern der beiden Kontrahenten Juventus Turin und FC Barcelona, also der jeweils übertragende italienische und spanische Sender, Inszenierungen aufweisen, die umfangreicher und aufwendiger sind als bei den Sendestationen anderer Nationen. Im Fall des hier untersuchten Finalspiels in Deutschland kann zudem vermutet werden, dass sich der Nachrichtenfaktor »Nähe« auch auf die Inszenierungen der deutschen übertragenden Sender auswirkt und eine, ebenfalls längere und aufwendigere Aufmachung der Spielübertragung nach sich zieht. Umgekehrt folgt

---

6   Die Übertragung des Spiels ist ohnehin normiert, da der »Spiel-Film« im Auftrag der UEFA als Weltbild produziert wird. TV-Stationen können für eigene Zwecke dann noch jeweils eigene Studios und eigene Kamerapositionen buchen, z. B. für Feldinterviews oder für Bilder aus den Katakomben.

daraus, dass die Aufmachung der übertragenden Sender aus Ländern, die weder eine Mannschaft, noch den Spielort stellen, am wenigsten aufwendig gestaltet sein dürfte. Diese Erwartungen werden hier bewusst nicht als Hypothesen formuliert, da die im Folgenden vorgestellte Fallstudie aufgrund ihres explorativen Charakters für deren Prüfung nur bedingt geeignet ist.

3. Methode

Um die Forschungsfrage nach Umfang und Struktur der CL-Übertragungen in unterschiedlichen Ländern zu beantworten, wurde eine Inhaltsanalyse durchgeführt. Dem Untersuchungsdesign nach handelt es sich dabei um eine Fallstudie – es werden nicht (potenziell) alle TV-Übertragungen des CL-Finales seit 1997 untersucht, sondern nur die Version von 2015. Fallstudien sind aussagekräftig, wenn sie erstens einen möglichst umfassenden Zugang zum Untersuchungsgegenstand aufweisen und zweitens die exemplarische Relevanz des Falls verdeutlichen können. Der ersten Bedingung entspricht die hier vorgestellte Studie durch zwei Aspekte: Zum einen wird das untersuchte Beispiel anhand der Übertragung von insgesamt sechs verschiedenen Sendern aus fünf verschiedenen Ländern international vergleichend untersucht. Zum anderen erfolgt eine umfassende Betrachtung dieser Übertragungen, die jeweils vollständig (und nicht durch Teilstichproben) in die Analyse eingehen. Für die Relevanz des gewählten Falls für die Fragestellung nach Unterschieden und Gemeinsamkeiten in den Inszenierungs- und Gestaltungsmustern spricht zunächst die Annahme, dass es sich bei der Übertragung des Finales um ein eingeführtes Format handelt, das seit über 20 Jahren von Fernsehanstalten genutzt wird – nicht nur bei der Champions League, sondern auch bei anderen internationalen und nationalen Wettbewerben. Dessen Einzelbestandteile mögen zwar variiert sein und es können immer wieder einzelne Elemente (mehr oder minder innovativ) hinzukommen, aber die grundlegenden »Zutaten« bleiben stabil.[7] Da in dieser Studie auch die Grundannahme untersucht werden soll, inwiefern es ein übergreifendes

---

7 So verwendeten Sky und TVE aus den Fernsehbildern errechnete Computersimulationen, die eine 360-Grad-Sicht auf Spielsituationen ermöglichen, Sky nach eigenen Angaben 2015 erstmals (und zwar beim DFB-Finale eine Woche zuvor!).

Muster »Großsportfernsehabend« gibt, muss sichergestellt sein, dass die Ereignisrelevanz in den untersuchten Programmen vergleichbar hoch ist. Für diese hohe Relevanz spricht hier, dass die übertragenden Sender die Ausstrahlungslizenz in Erwartung hoher Zuschauerzahlen erworben haben. Daraus folgt, dass das Finalspiel bei allen Sendern gleichermaßen einen Höhepunkt des TV-Programms darstellt und unabhängig von der Beteiligung heimischer Teams auch als ein besonderes Event inszeniert wird (mit dem Ziel ästhetische und technische Perfektion zu bieten, bewährte und beliebte Moderatoren und Reporter usw.). Übertragungen aus Ländern, in denen Fußball wenig öffentliche Aufmerksamkeit erhält (etwa USA), wurden deshalb hier nicht mit einbezogen.

Das für die Studie herangezogene Fallbeispiel ist das Champions-League Finale 2015 zwischen Juventus Turin und dem FC Barcelona am 6. Juni 2015 im Berliner Olympiastadion. Das Untersuchungsmaterial besteht aus Mitschnitten aus den Programmen aus Deutschland (SKY - privates Pay TV, ZDF), Spanien (TVE - öffentlich-rechtlich), Italien (Mediaset CANALE 5 - privat), England (ITV - privat) und Russland (NTV - privat).[8] Deutschland wurde als Gastgeber, Spanien und Italien wurden aufgrund der Spielansetzung ausgewählt. Mit England und Russland sind zwei neutrale Nationen vertreten, die die europäische Ost-West-Achse repräsentieren. Dabei steht England als »Mutterland des modernen Fußballs« als ein Land mit traditionell stark an Fußball interessiertem Publikum und Russland als ein Land mit weniger Fußballtradition, in welchem aber mit Perspektive auf die bevorstehende Fußball-WM 2018 ein steigendes Interesse unterstellt werden kann.

Aufgezeichnet und ausgewertet wurden jene Sendungen, die in den Programmankündigungen der Sender direkt als »Champions-League-Finale« annonciert wurden. Das heißt, im Titel der Sendung musste das Finalspiel genannt werden oder aus der Beschreibung des Sendungsinhalts hervorgehen, dass die Berichterstattung von diesem Spiel der alleinige Hauptinhalt der Sendung war. Die verschiedenen Kanäle hatten z. T. noch andere Sendungen dem Anlass gewidmet, die aufgrund ihres deutlichen Unterhaltungscharakters (SKY und ZDF jeweils mit Nachmit-

---

8   Die Autoren danken Prof. Dr. Lothar Mikos (Filmuniversität Potsdam-Babelsberg) und seinen ungenannten Helfern für die Vermittlung von Mitschnitten aus Italien, Spanien und England sowie Karina Gareeva für die Beschaffung der russischen Version.

tagssendungen vom Brandenburger Tor – einmal als Diskussionsrunde, einmal als Spielshow) nur bedingt aussagekräftig sind. Lediglich eine Spätsendung von ITV stellte eine Art zeitversetzte Spielnachbetrachtung und -analyse mit Relevanz dar. Sie startete allerdings nach zwei eingeschobenen Quizshows 70 Minuten nach Ende der Übertragung und fiel damit dem eng ausgelegten Aufgreifkriterium zum Opfer.[9]

Die Struktur der Berichterstattung wurde mit einer Kombination von Sequenzprotokoll und Inhaltsanalyse analysiert, wobei der Schwerpunkt auf der Dauer der verschiedenen Sequenztypen (Grobstruktur und Feinstruktur) lag. Codiert wurde auf vier Ebenen: Die erste Ebene betrifft die Grobstruktur der jeweiligen Sendungen. Hier wurde zunächst nur nach Vorlauf, 1. Halbzeit, Pause, 2. Halbzeit und Nachlauf (inkl. Siegerehrung) unterschieden. Im zweiten Schritt wurden Subformate definiert wie Diskussionsrunde, Schaltung an andere Plätze, Werbung, Trailer, Studio- bzw. Expertengespräch, Interview, Bericht (in der Regel Einspieler). Die Übergänge zwischen diesen Subformaten sind normalerweise deutlich im Programm markiert. In einem dritten Schritt wurden Mikrosequenzen codiert. Mikrosequenzen sind Abschnitte innerhalb der genannten Subformate. Als Unterscheidungsmerkmal wurde hier der Wechsel der Bildebene angesehen. Gerade Diskussionsrunden im heutigen Fernsehen sind dadurch gekennzeichnet, dass auf einem Studiomonitor mehr oder minder gut zum diskutierten Thema passende Bilder laufen (aus dem Stadion, aus älteren Spielberichten usw.). Als Beginn bzw. Ende der jeweiligen Mikrosequenz wurde der Zeitpunkt markiert, an dem diese Hintergrundbilder für den Zuschauer auf den ganzen Bildschirm auf- bzw. abgeschaltet wurden, während im Off weiterhin die Diskussion fortgesetzt wurde. Diese Mikrosequenzen waren fast durchgängig monothematisch, wodurch sich eine Feincodierung der Themen ergab. In dieser Feinstrukturanalyse wurden die Sequenzen nach Inhalten (Spielszenen, Kommentar, Zeremonie) sowie nach journalistischen Darstellungsformen (MAZ, Bericht, Interview, Gespräch, Werbung, Trailer und Sonstiges) differenziert. Außerdem wurde der Berichterstattungsort erhoben und nach Übertragung aus dem Stadion bzw. dem Platz, dem Studio und anderen Plätzen (Einspieler, Werbung/Trailer

---

9 Aufgrund des Charakters der Übertragung (rasches Ende nach der Siegerehrung) durfte für Mediaset CANALE 5 ebenso eine nachbetrachtende und/oder analytische Sendung erwartet werden. Dies ließ sich jedoch nicht mit hinreichender Sicherheit klären.

usw.) differenziert. An der Codierung war neben zwei der Autoren eine studentische Hilfskraft beteiligt; aufgrund des übersichtlichen und formalisierten Kategoriensystems wurde auf eine Reliabilitätsprüfung verzichtet.

4. Ergebnisse

Im Folgenden werden verschiedene Befunde, die für die Beantwortung der zweiteiligen Forschungsfrage relevant sind, dargestellt. Dabei werden zunächst Gesamtumfang und Grobstrukur der Übertragungen betrachtet. Anschließend wird die Frage nach dem Unterschied der Gestaltungsmittel anhand eines Vergleichs inhaltlicher und formaler Basiskategorien (Orte der Berichterstattung, Inhalte und Darstellungsformen) beantwortet. Daran schließt sich eine qualitative Betrachtung der Inszenierung an, die zum Ziel hat, Bezüge zwischen Formen und Inhalten herauszustellen.

4.1 Quantitative Analyse

4.1.1 Umfang und Grobstruktur der Übertragungen

Unabhängig von den Erwartungen an Einflüsse der Faktoren »Konflikt« und »Nähe« (der beteiligten Teams und Nationen) wurde unterstellt, dass es ein international grundsätzlich ähnliches Muster der Programmgestaltung und Inszenierung vom Sportgroßereignis Champions-League-Finale gibt. Die strikte Auslegung dieser Grundannahme lässt erwarten, dass sich die Übertragungen in Gesamtlänge wie auch der Verteilung von Vor-, Spiel- und Nachberichterstattung nicht deutlich unterscheiden. Diese Grundannahme muss mit Blick auf die folgenden Befunde verworfen werden.

TABELLE 1
Gesamtsendezeit der Übertragung des CL-Finalspieles in hh:mm:ss

Sender	ZDF (D)	Sky (D)	TVE (ESP)	Canale 5 (ITA)	ITV (UK)	NTV (RUS)
Gesamtsendezeit CL-Finale	04:25:08	04:56:43	04:42:17	03:43:51	02:56:50	02:08:01

Mit einer Gesamtsendedauer von ca. 2 Stunden widmet der russische Sender NTV dem Event am wenigsten Sendezeit – gefolgt vom englischen Sender ITV mit knapp drei Stunden. Alle anderen vier Sender mit mehr oder weniger Beteiligung (Mannschaften oder Austragungsort) senden mindestens 3 Stunden 45 Minuten lang (CANALE 5), meistens deutlich über 4 Stunden.

TABELLE 2
Anzahl, mittlere Dauer und Median der Sequenzen
(in mm:ss) der Vor-, Pausen- und Nachberichterstattung

Sequenzen	ZDF (D)	Sky (D)	TVE (ESP)	Canale 5 (ITA)	ITV (UK)	NTV (RUS)
Anzahl (N = 669)	128	187	111	152	81	10
Ø (= 01:10)	01:18	01:04	01:40	00:50	00:59	03:07
Median (Ø = 00:32)	00:33	00:35	00:43	00:28	00:25	02:15

Im Vergleich der Anzahl der Sequenzen sowie weiterer Lagemaße zeigt sich ein Unterschied zwischen den »neutralen« Sendern und den durch Mannschaften und Austragungsort involvierten (vgl. Tab. 2). Bedingt durch die geringere Sendezeit (und bei NTV durch das Fehlen von Sequenzen aus einem Studio) wurde hier eine geringere Anzahl von Sequenzen in der Feinstruktur festgestellt. Die durchschnittliche Länge wie auch der Median der Sequenzen beim spanischen Sender TVE weichen aufgrund der langen Berichterstattung von der Ankunft der Spieler, die sich durch lange Kameraeinstellungen vom Hubschrauber wie auch im Stadion auszeichnen, von den durchschnittlichen Werten der anderen Sender ab. Die Direktübertragung der Halbzeiten nehmen jeweils im Mittel 45:05 Minuten für die erste und 51:56 Minuten für die zweite Halbzeit ein.

Während sich das Verhältnis von Direktübertragung und Rahmenberichterstattung bei den involvierten Sendern aufgrund der vergleichbaren Länge der Gesamtübertragung ähnlich gestaltet, weichen ITV und insbesondere NTV deutlich davon ab (vgl. Abb. 1). Im direkten Vergleich der Rahmenberichterstattung (vgl. Tab. 3) werden diese Unterschiede besonders im Vergleich der Extremfälle deutlich: So widmet SKY der Rahmenberichterstattung zwölf Mal so viel Sendezeit wie NTV und immer noch das dreifache des englischen Senders. Es scheint, dass bei diesen Sendern die journalistische Aufbereitung unabhängig von der Live-Kommentierung in der Sendeplanung in den Hintergrund rückt. Darüber soll im Folgenden die Analyse der Feinstruktur Aufschluss geben.

ABBILDUNG 1
Verhältnis von Spielbericht und Rahmenberichterstattung (nach Dauer)

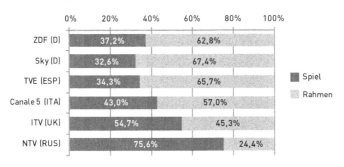

TABELLE 3
Gesamtsendezeit nur Rahmenberichterstattung in hh:mm:ss

Sender	Grobformat Summe in hh:mm:ss			
	Vorlauf	Pause	Nachlauf	Total
ZDF (D)	01:26:55	00:16:54	01:02:43	02:46:32
Sky (D)	01:47:38	00:16:50	01:15:22	03:19:50
TVE (ESP)	01:51:10	00:16:58	00:57:19	03:05:28
Canale 5 (ITA)	00:20:23	00:16:40	01:30:33	02:07:36
ITV (UK)	00:49:11	00:16:49	00:14:01	01:20:01
NTV (RUS)	00:12:43	00:17:06	00:01:23	00:31:12

4.1.2   *Berichterstattungsort*

Die wichtigsten Berichterstattungsorte an »Großfußballabenden« sind naturgemäß das Stadion (einschließlich Vorplätze und Umgebung) und diverse Studios (vgl. Abb. 2). Insbesondere SKY setzte auf das Format »Studio«: 72,0 Prozent der Sequenzen sind aus dem Studio, das entspricht 34,5 Prozent der Gesamtsendezeit und 60,7 Prozent der Vor- und Nachberichterstattungszeit. Aufgeschlüsselt zeigt sich eine weitere Ähnlichkeit:

Drei Sender (SKY, TVE, CANALE 5) setzen ein zweites Studio in der Berichterstattung ein.

ABBILDUNG 2
Berichterstattungsort der Gesamtübertragung in Prozent

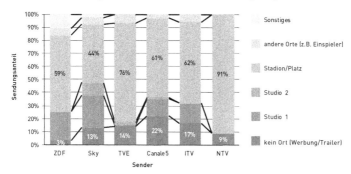

ABBILDUNG 3
Berichterstattungsort in Vor- und Nachberichterstattung in Prozent nach Dauer

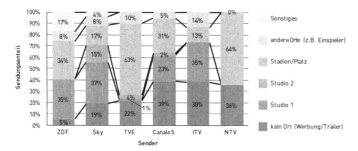

Betrachtet man nur die Vor-, Pausen- und Nachberichterstattung, fallen die Sendezeitanteile von unterschiedlichen Orten des Geschehens bei den Sendern sehr verschieden aus. Während für NTV bereits mit einem Blick auf Abbildung 3 erkennbar ist, dass sich die Vor-, Pausen- und Nachberichterstattung auf nur drei Orte beschränkt, erscheint der Vergleich zwischen den anderen Sendern weniger eindeutig, da alle Sender die verschiedenen Handlungsorte in ganz unterschiedlichen Anteilen präsentieren. Die in diesen Anteilen repräsentierte Vielfalt dargestellter Handlungsorte lässt sich mit dem Vielfaltsindikator der relativen Entropie (H') in einem Wert zusammenfassen (vgl. STARK 2008: 202; MCDONALD/DIMMICK 2003: 68; KAMBARA 1992: 196-197). Dieser Wert gibt an, wie die empirisch beobachteten Anteile der Kategorien nominal skalierter Variablen auf die Menge möglicher Kategorien streuen.[10] Im Vergleich der Entropiewerte bestätigt sich das heterogene Bild (s. Abb. 4). Die größte örtliche Vielfalt bietet das Rahmenprogramm von SKY, wohingegen sich bei CANALE 5 und ITV – trotz im Detail unterschiedlicher Sendedaueranteile – eine gleich ausgeprägte Vielfalt zeigt. Bei TVE wird die Vielfalt durch den hohen Anteil von Berichterstattung ›vom Platz‹ gesenkt, was sich aus der umfänglichen Nachberichterstattung über den spanischen Sieger des Finals erklären lassen dürfte. Insgesamt ist zu konstatieren, dass sich mit Blick auf die Verteilung der Handlungsorte in der Rahmenberichterstattung kein homogenes Bild der unterschiedlichen Sender ergibt.

ABBILDUNG 4
Streuung der Sendezeit auf die Berichterstattungsorte in Vor- und Nachberichterstattung (relative Entropie H')

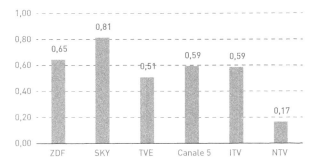

[10] Eine maximale Streuung (alle Kategorien kommen zu gleichen Anteilen vor) bedeutet maximale Entropie und drückt sich im Höchstwert 1 aus. Entsprechend bedeutet der Wert 0, dass gar keine Vielfalt vorliegt, also alle beobachteten Fälle auf lediglich eine Kategorie entfallen. Da sich die relative Entropie auf die prozentualen Anteile und nicht auf die absolute Sendezeit bezieht, sind die unterschiedlichen Gesamtumfänge der Übertragungen in den sechs Programmen für den Vergleich unbedeutend.

4.1.3 Feinstruktur

Auch in der Feinstrukturanalyse nach Inhalten (Spielszenen, Kommentar, Zeremonie) sowie nach journalistischen Darstellungsformen (MAZ, Bericht, Interview, Gespräch, Werbung, Trailer und Sonstiges) wird deutlich, wo es Gemeinsamkeiten und Unterschiede in der Berichterstattung gibt.

Unter Beibehaltung der Annahme, dass die Sender weitgehend ähnliche Strukturen auch in der Verteilung der Darstellungsformen (Feinstruktur) der einzelnen Sequenzen aufweisen, müssten sich bei der Prüfung Ähnlichkeiten zeigen, da man davon ausgehen muss, dass bei allen Sendern die Unterschiede gleich sind.

TABELLE 4
Feinstruktur der Vor- und Nachberichterstattung

		Sender					
		ZDF (D)	Sky (D)	TVE (ESP)	Canale 5 (ITA)	ITV (UK)	NTV (RUS)
Format fein	Gespräch	25,0%	42,2%	39,6%	17,5%	36,4%	0,0%
	Werbung	3,7%	16,3%	5,2%	32,1%	31,5%	25,1%
	Zeremonie	16,4%	11,1%	9,8%	5,4%	3,9%	39,6%
	Kommentar	11,5%	9,2%	16,5%	5,9%	10,2%	18,9%
	Bericht	10,4%	6,0%	2,3%	8,5%	10,3%	15,6%
	Interview	10,2%	4,0%	9,2%	14,8%	1,9%	0,0%
	Sonstiges	17,4%	3,1%	9,1%	2,4%	0,0%	0,0%
	Trailer	2,8%	2,8%	3,7%	4,7%	5,1%	0,9%
	Spielszenen	1,9%	2,8%	2,6%	7,9%	0,2%	0,0%
	Einblendung	0,7%	2,5%	2,0%	0,8%	0,4%	0,0%

Anmerkung: Alle Angaben in Prozent der Sendezeit. Geordnet nach Summe der Gesamtsendezeit pro Format.

Die prozentualen Verteilungen zeigen typische Profile der Sender. Das ZDF platziert (in der Kategorie »Sonstiges« codiert) z. B. in der Übertragung die Hauptnachrichtensendung »ZDF heute« (in der Halbzeitpause) sowie eine viertelstündige Ankündigung der Frauenfußball-WM - Ersteres klar ein anderes Sendungsprofil – das zweite direkt mit Sportbezug in die Sendung implementiert. Die Zeremonie wird vom ZDF in voller Länge übertragen – andere Sender setzen hier Werbung oder Schaltungen ein. Das ZDF weist den zweithöchsten Anteil von Interviews (nach CANALE 5) auf.

TVE bevorzugt die Stilmittel Gespräch und Kommentar. Auch dies ist wohl zum Teil der Sendestruktur insgesamt zuzuschreiben, da die sehr lange Vorberichterstattung von Bildern lebt, die häufig mit Gesprächen bzw. »Geplauder« der Moderatoren aus dem Off unterlegt und kommentiert werden. TVE weist einen ähnlich hohen Anteil an Interviews wie das ZDF auf.

Bei CANALE 5 bilden Spielszenen und Interviews (ebenfalls vor allem mit Spielern und Funktionären) den Kern der Rahmenberichterstattung. Wie bei allen Sendern nimmt auch das Studiogespräch breiten Raum ein. Der italienische Sender zeichnet sich insbesondere durch die Tendenz einer sehr fokussierten Niederlagenattribution aus – die Nachberichterstattung ist um mehr als das Vierfache länger als die Vorberichterstattung. Dies erklärt den hohen Anteil an dialogischen Formaten, in denen die Niederlage des italienischen Teams analysiert und »aufgearbeitet« werden kann.

Sowohl TVE als auch CANALE 5 haben zudem Außenreporter im Einsatz, die explizit Live-Interviews mit Fans vor dem Stadion halten – TVE in der Vorberichterstattung, CANALE 5 nach dem Spiel.

Auch SKY und ITV füllen mehr als ein Drittel der Rahmenberichterstattung mit Gesprächsformen: entweder im Off oder direkt im Studio mit Gästen.

Der russische Sender NTV hat durch die insgesamt geringe Rahmenberichterstattung und den Verzicht auf die Übertragung aus einem Studio ein eigenes Profil, das zudem vom hohen Anteil an der Direktübertragung der Zeremonie geprägt ist.

Alle Sender verwenden mehr oder wenig häufig die offiziellen 15-sekündigen Champions-League-Trailer. ITV, SKY, ZDF und vor allem TVE haben eigene Trailer produziert, TVE verschiedene zum Thema »Weg ins Finale« wie auch als Information über den Austragungsort »Olympiastadion Berlin«.

Insbesondere lassen sich auf Grundlage der Länge der Sequenzen einige Besonderheiten der Sender bei folgenden 7 Fällen identifizieren:
- Studiogespräche auf TVE (vor allem in der Vorberichterstattung),
- Länge der Interviews auf SKY
- Länge der Berichte auf SKY und ZDF
- Länge der Interviews und Berichte auf CANALE 5
- Übertragung der Zeremonie im ZDF.

Bemerkenswert ist das Alleinstellungsmerkmal der Darstellungsform »Gespräche« beim spanischen Sender TVE. Dies hat seine Ursache in der Tatsache, dass TVE Hubschrauberbilder der Mannschaftsfahrt zum Stadion im Wechsel mit Bildern aus dem Stadion vor dem Spiel in epischer Breite übertrug und diese mit Gesprächen der Moderatoren und Experten unterlegte. SKY weicht insbesondere durch den Umfang der Interviews und Berichte vom Durchschnitt ab, das ZDF durch die Länge der Berichte und der Übertragung der Zeremonie sowie TVE durch die höhere Länge der Studiogespräche. Dies ermöglicht den Schluss, dass es gerade diese Sendeanteile sind, die die Übertragung des Finalspieles einzigartig gestalten – d. h., dass durch diese sichtbaren Unterschiede die Sender profiliert werden und damit die Hypothese der generellen Angleichung zurückzuweisen ist. Stattdessen ist eine landestypische Art der Berichterstattung nachgewiesen – wenngleich mit den Einschränkungen, dass in weiten Teilen der Übertragung Übereinstimmung in Inhalten und Struktur besteht.

Ergeben sich in der Deskription und im qualitativen Vergleich typische Unterschiede im Gebrauch der Darstellungsformen, so lassen sich die in Tabelle 4 dargestellten Sendezeitanteile der Darstellungsformen in Vor- und Nachberichterstattung auch im Vielfaltsindikator der relativen Entropie (H') zusammenfassen und miteinander vergleichen. Dabei zeigt sich, dass bei den Sendern, die weder eine Mannschaft noch den Austragungsort im Finale stellen (ITV und NTV), die Vielfalt eingesetzter Darstellungsmittel geringer ausfällt, als bei den übrigen Sendern. Dabei ist jedoch zu beachten, dass die Breite der Formen, mit denen das Publikum konfrontiert wird nicht in allen Sendern gleichermaßen für einen hohen journalistischen Aufwand steht, da insbesondere im italienischen CANALE 5 ein Drittel der Sendezeit mit Werbung gefüllt wird. Die vielfältigste (im engeren Sinne) journalistische Begleitung des Finalspiels wird insofern vom ZDF geleistet. Die insgesamt geringste Formenvielfalt des russischen Senders NTV ergibt sich daraus, dass dort überhaupt nur fünf der zehn Formatkategorien besetzt sind.

Somit lässt sich von einer hohen Übereinstimmung hinsichtlich der Verwendung und zeitlichen Ausprägung der verschiedenen Feinstrukturformate lediglich bei den ›involvierten‹ Sendern sprechen.

Um Aussagen zum Umfang der rein journalistischen Anteile an der Gesamtübertragung zu treffen, ist es notwendig, die genuinen Beiträge von der Direktübertragung des Spieles, der Werbung, nicht selbst produzierten Trailern und sonstigen Inhalten zu trennen, die keinen Bezug zum übertragenen Spiel haben (Programmankündigungen, Gewinnspiele, Nachrichten usw.). Hier lassen sich zwei Gruppierungen unterscheiden: zum einen die Gruppe der Sender, die zu mehr als zwei Dritteln die Gesamtsendezeit mit fremdproduzierten Beiträgen bzw. unbearbeiteten

ABBILDUNG 5
Streuung der Sendezeit auf die Darstellungsformen in Vor- und Nachberichterstattung (relative Entropie H')

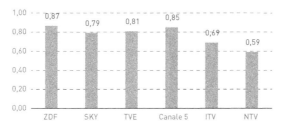

ABBILDUNG 6
Verhältnis von fremdproduzierten Beiträgen zu eigenen Beiträgen nach Sequenzdauer in Prozent

Bildern (Direktübertragung des Spiels[11]) oder Material ohne inhaltlichen Bezug füllen sowie zum anderen die Sender, welche in etwa zur Hälfte eigenproduzierte bzw. redaktionelle Beiträge anbieten. Auffällig ist hier,

---

11   Die Übertragung der Zeremonien sowie verschiedene Stadioneinstellungen wie auch Wiederholungen von Spielszenen in der Analyse, die vom Zentralbild zur Verfügung gestellt worden sind, werden als redaktionelle Entscheidung angesehen und deshalb hier nicht subsummiert.

dass im Vergleich zur Darstellung des Verhältnisses von Spielbericht und Rahmenberichterstattung (s. Abb. 1) der italienische Sender sich (bedingt durch den hohen Anteil an Werbung) der Gruppe der »neutralen« Sender annähert und damit ein Berichterstattungsmuster der »involvierten« Sender verlässt. Der Anteil an eigenproduzierten Beiträgen beim ZDF (48,5 %) sinkt im Vergleich zum Anteil der Rahmenberichterstattung am Gesamtsendeumfang insgesamt (62,8 %) überdurchschnittlich durch die zahlreichen Fremdbeiträge wie die Hauptnachrichtensendung in der Pause sowie die Vorankündigungen anderer Sendungen bzw. den Ausblick auf die Frauen-Fußball-WM.

4.2   *Qualitative Betrachtung der Rahmenberichterstattung – Inhalte, Themen, Geschichten*

In einer zusammenfassenden qualitativen Betrachtung der Inhalte lassen sich auf einer höheren Analyseebene verschiedene Bausteine der Inszenierung von hochrangigen Sportfinalwettkämpfen identifizieren, die in der Dramaturgie einer TV-Übertragung eine bestimmte Rolle spielen. Die hier identifizierten und im Folgenden vorgestellten Kategorien ergeben sich aus der vergleichenden Betrachtung der im Rahmen der Inhaltsanalyse erstellten Sequenzprotokolle. Die Kategorien waren nicht vorab festgelegt, sondern ex post identifiziert. Sie sind insofern als ein Vorschlag auch für weitere Analysen zu verstehen, in denen die formalen und inhaltlichen Elemente anhand der hier vorgestellten Kriterien unterschieden werden können. Da dramaturgische und inhaltliche Muster sich aus jeweils anderer analytischer Perspektive ergeben sind die Kategorien nicht zwangsläufig trennscharf. Somit ist je nach Forschungsinteresse zu entscheiden, welche der aus den Beschreibungen ableitbaren Kriterien heranzuziehen sind.

4.2.1   *Muster der Grobstruktur*

Prinzipiell folgt jedes Sendeformat »Direktübertragung« dem Sendeschema:
- Vorberichterstattung,
- Live-Spielbericht mit Pausenberichterstattung gefolgt von der
- Nachberichterstattung.

Vor-, Pausen- und Nachberichterstattung sind dabei optional als Sendeteil überhaupt bzw. variabel in der Gestaltung – wohingegen die Übertragung des Spiels das obligatorische Kernelement jeder Sendung ist.

4.2.2 Dramaturgische Muster

Innerhalb dieser Grobstruktur lässt sich die Komplettübertragung anhand der Chronologie von UEFA-Endspielen in mehrere Akte teilen, die sich an generellen Ereignissen orientieren:
- Ankunft der Mannschaften,
- Spielvorbereitung,
- Eröffnungszeremonie,
- Spielhalbzeiten,
- Pause,
- (Sieges)Feier.

4.2.3 Inhaltliche Muster der Rahmenberichterstattung

Zudem lassen sich vier thematisch-inhaltliche Säulen bzw. Berichterstattungsgegenstände einer möglichen Rahmenberichterstattung von Finalspielen identifizieren:
- Aufstellung der Mannschaften, Personalien,
- Weg der Mannschaften ins Finale,
- Austragungsort des Finalspiels,
- Analyse (Vorberichterstattung: Chancen, Aufstellung und Taktik; Nachberichterstattung: Attributionen).

Diese inhaltlichen Bausteine werden jeweilig zu einem anderen Zeitpunkt bzw. dramaturgischem Akt variabel thematisiert – z. B. die Aufstellung der Mannschaften kann zu jedem Zeitpunkt der Vorberichterstattung vorgestellt werden – unabhängig vom eigentlichen Ereignis (Ankunft, Spielvorbereitung, Eröffnungszeremonie oder Spielbeginn). Das Spiel selbst, also der Hauptakt mit Pause (und eine mögliche Verlängerung und Elfmeterschießen), war nicht Gegenstand der Analyse.

4.2.4 Dramaturgische Muster im Detail

Im Einzelnen lassen sich die dramaturgischen Muster für die jeweiligen Sender wie folgt beschreiben:

Ankunft

Die Ankunft der Spieler im Stadion wurde vor allem im spanischen Sender TVE zum tragenden Element der Vorberichterstattung. Unterbrochen von Bildern aus dem Stadion, Kommentaren vom Spielfeld, Einspielern und Studioschaltungen wurde den Hubschrauberbildern ein großer Raum eingeräumt (insgesamt mehr als 15 Minuten). Wurde am Anfang nur der Bus des FC Barcelona gezeigt, so gab es auch Bilder des Busses von Juventus Turin sowie das Aussteigen der Mannschaft im Stadiontunnel. Die anderen Sender widmeten der direkten Ankunft nur verhaltenes Interesse: ZDF, SKY und NTV zeigten kurz Bilder der Ankunft des Busses.

Spielvorbereitung

Zur Spielvorbereitung zählen alle Sequenzen, die direkt Bilder von Spielern auf dem Platz vor dem Anpfiff zeigen. Üblicherweise sind dies Aufwärmübungen, Einlaufen etc. Auch hier ist es fast ausschließlich TVE, der im Wechsel mit anderen Formaten die Spieler vor dem Spiel auf dem Platz zeigt. SKY und CANALE 5 widmen den Blicken auf Spieler und Trainer hier nur wenige Sequenzen.

Zeremonie

Das ZDF, SKY, TVE und auch NTV übertragen die Eröffnungszeremonie fast in voller Länge. CANALE 5 und ITV unterbrechen mit Studio, Trailer und Werbung.

Pause

Fast alle Sender zeigten in der Halbzeitpause Sequenzen vom Spiel (Tor für Barcelona), jedoch mit unterschiedlicher Intensität: das ZDF platzierte eine Hauptnachrichtensendung und Werbung (insgesamt 11 Minuten), CANALE 5 sendete 13 Minuten lang Werbung unterbrochen von zum Teil nur

14 sekündigen Stadionbildern und einer einzigen 30-Sekunden-Sequenz zum Tor in der ersten Halbzeit. TVE zeigte wie das ZDF eine Nachrichtensendung (»Telediarios«) sowie Werbung und Trailer und keine Bilder vom Tor, sondern nur kommentierte Bilder, wie die Spieler den Platz wieder betreten. NTV kommentierte live vor dem Stadion, interviewte Fans – unterbrochen von Einspielern über die Fans in Berlin – und zeigte 3 Minuten lang den Einlauf der Spieler zur zweiten Halbzeit – aber keine Spielszenen der ersten Halbzeit.

Siegesfeier

Die Zeremonie der Pokalübergabe wird außer bei NTV von allen Sendern live und kommentiert übertragen.

4.2.5   *Inhaltliche Muster im Detail*

Aufstellung der Mannschaften, Personalien

Die Aufstellung wird entweder mit einer kurzen Einblendung wie bei NTV und CANALE 5 oder ausgiebig wie beim ZDF, SKY, ITV oder TVE diskutiert und verschieden visualisiert.

Im ZDF und bei SKY widmen sich die Studiogäste und Experten ausgiebig den Chancen und Möglichkeiten der vorgestellten Mannschaften. SKY und das ZDF stellen verschiedene Spieler vor und thematisieren ausgiebig das »Duell« der Torhüter Buffon (Juventus Turin) und ter Stegen (FC Barcelona). Nicht fehlen darf ein Porträt und die anschließende Diskussion über den Superstar Lionel Messi vom FC Barcelona (SKY: insgesamt 6 Minuten, ZDF: 5 Minuten) in der Vorberichterstattung. CANALE 5 widmet dem Spieler auf Grund seiner Wahl zum Most Important Player of the Match (MIP) in der Nachberichterstattung eine knappe Minute.

Weg ins Finale

Der »Weg ins Finale«, also die Analyse der sportlichen Qualifikation für das Finale, weist von sich aus einen Story-Charakter auf und ist prädestiniert nicht nur für das chronologische Erzählen einer Geschichte, sondern auch für Strategien der Personalisierung. Außer CANALE 5 und NTV nutzen alle Sender mit der Darstellung des Weges der Mannschaften ins Finale die Möglichkeit, Sendezeit zu füllen. Insbesondere der spanische Sender TVE sticht hier nicht nur durch eine aufwändige Animation mit 3D-Effekten heraus, sondern auch durch die Live-Übertragung des physischen Weges des spanischen Finalteilnehmers FC Barcelona am Finaltag im Bus zum Stadion. Wenngleich diese durch Gespräche kommentierte Übertragung mit eigenen Hubschrauberkameras eher in der Kategorie ›Ankunft‹ zu verorten ist, schließen Bilder und Kommentare an den sportlichen Weg des FC Barcelonas an.

Überraschend ist, dass die Übertragung des italienischen Senders CANALE 5 fast komplett auf eine Darstellung des sportlichen Werdegangs von Juventus Turin im Wettbewerb verzichtet. Insofern lässt sich nicht annehmen, dass Nachrichtenfaktoren wie ›Erfolg‹ oder ›Positivität‹ wenigstens ein Auslöser für die »Erfolgsberichterstattung« der teilnehmenden nationalen Sender ist. Über die Ursachen kann nur spekuliert werden, vielleicht wurde in vorangegangenen Sendungen der Werdegang thematisiert, vielleicht fehlte schlicht die Sendezeit – denn die Vorberichterstattung bei canale 5 war mit lediglich 20 Minuten nur wenig länger als die von NTV (14 Minuten).

Ort

Berlin als Austragungsort wie auch die Geschichte der Stadt werden bei allen Sendern thematisiert. Der russische Sender fokussiert insbesondere in der Pause auf die Darstellung der Fankultur in Berlin – nicht ohne einige Sequenzen mit dem Volkslied »Oh, du lieber Augustin, alles ist hin« zu unterlegen. An die nationalsozialistische Entstehungsgeschichte des Olympiastadions wird in einem Trailer des spanischen Senders erinnert. Auch hier gibt es in der Rahmenberichterstattung Live-Schaltungen zu Fans vor dem Stadion. Ausgiebig wird die Stadt bei der Busankunft der Mannschaft des FC Barcelona aus der Hubschrauberperspektive gezeigt. SKY zeigt einen eigenen Trailer zum Spielort währenddessen es beim ZDF in Studiogesprächen explizit thematisiert wird. Ein Bezug zu Nazideutschland wird auch beim englischen Sender ITV hergestellt, der Berlin einen eigenen Bericht widmet. Kommentiert werden historische Aufnahmen von der Eröffnung der Olympischen Spiele 1936 durch Adolf Hitler sowie verschiedene Bilder von Finalspielen in Berlin. CANALE 5 widmet Berlin keinen eigenen Bericht oder Trailer, thematisiert Berlin jedoch bei der Eröffnungszeremonie.

Analyse

Die Analyse als fester Bestandteil jeder Rahmenberichterstattung von Sportveranstaltungen lässt sich auch hier in die Analyse der Chancen, Taktiken und personellen Voraussetzungen in der Vorberichterstattung und in die Analysen der Nachberichterstattung unterteilen, die in der Hauptsache Ursachen für Sieg und Niederlage freilegen will. Trivial ist die Aussage, dass der Umfang der Erörterung der Chancen der Mannschaften wie auch der Umfang der Attributionen vom Umfang der Vor- und Nachberichterstattung abhängt. Kehrt man die Abhängigkeit um, könnte man allerdings vermuten, dass die Sendeplanung eben dies ins Kalkül zieht, wenn wie bei CANALE 5 und ITV die Nachberichterstattung um ein Vielfaches länger als die Vorberichterstattung ist oder bei TVE umgekehrt.

Insgesamt ist weiterhin zu konstatieren, dass sich die Sender lediglich in der Art und Weise bzw. dem Aufwand unterscheiden, wie die Analysen dem Publikum präsentiert werden. Im qualitativen Überblick lassen sich hier bei den Sendern, die eine umfangreiche Rahmenberichterstattung anbieten, nur marginale Unterschiede finden: Durch Interviews mit Prominenten aus Sport und Kultur, mit Experten (Trainer, ehemalige Spieler, andere Studiogäste), Gespräche im Studio, eigene Einspieler und Grafiken wie auch das Befragen von Fans wird die ganze Bandbreite der Analyseformate in der Vorberichterstattung abgedeckt. TVE nutzt vor allem das Experteninterview zur Diskussion der Chancen und Taktiken der Mannschaften.

Das Gleiche gilt für die Attributionen im Nachgang: Auch hier gibt es das am Sendeumfang orientierte Bukett an Darstellungsformaten im Dienste der Nachbereitung. Hier spielen Interviews mit Akteuren eine zentrale Rolle: Spieler, Trainer und Funktionäre kommen bei allen Sendern außer bei NTV zu Wort – am umfangreichsten bei CANALE 5, gefolgt von SKY und ZDF.

5. Fazit und Ausblick

Wenn das Vorhandensein von (mehr oder minder umfangreicher) Vor- und Nachberichterstattung zum zentralen Indikator eines gemeinsamen Berichterstattungsmusters gilt, dann kann – mit Ausnahme des russischen Senders, für den schwer erkundbare Sonderkonditionen gelten – durchaus von einem internationalisierten Format ›Endspiel‹ gesprochen werden. Das zeigt sich zunächst am durchgängig hohen Umfang der CL-Fernsehabende, der über die eigentliche Spielübertragung deutlich hinausgeht. Zudem finden sich die angenommenen obligatorischen Elemente wie Informationen über die Mannschaften, die Konstellation, die Aufstellungen und die Schiedsrichter, eine Einführung des Handlungsorts sowie die Nutzung der in den Übertragungsregeln festlegten Gestaltungselemente der UEFA CL (Eröffnungsfeier und Pokalübergabe, CL-Trailer, Sponsorenhinweise usw.) mit wenigen Ausnahmen in allen Übertragungen. Auch die angenommenen fakultativen Programminhalte finden sich jeweils bei allen Sendern, sind aber für typische Unterschiede verantwortlich.

Allen gemeinsam ist im Rahmen der Übertragungszeit und in Anbetracht des gewählten Sendebeginns die Verfolgung einer spannungsgeladenen Dramaturgie bis hin zur »Auflösung« – das Ende des Spiels und die Analyse (außer bei NTV). Zugleich wird sowohl bei der Betrachtung der Grob- wie der Feinstrukturen der rahmenden Berichterstattung deutlich, dass die übertragenden Sender der verschiedenen Länder um ein eigenständiges Profil bemüht sind. Das lässt sich sowohl auf der Ebene der Sendeumfänge wie der Ausgestaltung der thematischen Säulen nachweisen. In beiden Fällen zeigen sich über den Sonderfall NTV hinaus deutliche Unterschiede, die sich zu einem erheblichen Teil aus dem zeitlichen Umfang der Berichterstattung über das Endspiel erklären lassen. In gewisser Hinsicht ist dies eine triviale Erkenntnis: Je länger vor allem die Vor-, z. T. auch die Nachberichterstattung angesetzt wird, umso vielfältigere Formen bzw. Varianten der Füllung dieser Sendezeit sind zu erwarten. Dennoch zeigt beispielsweise der Vergleich der im Umfang recht ähnlichen Angebote von SKY (D) und TVE eigenständige Lösungen. Während SKY in der Vorberichterstattung auf Studiodiskussionen unterschiedlichster Art und Gestaltung (mit Einspielern, Taktiktafeln usw.) setzt, füllt TVE einen erheblichen Anteil des Vorlaufs mit der Übertragung des Bustransfers der Mannschaften ins Stadion, gefilmt von einem eigens gemieteten Hubschrauber und umfänglich kommentiert aus dem Off.

Die eingangs formulierte Annahme, dass die Einzelbestandteile der Übertragung solcher Mega-Events zwar variieren und immer wieder einzelne Elemente (mehr oder minder innovativ) hinzukommen, aber die grundlegenden ›Zutaten‹ stabil bleiben, kann somit bestätigt werden. Bis auf die Übertragung bei NTV wird auch bei allen Sendern anhand der Anteile von verschiedenen fakultativen Berichterstattungsbestandteilen (Interviews, Berichte, teilweise Außenreporter oder zwei verschiedene Studios) der vermutete hohe Aufwand an ästhetischer Perfektion, Personage und Technik sichtbar.

Dennoch: Bislang profilieren sich die Sender auf dem Gebiet der Sportberichterstattung nur in nationaler, nicht aber in internationaler Konkurrenz. Daher ist die Annahme plausibel, dass die am Untersuchungsgegenstand deutlich gewordenen Senderspezifika sich aus Mustern ergeben, die von den untersuchten Sendern in der gesamten CL-Berichterstattung verwendet werden und sich am Finalabend geballt manifestieren. Diese vorwiegend nationalen und/oder senderspezifischen Einflussfaktoren bleiben in dem von uns gewählten Design der Fallstudie unbekannte Größen, obwohl die Vermutung nicht widerlegt werden kann, dass Nachrichtenfaktoren wie »Nähe« (Mannschaften oder Austragungsort) eine Rolle für die Auswahl der jeweiligen Sendeelemente spielen – dafür sprechen auch u. a. die im Vergleich kürzeren Übertragungszeiten des englischen und russischen Senders sowie deren sichtbar andere Verhältnisse zwischen Rahmenberichterstattung und Spielübertragung im Unterschied zu den »involvierten« Sendern. Eine Gruppierung – und damit Uneinheitlichkeit – kann auch im Verhältnis von eigen- und fremdproduzierten Beiträgen während der Gesamtsendezeit beobachtet werden: Interessant ist hier, dass sich in CANALE 5 ein Sender mit ›beteiligter‹ Mannschaft dem Muster der ›neutralen‹ Sender annähert.

Inwieweit diese Muster sich auch langfristig bestätigen, kann in Wiederholungsuntersuchungen der gleichen Sender, vor allem aber in internationalen Vergleichsstudien mit Forscherteams aus den jeweiligen Ländern besser geklärt werden. Für solche vertiefenden Studien liefert diese Fallstudie Systematisierungsvorschläge der zu erhebenden Programmelemente sowie für Datenauswertungsmöglichkeiten.

In der qualitativen Beschreibung der Berichterstattung lassen sich Hinweise finden, dass der Aufbau des ›Großfußballabends‹ (bei allen Sendern) den Prinzipien der Steigerung (Vorberichterstattung), des Aufrechterhaltens (das Spiel selbst) und der Auflösung von Spannung (Nachberichterstattung) entspricht und so mit den Emotionen des Publikums ›spielt‹. Der Aufwand der Vor- und Nachberichterstattung sowie der (visuellen) Inszenierung des Spiels lässt sich insofern auch so deuten, dass Unterhaltung (als Makroemotion – vgl. FRÜH 2002) auch dann eintreten soll, wenn das Spiel selbst und/oder sein Ausgang zur Frustration von verlaufs- und/oder ergebnisbezogenen Erwartungen und Hoffnungen führt. Für einen Teil der Zuschauer (den Fans der unterlegenen Mannschaft) wird diese Enttäuschung mit Sicherheit eintreten (und kann quasi-therapeutisch »bearbeitet« werden).[12] Unter kognitivem Gesichtspunkten lässt sich die Parallelisierung der Rahmen- und Spielberichterstattung mit einem Erkenntnisprozess als »quasi-wissenschaftlich« beschreiben (vgl. STIEHLER/MARR 2002). Die Vorberichterstattung kann als Analyse der Ausgangsbedingungen und als Hypothesenbildung verstanden werden, das Spiel selbst als »Feldphase« und die Nachberichterstattung als Diskussion der Befunde.[13] Implizite bzw. im Vorfeld (und im Spiel) artikulierte explizite »Fußballtheorien« von Experten, Kommentatoren, Fans usw. stehen hier auf dem Prüfstand. Daraus ergibt sich eine Anschlussfrage, die einen internationalen Vergleich von »Großfußballabenden« aus einer weiteren weniger formalen, sondern inhaltlichen und wirkungsbezogenen Perspektive ermöglicht, nämlich ob am Großsportabend eher der emotionale oder der kognitive Modus der Inszenierung des Spiels (und seiner möglichen Verarbeitung) dominiert.

Literatur

BBC. (2010). Champions League final tops Super Bowl for TV market. In: BBC. Abgerufen von http://news.bbc.co.uk/sport2/hi/football/europe/8490351.stm

BUTTERWORTH, M. (2008). Fox Sports, Super Bowl XLII, and the Affirmation of American Civil Religion. In: *Journal of Sport & Social Issues*, 32(3), S. 318-323.

CHISHTI, F. (30. Mai 2013). Champions League final at Wembley drew TV audience of 360 million. In: *sportskeeda.com*. Abgerufen von https://www.sportskeeda.com/football/champions-league-final-at-wembley-drew-tv-audience-of-360-million

---

12 In ihrer Analyse des Ausscheidens der deutschen Nationalmannschaft bei der WM 1994 (USA) konnten Marr und Stiehler (1995) beobachten, wie im unmittelbar an das Spiel anschließenden *Sportstudio* des ZDF eine therapeutische Bearbeitung der Niederlage erfolgte – von der Ausgestaltung des Studios (das berühmte Bild von Uwe Seeler aus dem Wembley-Stadion von 1966) über die Gäste (Chris de Burgh als Vertreter einer damals notorisch erfolglosen Fußballnation) bis hin zu den Gesprächsthemen (Umgang mit Niederlagen).

13 Eine zusätzliche Dimension ist die ›Verwissenschaftlichung‹ der Spielbetrachtungen und -analysen selbst, in denen zunehmend Leistungswerte (gelaufene Strecken, Anzahl an Sprints, Ballberührungen pro Zeiteinheit usw.) sowie Analysetools aus der Sportwissenschaft zum Einsatz gebracht werden.

DAYAN, D.; KATZ, E. (1992). *Media Events. The Live Broadcasting of History.* Cambridge: Harvard University Press.

FRIEDRICH, J. A.; STIEHLER, H.-J. (2005). »Fußball total«: Die Fußball-Europameisterschaft 2004 im deutschen Fernsehen. Eine exemplarische Analyse. In: HORKY, T. (Hrsg.): *Erfahrungsberichte und Studien zur Fußball-Europameisterschaft* (S. 65-82). Norderstedt: Books on Demand.

FRÜH, W. (2002). *Unterhaltung durch Fernsehen. Eine molare Theorie.* Konstanz: UVK.

HORKY, T. (Hrsg.). (2007). *Die Fußball-Weltmeisterschaft 2006: Analysen zum Mediensport.* Norderstedt: Books on Demand.

KAMBARA, N. (1992). Study of the diversity indices used for programming analysis. In: *Studies of Broadcasting, 28,* S. 195-206.

KOCH-GOMBERT, D. (2005). *Fernsehformate und Formatfernsehen. TV-Angebotsentwicklung in Deutschland zwischen Programmgeschichte und Marketingstrategie.* München: Meidenbauer.

KUCHENBUCH, K.; AUER, R. (2006). Audience Flow bei ZDF, ARD, RTL und SAT.1. Ein Instrument zur Unterstützung der Programmplanung. In: *Media Perspektiven, o. Jg.,* S. 154-170.

MAIER, M.; MARSCHALL, J.; STENGEL, K. (2010). *Nachrichtenwerttheorie.* Baden-Baden: Nomos.

MARR, M.; STIEHLER, H.-J. (1995). Zwei Fehler sind gemacht worden, und deshalb sind wir nicht mehr im Wettbewerb. Erklärungsmuster der Medien und des Publikums in der Kommentierung des Scheiterns der deutschen Nationalmannschaft bei der Fußball-Weltmeisterschaft 1994. In: *Rundfunk und Fernsehen, 43,* S. 330-349.

MCDONALD, D. G.; DIMMICK, J. (2003). The Conceptualization and Measurement of Diversity. In: *Communication Research, 30*(1), S. 60-79.

MORAGAS SPA, M. DE.; RIVENBURGH, N. K.; LARSON, J. F. (Hrsg.). (1995). *Television in the Olympics.* London: John Libbey Publishing.

REAL, M. R. (1975). Super Bowl: Mythic spectacle. In: *Journal of Communication, 25*(1), S. 31-43

REAL, M. R. (1989). Super Bowl Football vs. World Cup Soccer: A Cultural-Structural Comparison. In: L. A. WENNER (Hrsg.): *Media, Sports & Society* (S. 180-203). Newbury Park/London/New Delhi: Sage Publications.

SANCHEZ, M. N. (29. Mai 2016). Champions-League-Finale: ZDF und Sky verlieren deutlich. In: *Quotenmeter.*

Abgerufen von http://www.quotenmeter.de/n/85877/champions-league-finale-ZDF-und-SKY-verlieren-deutlich

SCHIERL, T. (2004). Ökonomische Aspekte der Sportberichterstattung. Mögliche Strategien der ökonomisch motivierten Medialisierung des Sports. In: T. SCHAUERTE; J. SCHWIER (Hrsg.): *Die Ökonomie des Sports in den Medien* (S. 105-126). Köln: Herbert von Halem.

STARK, B. (2008). Die Vielfalt der Messung »der Vielfalt« – Überlegungen zur methodischen Umsetzung des Vielfaltskonzepts. In: J. MATTHES; W. WIRTH (Hrsg.): *Die Brücke zwischen Theorie und Empirie: Operationalisierung, Messung und Validierung in der Kommunikationswissenschaft (Methoden und Forschungslogik der Kommunikationswissenschaft* (S. 196-216). Köln: Herbert von Halem.

STEINBRECHER, M. (2009). *Olympische Spiele und Fernsehen. Programmgestalter im Netz olympischer Abhängigkeiten?* Konstanz: UVK.

STIEHLER, H.-J. (2007). Sportrezeption zwischen Unterhaltung und Information. In: T. SCHIERL (Hrsg.): *Handbuch Medien, Kommunikation und Sport* (S. 182-199). Schorndorf: Hofmann.

STIEHLER, H.-J.; MARR, M. (2002). Attribution of Failure: A German Soccer Story. In: *Culture, Sport, Society*, 5(3), S. 140-165.

THOMASS, B. (Hrsg.). (2007). *Mediensysteme im internationalen Vergleich*. Konstanz: UVK.

UEFA. (2015). Media Rights Sales: 2015-2018. Abgerufen von http://www.uefa.org/MultimediaFiles/Download/Publications/uefaorg/Marketing/01/96/76/90/1967690_DOWNLOAD.pdf

WILLIAMS, B. R. (1977). The Structure of Televised Football. In: *Journal of Communication*, 27(3), S. 133-139.

ZUBAYR, C.; GERHARD, H. (2014). Tendenzen im Zuschauerverhalten. Fernsehgewohnheiten und Fernsehreichweiten im Jahr 2013. In: *Media Perspektiven*, o. Jg. (2), S. 145-158.

THOMAS HORKY / CHRISTOPH G. GRIMMER /
MARIANNA BARANOVSKAA / HONORATA JAKUBOWSKA /
BARBARA STELZNER

Mit Information und Pathos: Fernseh-Sportjournalismus bei der Fußballeuropameisterschaft 2016. Ein Vergleich von Live-Kommentaren in vier unterschiedlichen Ländern

1. Einleitung

Die Fußballeuropameisterschaft 2016 in Frankreich ist einer der Höhepunkte für den Sportjournalismus in allen beteiligten Ländern gewesen (BROADBAND 2016). Die Berichterstattung von großen Fußballturnieren erreicht regelmäßig höchste Reichweiten im Fernsehen (GSCHEIDLE/KESSLER 2012; UEFA 2012; GERHARD/ZUBAYR 2014; GERHARD/GEESE 2016) und erzielt auch in anderen Medien große Reichweiten. Im deutschen Fernsehen wurde bei der ZDF-Übertragung des Halbfinales von Deutschland gegen Frankreich am 7. Juli mit 29,85 Mio. Sehern ein neuer EM-Rekord erreicht. Vor allem wird in der jüngeren Vergangenheit bei großen Sportevents der Einfluss sogenannter Hostbroadcaster bei der Erstellung der Fernsehbilder deutlich (TUNZE 2006). Im Rahmen der Fußball-EM 2016 mussten alle Länder bei der Live-Übertragung der Fernsehbilder für die Produktion ihres eigenen TV-Signals fast ausschließlich auf die von einer Tochterfirma der UEFA erstellten Bilderfeeds zurückgreifen (LIVE PRODUCTION 2016). Insbesondere für die durch zwei Presenter-Einblendungen des europäischen Fußball-Verbandes UEFA gekennzeichnete Übertragung des Live-Spiels musste von allen übertragenden Sendeanstalten der multilaterale Feed des Host Broadcasting Services verwendet werden (»Live Stadium Feed«).

Diese erstmalige Besonderheit bei der EURO 2016 sorgte für die Neuerung, dass das Bildsignal und damit der visuelle Stimulus der Live-Übertragung in allen Ländern identisch war. Nur in Vor- und Nachberichterstattung sowie in der Halbzeit durften die Sendeanstalten eigene Kameras – sogenannte unilaterale Kamerapositionen – verwenden.[1] Die Einschränkung der Bildproduktion aufgrund des einheitlichen multilateralen Feeds bedingt eine wachsende Bedeutung der verbalen Einordnung bei der Produktion des visuellen Stimulus. Zu hinterfragen ist damit eine neue Bedeutung der Live-Kommentierung – nicht zuletzt aufgrund der identischen Bildproduktion von Fernseh-Sportjournalismus in unterschiedlichen Ländern.

2. Live-Kommentierung von Fußball

Die Live-Kommentierung ist aufgrund der großen Reichweiten der Fernsehübertragungen bei Fußballspielen im Rahmen großer Turniere als Höhepunkt der Sportberichterstattung zu bezeichnen. Dies lässt sich auch an den medialen und auf sozialen Netzwerken geführten Diskussionen um die Leistung der Kommentatoren belegen (JÖRGENSEN 2016). Live-Kommentierung ist bereits mehrfach hinsichtlich ihrer sprachlichen Qualität, der Entertainisierung, der Beliebtheit der Reporter bei den Rezipienten und der Verwendung von nationalen Stereotypen oder der Wirkung der Kommentatoren auf die Rezipienten in einzelnen Ländern untersucht worden (BRYANT/COMISKY/ZILLMANN 1977; DANNEBOOM 1988; SCHEU 1994; SCHAFFRATH 2003; KLIMMT/BEPLER/SCHERER 2006; BARNFIELD 2013; LICEN 2015). Die Sichtung der vorliegenden Literatur belegt folgende Merkmale bzw. Kritikpunkte:

- Nationalismus und Rassismus/Gender (BILLINGS/ANGELINI/WU 2011; BILLINGS/EASTMAN 2003; DAALMANN 1999; LICEN 2015; SCHWIER 2006)
- Spannung, Gewalt, Action (BRYANT/COMISKY/ZILLMANN 1977; LEE et al. 2016)
- Unterhaltung, Entertainisierung (KLIMMT/BEPLER/SCHERER 2006; WOO et al. 2010)
- Sportliche Bedeutung (SCHAFFRATH 2003)

---

[1] Diese vertragliche Bedingung wurde den Autoren mündlich von der ARD bestätigt.

THOMAS HORKY / CHRISTOPH G. GRIMMER / MARIANNA BARANOVSKAA / HONORATA JAKUBOWSKA / BARBARA STELZNER

Betont wird dabei vor allem die wachsende Kluft zwischen einem eher unterhaltenden, dramatisierenden Kommentatorenstil und einem eher sachlich orientierten, ruhigen Stil. In den USA wird in dieser Hinsicht von einem Unterschied zwischen »objective or factual commentary« und »color commentary« gesprochen (LEE et al. 2016: 148).

Der internationale Vergleich von Live-Kommentaren verweist dabei oft auf die Berichterstattung von wenigen Ländern und Themen, untersucht wurden zumeist die Olympischen Spiele (DAALMANN 1999; BILLINGS/EASTMAN 2003; WOO et al. 2010; BILLINGS/ANGELINI/WU 2011). Die intensive Verwendung nationaler Stereotypen im Live-Kommentar scheint bei diesem Ereignis auch der nationalen Perspektive der Fernsehbilder geschuldet zu sein, die Bildregie versucht bei Olympia vor allem nationalen Athleten zu folgen. Hintergrund dieser nationalen Bildsprache ist die Hervorhebung der nationalen Bedeutung des Geschehens als Anreiz zur Rezeption (BILLINGS/EASTMAN 2003; HORKY 2009). Konsens besteht, dass trotz einer wachsenden Globalisierung des internationalen Sportgeschehens die Sportberichterstattung insbesondere bei Sportgroßereignissen wie Olympia national bis patriotisch geprägt ist (BOYLE/HAYNES 2000; ROWE/MCKAY/MILLER 2000; TUDOR 2006; SCHWIER 2006).

Die identischen Fernsehbilder bei der Übertragung von Live-Spielen der Fußball-EM 2016 scheinen hingegen zu einer international eher einheitlichen »Fußballfernsehsprache« (GANGLOFF 2006) zu führen. Zu vermuten ist daher, dass dem Live-Kommentar bei der Verwendung nationaler oder patriotischer Stereotypen, der Bewertung hinsichtlich sportlicher Bedeutung oder der Einordung des Geschehens in einen historischen Kontext eine wachsende Bedeutung zukommt. Diese Vermutung scheint den bisherigen Befunden entgegen zu stehen und hat weitreichende Konsequenzen für die Bedeutung des Live-Kommentars und seiner Gestaltung bei Fußballübertragungen in der Zukunft. Eine vergleichende Analyse des Live-Kommentars in der Fußballberichterstattung vor dem Hintergrund identischer Fernsehbilder hat es bisher nicht gegeben, hier ist ein Forschungsdesiderat zu verzeichnen, obwohl auch in vielen anderen Bereichen von einer Globalisierung und Vereinheitlichung der Sportberichterstattung ausgegangen wird (ROWE 2013).

Auf Basis dieser Überlegungen ist daher die Frage zu stellen, wie die Sportberichterstattung im Fernsehen vor dem Hintergrund identischer Fernsehbilder in unterschiedlichen Ländern nationale oder patriotische Akzente setzt und wie Bewertungen oder Einordnungen von sportlichem und historischem Kontext ausfallen. Oder kommt es durch die multilaterale Bildproduktion zu einem sich angleichenden Fernseh-Sportjournalismus und damit ähnlichen Live-Kommentierungen in unterschiedlichen Ländern?

3. Theoretischer Zugang

Um die Forschungsfragen zu klären, muss zunächst die Bedeutung und Funktion des Live-Kommentars aufgearbeitet werden. Theoretisch gesehen bietet der Kommentar eine verbale Einordnung und Orientierung für den Rezipienten. Dazu soll über Möglichkeiten zur kognitiven und affektiven Partizipation das Rezeptionserlebnis komplettiert werden. Durch den Live-Kommentar hat der Rezipient die Möglichkeit zur Bildung einer eigenen sozialen Identität. Die Theorie der Bildung einer sozialen Identität (social identity theory) und die Theorie sozialer Kategorisierung des Selbst (self categorization theory) beruhen auf folgender Grundannahme: Individuen bilden ihre soziale Identität über bestimmte Handlungen (»dramatic realization«) auf unterschiedlichen Ebenen (»front stage«/»back stage«) aus (vgl. GOFFMAN 1959).

Die Bildung der sozialen Identität einer Person ist beeinflusst von der Bindung an eine oder mehrere Gruppen (TAJFEL/TURNER 1979). Individuen evaluieren und kategorisieren ihr Selbst über die Zugehörigkeit bzw. Nicht-Zugehörigkeit zu bestimmten Gruppen; diese Zugehörigkeit zu Gruppen beeinflusst auch die Einschätzung anderer Personen bzw. Gruppen (TURNER 1987).

Die Kategorisierung der Zugehörigkeit zu Gruppen wird durch eine Unterscheidung und Stereotypisierung bestimmter »sets« vorgenommen, bspw. »Wir und die Anderen« (WERNECKEN 2000), »we-versus-them« (SCOTT/KUNKEL 2016) oder eine Distinktion zwischen Nationen oder Rassen (BILLINGS/ANGELINI/WU 2011; BILLINGS/EASTMAN 2003; SCHWIER 2006).

Für diese Kategorisierung spielen Medien eine wichtige Rolle, denn sie wählen bestimmte Teile der Realität für die Berichterstattung aus und bilden damit eine auf dieser Auswahl basierende Erzählung (»narrative«), die wiederum zu bestimmten Höhepunkten und besonderen Interpretationen der Realität führt. Diese Annahme wird allgemein als Framing (ENTMAN 2007) bezeichnet. Dieses mediale Framing scheint besonders im Sport vorzukommen und dort vielleicht sogar in verstärktem Maße zuzutreffen (BILLINGS/ANGELINI/WU 2011; BILLINGS/EASTMAN 2003).

Abschließend kann somit die Live-Kommentierung als ein Angebot für Rezipienten verstanden werden, über unterschiedliche Sets und Kategorisierungen verschiedene Möglichkeiten zur Bildung einer sozialen Identität bzw. zur Zugehörigkeit zu bestimmten Gruppen zu bekommen. Diese Möglichkeiten werden dabei durch das mediale Framing in bestimmten Situationen beeinflusst. Hinsichtlich der grundlegenden Fragestellung, ob sich die Live-Kommentierung verschiedener Länder bei identischem visuellen Stimulus unterscheidet, können daher folgende Forschungsfragen konkretisiert werden:

- Wie unterscheidet sich der Live-Kommentar eines Spiels in den Ländern der beiden beteiligten Mannschaften hinsichtlich nationalistischer bzw. patriotischer Einschätzung?
- Welche Unterschiede gibt es konkret in der Bewertung von sportlichen Situationen bzw. Einordnung in einen globalen und historischen Kontext in den unterschiedlichen Live-Kommentaren der beteiligten Länder?
- Welchen Einfluss bzw. welche Bedeutung hat die rahmende Berichterstattung für den Live-Kommentar in den beteiligten Ländern?
- Welche soziale Kategorisierung lässt sich im Kommentar entdecken und welche Angebote zur Bildung sozialer Identitäten gibt es?

Diese möglichen, nationalen Eigenständigkeiten des Live-Kommentars werden besonders an spielentscheidenden Szenen wie Toren, Elfmetern oder der Bewertung der Leistung von Spielern und Schiedsrichtern deutlich. Die aufgestellten Fragen sollen deshalb durch eine Analyse der Kommentierung und Bewertung besonderer Spielsituationen beantwortet werden.

Die bisher referierten Befunde lassen auf die Annahme schließen: Trotz identischen Bildsignals wird durch nationale Kommentierungsmerkmale ein unterschiedlich bewertetes Fußballspiel ausgestrahlt.

4. Forschungsdesign und Methode

Zur Beantwortung der Forschungsfragen wurden in dieser Analyse die Live-Übertragungen im Fernsehen von Spielen der Fußball-EM 2016 mit besonderem Blick auf den Live-Kommentar in unterschiedlichen Ländern untersucht. Dafür wurden die drei Vorrundenspiele der deutschen Nationalmannschaft im deutschen Fernsehen sowie die Übertragung im Land des jeweiligen Gegners analysiert.

In einem ersten Untersuchungsschritt wird die Struktur der gesamten Live-Übertragung auf Basis des Datensatzes einer Langzeitstudie von Horky und Grimmer (GRIMMER/HORKY/WINKLER 2016; HORKY/GRIMMER 2011) quantitativ geprüft. Möglich ist damit ein Längsschnitt von Übertragungen seit 1994. Dadurch sollen erste Unterschiede oder Gemeinsamkeiten hinsichtlich des Umfangs von journalistisch produzierten Beiträgen, Expertengesprächen und besonderen Thematiken im Rahmen der Live-Übertragung in Vor- und Nachberichterstattung in unterschiedlichen Ländern ermittelt werden. Dies kann Antworten hinsichtlich des Framings und der unterschiedlichen Narrative mit Blick auf den Live-Kommentar geben.

In einem zweiten Schritt wurde im Anschluss der Live-Kommentar der Spiele vor dem Hintergrund eines identischen Bildsignals in einer qualitativen Inhaltsanalyse auf Kategorien wie Nationalismus, Patriotismus, Globalisierung, sprachliche Qualität, Bewertung von besonderen Situationen sowie der Leistung von Mannschaften, Spielern und Schiedsrichtern untersucht. Hierfür wurde die Live-Übertragung im deutschen Fernsehen, in der Ukraine, in Polen und Nordirland in Teilen transkribiert und übersetzt. Dafür wurden vorab besondere Situationen des Spiels definiert, bei denen aufgrund der Bedeutung und des Kontextes angenommen werden konnte, dass es zu besonderen Angeboten der Kategorisierung kommen wird. In diesen Situationen wurde der gesprochene Live-Kommentar der beiden übertragenen Sender verglichen.[2]

Als Ergebnis dieses Vergleiches wurden Hinweise auf konkrete Unterschiede und Gemeinsamkeiten bei der Live-Kommentierung im Fernsehen von unterschiedlichen Ländern erwartet. Dies könnte zudem Rückschlüsse auf die Qualität des Fernseh-Sportjournalismus in unterschiedlichen Ländern geben sowie einen Ausblick auf die Zukunft der Fernseh-Sportberichterstattung bei Sportgroßereignissen zulassen.

Operationalisierung

Als Korpus für die Untersuchung wurden die kompletten Live-Übertragungen der drei Vorrundenspiele der Gruppe C der Fußball-EM (EURO) 2016 mit Deutschland, Ukraine, Polen und Nordirland in den jeweils beteiligten Ländern ausgewählt.

---

[2] Diese Spielsituationen werden im folgenden Abschnitt noch eingehend vorgestellt und erläutert.

Sendungen:
- Deutschland vs. Ukraine 2:0 (1:0), 12. Juni 2016, 21:00 Uhr:
  - Deutschland: ARD, Live-Kommentar durch Gerd Gottlob.

  Dauer der Übertragung: 3:17:50 Stunden
  - Ukraine: UKRAJINA, privater TV Kanal, Live-Kommentar eines Sportjournalisten.

  Dauer der Übertragung: 3:32:02 Stunden
- Deutschland vs. Polen 0:0, 16. Juni 2016, 21:00 Uhr:
  - Deutschland: ZDF, Live-Kommentar durch Oliver Schmidt.

  Dauer der Übertragung: 3:50:21 Stunden
  - Polen: Telewizja Polska, public television, TVP1. Live-Kommentar eines Sportjournalisten mit einem Experten (früherer Fußball-Nationalspieler aus Polen).

  Dauer der Übertragung: 3:07:48 Stunden
- Nordirland vs. Deutschland 0:1 (0:1), 21. Juni 2016, 18:00 Uhr:
  - Deutschland: ARD, Live-Kommentar durch Tom Bartels.

  Dauer der Übertragung: 3:14:31 Stunden
  - Nordirland: BBC1, Live-Kommentar eines Sportjournalisten mit einem Experten (früherer Fußball-Nationalspieler aus Nordirland) sowie einem Fußballspieler als Experte am Feld.

  Dauer der Übertragung: 2:29:00 Stunden

Für die quantitative Analyse wurde das bei Horky und Grimmer (2011) verwendete Codebuch leicht modifiziert und für alle Teilnehmer der Analyse ins Englische übersetzt. Mit genauen Instruktionen, Codierungsbeispielen sowie -übungen wurde das einheitliche Codierverhalten der Teilnehmer aus vier unterschiedlichen Ländern erhöht. Die Codierung wurde durch die fünf beteiligten Autoren selbst durchgeführt, eine Intercoder-Reliabilität wurde nicht ermittelt. Die Datensammlung und Auswertung erfolgte über Excel.

Im zweiten Analyseschritt wurden dann die besonderen Spielsituationen definiert, in denen dem Live-Kommentar eine spezielle Bedeutung zugewiesen werden kann. Es handelt sich um folgende Situationen:
- Zehn Minuten vor Spielbeginn: Im Kontext der Aufstellung und des Abspielens der nationalen Hymnen ist eine Einschätzung der Bedeutung des folgenden Spiels sowie eine besondere nationale Bewertung durch den Live-Kommentator zu erwarten.
- Fünf Minuten nach dem Anpfiff: Im Kontext des Spielbeginns und der ersten Ballaktionen ist durch die ersten Eindrücke des Live-

TABELLE 1
Coding Manual (Quantitative Analysis)

Variable	Category	Code number
	EURO 2016 (group stage: GER – UKR, 12.06.2016)	1
	EURO 2016 (group stage: GER – POL, 16.06.2016)	2
	EURO 2016 (group stage: GER – NIR, 21.06.2016)	3
	EURO 2016 (final, 10.07.2016)	4
2 Broadcasting channel (TV station)	ARD (German channel)	1
	ZDF (German channel)	2
	Ukrajina (Ukraine channel)	3
	Polsat (Poland channel)	4
	BBC (Ireland channel)	5
3 Position of sequence within the broadcast	Pre-game reporting	1
	Half-time (break)	2
	Post-game reporting	3
	Soccer game (live broadcasting of match)	4
4 Form of presentation	Presentation of a moderator (incl. clips)	1
	Commentator (live comment in the arena before and after the match itself)	2
	Live comment (live game reporting of one or more commentators)	3
	Interview with experts (e.g. former player etc.)	4
	Story or report made by journalists (magnetic recording, incl. inserts)	5
	Switch to a special reporter or commentator	6
	Interview (long form: questions and answers; e.g. after the game)	7
	Statement (short/flash interview)	8
	Talk or discussion (more than two people)	9
	Extra/Additional show (e.g. comedy show, news show – additional format to the broadcasting of the game)	10
	Trailer: advertising; promotion for channel's program (e.g. advertising for other shows and films, price winning games)	11
	Other (e.g. news – in Germany often we have traditional news at half-time)	12

Variable	Category	Code number
5 Topic	Live sport	1
	Preliminary report (sportive: training, line-up etc.)	2
	Follow-up report (sportive: highlights, analysis)	3
	Atmosphere, Fans	4
	Portrayal	5
	Prominence	6
	Referee and rules	7
	History, statistics	8
	Venue/stadium	9
	Media	10
	Cultural issues (e.g. about France)	11
	Economical issues (e.g. costs of hosting the European Championship)	12
	Social issues (e.g. safety discussion, terrorism)	13
	Health issues (e.g. injured player)	14
	Talk (casual discussion, e.g. with invited guests)	15
	Comedy, satire	16
	Lottery (sometimes promotional: perhaps viewers can win something)	17
	Program presentation (event trailer; world cup trailer)	18
	Advertising (disclosed block of advertising clips)	19
	Other (e.g. news)	20
6 Time	Duration of sequence	Duration in seconds

Kommentators eine weitere Einschätzung der Bedeutung des Spiels sowie eine besondere nationale Bewertung zu erwarten.
- Fünf Spielminuten nach Toren, Elfmetern und Platzverweisen: Bei diesen aus dem allgemeinen Spielgeschehen herausragenden Szenen ist eine besondere Bewertung des Live-Kommentators auch hinsichtlich nationaler Bedeutung zu erwarten.
- Zehn Minuten vor Spielende: Im Kontext des Spielendes ist ein abschließendes Fazit, eine zusammenfassende Bewertung des gesamten Spiels vor dem Hintergrund der nationalen Bedeutung des Ergebnisses zu erwarten.

Der Live-Kommentar in diesen Szenen wurde komplett transkribiert. Für die qualitative Inhaltsanalyse im Sinne der Methodik von Gläser und

Laudel (2010) wurden im Anschluss die wichtigsten Aussagen extrahiert und geclustert. Als Grundlage der Clusterung wurde die Methode der »media representation« durch Live-Kommentierung (vgl. PARK 2015) verwendet. Die Extraktion erfolgte auf Basis einer sprachlichen Auswertung (verwendeter Sprachstil) vor dem Hintergrund folgender Kategorien:
- Nationalisierung bzw. Patriotismus
- Globalisierung
- sportliche Bewertung
- Repräsentation der beiden beteiligten Mannschaften und der Nationen z. B. vor dem Hintergrund einer prospektiven oder historischen Einordnung des Geschehens

Das Ziel der quantitativen und der qualitativen Analyse war es, den nationalen Einfluss des Live-Kommentars bei identischem Bildsignal des Live-Spiels aufzuzeigen und bewerten zu können.

5. Ergebnisse

5.1 Quantitative Analyse/Framing

Die erste Auswertung belegt den Anteil der einzelnen Sendesequenzen im Rahmen der jeweiligen gesamten Live-Übertragung in den beteiligten Ländern. Alle drei Auswertungen zeigen den hohen Stellenwert des Live-Matches im Rahmen der Gesamtübertragung in allen Ländern mit Anteilen von 40 bis mehr als 60 Prozent. Deutlich ist zu erkennen, dass der Anteil des Live-Matches im Gesamtkonzept der Sendung in Deutschland bei einer jeweils höheren Gesamtsendezeit deutlich niedriger ist als im Land des jeweiligen Gegners. Entsprechend sind in Deutschland die Anteile an Vor- und Nachberichterstattung allgemein höher als im Land des jeweiligen Gegners.

Dabei ist eine Ausnahme zu verzeichnen: Die Live-Übertragung in der Ukraine verzichtete auf eine Vorberichterstattung, vom laufenden Programm wurde in der Ukraine erst kurz vor Spielbeginn die Live-Übertragung von der Fußball-EM gestartet. Durch diesen Sonderfall sind im Vergleich zur Ukraine die Anteile an Live-Match und Nachberichterstattung knapp höher als in Deutschland. In Nordirland wurde nahezu komplett auf eine Nachberichterstattung verzichtet.

ABBILDUNG 1
Anteil der Sendesequenzen, drei Spiele, in Prozent

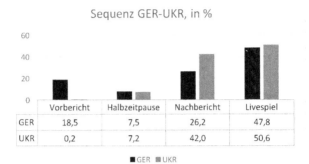

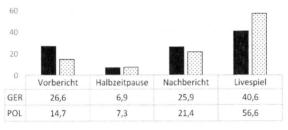

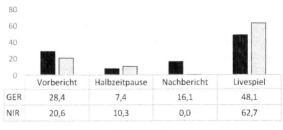

ABBILDUNG 2
Anteil der Präsentationsformen, drei Spiele, in Prozent

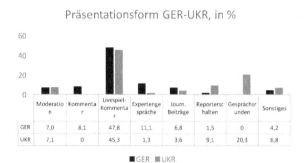

Präsentationsform GER-UKR, in %

	Moderation	Kommentar	Livespiel-Kommentar	Expertengespräche	Journ. Beiträge	Reporterschalten	Gesprächsrunden	Sonstiges
GER	7,0	8,1	47,8	11,1	6,8	1,5	0	4,2
UKR	7,1	0	45,3	1,3	3,6	9,1	20,3	6,8

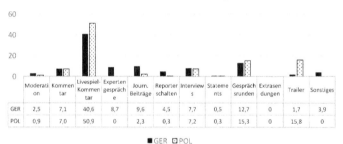

Präsentationsform GER-POL, in %

	Moderation	Kommentar	Livespiel-Kommentar	Expertengespräche	Journ. Beiträge	Reporter schalten	Interviews	Statements	Gesprächsrunden	Extrasendungen	Trailer	Sonstiges
GER	2,5	7,1	40,6	8,7	9,6	4,5	7,7	0,5	12,7	0	1,7	3,9
POL	0,9	7,0	50,9	0	2,3	0,3	7,2	0,3	15,3	0	15,8	0

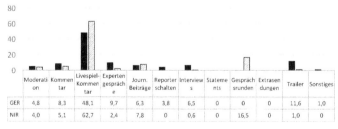

Präsentationsform GER-NIR, in %

	Moderation	Kommentar	Livespiel-Kommentar	Expertengespräche	Journ. Beiträge	Reporter schalten	Interviews	Statements	Gesprächsrunden	Extrasendungen	Trailer	Sonstiges
GER	4,8	8,3	48,1	9,7	6,3	3,8	6,5	0	0	0	11,6	1,0
NIR	4,0	5,1	62,7	2,4	7,8	0	0,6	0	16,5	0	1,0	0

THOMAS HORKY / CHRISTOPH G. GRIMMER / MARIANNA BARANOVSKAA / HONORATA JAKUBOWSKA / BARBARA STELZNER

Bei der Auswertung der im Rahmen der gesamten Live-Übertragung verwendeten Präsentationsformen wird erneut die hohe Bedeutung der Live-Kommentierung in allen beteiligten Ländern deutlich. Diese Präsentationsform kommt ebenfalls bei allen Sendungen auf Anteile zwischen 40 und über 60 Prozent. Entsprechend der Verteilung der Sendebestandteile ist auch bei den Präsentationsformen der Anteil der Live-Kommentierung in Deutschland entsprechend niedriger als in den jeweils beteiligten Ländern, erneut bei einer Ausnahme im Vergleich mit der Ukraine.

Alle anderen Präsentationsformen erreichen im Vergleich nur geringe Werte im Bereich von 5 bis 15 Prozent. Interessant ist der Vergleich bei der Präsentationsform mit den zweithöchsten Werten, der Expertendiskussion und dem Talk mit Experten oder anderen Gästen. Bei dieser Präsentationsform haben alle Länder im Vergleich mit der deutschen Übertragung höhere Werte. Dieses Ergebnis ist offenbar dem Konzept der Doppelkommentierung im Land des jeweiligen deutschen Gegners (s. Abschnitt 4) geschuldet. Tatsächlich ist die Kommentierung durch *einen* Kommentator eine deutsche Besonderheit – und auch in Deutschland gibt es in anderen Fernsehsendern beim Fußball oder bei anderen Sportarten wie bspw. im Wintersport ebenfalls andere Formen der Live-Kommentierung.

Bei einer Analyse der Themen in den gesamten Live-Übertragungen der beteiligten Länder ist keine einheitliche Struktur auszumachen. Die Thematik des Sports dominiert zwar – bei allen beteiligten Sendern ist der Anteil von Live-Sport sowie sportlichen Themen in der Vor- und Nachberichterstattung am höchsten – dennoch ist die Verteilung unterschiedlich. Durch die kaum vorhandene Vorberichterstattung in der Ukraine ist im Vergleich der Live-Sport niedriger und der Anteil der Nachberichterstattung deutlich höher als in Deutschland. Dies ist in den beiden anderen Spielen genau umgekehrt: Die deutsche Übertragung weist jeweils geringere Werte als Live-Sport auf und gleichzeitig höhere Werte bei der Nachberichterstattung.

Alle anderen Themen wie Atmosphäre und Berichte über Fans oder Porträts (von Spielern usw.) weisen im Vergleich nur geringe Anteile mit Werten von 4 bis 7 Prozent auf, dazu fällt ein hoher Anteil von Werbung im Rahmen der deutschen Übertragungen auf. Diese Auswertung belegt die geringe (journalistische) Vielfalt der Live-Übertragungen in allen beteiligten Ländern.

ABBILDUNG 3
Anteil der Themen, drei Spiele, in Prozent

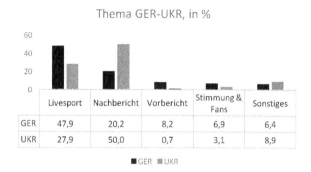

Thema GER-UKR, in %

	Livesport	Nachbericht	Vorbericht	Stimmung & Fans	Sonstiges
GER	47,9	20,2	8,2	6,9	6,4
UKR	27,9	50,0	0,7	3,1	8,9

■ GER ■ UKR

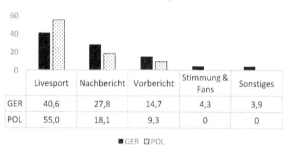

Thema GER-POL, in %

	Livesport	Nachbericht	Vorbericht	Stimmung & Fans	Sonstiges
GER	40,6	27,8	14,7	4,3	3,9
POL	55,0	18,1	9,3	0	0

■ GER □ POL

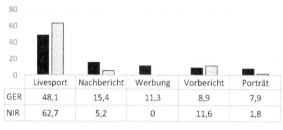

Thema GER-NIR, in %

	Livesport	Nachbericht	Werbung	Vorbericht	Porträt
GER	48,1	15,4	11,3	8,9	7,9
NIR	62,7	5,2	0	11,6	1,8

■ GER □ NIR

Zusammenfassend und in Bezug auf das theoretische Konzept des Framings können alle Live-Übertragungen im Rahmen der quantitativen Auswertung auf ein dominierendes Narrativ der medialen Repräsentation reduziert werden: Strukturell ist im Sendekonzept aller Länder eine *sportlich an der Leistung orientierte Bewertung des Geschehens* zu verzeichnen. Andere Frames waren nur gering ausgeprägt oder überhaupt nicht zu belegen. Live-Übertragungen von großen Fußballspielen beschränken sich quantitativ-thematisch und in der Präsentation auf das sportliche Geschehen, das von Kommentatoren, Moderatoren und Experten eingeordnet und bewertet wird.

5.2 Qualitative Analyse/Kategorisierung

Die Ergebnisse der im Anschluss vorgenommenen, qualitativen Analyse werden in den extrahierten Kernaussagen in Form von Kategorien zur Bildung sozialer Identität präsentiert. Als Beleg dienen einzelne Zitate, die beispielhaft für die jeweils extrahierten Cluster gelten können.

5.2.1 Sport

Die in allen Ländern dominierende Kommentierung bezieht sich auf die sportliche Leistung, auf Bewertungen, eine Einschätzung oder bspw. taktische Aufstellungen, Rollenverteilungen, Können oder Verletzungen einzelner Spieler. Dieser Cluster zeigt sich nicht nur in den Kommentierungen der sportlichen Handlungen, sondern auch im Rahmen der Vor- oder Nachberichterstattung. Selbst bei der Bewertung von entscheidenden Spielsituationen wie bspw. Toren ist der Kommentar meist als in erster Linie sportlich zu bezeichnen.

So kann festgestellt werden, dass in allen beteiligten Ländern eine Konzentration auf das *rein Sportliche* zu verzeichnen ist, oft werden andere Bezüge oder eine Bewertung im sozialen Kontext von den Kommentatoren offenbar bewusst vermieden (Beispiele 2 und 3). Die Kategorisierung ist daher in allen Fällen dieses Clusters als eher vorsichtig und rücksichtsvoll zu bezeichnen. Gerade bei den Gegnern der deutschen Mannschaft überwiegt in der Live-Kommentierung hinsichtlich sportlicher Thematiken wie im ersten Beispiel teilweise die Freude bzw. Chance, gegen den Weltmeister antreten zu dürfen.

Beispiel Polen (Vorberichterstattung):
»Szpakowski: For many years and generations we had been waiting for a victory against Germany. And it happened, two years ago on the National Stadium in Warsaw. The victory against the current world champion. [...] Let this be a beautiful match and this is what we wish you and ourselves. I know that a lot of the fluids from the whole Poland flows here for White-Reds and Saint-Denis is also white and red in ¼, because so many fans have come here for this match to Paris.«

Beispiel Polen (Spielbeginn):
»Szpakowski: Right side. Now, the Germans try to break through this way. There is no whistle of the Dutch referee's. Pazdan kicks the ball out from the penalty area. Mączyński in a fight. He is fouled and the first free-kick for Poland.

Juskowiak: Since the beginning, the Germans have tried to move towards the ball's direction and we have to try to control the ball as fast as possible. It will be easier for us. There will be a lot of place on the second side of the pitch and then we can activate Kamil Grosicki for example.«

Beispiel Ukraine (Vorberichterstattung):
»The Ukrainian National team showed in their contests of 2016 – not with their performance, but with the results on those contests, surprised many in Europe and quite seriously scared the Germans. The Ukrainian National team and the French National team are the two teams that have not lost a single control match – not only that they haven't lost, they even won all of their control matches in 2016. We've beaten the Cyprus minimally – 1:0, we've beaten Wales minimally 1:0, with 4:3 we've beaten Romania and also Albania with 3:1 The last three teams are the participants of this European Championship. [...]«

5.2.2 *Hoffnungen/Erwartungen*

In allen beteiligten Ländern ist im Live-Kommentar in mehreren Fällen ein Schüren von Hoffnungen und Erwartungen zu verzeichnen. Diese von den Kommentatoren geäußerten Vorschauen und Erklärungen von möglichen, zukünftigen Konstellationen und Bewertungen werden meist recht vorsichtig und in Bezug auf das eigene Team geäußert. Hier ist damit eine Parallele zur sportlichen Bewertung der ersten Kategorie erkennbar.

Beispiel Deutschland (Spiel gegen Ukraine, Vorberichterstattung):
»Heute kann die Mannschaft [betont] den ersten Schritt machen und heute werden wir die Frage beantworten können auf welchem Niveau Deutschland in dieses Turnier einsteigen kann [...]«

Beispiel Nordirland (Vorberichterstattung):
»Can those boys waiting in the tunnel there summon up the spirit of Valencia, that great World Cup 82 win over Spain. As long as they avoid being beaten by four goals they should famously go through to the last 16 as one of the best third place sides and more than likely have a crack at the hosts France down in Lyon if that happens. [...]«

5.2.3 Geschichte

In allen Ländern wird das sportliche Ereignis im Live-Kommentar häufig historisch in die (sportliche) Geschichte z. B. der Länderspiele eingeordnet. Diese Kategorisierung dient damit erstens einer sportlichen Bewertung, aber auch eine Einordnung in den gesellschaftlichen Kontext. Der Live-Kommentar bedient sich in diesem Cluster einer vorliegenden Möglichkeit zur Einordnung und Bewertung des Geschehens. Diese historische Serialisierung des sportlichen Wettkampfes, also der Narration von Leistung und Wettkampf in Form von Serien, ist eine in der Literatur oft belegte Form von sportjournalistischer Kommentierung (vgl. HORKY 2007a).

Auch bei dieser Kategorie ist in allen beteiligten Ländern im Live-Kommentar eine deutliche Zurückhaltung spürbar. Fälle von nationalistischer Historisierung, wie sie bspw. bei der Fußball-WM 2006 in der Printberichterstattung belegt werden konnte (vgl. POULTON 2007), sind in der Live-Kommentierung nur sehr selten zu entdecken. Dies mag an den unterschiedlichen Rahmenbedingungen der Medien Print und Fernsehen liegen, scheint aber auch in einer aktuell belegbaren, allgemeinen Zurückhaltung des Sportjournalismus bei der Bewertung von sportlichen Ereignissen und ihrem Kontext begründet zu sein.

Beispiel Deutschland (Spiel gegen Ukraine, Vorberichterstattung):
»Ja zwanzig Jahre nach dem letzten EM-Titel startet die deutsche Mannschaft gleich ins Turnier, um nach dem großen Erfolg von Rio Europameister hier in Frankreich zu werden.«

Beispiel Nordirland (Vorberichterstattung):
»Northern Ireland have history against Germany or West Germany to be precise, you have to go back a while, 1984, two qualifying games, did the double.«

5.2.4 Nationalismus/Patriotismus

Dies war die aufgrund der Literatursichtung vor Analysebeginn angenommene Hauptkategorie, die in mehreren Studien zur Live-Kommentierung vor allem im Rahmen Olympischer Spiele belegt worden ist (DAALMANN 1999; BILLINGS/ANGELINI/WU 2011). Unter Nationalismus soll hier das übersteigerte Bewusstsein vom Wert und der Bedeutung der eigenen Nation verstanden werden. Im Gegensatz zum Nationalbewusstsein und zum Patriotismus, der als eine positive Vaterlandsliebe bezeichnet werden kann, glorifiziert der Nationalismus die eigene Nation und setzt andere Nationen bewusst herab. Zugleich wird ein Sendungsbewusstsein entwickelt, möglichst die ganze Welt nach den eigenen Vorstellungen (des Nationalstaates) zu formen (vgl. THURICH 2011).

Tatsächlich ist die soziale Kategorisierung von nationalistischen oder patriotischen Aussagen bzw. Inhalten in keinem Land deutlich zu verzeichnen gewesen. Nur in einzelnen Fällen wurden im Live-Kommentar Formulierungen wie *Wir* oder *Uns* gegen *die Anderen* (»we-versus-them«) verwendet, auch das bewusste Herausheben der Leistung der eigenen Nation oder das Herabsetzen des Gegners oder dessen sportlicher Leistung konnte selten codiert werden. Dies ist übergreifend in fast jedem Live-Kommentar der beteiligten Länder zu erkennen. In einigen Fällen war sogar das konkrete Gegenteil der Fall, d. h. die offenbar bewusste Vermeidung von Patriotismus oder Nationalismus. Diese Entwicklung ist seit einigen Jahren besonders in Deutschland zu beobachten: So stand der deutsche Live-Kommentator Gerd Gottlob (ARD) im Rahmen der Fußballweltmeisterschaft 2014 als »Fan-Reporter« in der Kritik für seine Verwendung des Wortes *Wir* statt *das deutsche Team, die deutsche Mannschaft* o.ä. (vgl. THIERINGER 2014). Im Folgenden sollen die ersten drei Beispiele diese Entwicklung belegen, dazu ein weiteres Beispiel für die Verwendung von patriotistischen bzw. nationalistischen Stereotypen.

Interessant ist in diesem Zusammenhang auch die Ansetzung eines national geprägten Spielfilms im polnischen Fernsehen, zeitgleich zur

Live-Übertragung des Spiels von Deutschland gegen Polen.³ Eine mögliche Erklärung für diese Programmplanung kann das bewusste Ausgrenzen nationalistischer Inhalte aus dem Feld der Sportberichterstattung – und damit aus dem Live-Kommentar des Spiels – sein.

Beispiel Deutschland (Spiel gegen Polen, Vorberichterstattung):
> »Es winkt ein spannendes Duell zweier Nachbarn, die sich definitiv gut kennen, die sich in vielen Angelegenheiten auch schätzen, aber sich, was den Fußball angeht, auch vor den Stärken des Gegners fürchten [...]«

Beispiel Deutschland (Spiel gegen Ukraine, Nachberichterstattung):
> »Aber es war eben auch noch nicht alles toll. Das muss man auch ganz klar sagen. Die Defensive insgesamt, als Verbund, damit mein ich wie gesagt nicht nur die Viererkette, die hat nicht ausschließlich perfekt funktioniert. Da waren schon riesige Lücken und eh die Deutschen hätten sich nicht beschweren können, wenn die Ukrainer hier den Ausgleich geschafft hätten. Ganz sicher nicht. Und nach vorne hat es eben auch noch nicht so hundertprozentig gepasst. Sind die Deutschen noch nicht so in den Strafraum so reingekommen, dass sie zu klaren Chancen kamen, sondern das waren dann eher Abschlüsse außerhalb des Strafraums [...]«

Beispiel: Polen (während der Hymnen):
> »Everyone stood up and in a moment we will listen to the national anthems of both countries, and then we will focus our and your attention on this duel which certainly electrifies not only Europe but also the world, because the current world champions play. And now we have a confirmation how many White-Reds are here [the camera shows 'Polish' sectors], they are happy, they believe and want the victory on this stadium. But also the current world champions have their supporters. The anthems of both countries [...].«

Beispiel: Ukraine (Vorberichterstattung, kurz vor den Hymnen):
> »Today we all clearly understand who is the David in this competition and who is the Goliath. But! Nevertheless we hope, we pray for our team, for achieving a positive result today [...] Nothing pressures us today and we have to understand that. No one will judge us for the defeat by the world's champion, but everybody will dignify us and everybody will respect us even more if we create a sensation, if we take the points from a team that is one of the major favorites of this European championship.«

---

3   TVP2 übertrug zeitgleich zum Spiel den Film *Knights of the Teutonic Order*, Regie: Aleksander Ford, basierend auf dem Buch von Henryk Sienkiewicz.

5.2.5 *Globalisierung*

Globalisierung ist ein bekanntes Phänomen der Sportberichterstattung, vor allem im Fußball (SCHWIER 2006; ROWE 2013). Die in allen Ländern in der Live-Kommentierung codierten, zahlreichen Hinweise auf die globale Struktur des Fußballs war deshalb zu erwarten. Im Rahmen der Extrahierung waren verschiedene Kommentierungen hinsichtlich der global besetzten Mannschaften mit Nationalspielern aus Vereinen verschiedener Länder zu verzeichnen, zudem wurde oft auf die globale Bedeutung des Ereignisses insgesamt hingewiesen.

Beispiel Polen (Vorberichterstattung):

»You have seen the meaningful images – the friends from one club [Lewandowski greets German players from Bayern Munich]. They know each other very well. [German players] know also Błaszczykowski and Piszczek. Before the match, the German press wrote – ›Hey/hi neighbour, football is a beautiful game where the better sometimes wins‹. [...]«

Beispiel Deutschland (Spiel gegen Polen, Spielbeginn):

»Peszko - noch so ein guter alter Bekannter aus der Bundesliga, vorhin herzliche Begrüßung mit Lukas Podolski. Ihn und Hector kennt er natürlich vom FC.«

Beispiel Nordirland (Vorberichterstattung):

»So can the players who started off at clubs like Enniskillen Town United, Ballyclare Comrades, Dungallen Swifts, Five Mile Town United [...] get an epic result against the world champions? It's a German squad worth nearly 500 million pounds against a Northern Ireland 23 worth on paper right now 5 % of that, but for the supporters here those players walking out right now will be worth more than all the money in the world if they can pull this off.«

Zusammenfassend konnten hinsichtlich der Angebote für die Bildung einer sozialen Identität für die Rezipienten in der Live-Kommentierung nur geringfügige Möglichkeiten zur Identifikation von Personen mit dem Geschehen bzw. zur Abgrenzung von anderen sozialen Gruppen (hier: Nationen) identifiziert werden. Die Thematisierung und die historische Einordnung der Live-Kommentatoren waren meist sehr vorsichtig und zurückhaltend, dies belegt auch der Rückblick auf die historische Entwicklung des Live-Kommentars in Deutschland. In Bezug auf das theoretische Konzept der Kategorisierung des Selbst sind die möglichen »Sets« an Kategorien wie Nationalismus, Patriotismus oder sprachliche Differenzierung nur selten verwendet worden. Der Patriotismus erscheint in allen Fällen weitgehend angemessen für ein (relevantes) Duell zweier Nationen und wird zu keiner Phase nationalistisch. Das Angebot zur Kategorisierung des Selbst wird weitgehend auf die Kategorie *Sportliches* mit *Historischer Einordnung* sowie *Hoffnungen und Erwartungen* beschränkt. Die Angebote zur Herstellung einer sozialen Identität durch soziale Kategorisierung fokussieren sich in der untersuchten Live-Kommentierung damit auf *sportliche Inhalte*. Es kann von einem Mangel an sozialen Kategorisierungsangeboten gesprochen werden.

6. Diskussion, Bewertung und Fazit

Die Ergebnisse der Analyse belegen ein sehr einheitliches Framing durch das bestimmende Thema *Aktueller Sport* und seine Bewertung sowie die *Historische Einordnung des Geschehens* mit dem vorsichtigen *Schüren von Hoffnungen und Erwartungen*. In Thema und bei den Präsentationsformen dominiert das aktuelle sportliche Geschehen, das auch den umfangreichsten Sendebestandteil darstellt. Die Relevanz des Live-Sports ist im Gesamtumfang der Sendungen zwar rückläufig (HORKY/GRIMMER 2011), dennoch scheint die zugeschriebene inhaltliche Bedeutung zu wachsen.

Ganz offenbar ist in den Live-Kommentaren nur wenig Nationalismus oder Patriotismus zu verzeichnen, eher wird der Stolz auf das bisher Erreichte thematisiert und das Feiern eines gemeinsamen Festes initiiert. Für dieses Framing gibt es zwar auch vereinzelte Gegenbeispiele – so wurde in den Medien im Rahmen der Berichterstattung im Kontext der Fußball-EM mehrmals der sehr emotionale Kommentarstil des isländischen Reporters bewertet (z. B. DPA 2016) – dennoch ist dies als eine Ausnahme von der Regel zu bezeichnen. Eine kurze Übersicht über die Kommentare bei Spielen Islands belegte einen hochemotionalen, aber auch hier keinesfalls nationalistischen Einfluss. Die Live-Kommentierung im Fernsehen scheint somit in erster Linie eine Inszenierung eines Erlebnisses für die Rezipienten zu sein, evtl. ist wie beschrieben eher in den Printmedien ein soziales Framing im Sinne eines nationalistischen Diskurses zu entdecken.

Dies belegt auch das weitgehende Fehlen von Angeboten zum Aufbau sozialer Identitäten über soziale Kategorien wie Nationalismus oder Patriotismus. In den untersuchten Kommentaren waren Anmerkungen in Richtung eines Krieges oder Kampfes von Nationen kaum bis gar nicht zu registrieren. Vielmehr lassen sich mehrere Hinweise auf einen globalen

Sportwettkampf entdecken, ein Beleg für die wachsende Globalisierung des Fußballs, die vor allem durch die europäische Champions League deutlich sichtbar wird.

Zu fragen ist, ob die Sportart Fußball und die großen Fußballturniere einen anderen Kontext aufweisen als z. B. große Multisportereignisse wie Olympische Spiele. Während bei Olympia in der Live-Kommentierung des Fernsehens mehrfach die Verwendung von Kategorien wie Nationalismus, Rassismus o. ä. belegt wurde (BILLINGS/EASTMAN 2003; BILLINGS/ANGELINI/ WU 2011; BISSELL/SMITH 2013), ist dies im Kontext des Fußballs kaum nachweisbar – und wenn vorrangig in der Berichterstattung von Printmedien (DAALMANN 1999; POULTON 2007). Als ein Fazit und Bewertung der zu Beginn aufgestellten Annahme sollte weitergehend diskutiert werden, ob die UEFA über die einheitliche Visualisierung in der Live-Übertragung die nationale Sportberichterstattung tatsächlich weitgehend normiert. Nationale Akzente sind im Live-Kommentar der unterschiedlichen Länder bis auf verschiedene sportliche Bewertungen kaum zu verzeichnen.

Diese These wird durch die visuelle Rahmung der Übertragung im Sinne eines weitgehend einheitlichen Sendeablaufs, von identischen Grafikeinblendungen (die von der UEFA vorgegeben werden) und eine internationale Bildregie des Hostbroadcasters weiter gestärkt. Diese Vorgaben der UEFA scheinen zunehmend nationale Akzente im Fernseh-Sportjournalismus der unterschiedlichen Länder zu verhindern.

Abschließend lässt sich festhalten, dass die UEFA mit den genannten Maßnahmen im Fernsehen zunehmend in allen Ländern ein identisches *Fußball-Fernseherlebnis* produziert und durch die vertraglichen Regeln der Live-Übertragungen weiter fördert. Das Ziel könnte ein gemeinsames Fußballfest aller Nationen sein (REAL 2013), wie es mit dem Phänomen des Public Viewings im Kontext der Live-Rezeption seit 2002 und vor allem mit der Fußball-WM 2006 bereits durchgeführt wird (HORKY 2007b).

7. Limitierungen und Ausblick

Die vorgestellte Studie ist als Case Study nur ein kleines Beispiel für Bewertungen und Framing in Live-Kommentaren und kann daher nicht repräsentative oder über diese Studie hinausreichende Ergebnisse erbringen. Mit den Live-Kommentaren im Fernsehen wurde nur ein Medium untersucht – vor allem Analysen von Berichterstattung in Printmedien belegen wie vorgestellt oft abweichende Resultate, auch wenn diese häufig nicht mehr als aktuell zu bezeichnen sind. Zudem ist bis jetzt die Kategorisierung und qualitative Bewertung nur in den genannten, speziell definierten (Schlüssel-)Situationen vorgenommen worden, in anderen Situationen mag es andere Ergebnisse geben – allerdings ist dies nach einer ersten Sichtung nicht zu erwarten. Zwar ließe sich vermuten, dass der Kommentar in anderen Situationen mehr gefordert sei, Einschätzungen oder Bewertungen vorzunehmen. Erste Auswertungen belegen jedoch bei eher aktionsarmen Situationen auch im Live-Kommentar meist ruhige Phasen, in denen historischer Hintergrund oder sportlich-faktische Informationen zu Spielern, Vereinen oder Spielleistung vermittelt werden. Interessant wäre in dieser Hinsicht allerdings eine zusätzliche qualitative Analyse der Kommentare und Bewertungen in Vor- und Nachberichterstattung.

Letztlich hat sich die vorgenommene Operationalisierung als brauchbar erwiesen, erste Ergebnisse im Rahmen von Live-Übertragungen im Fußball zu erhalten. Das beschriebene Phänomen zunehmender Standardisierung des Bildsignals durch die Sportverbände dürfte in Zukunft steigenden Einfluss auf Live-Übertragungen haben, wie zuletzt die Übertragungen der Olympischen Spiele 2016 belegen (PRICE 2016). Spannend wären daher Anschlussstudien bei anderen Sportereignissen wie Olympia oder anderen großen Mediensportereignissen – aber auch auf niedrigerem Wettkampflevel wie im Amateurbereich des Sports, wo Live-Übertragungen in Bilderstellung und Kommentar zunehmend durch die Sportakteure selbst vorgenommen werden.

Literatur

BARNFIELD, A. (2013). Soccer, Broadcasting, and Narrative: On Televising a Live Soccer Match. In: *Communication & Sport*, *1*(4), S. 326-341.

BILLINGS, A.C.; ANGELINI, J.R.; WU, D. (2011). Nationalistic Notions of the Superpowers: Comparative Analyses of the American and Chinese Telecasts in the 2008 Beijing Olympiad. In: *Journal of Broadcasting & Electronic Media*, *55*(2), S. 251-266.

BILLINGS, A.C.; EASTMAN, S.T. (2003). Framing Identities: Gender, Ethnic, and National Parity in Network Announcing of the 2002 Winter Olympics. In: *Journal of Communication*, *53*(4), S. 569-586.

BISSELL, K.; SMITH, L.R. (2013). Let's (Not) Talk Sex. An Analysis of the Verbal and Visual Coverage of Women's Beach Volleyball during the 2008 Olympic Games. In: *Journal of Sports Media*, 8(2), S. 1-30.
BOYLE, R.; HAYNES, R. (2000). *Powerplay. Sport, the Media & Popular Culture.* Harlow: Pearson.
BROADBAND. (2016). Euro 2016 beat viewership records throughout Europe. In: *Broadband TV News*. Abgerufen von http://www.broadbandtvnews.com/2016/07/14/euro-2016-beat-viewership-records-throughout-europe/
BRYANT, J.; COMISKY, P.; ZILLMANN, D. (1977). Drama in Sports Commentary. In: *Journal of Communication*, 27(3), S. 140-149.
DAALMANN, A. (1999). *Fußball und Nationalismus. Erscheinungsformen in Presse- und Fernsehberichten in der Bundesrepublik Deutschland und den Vereinigten Staaten von Amerika am Beispiel der Fußball-Weltmeisterschaft 1994.* Berlin: Tischler.
DANNEBOOM, M. (1988). Der Einfluß des Kommentars bei Fußballübertragungen. In: J. HACKFORTH (Hrsg.): *Sportmedien und Mediensport. Wirkungen – Nutzung – Inhalte* (S. 147-159). Berlin: Vistas.
DPA. (2016). Isländischer Kommentator schreit sich in den TV-Olymp. In: *RP-Online*. Abgerufen von http://www.rp-online.de/sport/fussball/em/andere-teams/em-2016-island-kommentator-steigt-in-den-reporter-olymp-auf-aid-1.6069860
ENTMAN, R. M. (2007). Framing bias: Media in the distribution of power. In: *Journal of Communication*, 57(1), S. 163-173.
GANGLOFF, T. P. (01. Juli 2006). Fußball und Fernsehen (4): Freudentaumel, angeliefert. In: *Frankfurter Rundschau*.
GERHARD, H.; GEESE, S. (2016). Die Fußball-Europameisterschaft 2016 im Fernsehen. Daten zur Rezeption und Bewertung. In: *Media Perspektiven*, o. Jg. (10), S. 491-500.
GERHARD, H.; ZUBAYR, C. (2014). Die Fußball-Weltmeisterschaft 2014 im Fernsehen. Daten zur Rezeption und Bewertung. In: *Media Perspektiven*, o. Jg. (9), S. 447-455.
GLÄSER, J./G. LAUDEL (2010). *Experteninterviews und qualitative Inhaltsanalyse*. 4. Aufl., Wiesbaden: VS.
GOFFMANN, E. (1959). *The Presentation of Self in Everyday Life.* Anchor Books/Doubleday: New York.
GRIMMER, C. G.; HORKY, T.; WINKLER, S. (2016). Fußball satt! Aber was läuft da eigentlich? Eine Analyse zu Fußballübertragungen

im Fernsehen. In: *Fachjournalist*. Abgerufen von http://www.fachjournalist.de/fussball-satt-aber-was-laeuft-da-eigentlich-eine-analyse-zu-fussball-uebertragungen-im-fernsehen/

GSCHEIDLE, C.; KESSLER, B. (2012). Die Fußball-Europameisterschaft 2012 im Fernsehen. Daten zur Rezeption und Bewertung. In: *Media Perspektiven, o. Jg.*(9), S. 424-432.

HORKY, T. (2007a). Mediensport als Inszenierung. Theoretische Fundierung und aktuelle Tendenzen von Sportberichterstattung. In: *Leipziger Sportwissenschaftliche Beiträge*, 48(1), S. 65-85.

HORKY, T. (2007b). Mediensport und Öffentlichkeit. Zur Ausdifferenzierung eines journalistischen Programmbereichs am Beispiel der Fußball-WM 2006. In: *Leipziger Sportwissenschaftliche Beiträge*, 48(2), S. 13-34.

HORKY, T. (2009). Sozialpsychologische Effekte bei der Bildinszenierung und -dramaturgie im Mediensport. In: H. SCHRAMM; M. MARR (Hrsg.): *Die Sozialpsychologie des Sports in den Medien* (S. 93-112). Köln: Herbert von Halem.

HORKY, T.; GRIMMER, C. G. (2011). Journalismus, Experten und Comedy – große Fußballturniere im Fernsehen. Eine Längs- und Querschnittanalyse zur Qualität der Fernsehberichterstattung von Großfußballabenden. In: M.-P. BÜCH; W. MAENNIG; H.-J. SCHULKE (Hrsg.): *Internationale Sportevents im Umbruch? Instrumentalisierung, Digitalisierung, Trivialisierung* (S. 94-113). Aachen: Meyer & Meyer.

JÖRGENSEN, S. (06. Juli 2016). Gottlob:»Wir Kommentatoren brauchen ein dickes Fell.« EM-Final-Kommentator im Interview. *Sportbild*. Abgerufen von http://sportbild.bild.de/fussball-em/2016/em-2016/interview-gerd-gottlob-wir-kommentatoren-brauchen-dickes-fell-46649658.sport.html

KLIMMT, C.; BEPLER, M.; SCHERER, H. (2006).»Das war ein Schuss wie ein Mehlkloß ins Gebüsch!« Fußball-Live-Kommentatoren zwischen Journalistik und Entertainment. In: H. SCHRAMM; W. WIRTH; H. BILANDZIC (Hrsg.): *Empirische Unterhaltungsforschung: Studien zu Rezeption und Wirkung von medialer Unterhaltung* (S. 169-189) München: Reinhard Fischer.

LEE, M.; KIM, D.; WILLIAMS, A. S.; PEDERSEN, P. M. (2016). Investigating the Role of Sports Commentary. An Analysis of Media-Consumption Behavior and Programmatic Quality and Satisfaction. In: *Journal of Sports Media*, 11(1), S. 145-167.

LICEN, S. (2015). The eternal talent, the French Senegalese and the coach's troop: broadcasting soccer on Slovenian public television. In: *Soccer & Society*, 16(5-6), S. 657-673.

LIVE PRODUCTION. (03. April 2016). Football Production Summit 2016: How UEFA is preparing for EURO 2016 Football Championship. *Live-Production*. Abgerufen von http://www.live-production.tv/news/sports/football-production-summit-2016-how-uefa-preparing-euro-2016-football-championship.html

PARK, M. (2015). Race, Hegemonic Masculinity, and the »Linpossible!«: An Analysis of Media Representations of Jeremy Lin.
In: *Communication & Sport*, 3(4), S. 367-389.

POULTON, E. (2007). Don't Mention the War? The English Press Reporting of the 2006 World Cup. In: T. HORKY (Hrsg.): *Die Fußball-Weltmeisterschaft 2006: Analysen zum Mediensport* (S. 153-175). Norderstedt: BoD.

PRICE, S. (2016). Behind the Lens. In: *Olympic Review*, o. Jg.(101), S. 32-40.

REAL, M. (2013). Reflections on Communication and Sport: On Spectacle and Mega-Events. In: *Communication & Sport*, 1(1/2), S. 30-42.

ROWE, D. (2013). Reflections on Communication and Sport: On Nation and Globalization. In: *Communication & Sport*, 1(1/2), S. 18-29.

ROWE, D.; MCKAY, J.; MILLER, T. (2000). Come Together: Sport, Nationalism, and the Media Image. In: L. WENNER (Hrsg.): *MediaSport* (S. 119-133). London/New York: Routledge.

SCHAFFRATH, M. (2003). Mehr als 1:0! Bedeutung des Live-Kommentars bei Fußballübertragungen – eine explorative Fallstudie. In: *Medien & Kommunikationswissenschaft*, 51(1), S. 82-104.

SCHEU, H.-R. (1994). Zwischen Animation und Information Die Live-Reportage im Fernsehen. In: J. HACKFORTH; C. FISCHER (Hrsg.): *ABC des Sportjournalismus* (S. 246-277). München: Ölschläger.

SCHWIER, J. (2006). Globaler Fußball und nationale Identität In: *Spectrum der Sportwissenschaften*, 18(1), S. 40-53.

SCOTT, O.; KUNKEL, T. (2016). Using Self-Categorization Theory to Uncover the Framing of the 2008 Beijing Olympic Games. A Cross-Cultural Comparison of Two National Newspapers. In: *Journal of Sports Media*, 11(1), S. 123-144.

TAJFEL, H.; TURNER, J. C. (1979). An integrative theory of intergroup conflict. In: W. AUSTIN; S. WORCHEL (Hrsg.): *The social psychology of intergroup relations* (S. 33-47). Monterey, CA: Brooks/Cole.

THIERINGER, J. (17. Juni 2014). Kritik an Fan-Reporter Gerd Gottlob: »Die ARD steht bei der WM nicht auf dem Platz!«. In: *Focus Online*. Abgerufen von http://www.focus.de/sport/fussball/wm-2014/deutsches-team/kommentator-bei-deutschland-portugal-kritik-an-fan-reporter-gottlob-die-ard-steht-nicht-auf-dem-platz_id_3927122.html

THURICH, E. (2011). *pocket politik. Demokratie in Deutschland*. überarb. Neuauflage, Bonn: Bundeszentrale für politische Bildung.

TUDOR, A. (2006). World Cup Worlds: Media Coverage of the Soccer World Cup 1974 to 2002. In: A. A. RANEY; J. BRYANT (Hrsg.): *Handbook of Sports and Media* (S. 217-230). Mahwah/New Jersey: Lawrence Erlbaum.

TUNZE, W. (6. Juni 2006). Medientechnik nach Weltmeisterart. In: *Frankfurter Allgemeine Zeitung Online*. Abgerufen von http://www.faz.net/aktuell/sport/fussball-wm-2006/deutschland-und-die-wm/fernsehproduktion-medientechnik-nach-weltmeisterart-1328541.html

TURNER, J. C. (1987). *Rediscovering the social group: A self-categorization theory*. New York, NY: Basil Blackwell.

UEFA. (2012). *Stunning figures for UEFA EURO 2012*. Abgerufen von http://www.uefa.com/uefaeuro/news/newsid=1834666.html

WERNECKEN, J. (2000). *Wir und die anderen… Nationale Stereotypen im Kontext des Mediensports*. Berlin: Vistas.

WOO, C. W.; KIM, J. K.; NICHOLS, C.; ZHENG, L. (2010). International Sports Commentary Frame and Entertainment: A Cross-Cultural Analysis of Commentary Differences in World Series Broadcasts. In: *International Journal of Sport Communication*, *3*(2), S. 240-255.

DENNIS LICHTENSTEIN / JONAS KAISER

Mit Lust und Leidenschaft: Nationale Stereotype in der Online-Kommunikation zur Fußballeuropameisterschaft 2016 auf reddit. Eine Topic Modeling-Analyse

Mediale Sportgroßereignisse wie Olympiaden, Fußballwelt- (WM) und Fußballeuropameisterschaften (EM) sind Kommunikationsereignisse, die zwischen einer Vielzahl von Ländern eine »kommunikative Kurzzeitverdichtung« (WALLNER 2010: 84) bewirken. In der Forschung werden sie daher regelmäßig mit Blick auf die Entstehung einer europäischen oder globalen Öffentlichkeit diskutiert. Es wird argumentiert, dass die Ereignisse unterschiedliche Länder und ihre Bevölkerungen einander näherbringen und über den Weg der Populärkultur den Boden für ein intensiveres und empathischeres Zusammenwirken in Politik, Wirtschaft und Gesellschaft bereiten. Unter anderem sollen sie dazu beitragen, negative Stereotype über Menschen und Länder abzubauen, die als Barrieren für die transnationale Zusammenarbeit gesehen werden (DIMITRIOU/SATTLECKER 2010; DINE/CROSSON 2010).

Gesellschaftliche Kommunikation findet zu großen Teilen medienvermittelt statt. Vor allem die Berichterstattung über Sportgroßereignisse in traditionellen Massenmedien wie Fernsehen und Presse ist bereits gut erforscht (z. B. DESMARAIS/BRUCE 2010; HOFFMANN 2009; MÜLLER 2009) und liefert wichtige Hinweise auf die journalistische Verwendung von Stereotypen, die in gesellschaftlicher Anschlusskommunikation aufgegriffen werden können (WERNECKEN 2000). Demgegenüber liegen zur Kommunikation über Sportgroßereignisse in sozialen Netzwerken, Diskussionsforen und anderen Online-Plattformen bislang kaum Forschungsarbeiten vor (für einen Überblick vgl. FILO/LOCK/KARG 2015). Gerade in diesen nicht an nationale Grenzen gebundenen Medien mit potenziell globaler Reichweite und Teilnehmerschaft kann aber ersichtlich werden, inwieweit das Publikum selbst Stereotype in der transnationalen Kommunikation konstruiert und verwendet.

Vor diesem Hintergrund fragen wir: Welche Rolle spielen nationale Stereotype in der transnationalen Online-Kommunikation zu Sportgroßereignissen? Am Beispiel der Fußball-EM 2016 untersuchen wir mithilfe einer computergestützten Inhaltsanalyse von User-Kommentaren in dem transnationalen Online-Forum reddit die Verhandlung nationaler Stereotype zu den teilnehmenden Ländern.

Im Folgenden gehen wir zunächst auf Funktionen nationaler Stereotype in der transnationalen Kommunikation ein und diskutieren die Chancen zum Abbau von Stereotypen in der medienvermittelten Kommunikation zu Sportgroßereignissen. Wir stellen unser Untersuchungsdesign vor und zeigen anhand unserer Befunde für die Endrunden der EM 2016 auf, inwieweit Stereotype in der User-Kommunikation auf reddit zu den einzelnen Spielen konstruiert werden. Die gefundenen Stereotype werden abschließend in Hinblick auf ihren Nutzen und die mit ihnen verbundenen Probleme in der Online-Kommunikation und für Prozesse der Gemeinschaftsbildung diskutiert.

1. Funktionen von Stereotypen

Stereotype sind »verallgemeinernde, vereinfachende und klischeehafte Vorstellungen« (FLOHR 1993: 23), die häufig auf Personengruppen abzielen. Als kognitive Konstrukte ermöglichen sie zunächst wertfrei eine Kategorisierung von Personen (HOGG/ABRAMS 1988). Stereotype werden in interpersoneller und massenmedialer Kommunikation konstruiert und kultiviert und durch Sozialisation individuell gelernt (THIELE 2015). Als Teil der kollektiven Wissensbestände, die Gesellschaft integrieren, sind sie gegen Veränderungen weitgehend resistent; einzelne inkonsistente Erfahrungen werden meist als Ausnahmen gewertet (HAHN/HAHN 2002). Nur wenn sie in der Gesellschaft hinlänglich bekannt und akzeptiert sind, lassen sich Stereotype in Kommunikation erfolgreich verwenden (HINTON 2000).

Die Entstehung und Verwendung von Stereotypen wird in einer Vielzahl an Disziplinen wie der Literatur- und der Kulturwissenschaft, der Medien- und Kommunikationswissenschaft sowie der Sozialpsychologie erforscht (KONRAD 2006; THIELE 2015). Dabei ist weitgehend anerkannt, dass Stereotype in sozialen Handlungen wichtige Funktionen erfüllen. Als kaum differenzierende Erklärungsmuster reduzieren sie Unsicherheit und Komplexität, geben Orientierung, und in Interaktionen bieten sie eine Grundlage für wechselseitige Verhaltenserwartungen (HAHN/HAHN 2002). Aufgrund ihrer Orientierungsfunktion spielt die Stereotypenbildung insbesondere dort eine Rolle, wo es Gesellschaften und Individuen an konkretem Wissen und persönlichen Erfahrungen mit einer anderen Gruppe wie etwa einer Nation fehlt (BASSEWITZ 1990: 23). Wie insbesondere die Sozialpsychologie herausgearbeitet hat, sind Stereotype außerdem eng mit der Ausbildung sozialer Identitäten verbunden. In ihrer Verwendung sind sie zumeist an eine Differenzierung zwischen einer Eigen- und einer Fremdgruppe gebunden und erfüllen dabei eine integrative und eine ausgrenzende Funktion (TAJFEL 1981; TURNER et al. 1987), indem sie wahrgenommene positive Eigenschaften der Eigengruppe und wahrgenommene negative Eigenschaften der Fremdgruppe besonders betonen und einander gegenüberstellen. Auf diese Weise werden Statusunterschiede zwischen Gruppen konstruiert. Nach der *Kernal of truth*-These (MCCAULEY/STITT 1978) können Stereotype ein Stück wahrgenommene Wirklichkeit enthalten, die aber übertrieben und verallgemeinert wird; sie verzerren daher die Wahrnehmung (HAHN/HAHN 2002). Insbesondere bei emotional aufgeladenen Gruppenunterscheidungen können Stereotype außerdem mit Diskriminierungen einhergehen und zu Konflikten führen (FISKE 2000).

Nach der Kontakthypothese (ALLPORT 1954; PETTIGREW 1998; PETTIGREW/TROPP 2006) lassen sich Stereotype und Gruppendiskriminierungen abbauen, wenn es über Kontakt zu einem erweiterten Wissen über die jeweils andere Gruppe kommt. Als Bedingungen für einen erfolgreichen Kontakt gelten vor allem das Vorhandensein eines gemeinsamen übergeordneten Ziels und ein gleicher Status zwischen den Teilnehmern (PETTIGREW/TROPP 2006).[1] Hierfür bieten Sportgroßereignisse eine Gelegenheit.

---

[1] Die Kontakthypothese wird in der Forschung zum Teil kritisch gesehen, da die Reihe der Bedingungen für einen erfolgreichen Kontakt wie eine »shopping list« (ELLER/ABRAMS 2004: 230) grundsätzlich unabschließbar ist und daher kaum falsifiziert werden kann (PETTIGREW 1998: 69).

Vor diesem Hintergrund wird die Ausrichtung von Sportgroßereignissen von den Gastgeberländern auch aktiv zur Selbstpräsentation und Arbeit am eigenen Image genutzt, um auf dieser Basis politische und wirtschaftliche Beziehungen zu verbessern (LICHTENSTEIN 2017; RIVENBURGH 2010). Der Kontakt zwischen Nationen findet bei Sportgroßereignissen für die meisten Menschen nicht in den Stadien, sondern medienvermittelt statt. Nationale Massenmedien – allen voran die Live-Berichterstattung im Fernsehen – richten sich dabei an ein nationales Publikum und legen eine nationale Perspektive auf die Ereignisse an. Daher verwundert es nicht, dass Studien zu den Medieninhalten regelmäßig eine intensive Verwendung nationaler Stereotype feststellen, die beim Publikum als bekannt vorausgesetzt werden können und einen Kontrast zwischen Eigen- und Fremdgruppe aufzeigen (z. B. HOFFMANN 2009; MAGUIRE/POULTON/POSSAMAI 1999; MÜLLER 2004; MÜLLER 2009; OCH 2008; WENZ 2012).

Der Live-Kommentar im Fernsehen, aber auch die Berichterstattung in Printmedien reagiert damit auf den Druck, das Publikum emotional anzusprechen und das Geschehen mit Bedeutung aufzuladen (DESMARAIS/BRUCE 2010). Als »interpreting filter« (DESMARAIS/BRUCE 2008: 185) werden Stereotype genutzt, um Spielhandlungen etwa mit Verweis auf eine angebliche südländische Leichtigkeit, deutsche Disziplin oder britische Härte zu erklären und gleichzeitig Erwartungen des Publikums zu erfüllen (vgl. auch MÜLLER 2009). Neben nationalen Stereotypen, die Gesellschaften als Ganzes charakterisieren, spielen dabei auch solche eine Rolle, die sich wie die Rede von den immer siegreichen Deutschen, dem Kick and Rush-Stil der Engländer und der Defensivtaktik der Italiener lediglich auf den Fußball beziehen oder wie die stereotypen Sprachbilder *Goldene Generation* und *David gegen Goliath* auf bestimmte Mannschaft- und Spieltypen abzielen. Stereotype im Sportkommentar wirken sich vor allem auf das Erleben einzelner Spiele aus. Durch ihre kumulative Verwendung in der ritualisierten Sportkommentierung (HALONE 2008) verstärken sie aber außerdem bestehende Stereotype beim Publikum oder tragen zu deren Konstruktion bei und können dann auch in der Anschlusskommunikation genutzt und weiterentwickelt werden. Aufgrund der nationalen Segmentierung transnationaler Medienöffentlichkeit (HEPP et al. 2016; WESSLER et al. 2008) in eine Vielzahl mehr oder weniger integrierter und miteinander vernetzter nationaler Medienarenen ist der Sport damit ein zentrales Forum für die Konstruktion nationaler Gemeinschaft und deren Abgrenzung nach außen (BAIRNER 2001; BILLIG 1995).

2. Transnationale Online-Kommunikation

Im Bereich der Online-Medien eröffnen sich neue Möglichkeiten für die transnationale Kommunikation zu Sportgroßereignissen und den Kontakt zwischen den Nationen. In Anlehnung an Brüggemann und Schulz-Forberg (2009) lässt sich zwischen drei Foren der transnationalen Online-Kommunikation unterscheiden: Während sich 1) nationale Medien mit einem transnationalen Auftrag wie RUSSIA TODAY DEUTSCHLAND oder die DEUTSCHE WELLE in einem strategischen Interesse an ein ausländisches Publikum wenden, werden 2) transnationale Medien wie das Online-Angebot von ARTE von einer begrenzten Anzahl an Ländern in Kooperation organisiert und richten sich an das Publikum in den beteiligten Ländern. Davon zu unterscheiden sind 3) globale Medien wie Twitter und Facebook, die nicht von nationalen Institutionen organisiert werden, sondern den Anspruch verfolgen, eine globale Öffentlichkeit herzustellen.

In der Regel besteht die Kommunikation in globalen Online-Medien aus den Interaktionen des Publikums. Während es bei sozialen Netzwerken wie Facebook von den individuellen Verlinkungen und Klicks abhängt, inwieweit der oder die Einzelne tatsächlich an einer globalen Öffentlichkeit teilnimmt oder in nationalen »filter bubbles« (PARISER 2011) verhaftet bleibt, stellen Kommunikationsplattformen wie reddit nach Themen strukturierte Foren für den globalen Austausch zwischen den Nutzern bereit. Bei reddit handelt es sich um eine News-Aggregatorenseite mit etwa 243 Millionen Unique Visitors im Monat (STATISTA 2017). Das Forum gliedert sich in 853.824 Unterforen, sogenannte Subreddits (Stand: Juni 2015; Redditblog.com 2015). Das Fußball-Forum /r/soccer befindet sich mit etwa 500.000 Abonnenten unter den 100 größten Subreddits (Redditmetrics.com 2017). Darin treffen User aus über 75 unterschiedlichen Ländern aufeinander, um vor allem über Spiele und Spielszenen, Regeländerungen, Fußballpolitik (FIFA, Weltmeisterschaftsvergabe, DFB usw.) und Fußballnachrichten (Interviews, Transfergerüchte usw.) zu diskutieren. Da reddit englischsprachig ausgerichtet ist, stammen die meisten User aus den USA (30 %) und England (21 %), der Anteil deutscher User ist deutlich geringer (3,6 %) (Redditblog.com 2015, nicht-repräsentative User-Befragung). Die Foren auf reddit sind User-moderiert und unterliegen somit den Regeln der jeweiligen Communities und den allgemeinen Plattformregeln. Anstößige Beiträge können so – je nach Auslegung der Regeln und der Foren-Normen – von der Diskussion potenziell ausgeschlossen werden.

3. Methode

Der Beitrag behandelt die Frage, inwieweit die User in einem Forum mit globaler Reichweite und Teilnehmerschaft bei Sportgroßereignissen Stereotype zu den teilnehmenden Ländern konstruieren und verwenden. Um die Frage zu klären, wird eine induktive, computergestützte Analyse der Diskussion im Fußball-Forum auf reddit zu allen Spielen der EM 2016 durchgeführt. Ziel ist es, über die automatisierte Analyse von Worthäufigkeiten und Wortkombinationen, latent vorkommende Themen im Datenmaterial zu identifizieren, die sich in Hinblick auf Stereotype interpretieren lassen.

Zur Erforschung von Stereotypen in Online-Foren bietet sich die digitale Methode des Topic Modeling an. Eine der meist genutzten Formen des Topic Modeling ist das von Blei und Kollegen (BLEI/JORDAN 2003; BLEI/LAFFERTY 2007; DIMAGGIO/NAG/BLEI 2013) entwickelte Latent Dirichlet Allocation (LDA; PUSCHMANN/SCHEFFLER 2016). LDA basiert auf der theoretischen Annahme, dass in jedem Text latente Themen vorhanden sind. Als Themen werden in diesem Kontext Wortkombinationen verstanden, die häufig und über mehrere Dokumente hinweg vorkommen und Inferenzschlüsse auf Textsemantiken zulassen. LDA ist also eine Methode aus dem Bereich *unsupervised machine learning*. Anders als bei lernenden Verfahren greifen wir in die Berechnung also nicht ein, sondern der Algorithmus erstellt die Themen unbeaufsichtigt. Die Interpretationsleistung der Forscher wird dadurch nicht ausgeklammert, sondern spielt im Gegenteil in drei Momenten der Analyse eine zentrale Rolle, 1) bei der Festlegung der Anzahl der Themen, die LDA identifizieren soll, 2) bei der Interpretation der identifizierten Themen und 3) in der Erstellung der Stop Word-Liste, auf der Worte verzeichnet sind, die wir in der Analyse nicht berücksichtigen wollen. Über die Stop Word-Liste klammern wir zum einen rein funktionale, aber inhaltlich nicht aussagekräftige Worte wie *is*, *isn't* und *it* aus, zum anderen häufig vorkommende fußballspezifische Worte wie *goal*, *ball* und *keeper*. Schließlich nehmen wir Spielernamen und die Namen anderer Länder von der Analyse aus. Das geschieht aus der Perspektive jedes einzelnen Landes. Für die Diskussion zu jedem untersuchten Spiel und für jede Landesperspektive wird also eine leicht variierte Stop Word-Liste erstellt.

Auf Basis der Stop Word-Listen werden für die einzelnen Spiele Themen berechnet. Die Themen ergeben sich aus den in den User-Beiträgen vorkommenden Worthäufigkeiten und Wortkombinationen. Die Anzahl der pro Spiel und Land zu berechnenden Themen haben wir vorab auf 20 festgelegt, um so auch weniger prominente Themen in den Dokumenten identifizieren zu können, die Rückschlüsse auf Stereotype erlauben. Der statistisch optimale Bereich der Themenanzahl kann zwar berechnet werden, jedoch zeigt sich bei Grün und Hornik (2011), dass der algorithmische *best fit* nicht zwingend auch der qualitativ sinnvollste ist. Insofern liegt das Festlegen der optimalen Anzahl der Themen letztlich im Ermessen der Forscher und ist von der Anzahl der Dokumente sowie der Forschungsfrage abhängig.

Unsere Analyse bezieht sich auf die User-Kommunikation im Subreddit /R/SOCCER zur EM 2016. Pro Spiel werden die Kommentare in drei Threads erhoben, die sich jeweils auf die Diskussionen vor dem Spiel (pre-Match), während des laufenden Spiels (Match) und im Anschluss an das Spiel (post-Match) beziehen. Die Daten wurden im Herbst 2016 erhoben. Zur Analyse der Daten wurde R mit den Packages *tm*, *topicmodels*, *ggplot2* und *reshape2* genutzt.

4. Ergebnisse

Im Folgenden stellen wir die Befunde zu den acht Mannschaften vor, die mindestens das Viertelfinale der EM 2016 erreicht haben. Für diese Länder werden die Daten zu all ihren im Turnier absolvierten Spielen ausgewertet. Da die Mannschaften auch gegeneinander gespielt haben, werden die Threads zu insgesamt 46 Spielen erhoben, denen eine Gesamtzahl von 307.545 erfassten User-Kommentaren zugrunde liegt. Die meisten Kommentare beziehen sich auf die Finalteilnehmer Portugal und Frankreich. Unter den Teilnehmern, die im Viertelfinale gescheitert sind, bekommt die Überraschungsmannschaft Island die größte Aufmerksamkeit – nicht zuletzt durch das Spiel gegen England, das mit dem überraschenden Ausscheiden der englischen Mannschaft endete und 29.246 Kommentare generiert hat.

Für jede Mannschaft wurden mit LDA pro Spiel 20 Themen erstellt, daraus ergibt sich eine Gesamtzahl von 920 Themen. Nicht alle der identifizierten Themen sind im Sinne der Fragestellung verwertbar. Während einige Themen nicht auf eine der Mannschaften, sondern etwa auf die Spielberichterstattung oder selbstreferentiell auf reddit als Forum abzielen, sind andere Themen statistische Artefakte und daher inhaltlich nicht sinnvoll zu interpretieren. Insofern beleuchten wir in diesem Beitrag nur ausgewählte Themen. Jedes Thema bekommt ein Label zugeordnet, das insbesondere auf den Begriff abgestimmt ist, der innerhalb des jeweiligen Themas am häufigsten vorkommt.

Belgien

Die belgische Mannschaft ist mit dem Status eines Geheimfavoriten in das Turnier gegangen, konnte spielerisch aber kaum überzeugen und ist im Viertelfinale gegen Wales ausgeschieden. Dass Belgien damit hinter den Erwartungen zurückgeblieben ist, spiegelt sich in den Kommentaren auf reddit wider. Bei der Analyse der Kommentare zu den Spielen Belgiens lassen die identifizierten Themen keine Rückschlüsse auf klassische Landesstereotype zu. Stattdessen konzentriert sich die Diskussion der User auf sportliche Aspekte der Mannschaft und die damit verknüpften Erwartungen (s. Abb. 1): Während das Thema *Belgiens Goldene Generation* den großen Talentpool der belgischen Nationalmannschaft hervorhebt, lässt das Thema *Belgische Erwartungen* erkennen, dass die User von diesen Spielern eine starke Leistung und Erfolge im Turnier einfordern.

Der Abgleich zwischen Erwartungen und der gezeigten Leistung der Mannschaft wird unter dem Thema *Beste Spieler* diskutiert. Die Diskussionsbeiträge beziehen sich darin sowohl auf das Talent der Spieler und das primär im Angriff als auch auf die beobachtbare Formschwäche der Mannschaft und das individuelle Auslassen von Chancen. Das Thema *Beste Spieler* wurde im Kontext des Spiels der belgischen Mannschaft gegen Ungarn besonders häufig angesprochen und dass mit vier Toren gewonnen wurde. Dieses Spiel gibt den Usern auf reddit einen Anlass, den Widerspruch zwischen dem hier sichtbar werdenden Potenzial der Mannschaft und der vorab gezeigten Formschwäche zu diskutieren. Über dieses Spiel wird in der Diskussion wieder Konsistenz zwischen der beobachteten Realität und dem fußballspezifischen Stereotyp von der belgischen Mannschaft als Goldene Generation und Geheimfavorit hergestellt, der bei anderen Spielen im Turnier nicht zur Erklärung des Spielgeschehens beigetragen hat.

Island

Im Gegensatz zu den Kommentaren zu den belgischen Spielen kann in der Diskussion über das Überraschungsteam der EM, Island, ein eindeutiges Landesstereotyp identifiziert werden. So ist das Thema *Wikinger* durchgän-

Nationale Stereotype in der Online-Kommunikation zur Fußballeuropameisterschaft 2016

ABBILDUNG 1
Ausgewählte Themen in den User-Kommentaren zu Spielen der belgischen Mannschaft (N = 32.172)

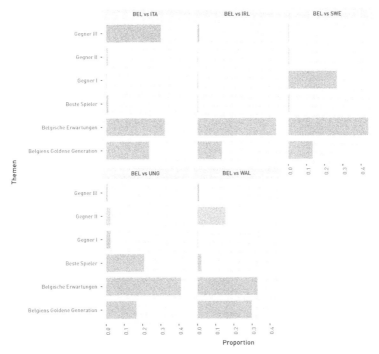

Anmerkung: Auf der X-Achse gibt der Gamma-Wert den Anteil eines Themas am jeweiligen Dokument an.

gig das prominenteste Thema, das heißt mit dem höchsten Gamma-Wert, in allen Spielen der isländischen Mannschaft (s. Abb. 2). Das Stereotyp wurde durch die Gesänge und Kostüme der Anhänger verstärkt, die in der Diskussion aufgegriffen werden. Die Außenseiterrolle wird außerdem durch das in den Diskussionen zu allen Spielen der Mannschaft präsente Thema *Underdog* hervorgehoben. In diesem Thema werden Parallelen zum überraschenden Sieger der EM 2004, Griechenland, gezogen, die sich nicht nur auf den Erfolg beider Mannschaften, sondern auch auf die defensiv ausgerichtete Spielstrategie der Mannschaften beziehen. Auf diese Weise wird über die Mannschaft Island hinausgehend das Stereotyp des verteidigungsorientierten und kämpferischen Underdogs konstruiert. Auffallend ist, dass das Thema *Underdog* nach dem Überraschungserfolg gegen die englische Mannschaft im Viertelfinalspiel gegen Frankreich deutlich seltener angesprochen ist als zuvor. Das liegt daran, dass Island im Spiel gegen Frankreich unterlegen war und das Stereotyp daher zwar noch als Erklärung für die Leistung der Mannschaft im Turnier insgesamt eine Funktion erfüllt, nicht aber zur Erklärung des aktuellen Spielgeschehens.

Als dritter zentraler Bezugspunkt in der Diskussion zur isländischen Mannschaft tritt im Spiel gegen England das Thema *Brexit* auf. In der Diskussion wird das politische Ereignis des Brexit-Referendums aufgegriffen und rekontextualisiert und für Witze über das Ausscheiden der englischen Mannschaft, also eines zweiten Brexits, genutzt.

ABBILDUNG 2
Ausgewählte Themen der Topic Modeling Analyse aller User-Kommentare zu Spielen der isländischen Mannschaft ($N = 54.707$)

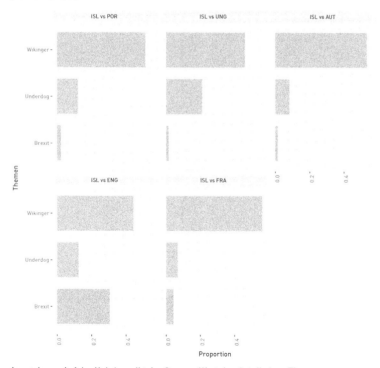

Anmerkung: Auf der X-Achse gibt der Gamma-Wert den Anteil eines Themas am jeweiligen Dokument an.

Polen

Ähnlich wie bei Belgien diskutierten die User auf reddit über die Spiele der polnischen Mannschaft vor allem unter Hervorhebung sportlicher Aspekte; generelle Landesstereotype treten in der Themenbildung nicht hervor (s. Abb. 3). Der Befund überrascht, weil Stereotype über Polen, die sich etwa auf Kriminalität oder wie das Stereotyp vom polnischen Klempner auf Arbeitsmigration beziehen, in vielen Ländern verbreitet sind. Dass diese Stereotype nicht häufig genug angesprochen sind, um in der Analyse als eigene Themen sichtbar zu werden, weist auf einen weitgehenden Verzicht der User auf nationale Abgrenzungen hin, bedeutet jedoch nicht, dass diese nicht auch vereinzelt vorkommen. Zum Teil lässt sich der Befund auch dadurch erklären, dass einzelne besonders diffamierende Beiträge über die Moderation der Foren auf reddit von der Diskussion ausgeschlossen werden.

Anstelle nationaler Stereotype steht das Auftreten der polnischen Mannschaft im Vordergrund. In den analysierten Diskussionsbeiträgen zu den polnischen Spielen wurde etwa das Thema *Spielweise* hervorgehoben und enthält Bezüge zu einer als langweilig empfundenen Spielanlage der Mannschaft. Ähnlich lassen Beiträge zu dem Thema *Mannschaft* erkennen, dass die Mannschaft die hohen Erwartungen der User enttäuscht. In den Spielen gegen die Schweiz und Portugal zielt schließlich eine Reihe von Beiträgen auf das Thema *Elfmeterschießen* ab. Die Elfmeterschießen werden aber nicht als spannende Höhepunkte behandelt, sondern eher als Erlösung von den langweiligen Spielen kommentiert. Damit setzt sich in der Diskussion zur EM 2016 das Bild von Polen als Langweiler des Turniers durch.

Italien

Die Spiele der italienischen Nationalmannschaft wurden von den Usern auf reddit intensiv kommentiert (N = 43.190), die gefundenen Themen lassen sich aber kaum in Hinblick auf Stereotype interpretieren (s. Abb. 4). Das gilt sowohl für das Thema *Spiele & User*, in dem die User mitteilen, wie sie bestimmte Spielsituationen emotional erleben, als auch für das Thema *Deutschland & Elfmeter* im Fußball, das zwar auf die traditionelle deutsche Elfmeterstärke eingeht, aber keine Rückschlüsse auf wahrgenommene Eigenschaften Italiens erlaubt.

ABBILDUNG 3
Ausgewählte Themen der Topic Modeling Analyse aller User-Kommentare zu Spielen der polnischen Mannschaft (N = 29.550)

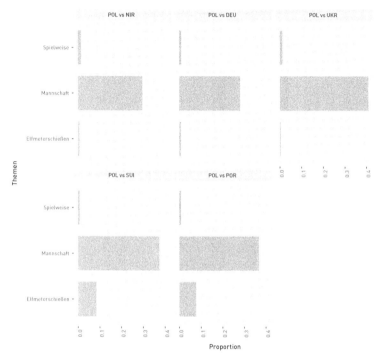

Anmerkung: Auf der X-Achse gibt der Gamma-Wert den Anteil eines Themas am jeweiligen Dokument an.

Unter den gefundenen Themen konzentriert sich aber eine Vielzahl an Beiträgen auf das Thema *Taktiker*. Darin ist ein fußballspezifisches Stereotyp angesprochen, das sich auf eine als für Italien typisch wahrgenommene Spielweise bezieht und Italien als vorbildlich diszipliniert und als verteidigungsorientiert kennzeichnet. Das Stereotyp speist sich vor allem aus früheren Erfahrungen mit italienischen Mannschaften und deckt sich nur bedingt mit der gezeigten offensiveren Spielweise der Italiener. In diesem Befund zeigt sich, dass auch sportbezogene Stereotype trotz gegenteiliger Realitätswahrnehmungen über die Zeit stabile Kategorisierungen und Bezugspunkte für die Diskussion sein können.

ABBILDUNG 4
Ausgewählte Themen der Topic Modeling Analyse aller User-Kommentare zu Spielen der italienischen Mannschaft (N = 43.190)

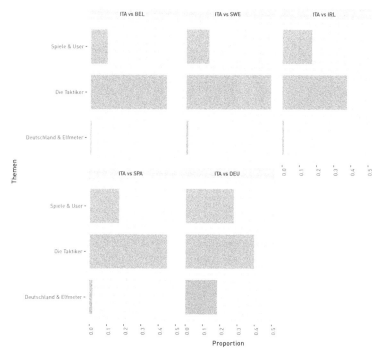

Anmerkung: Auf der X-Achse gibt der Gamma-Wert den Anteil eines Themas am jeweiligen Dokument an.

Deutschland

Die Spiele der deutschen Mannschaft wurden von den User auf reddit ebenfalls primär aus sportlicher Sicht heraus kommentiert (s. Abb. 5). Ähnlich wie in der Diskussion zu den Spielen Polens findet sich kein Thema, das etwa mit Verweis auf den Nationalsozialismus erwartbare negative Landesstereotype explizit anspricht. Auch hierfür kann die Moderation der Foren eine Rolle spielen. Da sich innerhalb anderer Themen aber durchaus Bezüge auf den Nationalsozialismus finden, die in ihrer Häufigkeit jedoch nicht ausreichen, um ein eigenes Thema zu konstituieren, lässt der Befund Rückschlüsse auf ein weitgehend konstruktives Verhalten der User zu.

ABBILDUNG 5
Ausgewählte Themen der Topic Modeling Analyse aller User-Kommentare zu Spielen der deutschen Mannschaft (N = 58.384)

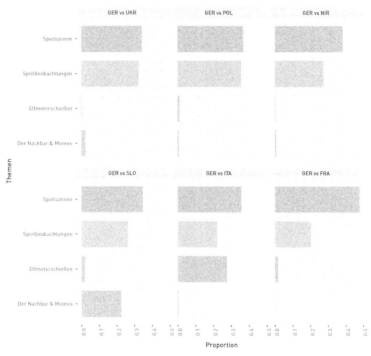

Anmerkung: Auf der X-Achse gibt der Gamma-Wert den Anteil eines Themas am jeweiligen Dokument an.

Statt genereller Landesstereotype kommen in dem Thema *Elfmeterschießen* zwei sportspezifische Stereotype zur Geltung. Angesprochen sind zum einen die als traditionell geltende Stärke deutscher Mannschaften in Elfmeterschießen, zum anderen die Vielzahl der früheren Niederlagen deutscher Mannschaften gegen Italien, die in der Diskussion als Fluch diskutiert werden. Daneben zeigen sich generelle Kommentare zum Spielgeschehen, die sich in den Themen *Spielbeobachtung* und *Spielszenen* zusammenfassen lassen.

Eine Verbindung zwischen dem Turnierkontext und der deutschen Tagespolitik wird schließlich in der Diskussion über das Thema *Nachbar & Memes* deutlich. Das Thema spielt auf die Aussagen des AfD-Politikers Gauland an, laut der die meisten Deutschen den im Turnier überzeugenden dunkelhäutigen Spieler Boateng nur ungern als Nachbarn haben würden. Das Thema beinhaltet keine generelle Stereotypisierung Deutschlands als fremdenfeindlich oder nationalsozialistisch, zeigt aber, dass in der Diskussion auf reddit Integration, Populismus und Ausländerfeindlichkeit in Deutschland angesprochen werden. Das Thema *Nachbar & Memes* konnte vor allem in den Spielen Deutschlands gegen die Ukraine und gegen die Slowakei identifiziert werden, in denen Boateng eine besonders prägende Figur war. Der Meme-Aspekt des Themas erklärt sich durch die Vermischung der Diskussion mit einer zweiten wiederkehrenden Anspielung, die sich auf das Tor von Gomez im Spiel gegen die Slowakei bezieht. Dies führte dazu, dass einige User auf eine Webseite verlinkten, auf der man den sogenannten Gomez-Button drücken kann. Daraufhin wird ein Ausschnitt aus einem Lied gespielt, das Gomez gewidmet ist und mit »cha cha« endet. Die Seite wurde in der Folge nach jedem Tor von Gomez gepostet und kann daher als Internet-Meme verstanden werden.

Wales

Eine Vermischung von Sport und Politik wird auch in der Diskussion zu den Spielen der walisischen Mannschaft deutlich (s. Abb. 6). Besonders häufig ist das Thema *Erwartungen* an die Mannschaft angesprochen worden. Unter dem Thema *Goldene Generation* wird außerdem rein sportbezogen diskutiert, inwieweit die aktuelle walisische Mannschaft talentierter ist als frühere Mannschaften der Nation. Daneben sprechen die User auf reddit unter dem Thema *Sportpolitik* Wahrnehmungen an, die eine stereotype Beschreibung des Sportsystems insgesamt als korrupt und autoritär beinhalten. Anlass für die Diskussion dieses Themas ist das Spiel von Wales gegen Russland. Dabei kritisieren die User heftig die Vergabe der WM 2018 an Russland und der WM 2022 an Katar.

Schließlich werden in Bezug auf Wales auch Landesstereotype deutlich. In der Diskussion zum Spiel Wales gegen England beinhaltet das Thema *Rivalität* Vorstellungen von Wales als Land der Schafszüchter und von Walisern, die als zurückgebliebenes Volk Geschlechtsverkehr mit Schafen betreiben. Diese Stereotype werden in der Diskussion vor allem von englischen Fans propagiert. In dem zweiten Insel-Duell, Wales gegen Nordirland, spielt das Thema *Rivalität* kaum eine Rolle. Stattdessen fließt das aktuelle politische Thema *Brexit* stark in die Debatte mit ein, von dem beide Nationen direkt betroffen sind.

ABBILDUNG 6
Ausgewählte Themen der Topic Modeling Analyse aller User-Kommentare zu Spielen der walisischen Mannschaft (N = 50.515)

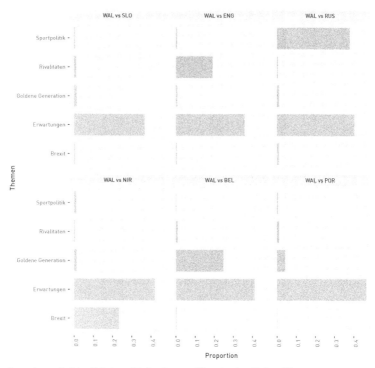

Anmerkung: Auf der X-Achse gibt der Gamma-Wert den Anteil eines Themas am jeweiligen Dokument an.

Frankreich

Für den Gastgeber Frankreich lief bei der EM 2016 fast alles nach Plan: Die Mannschaft zog ins Finale ein und war gegen Portugal favorisiert. In der Tat wurde das Thema Frankreich als *Gastgeber* auch von den Usern auf reddit ausgiebig diskutiert (s. Abb. 7). Die Häufigkeit der Themenbezüge nimmt im Laufe des Turniers kaum ab. Erwartungen an die Mannschaft spiegeln sich in dem Thema *Beste Spieler* wider, das zum Eröffnungsspiel gegen Rumänien besonders prominent diskutiert wird, aber keine stereotypen Vorstellungen etwa von einer Goldenen Generation enthält. In späteren Spielen ist dieses Thema weniger relevant.

ABBILDUNG 7
Ausgewählte Themen der Topic Modeling Analyse aller User-Kommentare zu Spielen der französischen Mannschaft (N = 74.757)

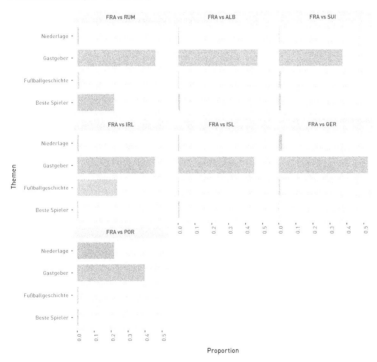

Anmerkung: Auf der X-Achse gibt der Gamma-Wert den Anteil eines Themas am jeweiligen Dokument an.

Ein fußballspezifisches Stereotyp deutet sich über das Thema *Fußballgeschichte* an, das anlässlich des Spiels Frankreich gegen Irland diskutiert wird. Die User beziehen sich dabei auf das Entscheidungsspiel zwischen Frankreich und Irland in der Qualifikation zur WM 2010, in dem der Stürmer Henry einen irregulären Treffer mit der Hand erzielte. Durch die Wertung des Tors war Frankreich im Gegensatz zu Irland für die WM qualifiziert. Und obgleich seitdem nunmehr sieben Jahre vergangen sind, war dies für die User auf reddit ein essenzielles Thema. Es enthält die Vorstellung von Frankreich als eine unfaire Mannschaft und attribuiert sportliche Schuld.

Das Beispiel zeigt, dass über das Aufeinandertreffen bestimmter Mannschaften sporthistorische Momente in der Diskussion aktualisiert werden und zur Konstruktion von Stereotypen beitragen können.

Das Thema *Niederlage* ist schließlich in der Diskussion zum Finale der EM Frankreich gegen Portugal prominent. In den Beiträgen werden nicht nur enttäuschte Erwartungen an die französische Mannschaft, Beschwerden über das von den Usern als langweilig empfundene Spiel und über den Schiedsrichter Clattenburg deutlich, sondern auch Bezüge auf das EM-Finale 2004 zwischen Portugal und Griechenland. Über die Parallelität der Spiele, bei denen jeweils die favorisierte Mannschaft gegen den Außenseiter unterlag, wird in der Diskussion das stereotype Narrativ *David gegen Goliath* angesprochen.

Portugal

In der Diskussion zu den Spielen des überraschenden Turniersiegers Portugal spielen Landesstereotype erneut keine Rolle. Stattdessen weisen die identifizierten Themen auf eine weitgehend negative Bewertung der portugiesischen Mannschaft hin, die sich vor allem auf das Spielgeschehen beziehen (s. Abb. 8). Das Thema *Spielstil* beinhaltet in erster Linie Kritik an der über das gesamte Turnier hinweg als schwach empfundenen Spielanlage der Portugiesen. So witzelte etwa ein User zum Spiel gegen Kroatien: »More like *Poor*tugal, am I right?« In einzelnen Spielen stellen die User einen Kontrast zwischen der portugiesischen und der jeweiligen gegnerischen Mannschaft fest. Im Spiel Portugal gegen Wales lassen sich die Beiträge zu einem eigenen Thema *Langweilig gegen Stolz* zusammenfassen, womit die Gegenüberstellung von langweilig spielenden Portugiesen und den stolzen Verlierern aus Wales gemeint ist.

Die Wahrnehmung einer schwachen portugiesischen Mannschaft gipfelt im EM-Finale gegen Frankreich. Noch stärker als in den Spielen Polens ziehen die User hier Vergleiche zwischen Portugal und der unattraktiv

ABBILDUNG 8
Ausgewählte Themen der Topic Modeling Analyse aller User-Kommentare zu Spielen der portugiesischen Mannschaft (N = 87.259)

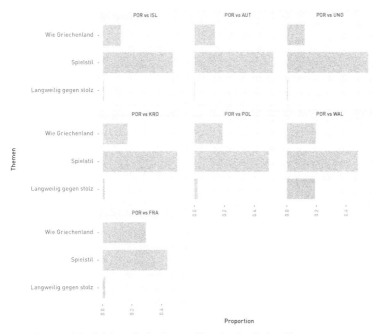

Anmerkung: Auf der X-Achse gibt der Gamma-Wert den Anteil eines Themas am jeweiligen Dokument an.

spielenden, aber im Turnier siegreichen griechischen Mannschaft der EM 2004. Die Beiträge im Spiel gegen Frankreich sind in dem Thema *Wie Griechenland* zusammengefasst.

Insgesamt wird Portugal damit als erfolgreicher Langweiler stereotypisiert; die erneut feststellbaren Vergleiche mit Griechenland weisen außerdem darauf hin, dass der Sieg der Griechen 2004 das Stereotyp des siegreichen, aber unattraktiven Außenseiters etabliert hat. Dieses Stereotyp wird bei der EM 2016 herangezogen, um Spielergebnisse und schließlich den Finalsieg Portugals zu erklären.

5. Diskussion

In dem Beitrag haben wir die User-Kommentare zur EM 2016 auf dem transnationalen Online-Forum reddit in Hinblick auf die Konstruktion und Verwendung von Stereotypen untersucht. Zu der Frage, welche Rolle nationale Stereotype zu den teilnehmenden Ländern in der transnationalen Online-Kommunikation zu Sportgroßereignissen spielen, sind die Befunde überraschend. Anders als in der gut erforschten massenmedialen Kommunikation zu internationalen Wettkämpfen im Fußball (z. B. HOFFMANN 2009; MAGUIRE/POULTON/POSSAMAI 1999; MÜLLER 2004; MÜLLER 2009; OCH 2008; WENZ 2012) finden sich in den Online-Diskussionen nur wenige Landesstereotype. Zwar wird Island als Wikingernation charakterisiert, dieses Stereotyp folgt aber der Selbstdarstellung des Teams und seiner Fans im Turnier und drückt Anerkennung aus. Negative Landesstereotype, die von Landesvertretern nicht aktiv zur Selbstdarstellung genutzt werden, finden sich als thematische Schwerpunkte lediglich für Wales und erklären sich aus der starken Präsenz englischer User auf reddit und dem Konkurrenzverhältnis zwischen Wales und England im Turnier. Darüber hinaus ist der weitgehende Verzicht auf naheliegende Anspielungen etwa auf den Nationalsozialismus in der Kommentierung deutscher Spiele auffallend. Diese Anspielungen finden sich in den untersuchten Kommentaren zwar, treten jedoch nicht häufig genug auf, um eigene Themen zu konstituieren oder prominent zu beeinflussen. Die Zurückhaltung in der Nutzung dieser negativen Stereotypisierungen, die in der Berichterstattung traditioneller Massenmedien eine große Rolle spielen, kann damit zusammenhängen, dass sich die User-Kommentare an ein globales Publikum richten und in Anschlusskommunikation kritisiert werden können. Bezogen auf einzelne Beiträge kann außerdem die Moderation der Foren auf reddit eine Rolle spielen, die besonders diffamierende Kommentare zumindest potenziell ausschließt. Das Diskussionsverhalten der User und punktuelle Interventionen der Moderation reduzieren damit negative Abgrenzungen zwischen den Ländern, die zu Konfrontationen führen können und Barrieren für die globale Kommunikation darstellen. Gleichzeitig wird mit den Landesstereotypen aber auch auf Erklärungsmuster für das Spielgeschehen verzichtet.

Orientierung geben in den Diskussionen hingegen fußballspezifische Stereotype, die in der Analyse vielfach zutage treten. Sie beziehen sich in erster Linie auf die wahrgenommene nationale Spielkultur und die Stärken bzw. Schwächen eines Landes. Dazu gehören sowohl die deutsche Elfmeterstärke als auch die traditionell von einer defensiven Taktik geprägte italienische Spielweise. Der Gebrauch dieser fußballspezifischen nationalen Stereotype entspricht den Erwartungen der User an die Mannschaften; sie werden zur Erklärung der Spiele herangezogen, selbst wenn sie über das Spielgeschehen kaum Unterstützung erfahren und sich beispielsweise die italienische Mannschaft atypisch offensiv verhält.

Ein Teil der fußballspezifischen Stereotype bezieht sich nicht auf die Spielkultur eines Landes insgesamt, sondern auf die konkrete Nationalmannschaft, die etwa als *Goldene Generation* typisiert wird. Dieses stereotype Bild für eine besonders talentierte Mannschaft wird in der Diskussion bezogen auf die Teams mehrerer Länder angewandt, erfüllt also mannschaftsübergreifend eine Orientierungsfunktion. Ähnlich wird das Stereotyp des erfolgreichen, aber unattraktiv spielenden Underdogs mehrfach auf Überraschungsmannschaften angewandt und vor allem bei Niederlagen von Favoriten verwendet. Da dieses Stereotyp aus der Erinnerung an den EM-Erfolg Griechenlands 2004 hervorgeht, zeigt der Befund, dass sich das Stereotypengeflecht in der Diskussion zu Sportgroßereignissen über die Zeit verändern kann. Dazu können bei wiederkehrenden Begegnungen zwischen Ländern Erinnerungen an frühere Ereignisse beitragen und etwa durch die Erinnerung an das irreguläre Tor im WM-Qualifikationsspiel Frankreich gegen Irland die Vorstellung von Frankreich als eine unfaire Mannschaft etablieren. In den Spieldiskussionen können wiederholte Charakterisierungen von Mannschaften zur Konstruktion von Stereotypen beitragen. Die auf reddit auffallende Kritik an langweiligen Polen und Portugiesen ist zunächst eine Charakterisierung, die eine konkrete im Turnier auftretende Mannschaft anspricht. Bei häufiger Wiederholung kann ein solches mannschaftsbezogenes Stereotyp aber zu einem fußballspezifischen nationalen Stereotyp ausgeweitet werden und auch bei künftigen Turnieren Verwendung finden.

Die Untersuchung ist ein erster Anlauf, unter Nutzung computergestützter Methodik Stereotype in Online-Foren zu identifizieren und zu erforschen. Vor allem im methodischen Bereich unterliegt sie aber einigen Limitationen: Die Befunde sind stark abhängig von der Erstellung der Stop Word-Liste, über die Themen generiert werden. Gerade bei den ausgeklammerten fußballspezifischen Worten kann sich auswirken, dass manche Worte mehrdeutig sind. Beispielsweise kann das Wort *right* sowohl die rechte Seite des Spielfeldes meinen, auf der gerade ein Konter läuft, oder aber auch die politische Richtung rechts und dabei z. B. mit einer Stereotypisierung von Deutschland oder einer Beschreibung Frankreichs mit Verweis auf die Partei *Front National* zusammenhängen. Ein weiteres Problem in der Analyse von User-Generated Content ist, dass man von einer richtigen Schreibweise der Worte ausgehen muss. Abkürzungen oder Tippfehler können verhindern, dass ein bestimmtes Wort in der automatischen Berechnung über die Stop Word-Liste in allen Fällen ausgeschlossen wird. Hinzu kommt, dass LDA zwar übergeordnete Themen und somit besonders prominente Stereotype identifizieren kann, jedoch bei weniger prävalenten Stereotypen nur begrenzt funktional ist. Eng damit verknüpft ist auch die Rolle der unterschiedlichen Match Threads auf reddit. So fallen zwar die meisten Kommentare auf die Haupt-Threads während der Spiele an, diese beziehen sich jedoch in der Regel auf das Spielgeschehen und bestimmte Schlüsselereignisse. Gerade bei der Durchführung einer automatisierten Analyse gilt es, diese und ähnliche Besonderheiten in künftigen Untersuchungen zu berücksichtigen.

Trotz dieser Limitationen gibt die Analyse zur EM 2016 Hinweise auf die Herausbildung einer globalen Öffentlichkeit in der Online-Kommunikation. Während das Forum reddit ähnlich wie die Plattformen Facebook oder Twitter die notwendigen technischen Voraussetzungen zur globalen Kommunikation schafft, unterscheidet es sich von den sozialen Netzwerken durch die strukturelle Ermöglichung transnationaler Interaktionen, die nicht von individuellen Vernetzungen abhängig sind. Für die tatsächliche Ausführung transnationaler Interaktionen zwischen den User bietet das Thema Sport die notwendige Motivation. Insbesondere Wettbewerbe zwischen den Nationen wie die EM 2016 beziehen die Aufmerksamkeit der Usern aus verschiedenen Ländern zeitgleich auf sich und stimulieren die Kommunikation. Dass dabei unter anderem fußballspezifische nationale Stereotype verwendet und konstruiert werden, ist für das Zusammenwachsen von Gesellschaften in globaler Kommunikation außerdem funktional. Diese Stereotype sind Teil eines gemeinsamen Bestands an Vorstellungen. Da sie neben Anerkennung auch Kritik an Spielkulturen enthalten, sind die Stereotype zwar nicht konfliktfrei, sie stellen aber geteilte Bezugspunkte dar, vermitteln Orientierung und erleichtern so Kommunikation. Zudem ist ihre Anwendbarkeit auf den Sport reduziert, sodass sie Gesellschaften nicht pauschal voneinander trennen. Insgesamt unterstützen die auf reddit verwendeten und konstruierten Stereotype damit die globale Kommunikation.

Die populärkulturelle Diskussion in dem Online-Forum trägt damit zur Herausbildung einer globalen Öffentlichkeit bei, obwohl englischsprachige User auf reddit besonders stark repräsentiert sind und sich damit zusammenhängend in der gemeinsamen Auseinandersetzung der User über Spiele, Länder und Mannschaften die Aufmerksamkeit für die Länder ungleich verteilt. Neben den großen Fußballnationen Deutschland und Italien werden Mannschaften aus englischsprachigen Ländern wie Wales und Irland auffallend intensiv diskutiert. Globale Öffentlichkeit auf reddit ist damit themenzentriert und über die Verwendung der englischen Sprache ein Stück weit Elitenöffentlichkeit. Sie privilegiert außerdem die Teilhabe von Usern aus englischsprachigen Ländern und ihrer Interessensschwerpunkte.

Für die weitere Forschung zur Sportkommunikation im Online-Bereich liefert die Analyse einige Ansatzpunkte. Dazu gehört die Konstruktion von Fußballgeschichte über die Erinnerung und Interpretation früherer Ereignisse in der Debatte. Zudem wirft die Vermengung von Sportbezügen mit tagesaktuellen Debatten wie zum Brexit und zur Integrationspolitik die Frage auf, inwieweit populärkulturelle Online-Foren auch ein Ort für politische Diskussionen und für die politische Wissensvermittlung über andere Länder sind. Dabei ist insbesondere die Rolle von Memes, die aktuelle Ereignisse humoristisch aufgreifen, noch näher zu erforschen.

Literatur

ALLPORT, G. W. (1954). *The nature of prejudice*. Cambridge: Perseus Books.
BAIRNER, A. (2001). *Sport, nationalism, and globalization*. New York, NY: SUNY.
BASSEWITZ, S. V. (1990). *Stereotype und Massenmedien. Zum Deutschlandbild in französischen Tageszeitungen*. Wiesbaden: Deutscher Universitäts-Verlag.
BILLIG, M. (1995). *Banal nationalism*. London, UK: Sage.
BLEI, D. M.; LAFFERTY, J. D. (2007). Correlated Topic Model of Science. In: *The Annals of Applied Statistics*, 1(1), S. 17-35.
BLEI, D. M.; JORDAN, M. (2003). Modeling annotated data. In *Proceedings of the 26th annual International ACM SIGIR Conference on Research and Development in Information Retrieval* (S. 127-134). New York: ACM Press.

BRÜGGEMANN, M.; SCHULZ-FORBERG, H. (2009). Becoming Pan-European? Transnational Media and the European Public Sphere. In: *International Communication Gazette*, 71(8), S. 693-712.

DESMARAIS, F.; BRUCE, T. (2010). The Power of Stereotypes: Anchoring Images Through Language in Live Sports Broadcasts. In: *Journal of Language and Social Psychology*, 29(3), S. 338-362.

DESMARAIS, F.; BRUCE, T. (2008). Blurring the boundaries of sports public relations: National stereotypes as sport announcers' public relations tool. In: *Public Relations Review*, 34, S. 183-191.

DIMITRIOU, M.; SATTLECKER, G. (2010). Fußballsport als europäische Identitätsressource zwischen medialer Inszenierung und Inklusion. In: E. KLAUS; C. SEDMAK; R. DRÜEKE; G. SCHWEIGER (Hrsg.): *Identität und Inklusion im europäischen Sozialraum* (S. 283-299). Wiesbaden: vs.

DIMAGGIO, P.; NAG, M.; BLEI, D. M. (2013). Exploiting affinities between topic modeling and the sociological perspective on culture: Application to newspaper coverage of U.S. government arts funding. In: *Poetics*, 41(6), S. 570-606.

DINE, P.; CROSSON, S. (2010). Introduction. Exploring European Sporting Identities: History, Theory, Methodology. In: P. DINE; S. CROSSON (Hrsg.): *Sport, Representation and Evolving Identities in Europe* (S. 1-12). Bern: Peter Lang.

ELLER, A.; ABRAMS, D. (2004). Come together: longitudinal comparisons of Pettigrew's reformulated intergroup contact model and the common ingroup identity model in Anglo-French and Mexican-American contexts. In: *European Journal of Social Psychology*, 34(3), S. 229-256.

FILO, K; LOCK, D.; KARG, A. (2015). Sport and social media research: A review. In: *Sport Management Review*, 18(2), S. 166-181.

FISKE, S. T. (2000). Stereotyping, prejudice and discrimination. In: *European Journal of Social Psychology*, 30, S. 299-322.

FLOHR, A. K. (1993). *Feindbilder in der internationalen Politik*. Hamburg: LIT.

GRÜN, B.; HORNIK, K. (2011). Topicmodels: An R Package for Fitting Topic Models. In: *Journal of Statistical Software*, 40(13), S. 1-30.

HAHN, H. H.; HAHN, E. (2002). Nationale Stereotypen. Plädoyer für eine historische Stereotypenforschung. In: H. H. HAHN (Hrsg.): *Stereotyp, Identität und Geschichte. Die Funktion von Stereotypen in gesellschaftlichen Diskursen* (S. 57-72). Frankfurt/M.: Europäischer Verlag der Wissenschaften.

HALONE, K. K. (2008). The structuration of racialized sport organizing. In: *Journal of Communication Inquiry*, *32*(1), S. 22-42.

HEPP, A.; ELSLER, M.; LINGENBERG, S.; MOLLEN, A.; MÖLLER, J.; OFFERHAUSEN, A. (2016). *The Communicative Construction of Europe. Cultures of Political Discourse, Public Sphere and the Euro Crisis.* Basingstoke: Palgrave Macmillan.

HINTON, P. R. (2000). *Stereotypes, Cognition and Culture.* Hove: Psychology Press.

HOFFMANN, M. (2009). Nationalismen in der Fußballberichterstattung. Deutsch-englische Fremdwahrnehmungen im Spiegel der Berichterstattung zur Fußball-Weltmeisterschaft 1990. In: C. HABERECHT; B. HERRMANN (Hrsg.): *Fußball und nationale Identität in Europa* (S. 12-32). Berlin: WVB.

HOGG, M. A.; ABRAMS, D. (1988). *Social identifications. A social psychology of intergroup relations and group processes.* London: Routledge.

KONRAD, J. (2006). *Stereotype in Dynamik. Zur kulturwissenschaftlichen Verortung eines theoretischen Konzepts.* Marburg: Der Andere Verlag.

LICHTENSTEIN, D. (2017). Jenseits der Alltagsroutinen: Internationale Sportevents und die mediale Konstruktion von Mental Maps. In: *Journal für Sportkommunikation und Mediensport*, *2*(1), S. 1-17.

MAGUIRE, J.; POULTON, E.; POSSAMAI, C. (1999). The War of the Words? Identity Politics in Anglo-German Press Coverage of Euro 96. In: *European Journal of Communication*, *14*(1), S. 61-89.

MCCAULEY, C.; STITT, C. L. (1978). An individual and quantitative measure of stereotypes. In: *Journal of Personality and Social Psychology*, *36*, S. 929-940.

MÜLLER, J. (2004). *Von Kampfmaschinen und Ballkünstlern. Fremdwahrnehmung und Sportberichterstattung im deutsch-französischen Kontext. Eine Presse- und Fernsehanalyse.* St. Ingbert: Röhrig.

MÜLLER, M. (2009). *Fußball als Paradoxon der Moderne: Historische und ethnographische Analysen zur Bedeutung ethnischer, nationaler und geschlechtlicher Differenzen im Profifußball.* Wiesbaden: VS.

OCH, K. (2008). *Hat die Fußball-WM 2006 den Stahlhelm verbannt? Das Deutschlandbild in der Sportberichterstattung englischer Tageszeitungen.* Marburg: Tectum.

PARISER, E. (2011). *The filter bubble : what the Internet is hiding from you.* New York: Penguin Press.

PETTIGREW, T. F. (1998). Intergroup Contact Theory. In: *Annual Review of Psychology*, 49(1), S. 65-85.

PETTIGREW, T. F.; TROPP, L. R. (2006). How does intergroup contact reduce prejudice? A meta-analytic test of intergroup contact theory. In: *Journal of Personality and Social Psychology*, 90(5), S. 751-783.

PUSCHMANN, C.; SCHEFFLER, T. (2016). Topic Modeling for Media and Communication Research: A Short Primer. HIIG *Discussion Paper Series*, 5. Abgerufen von http://dx.doi.org/10.2139/ssrn.2836478

REDDITBLOG.COM. (2015). *The /r/soccer 2015/400k subscribers census*. Abgerufen von https://www.reddit.com/r/soccer/comments/4oyxd6/the_rsoccer_2015400k_subscribers_census_results/

REDDITMETRICS.COM. (2017). */r/soccer metrics*. Abgerufen von http://redditmetrics.com/r/soccer

RIVENBURGH, N. (2010). In pursuit of a global image: media events as political communication. In: N. COULDRY; A. HEPP; F. KROTZ (Hrsg.): *Media Events in a Global Age* (S. 187-202). London: Routledge.

STATISTA (2017). *Number of unique visitors to Reddit from July 2012 to April 2016 (in millions)*. Abgerufen von https://www.statista.com/statistics/443332/reddit-monthly-visitors/

TAJFEL, H. (1981). Social stereotypes and social groups. In: J. C. TURNER; H. GILES (Hrsg.): *Intergroup behavior* (S. 144-167). Chicago, IL: University of Chicago Press.

THIELE, M. (2015). *Medien und Stereotype. Konturen eines Forschungsfeldes*. Bielefeld: LIT.

TURNER, J. C.; HOGG, M. A.; OAKES, P. J.; REICHER, S. D.; WETHERELL, M. S. (1987). *Rediscovering the social group: A self-categorization theory*. Oxford: Basil Blackwell.

WALLNER, C. (2010). Kommunikationswissenschaftliche Europaforschung braucht Ausweitung. Mediale Unterhaltung als Bestandteil europäischer Öffentlichkeit. In: H. PÖTTKER; C. SCHWARZENEGGER (Hrsg.): *Journalismus International. Europäische Öffentlichkeit und Journalistische Verantwortung* (S. 76-91). Köln: Herbert von Halem.

WENZ, F. (2012). *»At least the Germans lost.« Fremdwahrnehmung und Nationalismus in der Fußballberichterstattung der WM 2010 am Beispiel von* THE SUN *und* BILD. Hamburg: Disserta Verlag.

WESSLER, H.; PETERS, B.; BRÜGGEMANN, M.; KLEINEN-VON
KÖNIGSLÖW, K.; SIFFT, S. (2008). *Transnationalization of Public Spheres*.
Basingstoke: Palgrave Macmillan.
WERNECKEN, J. (2000). *Wir und die anderen... Nationale Stereotypen im Kontext des Mediensports*. Berlin: Vistas

Autorinnen und Autoren

MARIANNA BARANOVSKAA, M.A., studierte Digitale Medien an der Hochschule Bremen und der Humboldt State University in den USA. Von 2006 bis 2010 arbeitete sie in Hamburg, Bremen und in Los Angeles im Bereich Videoproduktion und Postproduktion. Ihren Masterabschluss in Medienwissenschaft erlangte sie 2013 an der Humboldt-Universität zu Berlin. Seitdem ist sie Lehrbeauftragte im Minor und Major Digitale Medien der Fakultät Kulturinformatik (ICAM) an der Leuphana Universität Lüneburg. Sie forscht zur Mediengeschichte der Programmierung, sowie der Mensch-Maschine-Kommunikation. Eine Dissertation zum Thema »Geschichte der Objektorientierten Programmierung«, betreut von Wolfgang Hagen, ist in Arbeit.

DANIEL BECK, Dr., Jg. 1972, arbeitet als Lektor und Studienberater am Departement für Kommunikationswissenschaft und Medienforschung der Universität Freiburg (Schweiz). Im Bereich Sport und Medien befasst er sich insbesondere mit Inhaltsanalysen der Sportberichterstattung. Unter anderem untersuchte er in seiner 2006 publizierten Dissertation die Entwicklung des Sportteils von Schweizer Tageszeitungen seit der Mitte des 20. Jahrhunderts und war Mitglied des Projektteams der International Sports Press Survey 2011. Zu seinen weiteren Interessen in Lehre und Forschung zählen die Journalismusforschung (Projekt »Journalistic Role Performance around the Globe«, ab 2015) und die Rundfunkgeschichte (Projekt zur Geschichte der Schweizerischen Radio- und Fernsehgesellschaft SRG SSR 1983-2011).

GABRIEL BELINGA BELINGA, M.A., Jg. 1985, studierte Publizistik, Psychologie und Kulturanthropologie an der Johannes Gutenberg-Universität

Mainz und an der Universidad de Navarra (Spanien). Seit März 2012 ist er Referatsleiter in der Abteilung Internationales der Johannes Gutenberg-Universität Mainz. Ausgehend von seinen Interessen für Wissenschafts- und Sportkommunikation forscht er daneben mit seinen Kollegen am Institut für Publizistik unter anderem zur Bedeutung der Mediennutzung für Tippstrategien und Tipperfolg bei Online-Tippspielen.

THOMAS DÖBLER, Prof. Dr., Jg. 1958, studierte Soziologie, Psychologie und Volkswirtschaftslehre an der Ludwig-Maximilians-Universität München und promovierte anschließend an der Universität Hohenheim. Als wissenschaftlicher Mitarbeiter war er an der Universität Hohenheim zunächst am Fachgebiet Unternehmensführung, Organisation und Personalwesen, später als wissenschaftlicher Assistent am Fachgebiet Kommunikationswissenschaft und Sozialforschung in Forschung und Lehre tätig. 1998 übernahm er die Studienleitung an der Forschungsstelle für Medienwirtschaft und Kommunikationsforschung an der Universität Hohenheim. Von 2005 bis 2007 war Thomas Döbler als Leiter der IT- und Medienforschung bei der MFG Stiftung Baden-Württemberg für etliche Groß- und Kooperationsprojekte (z.B. mit Fraunhofer, ZEW) verantwortlich. Seit 2017 ist er Professor für Medienmanagement an die Hochschule Macromedia in Stuttgart. Seine Schwerpunkte in Forschung und Lehre sind an der Schnittstelle von Medienwirtschaft und Kommunikationssoziologie angesiedelt.

PERO DOSENOVIC, M.A., Jg. 1990, studierte Medienmanagement an der Hochschule für Musik, Theater und Medien in Hannover sowie Strategische Kommunikation an der Westfälischen Wilhelms-Universität Münster. Bei letzterer war er von 2016-2017 als wissenschaftlicher Mitarbeiter am Arbeitsbereich »Kommunikation – Medien – Gesellschaft« bei Prof. Dr. Marcinkowski angestellt sowie als Koordinator am Kompetenzzentrum Medienpraxis des Instituts für Kommunikationswissenschaft beschäftigt. Seit 2017 arbeitet er als wissenschaftlicher Mitarbeiter am Lehrstuhl KMW I bei Prof. Dr. Marcinkowski an der Heinrich-Heine-Universität Düsseldorf. Lehre und Forschung konzentrieren sich auf politische Wirkungen von Online-Kommunikation, Mediensport und Sportkommunikation sowie Prozesse politischer Informationsvermittlung.

FELIX FLEMMING, M.A., Jg. 1986, studierte Politik- und Kommunikationswissenschaften in Bremen und Düsseldorf. Während des Studiums wissenschaftliche Hilfskraft in der DFG-Forschergruppe »Politische Kommunikation in der Online-Welt« (Prof. Dr. Gerhard Vowe). Im Sommersemester 2012 wissenschaftlicher Mitarbeiter in der Abteilung Kommunikations- und Medienwissenschaft der Universität Düsseldorf, seit Oktober 2012 als wissenschaftlicher Mitarbeiter im Lehr- und Forschungsbereich von Prof. Dr. Marcinkowski am Institut für Kommunikationswissenschaft der Westfälischen Wilhelms-Universität Münster tätig. Seine Schwerpunkte in der Forschung und Lehre liegen im Bereich politische Kommunikation mit Schwerpunkten auf Wahlkämpfen (z. B. Rezeption und Effekte von Online-Medien, Angstkommunikation und Wirkungen von Angst) sowie im Bereich Mediensport und Sportkommunikation.

JASPER A. FRIEDRICH, Prof. Dr., Jg. 1965, ist Professor für öffentliche Kommunikation an der Hochschule Hannover. Er studierte Kommunikations- und Medienwissenschaft und Philosophie an der Universität Leipzig sowie der Universität Bologna (Italien). 1998 war er wissenschaftlicher Mitarbeiter am Institut für Medien- und Kommunikationswissenschaft, Abteilung Politikwissenschaft/Medien an der TU Ilmenau, 1999-2001 Projektleiter am Institut für Kommunikations- und Medienwissenschaft der Universität Bern (Schweiz) im Projekt des Schweizerischen Nationalfonds zu den Eidgenössischen Wahlen 1999 im Schweizerischen Fernsehen sowie im Forschungsprojekt »Ringier-Publikumszeitschriften in den Jahren 1933-1945«. 2001-2007 war er wissenschaftlicher Mitarbeiter am Institut für KMW der Universität Leipzig im DfG-Forschungsprojekt »Programmgeschichte des DDR-Fernsehens«. Von 2013 bis 2017 war er Professor für Unternehmenskommunikation an der Hochschule für Medien, Kommunikation und Wirtschaft Berlin. Seine Forschungsschwerpunkte sind Sportkommunikation und digitaler Wandel öffentlicher Kommunikation.

CHRISTOPH G. GRIMMER, Dr., arbeitete von 2013 bis 2016 als Lehrkraft für besondere Aufgaben am Institut für Sportwissenschaft der Universität Tübingen. Grimmer lehrte an der Universität Hamburg, der Hochschule Macromedia sowie als Gastdozent im Sportmanagement-Master an der Høgskolen i Molde (Norwegen). In 2015 und 2016 arbeitete er im Rahmen eines wissenschaftlichen Beratungsprojekts mit dem VfL Wolfsburg zusammen. Von 2016 bis 2018 war er als stellvertretender Pressesprecher für die FDP-Fraktion in der Hamburgischen Bürgerschaft und als persönlicher Referent der damaligen Fraktionsvorsitzenden Katja Suding tätig. Im

November 2017 wurde er zum Oberbürgermeister der Großen Kreisstadt Crailsheim gewählt.

JÖRG HASSLER, Dr., Jg. 1985, studierte Publizistik und Politikwissenschaft an der Johannes Gutenberg-Universität Mainz. Von 2011 bis 2014 war er wissenschaftlicher Mitarbeiter am Institut für Kommunikationswissenschaft an der Friedrich-Schiller-Universität Jena. Seit 2014 ist Jörg Haßler wissenschaftlicher Mitarbeiter am Institut für Publizistik an der Johannes Gutenberg-Universität Mainz. Seine Schwerpunkte in der Forschung und Lehre sind politische Kommunikation, Online-Kommunikation sowie empirische Methoden.

SASCHA HIMMELREICH, M.A., Jg. 1978, studierte Publizistik und Betriebswirtschaftslehre an der Johannes Gutenberg-Universität Mainz. Er ist Projektleiter und Social Media Consultant in der Content Agentur Profilwerkstatt in Darmstadt. Zuvor war er von 2009 bis 2016 wissenschaftlicher Mitarbeiter am Institut für Publizistik mit Schwerpunkt Unternehmenskommunikation/PR an der Johannes Gutenberg-Universität Mainz. Seine Arbeits- und Forschungsschwerpunkte sind die Nutzung und Wirkung digitaler Medien, strategisches Kommunikationsmanagement und Krisenkommunikation.

ANNE-CHRISTIN HOFFMANN, M.A., Jg. 1989, studierte Medien- und Kommunikationswissenschaft an der Universität Passau. Seit Juli 2014 ist sie wissenschaftliche Mitarbeiterin am Lehrstuhl für Kommunikationswissenschaft an der Universität Passau. Ihre Schwerpunkte in der Forschung und Lehre liegen im Bereich Rezeptions- und Wirkungsforschung, Sportkommunikation und strategische Kommunikation.

THOMAS HORKY, Prof. Dr., studierte Sportwissenschaft, Journalistik und Linguistik an der Universität Hamburg. Er absolvierte ein Volontariat bei der dpa und arbeitete als freier Journalist. Horky war wissenschaftlicher Mitarbeiter am Fachbereich Sportwissenschaft der Universität Hamburg sowie am Hamburger Institut für Sportjournalistik und Lehrkraft für besondere Aufgaben am Institut für Sportpublizistik der Deutschen Sporthochschule in Köln. Seit 2009 ist Horky Professor für Sportkommunikation an der Hochschule Macromedia in Hamburg. Seine Arbeitsschwerpunkte sind Qualitätsmerkmale von Sportjournalismus, Sport und Unterhaltung sowie die Digitalisierung der Sportkommunikation und Social Media.

HOLGER IHLE, Dr., Jg. 1980, ist wissenschaftlicher Mitarbeiter am Institut für Sozialwissenschaften, Abteilung Kommunikations- und Medienwissenschaft der Heinrich-Heine-Universität Düsseldorf. Er hat Medien- und Kommunikationswissenschaft, Deutsche Philologie und Strafrecht an der Georg-August-Universität Göttingen und der Universität Wien studiert. Seit 2005 ist er Projektmitarbeiter am Institut für Medienforschung Göttingen & Köln (IM·Gö) und war 2010-2015 wissenschaftlicher Mitarbeiter an der Sporthochschule Köln. Seine Schwerpunkte in Forschung und Lehre sind Medieninhaltsforschung mit Fokus auf regionalen und lokalen Medien, Sportkommunikation und Öffentlichkeit des Sports.

HONORATA JAKUBOWSKA, Prof. Dr., Sociologist, professor at Adam Mickiewicz Univeristy in Poznań. The author of the books: Skill Transmission, Sport and Tacit Knowledge. A Sociological Perspective (Routlegde 2017), Sociology of the Body (in Polish, 2009) and The Game of the Body (in Polish, 2014) and around 60 articles and book's chapter in Polish and English related to her main research interests: sociology of body, sociology of sport and gender studies. The coordinator of European Sociological Association Research Network 'Society and Sports' (2017-2019). The principal investigator of the research project focused on female football fans financed by National Science Centre.

JONAS KAISER, Dr., Jg. 1984, studierte Journalistik und Kommunikationswissenschaft an der Zeppelin Universität und an der Universität Hamburg. Von 2012 April 2016 war er wissenschaftlicher Mitarbeiter am Lehrstuhl für Politische Kommunikation an der Zeppelin Universität. Seit Januar 2016 ist Jonas Kaiser assoziierter Forscher am Alexander von Humboldt Institut für Internet und Gesellschaft. Seit September 2016 forscht er im Rahmen eines DFG Fellowships am Berkman Klein Center für Internet & Society der Harvard University (USA); zuerst als Fellow und dann als Affiliate. Seine Forschungsschwerpunkte sind Öffentlichkeitstheorie, digitale und politische Kommunikation, sowie digitale Methoden.

ELKE KRONEWALD, Prof. Dr., Jg. 1977, studierte Kommunikationswissenschaft, Psychologie und Psycholinguistik und promovierte zum Thema

Fernsehnutzung an der Ludwig-Maximilians-Universität München. Nach vier Jahren als wissenschaftliche Mitarbeiterin im Medien Institut Ludwigshafen, konzentrierte sie sich von 2006 bis 2010 als Projektleiterin bei PRIME research in Mainz auf internationale Medienresonanzanalysen, Issues- und Reputationsmanagement. Von 2010 bis 2015 war sie Professorin für PR und Kommunikationsmanagement an der Hochschule Macromedia in Stuttgart. Seit 2016 ist sie Professorin für Kommunikationsmanagement und PR-Evaluation am Fachbereich Medien der Fachhochschule Kiel. In Forschung und Lehre beschäftigt sie sich insbesondere mit der Analyse, Konzeption und Evaluation von (Unternehmens-)Kommunikation.

DENNIS LICHTENSTEIN, Dr., Jg. 1981, studierte Kommunikationswissenschaft an den Universitäten in Salzburg, Augsburg und Wien. Von 2008 bis 2011 war er Mitarbeiter an der Professur für Kommunikationswissenschaft der Universität Augsburg, von 2011 bis 2014 Mitarbeiter im Fachbereich Kommunikationswissenschaft der Heinrich-Heine-Universität Düsseldorf und hat dort im Rahmen des DFG-Projekts »Nationale Konstruktionen europäischer Identität« promoviert. Seit 2014 ist er am Lehrstuhl für Politische Kommunikation an der Zeppelin Universität Friedrichshafen beschäftigt. Seine Forschungsschwerpunkte liegen im Bereich der politischen Kommunikation. Dazu gehören insbesondere die Forschung zu Konflikten in nationalen und transnationalen Öffentlichkeiten, zur medialen und politischen Krisenkommunikation und zur Konstruktion kollektiver Identitäten.

MARCO LÜNICH, M. Sc., Jg. 1988, studierte Kommunikationswissenschaft an der Universität Erfurt und der Universiteit van Amsterdam (NL). 2014-2017 wissenschaftlicher Mitarbeiter am Arbeitsbereich »Kommunikation – Medien – Gesellschaft« bei Prof. Dr. Marcinkowski am Institut für Kommunikationswissenschaft an der Westfälischen Wilhelms-Universität in Münster. Seit 2017 wissenschaftlicher Mitarbeiter am Lehrstuhl KMW I an der Heinrich-Heine-Universität in Düsseldorf. Lehr- und Forschungsgebiete: politische Kommunikation, Digitalisierung und Online-Kommunikation sowie Sportkommunikation.

FRANK MARCINKOWSKI, Prof. Dr., Jg. 1960, Studium der Politikwissenschaft, Soziologie und Volkswirtschaftslehre an der Gerhard-Mercator-Universität Duisburg. 1988 bis 1999 wissenschaftlicher Mitarbeiter und

Hochschulassistent ebenda. Promotion zum Dr. phil. 1992, Habilitation für Politikwissenschaft 1999. 2000-2003 Lehrstuhlvertretung für Politikwissenschaft an der FernUniversität Hagen, danach Forschungsprofessur für Politik- und Kommunikationswissenschaft am Liechtenstein-Institut, im Fürstentum Liechtenstein. 2003-2006 Professor für Publizistikwissenschaft an der Universität Zürich. 2007-2017 Ordentlicher Professor für Kommunikationswissenschaft am Institut für Kommunikationswissenschaft der Westfälischen Wilhelms-Universität Münster. Ende 2017 Berufung auf den Lehrstuhl KMW I am Institut für Sozialwissenschaften der Heinrich-Heine-Universität Düsseldorf. Arbeitsgebiete: politische Kommunikation, Wissenschafts- und Risikokommunikation, Digitalisierung, Medien- und Kommunikationstheorie.

JÖRG-UWE NIELAND, Dr., Jg. 1965, ist wissenschaftlicher Mitarbeiter am Institut für Kommunikationswissenschaft der Westfälischen Wilhelms-Universität Münster. Studium der Politikwissenschaft an den Universitäten Duisburg, Bochum und Berlin; Promotion an der Universität Duisburg-Essen; 2009 bis 2016 Mitarbeiter am Institut für Kommunikations- und Medienforschung der Deutschen Sporthochschule Köln; seit 2016 wissenschaftlicher Mitarbeiter an der Universität Siegen (seit 2017 assoziiertes Mitglied im Teilprojekt B07 »Medienpraktiken und Urheberreicht« im SFB »Medien der Kooperation«). Seit 2014 Sprecher bzw. stellv. Sprecher der Ad-hoc-Gruppe »Mediensport und Sportkommunikation« in der DGPuK; Vorstandsmitglied der Initiative Nachrichtenaufklärung e.V.

MARKUS SCHÄFER, Dr., Jg. 1985, studierte Publizistik, Psychologie und Politikwissenschaft an der Johannes Gutenberg-Universität Mainz und der Université de Genève (Schweiz). Seit November 2011 ist er wissenschaftlicher Mitarbeiter am Institut für Publizistik an der Johannes Gutenberg-Universität Mainz. Seine Schwerpunkte in der Forschung und Lehre sind Gesundheits-, Sport- und Wissenschaftskommunikation.

CHRISTIANA SCHALLHORN, Dr., Jg. 1983, studierte Medien und Kommunikation an der Universität Augsburg und der Universität Sevilla (Spanien). Von 2011 bis 2012 arbeitete sie als wissenschaftliche Mitarbeiterin am Institut für Medien und Bildungstechnologie an der Universität Augsburg. Seit 2012 ist sie wissenschaftliche Mitarbeiterin am Institut Mensch – Computer – Medien im Bereich Medien- und Wirtschaftskommunikation der

Julius-Maximilians-Universität Würzburg. 2016 promovierte sie zum Thema Kultivierung durch Sportgroßereignisse. Ihre Schwerpunkte in der Forschung und Lehre sind die Rezeptions- und Wirkungsforschung sowie Medieninhaltsforschung, insbesondere im Anwendungsbereich von Sport- und Werbekommunikation.

HOLGER SCHRAMM, Prof. Dr., Jg. 1973, Studium Medienmanagement und Musik in Hannover, Detmold und Austin (USA). 2000-2003 wissenschaftlicher Mitarbeiter am Institut für Journalistik und Kommunikationsforschung der Hochschule für Musik, Theater und Medien (HMTM) Hannover. 2003 Promotion an der HMTM. 2003-2010 Oberassistent am Institut für Publizistikwissenschaft und Medienforschung der Universität Zürich. 2006-2007 Gast- bzw. Vertretungsprofessor in Köln und Hannover. 2010 Habilitation und Venia Legendi in Publizistik- und Kommunikationswissenschaft an der Universität Zürich. Seit 2010 Professor für Medien- und Wirtschaftskommunikation am Institut Mensch – Computer – Medien der Universität Würzburg. Seine Arbeitsfelder sind Musik und Medien, Sport- und Unterhaltungskommunikation sowie Werbe- und Markenkommunikation mit Schwerpunkt auf der Rezeptions- und Wirkungsperspektive.

CHRISTOPHER STARKE, M.A., Jg. 1986, studierte Medienmanagement an der Hochschule für Musik, Theater und Medien in Hannover. Von 2014 bis 2017 war er als wissenschaftlicher Mitarbeiter am Arbeitsbereich »Kommunikation – Medien – Gesellschaft« bei Prof. Dr. Marcinkowski am Institut für Kommunikationswissenschaft an der Westfälischen Wilhelms-Universität Münster. Seit 2017 arbeitet er als wissenschaftlicher Mitarbeiter am Lehrstuhl KMW I bei Prof. Dr. Marcinkowski am Institut für Sozialwissenschaften der Heinrich-Heine-Universität Düsseldorf. Zu seinen Forschungsinteressen gehören politische Kommunikation, europäische Solidarität, und Sportkommunikation.

BARBARA STELZNER, Dr., studierte Kunst-und Filmgeschichte, Neuere Deutsche Literatur und Neuere Geschichte und erwarb an der Polytechnic of Central London ein Diplom in Film- und Fernsehwissenschaften, bevor sie über Jugendpropagandaspielfilme im Dritten Reich an der Universität Bonn promovierte. Stelzner arbeitete danach in Großbritannien und Irland als Redakteurin und Moderatorin bei der deutschen Abteilung des BBC World Service, als Chefin vom Dienst bei European Business News und als leitende Redakteurin bei Sky News Ireland sowie als Vice President und Director News and Programming bei CNBC Europe. Stelzner ist Professorin für Media and Communication Management an der Hochschule Macromedia in Hamburg. Seit April 2017 verantwortet Barbara Stelzner als Corporate Communication Director die Presse- und Öffentlichkeitsarbeit von DJI in den EMEA-Märkten.

HANS-JÖRG STIEHLER, Prof. Dr., Jg. 1951, ist Professor (emeritiert) für empirische Kommunikations- und Medienforschung an der Universität Leipzig. Er studierte Sozialpsychologie in Jena und war von 1975 bis 1990 wissenschaftlicher Mitarbeiter am Zentralinstitut für Jugendforschung Leipzig, Bereich Kultur- und Medienforschung. Von 1993 bis 2017 war er Professor für empirische Kommunikations- und Medienforschung an der Universität Leipzig. Seine Forschungsschwerpunkte sind Medien in den neuen Bundesländern, Medien und Sport, subjektive Medientheorien, Medien und Attributionsforschung.

DANIEL WEBER, Dr., Jg. 1983, studierte Politikwissenschaft an der Johannes Gutenberg-Universität Mainz. Seit November 2011 ist er wissenschaftlicher Mitarbeiter im Bereich Innenpolitik und politische Soziologie am Institut für Politikwissenschaft in Mainz und hat zum Thema »Bedeutung und Wirkung von gruppenbezogener Identifikation« promoviert. Seine Schwerpunkte in der Forschung und Lehre sind die politischen Systeme der BRD und der EU, der Prozess der Europäisierung sowie nationale und europäische Identifikation. Weiterhin beschäftigt er sich mit politischen Einstellungen wie Demokratiezufriedenheit, Solidarität oder Fremdenfeindlichkeit.

Sportkommunikation

CHRISTIANA SCHALLHORN
Kultivierung durch Sportgroßereignisse. Zum Einfluss der Medienberichterstattung über die Fußballweltmeisterschaft 2014 auf die Wahrnehmung des Gastgeberlandes Brasilien
Sportkommunikation, 14
2017, 240 S., 14 Abb., 12 Tab., Broschur, 213 x 142 mm, dt.
ISBN 978-3-86962-250-7

Sportgroßereignisse wie die Fußballweltmeisterschaft oder die Olympischen Spiele erzeugen weltweit große mediale Aufmerksamkeit. Im Fokus der begleitenden Berichterstattung stehen aber nicht nur die Sportler selbst, sondern auch das Gastgeberland, das sich durch die Ausrichtung ein positives Image verspricht. Gemäß der Kultivierungstheorie beeinflussen Medieninhalte unsere Wahrnehmung von der Realität, und dies besonders bei Themen, die fern der eigenen Lebenswelt liegen. Vor diesem Hintergrund stellte sich konkret die folgende Frage: Welchen Einfluss hat die Medienberichterstattung während der Fußballweltmeisterschaft 2014 auf die Wahrnehmung des Gastgeberlandes Brasilien?
Um diese Frage zu beantworten, wurden reichweitenstarke Medien in Deutschland aus den Bereichen Print, Fernsehen und Online hinsichtlich ihrer Berichterstattung über Brasilien im Zeitraum der Fußballweltmeisterschaft 2014 inhaltsanalytisch ausgewertet. Außerdem wurden Zuschauer vor und nach der WM zu ihren Vorstellungen von Brasilien befragt. Die Ergebnisse zeigen, dass sich die Wahrnehmung Brasiliens auf einigen Dimensionen entsprechend der Medienberichterstattung entscheidend verändert hat. Die Befunde liefern damit nicht nur einen Erkenntnisgewinn für die Kultivierungsforschung, sondern auch für Gastgeberländer, die mit der Austragung von Sportgroßereignissen ihr Image verbessern wollen.

HERBERT VON HALEM VERLAG
Schanzenstr. 22 · 51063 Köln
http://www.halem-verlag.de
info@halem-verlag.de

Sportkommunikation

JANA WISKE
Die Elite.
Die Bedeutung der Live-Berichterstattung im deutschen Spitzensport aus der Sicht von Sportjournalisten
Sportkommunikation, 15
2017, 358 S., 83 Abb., 54 Tab.,
213 x 142 mm, dt.
ISBN 978-3-86962-277-4

Kommunikationswissenschaftler dokumentieren den Wandel des Sportjournalisten vom Redaktions-Außenseiter zum Aufsteiger. Mit der starken Position der Sportberichterstattung – etwa durch hohe Einschaltquoten, gerade im Fußball, und die steigende Digitalisierung der Sport-Medienwelt hin zu einer 24-Stunden-Berichterstattung – rücken die in der Direktübertragung tätigen Sportjournalisten immer mehr in den Fokus. Vor dem Hintergrund der Sportkommunikatorforschung stellt sich deshalb folgende Frage: Wie unterscheiden sich die Sportjournalisten in der Live-Berichterstattung von ihren Kollegen, und welchen Stellenwert haben sie innerhalb der Berufsgruppe?

Eine qualitative Vorstudie in Form von zehn Leitfadeninterviews war richtungsweisend für die quantitative Umfrage. Die final ausgewerteten über 1000 Fragebögen unterstreichen den repräsentativen Charakter der Erhebung unter Sportjournalisten in Deutschland. Aus den Ergebnissen wurde ein neues Image-Modell für die Berufsgruppe entwickelt.

 HERBERT VON HALEM VERLAG
Schanzenstr. 22 · 51063 Köln
http://www.halem-verlag.de
info@halem-verlag.de